南山大学地域研究センター共同研究シリーズ
11

「1968年」再訪
「時代の転換期」の解剖

藤本 博 編

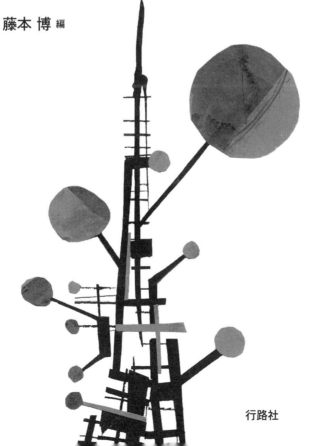

行路社

本書の刊行にあたっては、
2018年度南山大学地域研究センター共同研究助成金を受けた。

まえがき

藤本 博

　今年2018年は、世界的に大きな社会変動と変容をもたらした「1968年」から50年目の節目の年でもある。本書は、南山大学地域研究センター主催で2016年度〜2018年度の3年間にわたって実施した共同研究「「1968年」の意義に関する総合的研究──「時代の転換期」の解剖」の研究成果である。近年、「1968年」を中心に広く1960年代から1970年代初頭の時代を射程に入れてその世界史的意義を検討しようという学術的な関心が国内外で高まっている。このような状況をふまえ、本共同研究は、2016年度〜2018年度の3年間において本共同研究の主催企画として計9回の研究会を開催してきた。本書の各章は、この研究会での報告（一部は報告やインタビューのテープ起こし）をもとに寄稿していただいたものである。以下、「まえがき」では、まず「1968年」の時代（ここで言う「「1968年」の時代」とは、「1968年」を中心に広く1960年代から1970年代初頭の時代を念頭に置いた言葉として使用する）の歴史的意義と研究の視点について簡単に述べ、本書の特徴、そして次に本書の構成ならびに各論考の内容について紹介しておきたい。

1 「1968年」の時代の歴史的意義と研究の視点

　1960年代後半から展開された学生など若者を中心とする「異議申し立て」・「抗議運動」は欧米や日本など資本主義諸国で顕著であった。しかし、社会を大きく揺り動かす変動はチェコスロヴァキアや中国などの東側諸国や途上国でも見られた世界規模でのグローバルな現象であり、こうした運動・変動の頂点が時期的に「1968年」であった。しかも「1968年」の時代における広範な社会運動は、既成の価値観への挑戦やライフスタイルの変容など、文化的な側面にまで影響が及んだという点で大きな歴史的意義を持つものであった。

　上記のような歴史的意義をもつ「1968年」の時代に関しては、近年の研究

においては二つの論点が出されていることが注目される。第一には、「1968年」の時代における運動のグローバル性とトランスナショナルな連関、そして比較の視点が提示されていることである。「1968年」の時代における諸運動は、世界的な規模で展開されるとともに、各国では国内において社会運動間で、しかも国境を超えて各国の社会運動が相互に影響し合ったこと、そして政治・社会運動のみならず文化変容にも影響を及ぼしたことが強調されている。もう一つの論点として出されているのが、近代から現代への「世界史の転換点」として「1968年」の時代があるとの見方である★1。

2 本書の特徴

　本書の構成と各論文の内容を知っていただくうえで、本書のもとになっている2016年度〜2018年度の3年間にわたって実施した共同研究「「1968年」の意義に関する総合的研究——「時代の転換期」の解剖」で設定した目的と課題について述べておく。本共同研究においては、「1968年」の時代における社会運動・社会変動が「グローバル性」と「トランスナショナルな連関」の特徴を持ち、しかも「世界史の転換点」の意味を有するとの先行研究で提示されている上述した諸論点を深化させる視点から、当初、以下の二つの目的と課題を掲げた。一つは、「1968年」の時代に関する研究の最先端を担う研究者との研究交流も含め、研究史上、手薄である文化・思想の側面も含めた共同研究を進めることである、そして第二に、「1968年」の時代を当事者として体験・経験した方々を招聘することで、日本にとって「1968年」の時代がいかなる意味をもったのかについて、当事者の視点も組み入れた共同研究を遂行することにあった。

　上記の目的を実現するため、南山大学における長年にわたる学際的な地域研究の蓄積をふまえ、学内のアメリカ合衆国、ラテンアメリカ、ドイツ、フランス、中国、台湾、日本を研究対象領域とする計12名の教員に研究分担者として加わっていただくとともに、研究分担者ではカバーできない対象を中心に学外の研究者の方を招聘し研究会を開催した。南山大学以外の方々としては、2016年度においては、中国文化大革命を幼少期に経験され、文化大革命について論考を発表されていた王前氏（東京大学）を、2017年度には、チェコスロヴァキアの「プラハの春」に詳しい福田宏氏（成城大学）ならびに『1968』（上・下、新曜社、2009年）と題する大著を刊行された小熊英二氏（慶應義塾大学）

を、そして2018年度においては1968年の小笠原諸島返還問題を専門とする真崎翔氏（名古屋大学）をそれぞれ招聘することができた。また「当事者」としては、2016年度において、ヴェトナム戦争渦中の1967年に「ベトナムにおける戦争犯罪調査日本委員会」の第2次調査団に参加された橋本雅弘氏（1967年当時、京都保健会吉祥院病院院長）に藤本博がインタビューを行うとともに、1960年代後半から70年代初頭にかけて日本におけるヴェトナム反戦運動に大きな影響を与えた「ベトナムに平和を！ 市民連合」（ベ平連）やジャテック（「反戦脱走米兵援助日本技術委員会」）の中心メンバーであった高橋武智氏（現、「日本戦没学生記念会」〔わだつみ会〕理事長）を研究会にお招きし、それぞれ貴重な話をお聞きすることができた。高橋氏をお招きした研究会においては、アメリカ外交史研究の視点からベ平連について研究を進めている平田雅己氏（名古屋市立大学）にコメントをお願いした。なお、2017年度には、1968年前後の時代にアメリカにおける学生運動の中心の一つであったウィスコンシン大学マディソン校で大学院生として歴史学を学び、その後、長年、アメリカ現代史、アジア研究を手掛けられてきたマイケル・アダス氏（ラトガース大学名誉教授）をお招きして研究会を当初予定していたが、アダス先生が個人的なご事情で来日を断念されたことから研究会は実施できなかった。しかしながら、幸いにもアダス先生からは、報告予定の論考（"Failed Leadership, Never Ending War, Flawed Protest: The Enduring Legacy of 1968"）をお送りいただくことができ、本書第3章として翻訳して掲載させていただいた。

3　本書の構成と各論文の内容

　本書は、研究会開催時に南山大学教員として報告していただいた9名（藤本博、川島正樹、平松彩子、山辺省太、加藤隆浩、中村督、高岡祐介、大竹弘二、星野昌裕の各氏）ならびに学外の方々7名（マイケル・アダス、王前、真崎翔、高橋武智、平田雅己、橋本雅弘、小熊英二の各氏）の論考あるいは研究会報告・インタビュー記録が収められている（以上、本書掲載順）。高橋武智氏と小熊英二氏については研究会での報告の内容を、平田氏に関しては高橋報告に対するコメントの内容を、橋本氏についてはインタビュー記録をそれぞれほぼそのままの形で本書に収めてある。
　「1968年」の時代に展開された学生など若者を中心とする「異議申し立て」・「抗議運動」、そしてそれに伴う社会変動が生み出された大きな要因の一つは、

小国ヴェトナムの民族的抵抗をねじ伏せようとしてヴェトナムに軍事介入した大国アメリカが粘り強い民族的抵抗に直面して軍事的挫折を喫し、既成の管理社会やアメリカの価値観が問われたことが大きい。この意味で、本書の巻頭(第1章)において藤本博が「「1968年」の時代を生みだしたヴェトナム戦争の世界史的意義とその影響・遺産」と題して、「1968年」の時代における社会運動・社会変動を生み出す主要な要因となったヴェトナム戦争とその世界的影響について論じている。とくにヴェトナム反戦運動を通じて戦場の実相が可視化され、日本ではベ平連の運動を通じて「加害」の意識化が図られ、市民運動の可能性が示されたことを明らかにするとともに、ヴェトナム反戦運動の記憶継承をめぐる課題について示唆している。

本書では、藤本論文の後に、アメリカ合衆国(以下、アメリカ)、ヨーロッパ、中国、日本をそれぞれ対象とした論考あるいは研究会報告・インタビュー記録を順に配置し、そして最後に「1968年」の歴史的意味を包括的に論じた小熊英二氏の研究会報告を収めてある。各章においては、それぞれの国・地域において「1968年」の時代がいかなる意味をもち、またあるいは「時代の転換期」として「1968年」の時代がどのような意味を持っているかが語られている。

*

1968年1月末のヴェトナム解放勢力によるテト攻勢は、アメリカの軍事的挫折を明らかにしたという点でヴェトナム戦争の大きな転換点を画するものであった。その影響は何よりも戦争を遂行していたアメリカの国内に顕著な形で見られた。具体的には、反戦運動やアフリカ系アメリカ人の運動の急進化が進行し、キング牧師の暗殺やコロンビア大学における学生による占拠(同年4月)、ロバート・ケネディの暗殺(同年6月)、シカゴでの民主党大会での流血の惨事(同年8月)など「暴力」的な状況の中で、アメリカ社会の亀裂が進行した。川島正樹、マイケル・アダス、平松彩子、山辺省太、加藤隆浩の各論考においては、このような「アメリカの1968年」の時代における諸相について問題提起がなされている。川島正樹論文(第2章)「貧者の行進からウォール街占拠へ——1968年のアメリカ社会運動と現在への影響」においては、1968年2月から4月にかけて展開されたテネシー州メンフィスにおける清掃労働者のストライキを対象に、これに共感したキング牧師が暗殺直前の「山頂演説」(Mountaintop Speech)において残したメッセージの本質的な問題提起は何であったかを問いかけている。そして、人間の尊厳実現に向けての新たな人権観の構築と並行しての、単なる雇用創出・福祉拡充政策を超える公共政策の提

言が今日重要になっていることにメンフィスの清掃労働者の闘いの歴史的意義があることを示唆している。マイケル・アダス論文（第3章）「指導者の失敗、終わりが見えない戦争、抗議運動の隘路──1968年の永続的な遺産」は、氏が大学院生時代を過ごしたウィスコンシン大学マディソン校で直接見聞した反戦運動・学生運動の動きとその隘路にもふれながら、ヴェトナム戦争史ならびにアメリカ現代史の歴史的文脈の中で「1968年」をいかに位置づけるかを考察した論考である。平松彩子論文（第4章）「アメリカ大統領候補指名制度の民主化──ローレンス・オブライアンによる民主党規則改革 1968-1972年」は、アメリカ政治史・政党史における「1968年」前後の時期の歴史的文脈について分析している。平松論文は、1968年のシカゴでの民主党大会において公民権運動とヴェトナム反戦運動の二つの社会運動家から出された改革要求をふまえ当時のオブライアン民主党全国委員長が推進した民主党規則改革過程を受けて、全国政党委員会の政策争点がよりリベラルなものとなった一方で、南部州の民主党政治家が大統領候補指名制度の民主化に適応していったことを明らかにし、そしてこの変容を背景にその後1976年に深南部ジョージア州知事を務めたカーターが大統領に当選したことを示唆している。

　「1968年」の時代にアメリカ社会の変容を促したヴェトナム戦争はアメリカ文学の題材にもなった。山辺省太論文（第5章）「トラウマの文学的表象／トラウマの物質化──ティム・オブライエンの『失踪』とカート・ヴォネガットの『スローターハウス5』」は、ソンミ村虐殺を基盤とする小説『失踪』（*In the Lake of the Woods*）を対象に、第二次世界大戦末期のドレスデン爆撃を題材としたヴォネガットの作品『スローターハウス5』（*Slaughterhouse-Five*）との比較分析を試みたものである。山辺論文では、オブライエンがヴェトナム戦争を描く際に自己の精神的深淵に拘ったことに着目し、オブライエンの「物語」が私的な物語ではなくヴェトナムの人々も射程に入れた物語なのかを検討することがオブライエンのヴェトナム戦争文学に対する批評に求められていることを示唆している。「1968年」の時代を語る場合、1960年代後半から1970年代初めにかけて既成の価値観に対する若者の「異議申し立て」の一環として「カウンター・カルチャー」（対抗文化）が生み出されたことを無視できない。加藤隆浩論文（第6章）「対抗文化とカルロス・カスタネダ」は、「対抗文化」の行動様式、組織化について検討したうえで、ペルー生まれのアメリカの作家であり人類学者としても活躍したカスタネダの『ドン・ファンの教え』（1968年）を対象にカスタネダが同時代の社会・文化的文脈の中でどのような位置を占め

たのかとともに、現在も含め文化人類学の中でのカスタネダの受容のされ方を検討し、とくにカスタネダが「対抗文化」に見られる「大衆ないし民衆の精神的うねり」を示したことの諸相を明らかにしている。なお、山辺論文ならびに加藤論文は、「1968年」の時代に関する研究で手薄である文化論的諸相に光をあてるものとなっている論考であることを付記しておきたい。

*

　ヨーロッパに目を移せば、フランスの「5月」とチョコスロヴァキア（当時）の「プラハの春」がヨーロッパにおける「1968年」の時代を考えるうえでの重要な事象として語られてきている。本書においては、ヨーロッパに関連するものとしては、フランスの「5月」、スイスにおける「1968年」、そして「1968年」を頂点とした1960年代の反体制運動（「新しい社会運動」）の歴史的文脈をそれぞれ論じた三篇の論考が収められている。フランスの「5月」に関しては、中村督論文（第7章）「68年5月の神話化に関する一考察――記憶・歴史・世論をめぐって」において考察がなされている。中村論文は、68年5月の記憶と歴史をめぐる問題状況に関して、ピエール・ノラの記憶の歴史学における68年5月の言及のされ方について考察するとともに、68年5月が「時代と場所、1968年世代、暴力不在の神話」の三つのステレオタイプ化されたイメージで神話化されたと論じたザンカリニ＝フールネルの批判的論点を整理し、さらに世論調査の変化に着目して、68年5月から10年後の1978年には68年5月を肯定的に見る者は半数を超えず、20年後の1988年には肯定的に捉える意見が上昇したことが示唆されている。高岡佑介論文（第8章）「チューリヒにおける「1968年」――グローブス騒乱をめぐって」は、チューリヒで起こった「グローブス騒乱」（68年6月）を対象として、スイスにとっての「1968年」の意味を明らかにしようとする試みである。高岡論文でも言及されているように、「68年」は、グローバルであると同時にローカルな現象でもあった。高岡論文においては、「グローブス騒乱」をめぐる当時の新聞報道を考察し、今後の研究課題として、チューリヒでの「若者の家」（Jugendhause）の誕生の背景を解明することでスイスの「68年」のローカルな性格を明らかにできると述べている。

　1960年代から70年代にかけての時代は、人種差別反対運動、フェミニズム運動、環境保護運動など「新しい社会運動」が台頭した時期であった。大竹弘二論文（第9章）「新しい社会運動からポピュリズムへ？――承認と再配分のジレンマをめぐって」は、80年代に入ってヨーロッパで顕著であった右翼的

ポピュリズム運動ならびに 2016 年のイギリスの EU 離脱やトランプの大統領当選などの背後にある排外主義的なポピュリズムの台頭を念頭に、ヨーロッパも含めた 1960 年代から現在に至る社会運動の流れに関して社会運動理論の変遷も視野に入れながら概観し、「古い社会運動」と「新しい社会運動」との区別は相対的なもので、「運動のあるべき姿をめぐる議論は同時に、公正な配分と正当な承認の関係をめぐる議論でもなければならない」との問題提起を行っている。

*

　アジアに関して言えば、「1968 年」の時代を考えるうえで、何よりも中国で 1966 年から 1976 年までの 10 年間に展開された「中国文化大革命」の考察が重要である。「中国文化大革命」は、毛沢東思想を含めて、中国のみならず世界的規模で運動に影響を与えた。本書において、「中国文化大革命」に関しては、星野昌裕と王前の二氏の論考を収めてある。星野昌裕論文（第 10 章）「中国文化大革命における理想と現実」は、本書の趣旨とも言うべき「1968 年」が「時代の転換期」をなすとの視点に立って、1949 年の建国期に遡って文化大革命の「理想と現実」の諸相を考察したものである。星野論文では、文化大革命が革新的運動の様相を見せながら、国内的にみれば中国共産党などの支配構造が強化され、対外的には中ソ対立が深化する中でアメリカと接近するなど現実主義的な外交が展開されたことを強調している。そして、「発動から 50 年を迎えた中国文化大革命」のテーマで行った本共同研究 2016 年度の第 3 回研究会（2016 年 12 月 2 日開催）では星野氏の報告に加えて、学外の研究者として、政治思想研究者で、ご自身が小学生時代に文化大革命を経験した王前氏をお招きしたが、研究会での報告をもとに書かれた氏の論文（第 11 章）「文化大革命を振り返って――そのスケッチと教訓」では、文革期のご自身の個人的体験、文革研究の変遷と現状、文革の特徴、そして現在の時点で文革を考える意味に関して、それぞれ問題提起がなされている。

　日本をめぐっては、「1968 年」の時代において政治・外交面では日米安保体制の問題と沖縄・小笠原諸島返還問題が大きな位置を占め（1968 年 6 月に小笠原諸島が日本に返還。沖縄返還は 1972 年 5 月）、そして社会運動面では、全共闘運動や大学民主化闘争など学生運動が全国の大学で展開されるとともに、ヴェトナム戦争の激化を受けて日本でもヴェトナム反戦運動が展開された。日本に関しては、真崎翔論文（第 12 章）「小笠原諸島における 1968 年――施政権返還後の父島と硫黄島の変遷」が、2018 年が小笠原諸島返還から 50 年を迎

える年であることをふまえ、返還後の小笠原諸島における父島と硫黄島の非対称性の問題に着眼し、とくに硫黄島は長らくアメリカの軍事的安全保障体制の中に組み込まれ、人権問題と位置づけられるべき帰島問題が50年経た現在においても放置されている点を指摘している。そして、日本におけるヴェトナム反戦運動をめぐっては、研究会での報告をもとに高橋武智氏に「1968年、あるいは1960年代と関連させて、ベ平連・ジャテックの運動を再考する」と題して（第13章）、とくにご自身が関わった脱走米兵支援活動の体験を縦横に語っていただいている。平田雅己氏は、高橋氏の話に対するコメントの中で、高橋氏が関わった脱走米兵支援運動には「市民的不服従」の思想が投影されていることに注目すべきことを述べている。また、アメリカの戦争犯罪を告発する日本における知識人中心の運動組織「ベトナムにおける戦争犯罪調査日本委員会」の現地調査団に参加した橋本雅弘氏へのインタビュー記録（第14章）「「ベトナムにおける戦争犯罪調査日本委員会」をめぐって――橋本雅弘氏に聞く」からは、アメリカがヴェトナムにおいて対人殺傷を目的とするナパーム弾を使用するなど、兵器の使用方法を含めて、アメリカのヴェトナムにおける戦争行為が「ジェノサイド」的様相を呈したことを改めて知ることができる。

＊

　本書の最後の論考として、本共同研究2017年度第3回研究会にて小熊英二氏が「1968年」に関して総括的に問題提起された報告「現代史の一過程としての「1968」」（報告後の参加者との討論を含めて）を文字化して掲載させていただいている（第15章）。小熊氏は、この報告において、「1968」について①メディアの発達、②近代化の進展、③冷戦秩序の動揺、の三つの観点から論じるとともに、「日本にとっての「1968」」の意味についても言及しながら、「「1968」とは何だったのか」との問いを立て、「1968」を「近代化のプロセスと現在の秩序のギャップが生む一種の「地震」」として歴史的に位置づけることができるとの視点を提示している。

　以上が本書の構成と各論文の内容である。「1968年」の時代を論じるうえで本書ではカバーできなかった対象も多々残されている。ただ、本書においては、本共同研究の目的として掲げた「時代の転換期」としての「1968年」の時代の歴史的意味やその文化・思想的側面については一定の問題提起ができたと考えている。とくに、「1968年」の時代の当事者としての、王前、高橋武智、橋本雅弘の各氏の問題提起は貴重なものであると言える。本書が、今後、「1968年」

の時代の歴史的意義とその遺産について考える一助となれば幸いである。また、「1968年」の時代の研究が一層進展することを期待したい。

なお、本書では、この「まえがき」の執筆を2016～2017年度に研究代表を務めた藤本博が担当し、そして「あとがき」については、2018年度に研究代表をされている川島正樹氏に執筆いただいた。「あとがき」では、本書誕生の経緯について言及いただくとともに、個人的な感慨を交えながら本共同研究の意味について語っていただいている。「あとがき」末尾で述べられているように、本書が、「1968年」の時代を同時代として体験していない若い世代に対してこの時代の息吹の一端を実感する機会を提供するものとなることを願っている。

本共同研究に関わって、学外の研究者ならびに「1968年」の当事者として本共同研究の研究会で報告いただき、あるいはインタビューに応じていただいた王前、小熊英二、高橋武智、橋本雅弘、平田雅己、福田宏、真崎翔の各氏に感謝の意を表したい。また、本共同研究分担者としてご協力いただいた大竹弘二、加藤隆浩、川島正樹、高岡佑介、ダビット・クーロン、中村督、濱田琢司、平松彩子、星野昌裕、細谷博、真崎翔、松田京子、山辺省太の各氏に対しても感謝を申し上げる（いずれも五十音順）。同時に、本共同研究の活動を円滑に進めるうえで南山大学地域研究センターのスタッフの方々の協力を得た。2016年度から2017年度6月中旬までは青木万里子さんに、その後2018年4月まで安藤絢さんに、そして2018年度に入ってからは本書刊行に向けての実務的なとりまとめを含め相楽麻衣子さんにそれぞれ大変お世話になった。記して謝意を表しておきたい。また、本共同研究の出版を担当された行路社の楠本耕之氏、そして組版を担当された鼓動社の村上幸生氏にも感謝を申し上げたい。

2016年度～2018年度の3年間にわたる本共同研究「「1968年」の意義に関する総合的研究──「時代の転換期」の解剖」の活動記録ならびに執筆者紹介については本書巻末を参照いただければ幸いである。

注
★1　この論点について詳しくは、西田慎・梅崎透「なぜ今「1968年」なのか」西田慎・梅崎透編『グローバル・ヒストリーとしての「1968年」』（ミネルヴァ書房、2015年）参照。『思想』は2018年第5号において「1968年」の特集を組み、〈鼎談〉「「1968年」再考」（井関正久・梅崎透・小熊英二）では1968年を考えるうえでの諸論点が提示されるとともに、欧米・日本を対象とする「1968年」論に関する諸論文が掲載されている。

目次

まえがき………藤本 博　3

第1章
「1968年」の時代を生みだしたヴェトナム戦争の
　　　　　世界史的意義とその影響・遺産………藤本 博　15

第2章
貧者の行進からウォール街占拠へ………川島 正樹　33
1968年のアメリカ社会運動と現在への影響

第3章
指導者の失敗、終わりが見えない戦争、抗議運動の隘路
1968年の永続的な遺産　　　………マイケル・アダス（藤本博訳）　59

第4章
アメリカ大統領候補指名制度の民主化………平松 彩子　77
ローレンス・オブライアンによる
民主党規則改革 1968-1972年

第5章
トラウマの文学的表象／トラウマの物質化………山辺 省太　95
ティム・オブライエンの『失踪』と
カート・ヴォネガットの『スローターハウス5』

第6章
対抗文化とカルロス・カスタネダ………加藤 隆浩　113

第7章
68年5月の神話化に関する一考察………中村 督　129
記憶・歴史・世論をめぐって

第8章
チューリヒにおける「1968年」………高岡 佑介　149
グローブス騒乱をめぐって

第9章
新しい社会運動からポピュリズムへ？……… 大竹 弘二　167
承認と再配分のジレンマをめぐって

第10章
中国文化大革命における理想と現実……… 星野 昌裕　189

第11章
文化大革命を振り返って……… 王 前　207
そのスケッチと教訓

第12章
小笠原諸島における1968年……… 真崎 翔　217
施政権返還後の父島と硫黄島の変遷

第13章
1968年、あるいは1960年代と関連させて、
　　ベ平連・ジャテックの運動を再考する
　　　　　……… 高橋 武智・平田 雅己（コメント）　241

第14章
「ベトナムにおける戦争犯罪調査日本委員会」の活動をめぐって
橋本雅弘氏に聞く
　　　　　……… 橋本 雅弘・藤本 博（聞き手）　267

第15章
現代史の一過程としての「1968」……… 小熊 英二　279

あとがき……… 川島 正樹　317

活動記録　321
執筆者紹介　324

第1章

「1968年」[*1]の時代を生みだしたヴェトナム戦争の世界史的意義とその影響・遺産

藤本 博

はじめに

　本章では、第一に、「時代の転換期」としての「1968年」の時代の特徴とヴェトナム戦争の位置について述べ、第二に、ヴェトナム戦争がアメリカ合衆国（以下、アメリカ）や日本、そして世界に及ぼしたインパクトは何か、そして第三に、ヴェトナム反戦運動をめぐる記憶継承の今後の課題について言及する。これらの考察を通じて、「1968年」の時代を生みだしたヴェトナム戦争の世界史的意義ならびにその影響・遺産を考察し、「1968年」の時代の特徴の一端を明らかにすることが本章の目的である。

1　「時代の転換期」としての「1968年」の時代の特徴とヴェトナム戦争の世界史的意義

1・1　ヴェトナム戦争の世界史的意義の全体像

　ヴェトナム戦争の世界史的意義の全体像に言及する前に、「1968年」の時代における社会運動・社会変容について言えば、本書「まえがき」でも述べたように、以下の四つの特徴がある。
　一点目は、1960年代後半から若者を中心とする「異議申し立て」・「抗議運動」が欧米や日本など資本主義諸国で顕著に見られ、社会を大きく揺り動かすインパクトを与えたことである。二点目に、こうした社会的変動はチェコスロヴァキアや中国などの東側諸国にも広がり、ラテンアメリカを含め「途上国」でも見られた世界的規模でのグローバルな現象であった。三点目に、この国際的同

時性のもつ運動・変動の頂点が「1968年」であったと言える。そして、四点目に、政治・社会の側面のみならず、既成の価値観やライフスタイルにも大きな影響を与え、文化的な側面まで及ぶ重層的なインパクトがあった。

「1968年」の時代における社会運動・社会変容に関して上記の四つの特徴を指摘することができる。このような特徴をもたらしたのは、様々な要因がある中で、最大の要因の一つはヴェトナム戦争であったと言える。それゆえ、「1968年」の時代におけるこのようなヴェトナム戦争の位置を射程に入れて、ヴェトナム戦争の世界史的意義を考える必要がある。ここでは、二つの側面に限定してヴェトナム戦争の世界史的意義について確認しておきたい。

ヴェトナム戦争の世界史的意義の一つは、アメリカがヴェトナムにおいて挫折を経験し、その挫折が当時の「冷戦」構造の変容を大きく促したことにある。アメリカは「冷戦」政策の文脈の中で1960年代には「中国封じ込め」政策の一環としてヴェトナム戦争を展開してきた。しかしながら、ヴェトナムでの挫折をもとに1969年に発足するニクソン政権下で米軍の撤退と「名誉ある和平」の実現を図るために1972年には米中和解の道を歩み、その後、中国、ソ連との関係改善を図る「デタント」政策を展開した。反面で、ヴェトナムの民族的抵抗自体は「冷戦構造」を突き崩す役割があったと考える[2]（ここでは詳述できないが、本書第15章における小熊英二氏の論考「現代史の一過程としての「1968」」でも語られているように、「1968年」の時代をもたらした要因の一つとして「冷戦秩序の揺らぎ」との関連を考えることが重要である[3]）。

世界史的意義の第二は、ヴェトナム戦争が第二次世界大戦後における最も破壊的な戦争であったがゆえに、「史上最初の世界反戦」[4]と言われる規模でアメリカはもとより世界的規模で、反戦運動・戦争批判が展開されたことである。近年では、各地域の反戦運動・戦争批判が世界的連関・連携をもって越境的に展開されたことが注目されている。とくにアメリカにおいては、「正義の戦争」観、アメリカ的価値観に対する疑念を生みだし、ヴェトナムにおける民族的抵抗への共感をもとに、自らの社会、ひいては自己を問い直す動きが見られた。この背景としては、ヴェトナム戦争が第二次世界大戦後における最も破壊的な戦争としての様相を呈したことが重要である。

ヴェトナム戦争が第二次世界大戦後における最も破壊的な戦争であったと言われるほどの規模で戦争の暴力性が顕著に見られたのは、ヴェトナムにおける民族抵抗が「人民戦争」の様相を呈し、戦場において戦闘員と非戦闘員を区別することが非常に困難であり、米軍がヴェトナム民主共和国（北ヴェトナム）

に対する恒常的北爆を展開し、北緯17度線以南の南ヴェトナムにおいても村落の破壊と民間人に対する無差別攻撃を行ったからであった。「村を救うために、村を破壊する」ことが日常化したのである。当時、南ヴェトナムを訪ねて新聞記者あるいは報道カメラマンとして南ヴェトナムの「戦場の村」を報道した本多勝一氏や石川文洋氏が指摘しているように、「敵」からの攻撃がない中で、村の女性や子どもなどの民間人が犠牲になったというのが「戦場の村」の実態であった★5。また、現代史家の荒井信一氏が指摘するように、「戦争に民間人が巻きこまれたのではなく、初めから民間人とその生活空間とが攻撃の対象」となった★6。

そして南ヴェトナムの戦場では、米兵は、殺戮のためにヴェトナム民衆を「非人間化」すると同時に、自らをも「非人間化」し、米兵は二重の「非人間化」の状態に置かれていく。こうしてアメリカ社会では、ヴェトナム戦争中から帰還兵の間でPTSDの問題が顕在化することになる。

次項において、ヴェトナム戦争の世界史的意義の第二の点との関連で、アメリカ社会における「正義の戦争」観、アメリカ的価値観への問いかけの諸相についてまとめておきたい。

1・2　アメリカ社会における「正義の戦争」観、アメリカ的価値観への問いかけ

ヴェトナムにおけるアメリカの挫折やヴェトナム戦争の暴力性の状況を受けて、ヴェトナム反戦運動・戦争批判の中で、「正義の戦争」観、アメリカ的価値観への問いかけがどのようになされたかについての全体像に関しては、アメリカ史家の清水知久氏の『ベトナム戦争の時代』が参考になる★7。清水氏は同書の後半で、「戦車と花」、「国家と個人」、「階級と市民」、「民族と人類」のタイトルのもとで同時代的に提起された問題を整理している。

この問題に関して注目すべきことは以下の二点である。一つは、国家権力の暴力性に対する批判的精神が醸成されたことである。ヴェトナムにおける米軍の暴力が問題となるとともに。1968年8月における「プラハの春」に対するソ連軍の弾圧もヴェトナムにおける米軍の暴力と類似したものとして語られたと言われている。アメリカでは1967年10月21日にペンタゴンで10万人規模のデモが行われ、警官隊の前にデモ隊に参加していた一人の女性が花を差し出している当時撮影された写真がある。この女性の行為は、軍の「暴力」に対し「人間」的なものの大切さを訴える当時の状況を象徴するものであった（次頁写真参照）。

二つ目として、ヴェトナムの民族的抵抗に対する共感が非常に強くなり、「第

三世界」との連帯が生まれた点がある。そして、このことが、当時見られた「欧米中心主義」への批判や国内外のマイノリティ問題への自覚化につながっていくわけである。

筆者はヴェトナム戦争期に大学時代を過ごし、ヴェトナム戦争に影響を受けて研究者の道を歩んだものとして、上記の第二の点に関して個人的な体験を述べさせていただきたい。

写真1 「銃剣に花を捧げる少女」（マルク・リブー撮影）

ヴェトナム戦争批判を契機にアメリカ外交史やアメリカ史の視座の転換が提起された。こうした視座の転換には個人的にも大きな影響を受けた。アメリカ外交史研究について言えば、「冷戦」史の過程においてヴェトナムにおける民族抵抗など「第三世界」における抵抗運動の帰趨によってアメリカもソ連も翻弄されていく歴史の現実を知り、「第三世界」の抵抗運動をも組み込んで「冷戦」史の全体像を再検討するとともに、アメリカの「力の限界」を探求する研究をその後志すことになった★8。また、アメリカ史像に関しては、アメリカ史を学ぶ機会があった学部生の時代に本多勝一氏の著作『アメリカ合州国』★9を読んで黒人の問題を自覚した。そして、ヴェトナムで1968年3月に米軍が504名の無辜の民間人を殺害した「ソンミ村虐殺」★10とのパラレルな関係で先住民の側から19世紀後半における米騎兵隊の先住民に対する残虐行動を描いた映画『ソルジャー・ブルー』（*Soldier Blue*）（1970年、日本での公開は1971年）という映画からは、それまで自分の頭の中にあった白人中心の西部開拓の歴史像は崩され、西部開拓が先住民にとっては土地収奪と殺戮の歴史であることを知ることになった。

2 ヴェトナム戦争がアメリカや日本、そして世界に及ぼした影響は何か

2・1 アメリカ、日本、世界的規模における
　　　ヴェトナム反戦運動・戦争批判の特徴とその世界的波及
　2・1・1 アメリカにおけるヴェトナム反戦運動★11

ヴェトナム戦争が及ぼした影響として重要なのは、アメリカ国内でアメリカ

史上未曾有の反戦運動が展開されたことである。

アメリカのヴェトナム反戦運動は、米軍による北ヴェトナムに対する恒常的爆撃が開始され、戦闘部隊が初めて投入された1965年3月直後に「民主的社会を求める学生組織」（Student for Democratic Society, SDS）が主導して白人学生を中心に始まる。ヴェトナムへのアメリカの軍事介入に対する批判は、1966年初頭には米連邦議会内に拡大し、派遣米兵が40万を超える1967年春には運動の高揚が一層進み、反戦運動の規模が拡大すると同時に、質的な変化を見せることになった。1967年にはヴェトナムの民族抵抗に共感する民族自決擁護の立場に立つラディカルな戦争批判が顕著にみられ、キング牧師など黒人運動家が反戦運動に参画して公民権運動と反戦運動が結合する★12。また、この時期には組織的な徴兵拒否運動も展開されるようになる。

公民権運動と反戦運動が結合したことを象徴的に示すのは、黒人運動の代表的指導者であるキング牧師が1967年4月4日にニューヨークのリバーサイド・チャーチで行った"Beyond Vietnam：A Time to Break Silence"と題する演説である★13。キング牧師は、演題のとおり、「沈黙を破る時が来た」として、ジョンソン政権のヴェトナム政策を厳しく批判したのだった。キング牧師は、この演説の中で、黒人は法的な市民権は確保されたものの未だ貧困が根強く残る一方で、この貧困に喘ぐ若者がヴェトナムに派遣され戦争の最前線で戦うという二重の苦難に黒人は置かれていることに注意を喚起した。そして、アメリカがヴェトナムの民族統一の動きを拒否してきた歴史に立ち戻り、民族的抵抗への「共感」が重要だとして、解放戦線の立場をアメリカは支持すべきことを説いたのである。同時に、「物を中心とした」社会から「人を中心とした」社会への転換を急速に開始する必要があるとして、「人種主義、唯物主義、軍国主義という三大悪」の克服を目指す「価値革命」を提唱したのだった。

また、ヴェトナム反戦運動の中では、戦場で戦った経験を持ち、戦争に疑念を抱いた帰還兵たちが戦争批判の声をあげたことも重要であった。上記のキング牧師の演説から2カ月後の1967年6月に「戦争に反対するヴェトナム帰還兵の会」（Vietnam Veterans Against the War, 以下VVAW）が結成されることになる。ヴェトナム戦争が依然として継続している最中に、帰還兵たちの組織的な反戦運動が展開されたことは歴史上稀有なことであったと言える★14。さらに、アメリカ国内で「カウンター・カルチャー」の勃興が見られ、アメリカ社会の文化変容に大きな影響を与えたことも、この時代を語るうえで見逃すことができない現象である。

2・1・2　日本におけるヴェトナム反戦運動[15]

　ヴェトナム反戦運動・戦争批判はアメリカ国内にとどまらず、ドイツやフランス、日本など先進資本主義諸国に波及した。本項では、ヨーロッパ諸国におけるヴェトナム反戦運動・戦争批判については割愛させていただき、日本に限定して紹介する。

　日本におけるヴェトナム反戦運動の概要を概括的に述べれば、以下のようにまとめることができる。第一に、総評（日本労働組合総評議会）などが国際連帯の旗を掲げて1966年10月21日にヴェトナム反戦ストライキを行うなど、組織労働者が反戦運動に加わった。そして第二に、市民レベルでの運動の広がりも見られ、全国規模では、ヴェトナムの民族的抵抗を支援するための「ベトナム人民支援委員会」が結成されるとともに、「べ平連」（「ベトナムに平和を！市民連合」）のような独自の市民運動が地域ベースに全国的に展開されたことが注目される。また、帰休米兵の脱走援助運動や米軍野戦病院の撤去を求める運動（「大泉市民の集い」等）、米戦車搬出阻止闘争など、地域や諸階層の小グループの運動が様々な形で見られた。さらには、1966年10月に弁護士や医師、大学教員など知識人を中心に「ベトナムにおける戦争犯罪調査日本委員会」が結成され、ヴェトナムにおけるアメリカの戦争犯罪を調査・告発する運動も展開された。この運動に関連しては、1967年8月には同委員会主催で「ベトナムにおけるアメリカの戦争犯罪と日本の加担・協力を告発する東京法廷」（以下、「東京法廷」）が開催されたことが注目される[16]。

　ヴェトナム戦争の日本社会への波及としては、教育体制の権威主義に対する問いかけをもとに1967年以降、全国で大学民主化運動ならびに「全共闘」の学生による「大学解体」の急進的運動が展開されたことや、音楽・服装などの若者文化等、日本社会において文化変容をもたらしたことをあげることができる。服装に関して言えば、日本社会ではアメリカの影響を受け、カジュアルな服装であるTシャツやジーンズがいつから着用され始めたかが興味深い。

2・1・3　ヴェトナム反戦運動の世界的連携と連帯

　ヴェトナム反戦運動・戦争批判について語る場合、ドイツやフランス、日本など国内での運動が高揚したこともさることながら、すでに述べたように（「1・1　ヴェトナム戦争の世界史的意義の全体像」参照）、世界的な運動の連携や連帯が見られたという運動の国際性についてもその顕著な特徴として着眼する必要がある。

ヴェトナム反戦運動をめぐる世界的な運動の連携や連帯という点では、イギリスの哲学者バートランド・ラッセルの提唱で1967年に2回にわたってスウェーデンのストックホルムとデンマークのコペンハーゲン郊外ロスキレでそれぞれ開催された「アメリカの戦争犯罪」を裁く民衆法廷であった「ラッセル法廷」が注目される。「ラッセル法廷」の目的は、「ラッセル法廷」を準備する過程で結成された各国の戦争犯罪調査委員会の調査団報告をもとに世界的に権威ある知識人が法廷メンバーとなってヴェトナムにおける「アメリカの戦争犯罪」を告発し、「ラッセル法廷」で明らかにされたことを通して「アメリカの良心」に訴え、アメリカの世論の転換を図ることにあった。そのためにも、「ラッセル法廷」にはアメリカの当時の反戦・平和運動や黒人運動の代表的人物であったデリンジャー（Dave Dellinger）やオグルズビー（Carl Oglesby）、カーマイケル（Stokely Carmichael）が法廷メンバーとして招聘され、戦場で戦った米兵3名が証言者として招かれた★17。

そして、「ラッセル法廷」とともにヴェトナム反戦運動が世界的に高揚した時期に起こった、中国の「プロレタリア文化革命」における「紅衛兵」運動や1968年のチェコスロヴァキアでの「プラハの春」とヴェトナム反戦運動の世界的波及との相互関係をどのように把握できるのかについて、今日的視点から歴史的に再検討することも重要だと考えられる。

2・2　ヴェトナム反戦運動、戦争批判が問いかけたこと
―― 戦場の実相の内面化と市民運動の可能性

ヴェトナム反戦運動、戦争批判が問いかけたことは多岐にわたる。ここでは以下の二点について言及しておきたい。一つは、戦争の実相が認識の中で内面化されたこと、言い換えれば、戦争が人間性を破壊するのだという「戦争の非人道性」ならびにその対極として「人間性の回復」という問題が自覚された点をあげることができる。そしてもう一つは、日本において、戦争の「加害」性が意識化され、「市民主義」の台頭が見られたことである。上記の二点について順に述べていく。

2・2・1　戦場の実相の内面化★18

まず、戦争の実相の内面化されたことを象徴的に示したものが、1971年1月末から2月初頭にかけてVVAWが主催して開催した「冬の兵士」調査会（Winter Soldier Investigation）である。この「冬の兵士」調査会の目的は、

1969年11月に露見した「ソンミ虐殺」について当時のニクソン大統領が「孤立した事件」と述べたことを批判して、戦場では民間人の殺戮が日常化している現実を明らかにすることにあった。兵士たちは、戦争の過程でヴェトナムの民間人を「非人間化」する実態を証言するとともに、その背後に「人種差別主義」が根強くあることを語ったのだった。そして、「冬の兵士」調査会で証言した兵士にとっては、「戦士」(warrior)から「証言者」(public witness)の立場に変わることで、「人間的目覚め」のプロセスでもあった。

その後、1971年6月に6名のVVAWのメンバーが「ラッセル法廷」以後の「新国際法廷」としての「国際戦争犯罪調査委員会」第2回審理集会(オスロで開催)に参加し、また同年8月と翌年12月にはVVAWメンバーがヴェトナム共和国(北ヴェトナム)を訪問したことは、ヴェトナム反戦運動が国際的連関の中で展開されたことを示す証左であった。興味深いことに、そうした場で「敵」である南ヴェトナムの解放勢力のメンバーや北ヴェトナムの要人と人間的交流を深めたことは、VVAWのメンバーにとっては「人間発見」のプロセスともなった。

2・2・2 「ベ平連」が問いかけたこと
—— 「加害」の意識化、「市民主義」、運動の国際性

次に、日本において、ヴェトナム反戦運動を通して、戦争の「加害」性ならびに「市民主義」・「個人原理」が意識化されたことについて取り上げる。政治学者の石田雄は、これら二つのことが意識化されるにあたって、日本におけるヴェトナム反戦運動の中で新たな市民運動のかたちを示した「ベ平連」[19]の役割に注目し、とくに戦争の「加害」性を意識化させたことに「ベ平連」の歴史的意義とその功績があるとしている[20]。ここでは、この点について石田雄の論点を紹介しながら、整理しておきたい。

石田雄は、「加害」の面を意識させる思想的土壌を理解するうえで、「ベ平連」のリーダー的存在であった作家小田実をとりあげ、小田実が「『「難死」の思想』[21]などで展開した考えは、まず彼が少年時代に米軍の空襲を受けた体験の回想から、北爆の下で同じように空襲を受けているヴェトナムの人たちの上に思いをはせ、日本人は米軍に基地を提供し、戦車を修理し、ナパーム弾の原料を生産するなど様ざまな形で加害に加担し、利益をえていることを意識するに至った」ことに注目している[22]。石田雄も述べているように、第二次世界大戦期のアジア太平洋戦争を把握する場合、日本国民は米軍による空襲を受け

た点では被害者であったが、日本軍がアジアの多くの非戦闘員を殺害した点では加害者でもあったのであり、ヴェトナム戦争での日本の「加害」の側面[★23]が見えてくることで、アジア太平洋戦争での日本の加害性が自覚されるようになったことが重要であった[★24]。

そして石田雄は、個人参加を旨とする「ベ平連」の歴史的起源を60年安保の「声なき声の会」に求め、「ベ平連」の組織的特徴について以下のようにまとめる。「市民が個人としてコミットすることに対応したゆるい組織形態、すなわち一方では丸抱えという既存秩序に底辺では依存しながら指令主義的な規律を重視する、従来の組合にみられたような古い型の組織とは違った型を生み出した」[★25]。「市民主義」とか「自発性の原理」というものである。「ベ平連」は発足にあたり「ベトナムに平和を！　ベトナムはベトナム人の手に！　日本政府は戦争に協力するな！」の三つの課題を掲げ、この三つの課題をもとに、上記の組織的特徴を生かして、緩やかな組織が地域をベースに全国に活動を広げたのであった。

加えて言えば、「ベ平連」の運動の他の特徴として、運動の「国際性」をあげることができる。例えば、『ニューヨーク・タイムズ』紙にヴェトナム戦争反対の意見広告を出し、アメリカの歴史家ハワード・ジン（Howard Zinn）やフランスの哲学者サルトル（Jean-Paul Sartre）などを招聘して集会を開催するなどアメリカならびに世界の運動家との交流を積極的に図った。高橋武智など「ベ平連」の中心的メンバーが脱走米兵支援を積極的に行ったことも、「ベ平連」の運動の「国際性」を示すものと言える（詳しくは、本書第13章、高橋武智・平田雅己（コメント）「1968年、あるいは1960年代と関連させて、ベ平連・ジャテックの運動を再考する」参照）[★26]。

3　ヴェトナム戦争認識の現状、ヴェトナム反戦・平和運動の今日的遺産

次にヴェトナム戦争認識の現状、ヴェトナム反戦・平和運動の今日的遺産に関していくつか指摘しておきたい。

3・1　ヴェトナム戦争認識の現状

ヴェトナム反戦運動・戦争批判の中で1960年代後半から70年代初頭にかけて問われた戦場での人間性の破壊、特にヴェトナム民衆の犠牲については、ヴ

ェトナム戦争が終結した1975年以降、全体としては「不可視化・忘却」されてきたと言える。

まずアメリカ国内のヴェトナム戦争認識の現状について、アメリカ国内の世論と政府レベルの動きを紹介しておきたい。アメリカ国内の世論調査については、2013年3月に公表されたGallupの調査が参考になる。この調査はイラク戦争10周年にあたる2013年に行われたもので、イラクやアフガニスタンでの戦争とともにヴェトナム戦争に関して「アメリカが軍隊を派遣したことは間違っていたか」を聞いている。ヴェトナム戦争に関しては、「ヴェトナム戦争世代」の65歳以上では「間違っていた」と回答したものが70％であるのに対して、18歳から29歳の間では「間違っていた」が44％、「間違っていない」が過半数をわずかに超える51％という結果であった。この結果は、ヴェトナム戦争を"Bad War"と把握する認識が若い世代の間で希薄になっていることを示している★27。政府レベルについて言えば、オバマ政権は2012年、2025年を射程に入れた「ヴェトナム戦争50周年コメモレーション」(The United States of America Vietnam War Commemoration）を提案し、ヴェトナム帰還兵とその家族を称える動きが進行している★28。

ヴェトナム戦争認識の現状をヴェトナム側から見れば、ヴェトナム側は近年、中国に対する地政学的な考慮もあって米越の国家関係の緊密化を重視しているため、ヴェトナム国内ではヴェトナム戦争期の米軍による虐殺の記憶を継承する動きは乏しく、米軍による枯れ葉剤散布に対する補償の問題も政府レベルでは一切表面に出てこないような状況になっている。

3・2　ヴェトナム反戦運動・戦争批判の今日的遺産

上記で述べたヴェトナム戦争認識の現状を見た場合、ヴェトナム戦争期の反戦運動・戦争批判は体制変革を生み出し、アメリカ政府の外交認識を変えたということはできないが、その後に社会の文化的な変容、思想的な変容を大きく促したことにその今日的遺産の一つがあると考えることができる。ここでは、その例をいくつか取り上げてみる。

第一に、アメリカの場合、戦中・戦後の兵士が置かれた状況や戦争が行われている現地の民間人犠牲など「戦争の実相」に着眼することに対する問いかけが、細々ではあるが続いていることである。例えば、アフガニスタンやイラクで戦った帰還兵が「戦争に反対するイラク帰還兵の会」(Iraq Veterans Against the War) を結成し、イラク戦争5周年にあたる2008年にはヴェト

ナム反戦帰還兵主催の「冬の兵士」調査会にならって、アフガニスタンやイラクの「戦争の実相」を告発する証言集会を開催している[29]。

　第二に、日本の場合に限定してヴェトナム反戦運動・戦争批判の今日的遺産について事例をあげれば、次の三点に見出すことができる。

　一点目は、市民レベルにおいて、アジア太平洋戦争における日本の「加害」性の認識を基に、南京大虐殺や従軍慰安婦の問題をめぐってアジア諸国の民衆との「歴史和解」の動きが進んでいる。

　二点目は、2015年夏に、若者によってSEALDsが結成されたことに象徴されるように、「安保法制」をめぐって市民運動の活性化が見られたことである。SEALDsについて言えば、「ベ平連」が掲げた「市民主義」＝「個人原理」の発想を今日に継承したものと考えることができる。ただ、ヴェトナム戦争期に問われたアジア太平洋戦争期の日本の「加害性」への認識がどう若者に継承されているか、言い換えれば、SEALDsの運動の思想的基盤はどこにあるのかが論点となる。この点では、小熊英二氏がSEALDsの思想的基盤について、戦争体験とは異なる基盤、すなわち「平和」な「日常」が崩れていくことに対する不安の意識にある、との興味深い指摘をしている[30]。

　三点目として、これも日本に関してのことで、1960年代末から70年代初頭にかけて見られた、社会的メッセージの込められたフォークソング・ブームの遺産の継承に関してである。当時の若者の不満や「学園闘争」を反映し、またアメリカでの同時代的な文化変容の影響を受けて、そうしたフォークソング・ブームが日本において起こる。この点に関して、2016年7月に、その中心的な担い手であった杉田二郎と山本コータローによる回顧的な対談が『サンデー毎日』に掲載されており、そこで山本コータローが「団塊の世代とは何であったか」を音楽などの文化も含めて振り返り考察する予定であること、そして杉田二郎が2017年はレコードデビュー50周年になることから、節目として仲間と何か計画したいと述べていた[31]。

4　ヴェトナム反戦運動・戦争批判の記憶継承をめぐって

4・1　アメリカにおける反戦運動の「記憶の封印」に対する「新たな闘い」

　アメリカでは、SDSの創始者の一人でヴェトナム反戦・平和運動の中心的リーダーの一人であったトム・ヘイドン（Tom Hayden）が、アメリカにおけるヴェトナム反戦・平和についての歴史的記憶が必ずしも継承されておらず、

同時に前述の「ヴェトナム戦争50周年コメモレーション」の動きがヴェトナム反戦・平和運動の記憶を「封印」するものであることに危惧を抱き、こうした「記憶の封印」に対する「新たな闘い」を提唱している★32。2014年9月に、この提唱の一環として、「ヴェトナム戦争50周年コメモレーション」の動きを警戒して、トム・ヘイドンら長年反戦運動に携わってきた活動家を中心に「ヴェトナム平和コメモレーション委員会」（Vietnam Peace Commemoration Committee, 以下、VPCC）が設立されている。このVPCCは、国防総省主導の「ヴェトナム戦争50周年コメモレーション」が設定したのと同じく2025年までを射程に（VPCCは、2015年に活動を開始）、約10年間の期間を設定して、その目的は、「アメリカ史上最も不人気な戦争とその戦争を止めるうえで貢献した強力な運動を振り返ることで、真実が語られ、ヴェトナム戦争と同様な破滅的戦争に巻き込まれることのないよう教訓が学ばれる」機会を作り出すことにあった★33。VPCCは、こうした目的を掲げて、これまで主とした活動の一つとして、「ヴェトナム戦争50周年コメモレーション」の活動内容とともに、「ヴェトナム戦争50周年コメモレーション」のWebページに掲載されているヴェトナム戦争の年譜（interactive timeline）が戦争の歴史を正しく伝えているかをモニターしてきている。VPCCのモニターの成果の一つとして、例えば、年譜が最初に作成された際に、1968年3月16日に起こった「ソンミ村虐殺」の説明では「ミライ事件」（My Lai Incident）の用語が使用されていたが（当時虐殺が行われた場所が米軍地図ではMy Laiと呼ばれていたため、欧米ではMy Lai Massacreと表記）、VPCCからの抗議をもとにした国防総省の担当官らとの話し合いを経て、現在の年譜では「アメリカル師団がミライ（My Lai）にて数百人のヴェトナム民間人を殺害した」との表現に変更されている★34。

　ヘイドンはまた、こうした試みの一環としてヴェトナム反戦史上、最初の大規模な反戦集会となった1965年4月17日における首都ワシントンでの反戦行動50周年を記念して、2015年5月1日と5月2日の両日、当時の反戦運動に中心的に関わったメンバーがreunionの意味を込めて集う集会をワシントンで企画した。この集会では、"Vietnam: The Power of Protest"のテーマのもとでヴェトナム反戦・平和運動の意義とその遺産について多くが語られた。この集会には、トム・ヘイドンの他、ジャン・バリー（VVAW創始者の一人）やストートン・リンドを含めかつてヴェトナム反戦運動を中心的に担った人々が多く参加し発言している★35。最近では、VPCCは、1967年10月のペンタ

ゴンに対するデモ50周年（2017年10月20日〜21日）やソンミ村虐殺50周年（2018年3月16日）、キング牧師暗殺50周年（2018年1月のキング牧師記念日から暗殺された同年4月まで）の時期に様々な行事を行い、ヴェトナム反戦運動の節目となる時期を回顧することで、ヴェトナム反戦・平和運動の遺産とその歴史的意義を振り返る活動を進めている[★36]。

以上述べた点に関して言えば、VPCCの活動を通じて、国防総省主導の「ヴェトナム戦争50周年コメモレーション」に対抗する形で、多くのヴェトナム民間人を殺害した「アメリカの戦争」の実相ならびに帰還兵による運動も含め反戦運動の記憶が今後いかに継承されていくかが注目される。

4・2　日本におけるヴェトナム反戦運動の継承と資料保存の課題

本稿を結ぶにあたって、関連資料をどう発掘し、所在を共有していくかについて述べておきたい。

日本のヴェトナム反戦運動に関して言えば、「ベ平連」については膨大な資料が立教大学共生社会研究センターに寄贈されているものの、その他の組織や団体の資料は散逸した状況にある。もとより日本におけるヴェトナム反戦運動は「ベ平連」だけが担っていたわけではないことから、本稿「2・1・2　日本におけるヴェトナム反戦運動」で言及した様々な形態での運動に関して、散逸状態にある資料の収集と所在の確認がなされる必要がある。

上記「日本におけるヴェトナム反戦運動」の箇所では、「ラッセル法廷」やそれを継承した「国際戦争犯罪調査委員会」審理集会など国際的な「アメリカの戦争犯罪」告発の運動と連携・協力して、日本でも「ヴェトナムにおける戦争犯罪調査日本委員会」（以下、「戦犯調査日本委員会」）を中心に「戦争の実相」を調査・証言する運動が展開されたことについて述べた。筆者は現在、この「戦犯調査日本委員会」が果たした役割について歴史学的な実証研究を試みたいと考えている[★37]。ただ、「戦犯調査日本委員会」の資料は散逸した状況にあり、今後、この関連資料の所在の確認と、必要な範囲で当事者へのインタビューも行いたいと考えている[★38]（2016年12月28日に、「戦犯調査日本委員会」の第2次ヴェトナム現地調査団等に参加された橋本雅弘氏〔元京都吉祥院病院院長〕を知る機会に恵まれ、インタビューさせていただくことができた。このインタビュー記録は、本書第14章にて「『ヴェトナムにおける戦争犯罪調査日本委員会』の活動をめぐって──橋本雅弘氏に聞く」のタイトルで掲載させていただいている）。

アメリカの場合、こうした社会運動系の資料は、反戦運動も含めて膨大な資料が様々なアーカイブに保管されている。本稿でも言及したようにヴェトナム戦争がまだ継続していた1971年初頭に「冬の兵士」調査会を開催するなどヴェトナムにおけるアメリカの「戦争犯罪」告発等に大きな役割を果たした反戦ヴェトナム帰還兵の反戦組織「戦争に反対するヴェトナム帰還兵の会」（VVAW）については、ウィスコンシン大学マディソン校の構内にあるWisconsin Historical SocietyにVVAWに関する史資料としては最大の量の膨大な資料が所蔵されており、「冬の兵士」調査会はもとより、各地域支部でどのような運動があったかについても資料をもとに歴史研究が可能な環境が提供されている。VVAWは組織として現在も継続的に活動を行っており、2014年にはVVAWの組織として、関連史資料の包括的保存を目的に"VVAW Archives Project"を立ち上げ、関係者に史資料の提供を呼びかけている★39。

　このように日本においても、ヴェトナム反戦運動を当事者として担った個人ならびに様々な団体・諸組織が関係資料を寄贈して、大学などの機関が受け入れ、研究環境を整えるという文化が定着することが望まれる。

注

★1　本稿においては「1968年」の用語は、単なる年号を意味するものとしてではなく、研究者間で通例考えられているように、「1960年代」の文脈の中で位置づける言葉として、また「1968年」前後の数年間の時代を総称するものとして使用する。したがって、このような時代的位置づけのもとに、本報告では、「「1968年」の時代」という表現を使用する。

★2　以上の点について詳しくは、藤本「20世紀後半期の国際関係とアメリカ的世界——「冷戦」とベトナム戦争」草間秀三郎・藤本編『21世紀国際関係論』（南窓社、2000年）参照。

★3　「鼎談『1968年』再考——日米独の比較から」（井関正久・梅崎透・小熊英二）『思想』no.1129（2018年5月）、39～40頁参照。

★4　哲学者の古在由重氏の言葉。本多勝一『戦場の村』（朝日文庫、1981年）の古在由重の解説、332頁参照。初版は1969年刊行。

★5　本多勝一、同上、194頁、石川文洋『ベトナム 戦争と平和』（岩波新書、2005年）、32-34頁参照。

★6　荒井信一『戦争責任論——現代史からの問い』（岩波現代文庫、2006年）、271頁。

★7　清水知久『ベトナム戦争の時代』（有斐閣新書、1985年）。

★8　このような枠組みで「冷戦」史を描いた代表的研究書の1つが、以下の著作である。Gabriel Kolko, *Limits of Power: The World and the United States Foreign Policy, 1945-1954*（New York: Harper & Row, Publishers, 1972）.

★9　本多勝一『アメリカ合州国』（朝日新聞社、1970年）。

第 1 章　「1968 年」の時代を生みだしたヴェトナム戦争の世界史的意義とその影響・遺産

★10　米軍による「ソンミ村虐殺」については以下の著作が詳しい。Michael Bilton and Kevin Sim, *Four Hours in My Lai*（London: Penguin Books, 1992〔藤本博・岩間龍男監訳、葛谷明美・後藤遥奈・堀井達朗訳『ヴェトナム戦争　ソンミ村虐殺の悲劇──4 時間で消された村』明石書店、2017 年〕）; Howard Jones, *My Lai: Vietnam, 1968, and the Descent into Darkness*（New York: Oxford University Press, 2017）.

★11　アメリカにおける反戦運動の経緯と特徴について邦語文献としては、長沼秀世「ベトナム反戦とアメリカ世論」『現代と思想』第 34 号（1978 年 12 月）、第 35 号（1979 年 3 月）ならびに油井大三郎『ベトナム戦争に抗した人々』[世界史リブレット 125]（山川出版社、2018 年）がある。アメリカ国内ではアメリカにおけるヴェトナム反戦運動の研究が進展しており、現在では各社会諸集団（学生、黒人、女性、聖職者、労働者、退役軍人など）を対象にした研究や国際的連携・連関に着眼した研究が進展している。詳しくは、藤本博『ヴェトナム戦争研究──「アメリカの戦争」の実相と戦争の克服』（法律文化社、2014 年）、序章、15-16 頁参照。

★12　この公民権運動とヴェトナム反戦運動の結合については、藤本博「公民権運動と反戦運動」歴史学研究会編『第三世界の挑戦──独立後の苦悩』[講座世界史　第 10 巻]（東京大学出版会、1996 年）参照。

★13　キング牧師のこの演説については、「ベトナムを超えて」『世界』1967 年 10 月号参照。

★14　「戦争に反対するヴェトナム帰還兵の会」（VVAW）は、1971 年初頭にデトロイトでヴェトナムにおけるアメリカの「戦争犯罪」行為を告発する目的で「冬の兵士」調査会を開催した。「冬の兵士」調査会について詳しくは、藤本、前掲『ヴェトナム戦争研究──「アメリカの戦争」の実相と戦争の克服』、第 4 章参照。

★15　反戦運動も含めヴェトナム戦争が日本にどのような影響を与えたかについては、吉沢南『ベトナム戦争と日本』[シリーズ昭和史 12]（岩波ブックレット、1988 年）参照。他に、同『同時代史としてのベトナム戦争』（有志舎、2010 年）も参照。

★16　「ベトナムにおける戦争犯罪調査日本委員会」の活動とその歴史については、森川金寿「戦争犯罪を追及して──ベトナムにおける戦争犯罪調査日本委員会の活動、1966.10 〜 1973.4」『日本の科学者』Vol.8, No.5（1973 年 5 月）参照。「東京法廷」の発言記録として、『ジェノサイド　民族みなごろし戦争』（青木書店、1967 年）がある。

★17　「ラッセル法廷」の内容とその歴史的意義、そしてアメリカにおける当時の反戦・平和運動の代表的人物が「ラッセル法廷」で果たした役割と国際的連携について詳しくは、藤本、前掲『ヴェトナム戦争研究──「アメリカの戦争」の実相と戦争の克服』、第 3 章参照。梅崎透「『1868 年』のアメリカ例外主義」『思想』no.1129（2018 年 5 月）も参照。

★18　この項の叙述について詳しくは、藤本、前掲書、第 4 章、第 5 章参照。

★19　「ベ平連」に関する網羅的文献については、「旧『ベ平連』運動の情報ページ」参照。〈http://www.jca.apc.org/beheiren/bunken.html〉（2018 年 4 月 21 日閲覧）。ベ平連については学術的研究が進展しつつある。例えば、平井一臣「戦後社会運動のなかのベ平連」『法政研究』第 71 巻第 4 号（2005 年 3 月）、同「1968 年のベ平連」『思想』no.1129（2018 年 5 月）。

★20　石田雄『一身にして二生、一人にして両身──ある政治研究者の戦前と戦後』（岩波

書店、2006年)「8 ヴェトナム反戦と市民の国境をこえた連帯」参照。
- ★21　小田実『「難死」の思想』(岩波現代文庫、2008年)。小田実についての最近の新聞記事として以下のものがある。「今こそ小田実」『朝日新聞』2015年8月10日、「市民ができること」『毎日新聞』2015年8月19日。
- ★22　石田、前掲書、161頁。
- ★23　ヴェトナム戦争での日本の「加害」の側面については、「ベトナムにおける戦争犯罪調査日本委員会」主催の「東京法廷」でも問題にされた点である。前掲『ジェノサイド民族みなごろし戦争』(「II　日本政府、財界の協力・加担の事実」)、77-133頁。筆者は、かつてヴェトナム戦争期における在日米軍・米軍基地の役割について論じたことがある。藤本「ヴェトナム戦争と在日米軍・米軍基地」島川雅史・藤本編『アメリカの戦争と在日米軍——日米安保体制の歴史』(社会評論社、2003年)。ヴェトナム戦争での日本の「加害」の側面に関する歴史研究は十分ではなく、当時から約50年経た現在もなお重要な研究課題として残されたままである。
- ★24　石田、前掲書、162頁。
- ★25　同上、163頁。
- ★26　他に、高橋武智『私たちは、脱走アメリカ兵を越境させた……——ベ平連／ジャテック、最後の密出国作戦の回想』(作品社、2007年)参照。
- ★27　"On Tenth Anniversary, 53% in U.S. See Iraq War as Mistake," Gallup, March10,2013.〈http://news.gallup.com/poll/161399/10th-anniversary-iraq-war-mistake.aspx〉(2018年4月21日閲覧)。
- ★28　「ヴェトナム戦争50周年コメモレーション」については、下記を参照。〈http://www.vietnamwar50th.com/〉(2018年4月21日閲覧)。
- ★29　この証言集会に記録として、反戦イラク帰還兵の会・アーロン・グランツ、TUP訳『冬の兵士——イラク・アフガン帰還米兵が語る戦争の真実』(岩波書店、2009年)がある。
- ★30　「国会前の若者たちは、『革命』や『非日常』を夢見ているのではない。『平和』な『日常』が崩れていく不安を抱き、それに対し何もしてくれないばかりか、耳も貸そうとしない政権に、『勝手に決めるな』『民主主義って何だ』と怒りと悲嘆の声を上げているのだ。そこでの『戦争反対』『憲法守れ』は、『「平和」と「日常」を壊すな』という心情の表現だ。だからこそ、学生ばかりだった『68年』と違い、老若男女あらゆる層が抗議に参加している。そして国会前の光景は、国民の不安が表面化した『氷山の一角』に過ぎない。」小熊英二「(思想の地層 国会前を埋めるもの 日常が崩れゆく危機感」『朝日新聞』2015年9月8日［夕刊］。
- ★31　山本コータロー・杉田二郎「『フォーク・ジャンボリー』とその時代」[前編、後編]『サンデー毎日』2016年7月24日・31日号。「フォーク・ジャンボリー」は日本初の野外大規模コンサートで、第1回が1969年8月9日-10日にかけて岐阜県坂下町（現・中津川市）の椛の湖畔で開催された。アメリカの「カウンター・カルチャー」の象徴とも言うべきウッドストック・コンサートが同時期の1969年8月15日から3日間にわたって開催されている。山本コータローは現在、白鷗大学特任教授。1970年の一橋大学時代に歌った「走れコータロー」がミリオンセラーとなった。杉田二郎が71年にジローズとして歌っ

た「戦争を知らない子どもたち」も同じくミリオンセラーとなった。杉田は、2017年4月23日、東京にて「杉田二郎デビュー50周年記念コンサート」を開催した。

★32　トム・ヘイドンがヴェトナム反戦・平和運動の意義とその遺産をどう考えているかについては、彼の以下の論考を参照。"The Forgotten Power of the Vietnam Protest, 1965-1975," May 1, 2015. 〈http://www.counterpunch.org/2015/05/01/the-forgotten-power-of-the-vietnam-protest-1965-1975/〉（2018年4月22日閲覧）。なお、トム・ヘイドンは2016年10月23日に他界したが、2017年1月末に以下のタイトルで彼の著作が刊行されている。*Hell, No! The Forgotten Power of the Vietnam Peace Movement* (New Haven, Conn.: Yale University Press, 2017）.

★33　VPCCの設立経緯とその活動内容については、以下のVPCCのWebページ参照。〈http://www.vietnampeace.org/about-vpcc〉（2018年5月5日閲覧）。なお、VPCCのメインのホームページも参照。〈http://www.vietnampeace.org/〉（2018年5月6日閲覧）。

★34　Katie Shepherd, "Activists Call for Realistic Portrayal of Vietnam War on a Pentagon Website," *New York Times*, July 26, 2016. 本記事によれば、1971年4月に「戦争に反対するヴェトナム帰還兵の会」（VVAW）に加わっていたジョン・ケリー（オバマ政権時代に国務長官を務めた）が上院外交委員会でヴェトナムにおける米軍の戦争犯罪を告発したことに関しては年譜に記載がなく、反戦帰還兵の活動の内容を同年譜の中に盛り込むべきことをトム・ヘイドンは主張していた。

★35　"Vietnam: The Power of Protest"の集会のプログラムならびに主な参加者・発言者の氏名については、下記を参照。〈https://sites.google.com/site/vietnamwarprotestconference/〉（2018年5月6日閲覧）。集会での各参加者の発言はYoutubeで公開されている〈https://www.youtube.com/channel/UCjWWd2MxBTRq6XZTXqzXAeQ〉（2018年5月6日閲覧）

★36　これらVPCCの最近の活動については、注33のVPCCのホームページ上の"Past Events"欄参照

★37　この点に関する筆者の最近の研究成果が、「ラッセル法廷と国際反戦運動の胎動──「ベトナムにおける戦争犯罪調査日本委員会」と民族的抵抗への共感を中心に」『歴史評論』第823号（2018年10月）である。

★38　「戦犯調査日本委員会」の資料に関して言えば、「戦犯調査日本委員会」事務局長格であった弁護士の森川金寿氏が関係資料を法政大学ボアソナード現代法研究所に寄贈され、現在、「森川資料」として同研究所で所蔵されている。現在のところ、この「森川資料」が「戦犯調査日本委員会」に関する資料としては最も量的に多いと考えることができる。

★39　詳しくは、以下のVVAWのWebページ参照。〈http://www.vvaw.org/resources/archives.php〉（2018年5月6日閲覧）

参考文献

石田雄『一身にして二生、一人にして両身──ある政治研究者の戦前と戦後』岩波書店、2006年。

梅崎透・西田慎編『グローバル・ヒストリーとしての「1968年」――世界が揺れた転換点』ミネルヴァ書房、2015年。

清水知久『ベトナム戦争の時代』有斐閣新書、1985年。

白井洋子『ベトナム戦争のアメリカ――もう一つのアメリカ史』刀水書房、2006年。

藤本博『ヴェトナム戦争研究――「アメリカの戦争」の実相と戦争の克服』法律文化社、2014年。

松岡完『ベトナム戦争――誤解と誤算の戦争』中公新書、2001年。

―――『ベトナム症候群――超大国を苛む「勝利」への脅迫観念』中公新書、2003年。

油井大三郎編『越境する1960年代――米国・日本・西欧の国際比較』彩流社、2012年。

油井大三郎『ベトナム戦争に抗した人々』［世界史リブレット 125］山川出版社、2018年。

―――『平和を我らに――越境するベトナム反戦の声』［シリーズ「日本の中の世界史」］岩波書店、2019年春刊行予定。

Hayden, Tom, *Hell, No! The Forgotten Power of the Vietnam Peace Movement*, New Haven, Conn.: Yale University Press, 2017.

第2章

貧者の行進からウォール街占拠へ
1968年のアメリカ社会運動と現在への影響

川島 正樹

はじめに

　ジョン・F・ケネディ（John Fitzgerald Kennedy, JFK）の登場で革新的なアメリカの1960年代は幕開けした。「人種平等」をめぐる論争のさなか、1963年11月22日JFKは公衆の面前でテキサス州ダラスにおいて凶弾に倒れた。改革の方向性は大統領に昇格した副大統領リンドン・B・ジョンソン（Lyndon Banes Johnson, LBJ）に引き継がれたが、1968年に入り、まず、ベトナムでのアメリカの敗北を決定づけたテト攻勢が1月30日に始まり、4月4日に市民権運動★1の指導者と目されていたマーティン・ルーサー・キング・ジュニア（Martin Luther King, Jr.）牧師、そして、6月5日（死亡は翌6日未明）にはキング牧師の盟友であり、有力大統領候補と革新勢力に期待されていたロバート・ケネディ（Robert Francis Kennedy, RFK）の暗殺があり、11月の大統領選挙では「法と秩序」をスローガンとしたニクソン（Richard Milhous Nixon）が僅差で勝利し、12年ぶりに共和党が政権を獲得し、事実上の終幕を迎えた。顧みれば1968年は、その後、今日に至るまでのアメリカ社会の在り方を大きく規定した、まさにアメリカ史にとってのみならず、世界史的にも文字通りのターニングポイントであった。

　本稿で焦点を当てるのは、キング牧師が「最後の聖戦」として関わったテネシー州メンフィスの清掃労働者（sanitation workers）のストライキである。清掃労働者とは市内のゴミを収集する労働者（garbage collectors）の別名であり、当時1300名を数えた彼らは全員が非正規雇用の黒人男性で、二名の

仲間の理不尽な「事故死」をきっかけに、賃金その他の面で押し付けられる非人間的な待遇への抗議の意思表示として"I AM A MAN"(「私は人間である」)と書かれた看板を首から下げて沈黙の行進を続ける自主的なストライキに決起した。真摯な清掃労働者の抗議行動への共感が広がり、支援の手が全国から差し伸べられる中、支援のための大規模なデモ行進を組織すべくメンフィスを訪れていたキング牧師は銃撃を受けて39歳の若さで落命してしまうのであった。続くRFKの死と相俟って、後世から振り返ると「1968」はアメリカ史において改革の時代の終焉を画すことになったように見える。物質的に豊かになったアメリカ社会に残る貧困の一掃を掲げたキング牧師の「最後の聖戦」が今日のアメリカと世界の心ある人々に残したメッセージと本質的な問題提起をしっかりと受け止め、その思想的脈絡を探り、現在に継承する社会運動の再生の可能性を探ることが本稿の目的とするところである。

　本稿でまず試みたいのは次のような通説への挑戦である。従来、黒人解放思想（Black liberation thoughts）の対抗軸は、キング牧師が象徴する「人種統合主義」と、マルコム・X（Malcolm X, 1925〜65年）が率先し、やがて黒人解放思想の中心的スローガンになる「ブラック・パワー」に象徴される「自主分離主義」、すなわち黒人の階級を超えた結束を呼びかけるナショナリズムの間にあったとされる。さらにマルコム・Xはキング牧師の「非暴力主義」を批判し、目標達成のために「必要な手段を何でも行使する」（By any means necessary）と宣言して、当時批判が目立ち始めた警察の横暴への「自衛」に限定するとはいえ、事実上「暴力」の行使を容認したとして注目を集めた。後年に至り、マルコム・Xは早すぎる暗殺死の直前にキング牧師との接近を試みたことが知られるようになり、両者の対立的な見方は再考され、両者の思想的重なりないし相互補完性が注目されるようになっている★[2]。本稿ではメンフィス清掃労働者スト支援を中心とするキング牧師の「最後の聖戦」への関わりを再吟味しながら、依然として根強いこの二つの黒人解放思想の「対立」の図式にも挑戦する。

1　メンフィスへの道

　南北戦争（1861〜65年）における70万人に及ぶ戦死者という甚大な犠牲を払って、奴隷制の全廃に始まる憲法修正が三つ行われた。とりわけ奴隷制全廃（修正第13条、1865年成立）に続いて1868年に成立した「人種」による

市民権の差別を禁じた修正第14条（1868年成立）と、とりわけ投票権の差別を禁じた修正第15条（1870年成立）によって、アメリカ合衆国は「法の下での平等」という近代国民国家の前提条件を、独立後約1世紀を経て整えたが、その後19世紀末から20世紀初頭の「地方自治」を根拠とする南部州法をはじめとする地方法体系による「ジム・クロウ」(Jim Crow)、すなわち「人種」に基づく隔離体制によって、それらは無視された。南北戦争後1世紀を経て、「ブラウン」判決（1954年）という最高裁の判例変更とキング牧師らの市民権運動の高揚を経て、1964年にあらゆる差別を禁じた市民権法（The Civil Rights Act of 1964)、翌1965年には参政権上の差別を禁止した投票権法（The Voting Rights Act of 1965) という二つの強力な連邦法の成立で、南北戦争の遺産である憲法の修正による「法の下での平等」はようやく勝ち取られた。しかしながら、その直後に起こるロサンゼルスの黒人居住区で起こった「ワッツ暴動」（1965年）を契機に、西海岸や北部諸州の大都市中心部での法によらない「事実上の隔離」★3の解消、特に住宅統合（housing integration) を新たな課題としたキング牧師は活動拠点をイリノイ州シカゴに定め、この分野での差別解消のための立法化を新たな獲得目標とした。その背景には上述の「ワッツ暴動」（1965年）の衝撃があった。ロサンゼルスを含む西海岸やシカゴやニューヨークなど北部の大都市中心部には「黒人ゲットー」が存在し、その住民にとって「法の下での平等」は過去百年間ほとんど意味を持たなかった。キング牧師は市民権運動の目標を「実質的な平等化」へと進展させねばならなかった。キング牧師は「シカゴ自由運動」(The Chicago Freedom Movement) の拠点を同市に二つあるゲットーのうちでもより貧しく犯罪も多発するウェストサイドの居住区ノースローンデイル（North Lawndale) に定めた★4。

ところがキング牧師はシカゴで、ミシシッピにおいてさえ経験したこともないような一部の地元白人住民からの激しい暴力的反発に遭遇した。しかも、その白人の若いレイシストたちが振っていた旗にはナチス・ドイツの紋章であるハーケンクロイツも見られた。当地には第二次世界大戦期にリトアニアから亡命してきたユダヤ系の人が多く、ナチス・ドイツの迫害を逃れてアメリカにやって来た人たちやその子孫も多くふくまれていた。解消し難い「いじめの構造」と同じく、今度は黒人を迫害する側に回った若者が少なくなかったのは多くの地元白人も落胆させた。矛盾に満ちた情況下で、露骨な暴力にさらされたキング牧師は右の頬の下に煉瓦の投石を受けて負傷し、間もなく撤退を余儀なくさ

れた★5。

　その直後にキングの公的な発言に明らかな変化が見られるようになった。それまで多用した「人種統合」(integration) に代わって、しばしば言及されるようになったのは「経済的正義」(economic justice) という言葉であった。当時、そしてその後の専門的な研究者も含めた大方の受け止め方によれば、それはキング牧師の死の前年頃から明確になる「ベトナム反戦」の立場の表明と相俟って「晩年のキングの急進的な傾向」を端的に示す変化とされる。「法の下での平等」をともに推進してきたジョンソン大統領も同時期に新たな目標として「平等の実質化」について語り始めていた。それは当時においてもその後もキング牧師の運動と軌を一にした政治目標の急進的シフトとして受け止められてきた。しかしながら、政権側の動きおよびそれと同調的に見える運動側の「経済的正義」ないし「平等の実質化」というスローガンへの転換の背景には、単純に「運動の進化」とは位置づけ難い側面も含まれていたのである。シカゴでの「住宅開放」(Open Housing) をスローガンとする地域闘争で、北部大都市中心部に取り残された低所得層のエスニック系若年住民たちを中心に、地元白人の多くが黒人の運動参加者に対してあらわにした激しい憎悪を目の当たりにしたキング牧師たちが、居住区という「空間的共有」を要求するという運動方針を引っ込め、それに代えて、より白人側の反発が少なく達成可能であるように思われた雇用に際しての平等、すなわち職種や賃金等の「待遇上の平等」へと獲得目標の転換を図ることで、政府や白人支配層を中心とする主流社会との妥協を模索しようとし始めていた意志の表れであったとも解釈できるのである。

　キング牧師は明言を避け続けたが、バス座席やランチカウンターでの隔離廃止で始まった「人種統合」は、白人と黒人が同じ学校で机を並べて勉強する、あるいは隣同士の住宅に住むことを必ずしも意味するのではなかった。黒人たちは何よりもまず、より良き教育、より良き住宅、より高い賃金とましな職種を求めたのであった。確かにキング牧師の1963年8月28日の有名な演説のタイトルのように「人種統合」は「夢」のままであった。この時点での黒人側の直接的な要求は必ずしも「空間的な統合」ではなかったのである。ジョンソン大統領が1965年の投票権法の成立による「法の下での平等」の達成を目前とした時に首都ワシントンに所在する伝統ある黒人大学であるハワード大学の卒業式で行った演説で強調した「結果の平等」を含む「平等の実質化」という次なる目標が意味していたのは、少なくとも当面は「人種」に無関係に内容や水準が同じような教育を受けること、あるいは賃金体系や雇用条件などの待遇を

平等にすることを通じた社会統合の実現であり、それは必ずしも「空間的な統合」を伴うとは限らなかったのである。その意味で、当時西海岸や北部諸州の大都市中心部で頻発する黒人の「暴動」への白人側の不安が高まる中で、「暴動」の脅威を新たな武器に加えつつあった黒人側に「妥協」を迫るニュアンスを含んでいたのである[6]。「経済的正義」にはもちろんラジカルな構造改革の志向を内包する側面もあったのだが、やがてニクソン政権下で、黒人エリートをもっぱら利することになる、大学や大学院の入学枠および公務員や公共職採用時の優先枠の設定や、公共事業受注時に黒人の起業家（entrepreneur）たちを優遇するような「アファーマティヴ・アクション」（Affirmative Action，積極的差別是正策）で部分的に結実するのである。それはジョンソン政権が追求した「貧困との戦争」（The War on Poverty）と違って、大規模な財政出動を不要とするために、保守的な白人世論の支持を調達しやすく、かつ黒人の中でももっぱら中産階級にのみ利することで黒人内部の切り崩しも展望できた。実は「経済的正義」には急進的側面と同時に、ニクソンら共和党の主流派が1970年代以降に試みることになる巧妙な「巻き返し」の政策と親和的な要素も含まれていたのである[7]。

　キング牧師の早すぎる晩年の思想的変化に関連して、もう一点、読者の注目を喚起したいことがある。それは、近年注目されるに至ったいわゆる新自由主義経済学者であるミルトン・フリードマン（Milton Friedman）が提案した「ベーシック・インカム」への支持に晩年のキング牧師が傾斜していったことの意味である[8]。「ベーシック・インカム」は今でこそ一部のリベラル派にも受け入れられる政策となっているが、元々は、政府の責任を強調するリベラル派というよりも、個人の責任と自立を説くリバタリアン派ないし新自由主義者の主張として、何よりも膨大な財政支出と複雑な官僚制を伴う従来の社会保障や社会福祉の諸政策・制度に代わる、単純化された効率的な社会問題の解決手段として考案された政策である。キング牧師が最後に主張することになるのは内容的に重なりの多い「所得保障」（guaranteed income）である。1960年代後半以降の「人種暴動」の頻発の中で福祉給付の制度の拡充を求める福祉受給権要求運動が高まり、キング牧師にも対応を迫る動きがあった。ジョンソン政権が着手した「貧困との戦争」の一翼を担った黒人女性を中心とした福祉受給権運動活動家に同調的な福祉国家の拡充を求めるリベラル派は、元来個人の自立を説く「ベーシック・インカム」の唱道者とは異なるベクトルを持っていたが、晩年のキングにおいては両者が混然一体化していた。フリードマンが提案した

「ベーシック・インカム」にヒントを得たキング牧師の「所得保障」の要求は、彼の死後にニクソン政権下で実行が模索されたものの断念された。それは、その後にたち現れる「福祉切り捨て」論と1980年代のレーガン政権期を誕生させた反福祉国家的な「小さな政府」論の延長線上に位置づけられる、冷戦終結後の1990年代以降に隆盛する超保守主義的な「新自由主義」とは敢えて区別されるべき、持続可能な福祉政策を重視する新たな政治潮流とも親和的な「急進的リバタリアニズム」であると見ることができるかもしれない。

　1965年夏の「ワッツ暴動」を契機に可視化される、黒人に増えつつあったシングル・マザーを中心とする福祉受給権運動を展開する女性活動家からの突き上げで、「法の下での平等」の達成後のシカゴにおける中産階級的な「住宅開放」運動の挫折の中で新たな方向性を模索していたキング牧師は、間もなく「最後の聖戦」となる「貧者の行進」(The Poor People's Campaign)の企画を思いつくのである[★9]。それは「人種」の枠を超えて百万単位の貧しい人々を全国から首都ワシントンに結集してテント村を形成し、ベトナム戦争への関与の深まりで滞る「貧困との戦争」を拡大することをジョンソン政権に求めるために、首都の行政機能の麻痺を狙う「非暴力的社会変革」の運動の総仕上げのような大規模実力行使の計画であった。当然のことながら、FBI（連邦捜査局）をはじめとする公安当局は以前にもましてキング牧師らの行動の監視を強化したのである[★10]。

　実際、キング牧師はそれまでためらっていたベトナム反戦の立場と資本主義体制への批判の姿勢を明確化し、ジョンソン政権への不信感を深めていた[★11]。暗殺死のちょうど1年前の1967年4月4日にニューヨークの黒人街ハーレムに所在するリヴァーサイド教会での「ベトナムを超えて——沈黙を破るとき」(Beyond Vietnam: A Time to Break Silence)という長い演説がその画期となった。その核心部分を次に引用する。

　　故ジョン・F・ケネディは5年前に次のように述べました。「平和的な革命を不可能にする者は暴力革命を不可避とする」と（拍手）。我が国は、好むと好まざるとにかかわらず、海外への投資から生じる巨額の利益がもたらす特権と享楽を諦めることを拒絶することによって、ますますこの役割を担うようになってきています。もし世界的な革命の正しい側につこうとするなら、我々は一国家としてラジカルな価値観の革命を経験しなければならないと確信します。私たちはこれに即座に着手すべきですし（拍手）、

物に導かれた社会から人に導かれた社会に即座に移行し始めなければなりません。機械やコンピューター、利益誘導の動機や財産権が人々よりも重要視されるとき、人種差別と物質主義と軍国主義の三巨悪は克服することが不可能なのです…（中略）真の価値観の革命によって我々は間もなく過去と現在の政策の多くを問い直し始めるでしょう…（中略）真の価値観の革命によって我々は間もなく見るに堪えない貧困と富の格差に不快感を覚えるようになるでしょう。正当な憤怒を抱くことによって海外に目を向け、アジア、アフリカ、南米に巨額の投資をし、それらの諸国の社会的な改善に何の関心も持たずにただひたすら利益のみを貪る西洋の個々の資本家に目を向けるようになり、「これは不当である」と言うようになるのです★12。

　日本の高校の英語教科書にも引用される、州法による「人種隔離」を強制する「ジム・クロウ」の廃絶を訴えた「私には夢がある」演説（1963年8月28日）と打って変わった、極めて戦闘的な「非暴力的直接行動による社会変革」（Non-violent Social Change）を訴えるに至った早過ぎる最晩年のキング牧師の、大統領選挙と重なる1968年における最大の闘争が「貧者の行進」であった。全国から「人種」を超えて数十万単位、彼自身の構想では百万の貧困者を首都ワシントンに集結させ、中心部の「モール」にテント村を創設し、連邦政府に根本的な貧困対策を求め、首都の政治・行政・経済機能の麻痺を狙うと公言するキングの言動は、ベトナムにおけるテト攻勢と、LBJの不出馬声明、そして有力大統領候補のRFKによるベトナム和平と「貧者の行進」への支持表明とも相俟って、保守派勢力と連邦政府内の公安・諜報関係部局責任者の懸念を高めていたのである。とりわけ、長年にわたりFBI長官を務めてきたJ・エドガー・フーヴァー（John Edgar Hoover）はキング牧師への「共産主義の浸透」について警戒感を高めたのである★13。

　公安当局において警戒感が高まる一方、ジョンソン大統領の周辺ではキング牧師の「貧者の行進」計画にとって新たな強力な追い風も吹きつつあった。前年夏のデトロイトでの史上最大規模の「暴動」を契機にジョンソン大統領の諮問を受けて発足した原因と解決策の調査のための委員会（委員長のイリノイ州知事Otto Kernerの名を取って「カーナー委員会」と呼ばれた）が1968年2月29日に報告書を提出した。それは冒頭で次のような重大な警告の言葉を大統領と国民に発した。

…以下が我々の得た基本的結論である。すなわち、我が国は、黒人社会、白人社会という二つの社会――分離し、かつ不平等な二つの社会――に向かいつつある★14。

　同委員会が特に注目したのは、止むことなき黒人の大都市中心部への流入と郊外への「白人の脱出」（white flight）による都心部での黒人ゲットーの拡大と「人種」に基づく差別（racism）の深刻化である。同報告は「南部で劇的な経済情況の変化が起きない限り、この傾向が続く」と警告し、政府に思い切った貧困対策の強化を勧告した。具体的には「国民に選択可能な方策」として、次の三つの選択肢が提示された。

＊我々は現在の政策を続行すること、すなわち失業者と不利な情況にある人々へ国家財源を投入し、なおかつ人種統合された社会の達成のための従来の不十分で効果を上げない政策を続行することができる。
＊我々は人種統合の道を断念する一方、ゲットーの生活の質の劇的な向上をもたらすことを意図した「豊かさの追求」政策をとることができる。
＊我々はゲットーにおける「豊かさの追求」を進めると同時に大都市中心部の内部からも黒人による同調的運動が生まれるように奨励しながら人種統合の道を追求することができる。

　カーナー委員会が最も実現可能性の高い道として推薦したのは第三の選択肢、すなわち黒人自身のゲットー内部からの自己改善運動と連携しそれを支援しながら、最終的な「人種統合」という目標を放棄せずに追求し続けるというもので、それはキング牧師がまさに実行しようとしている運動の計画と多くが合致していた★15。
　キング牧師が1968年の2月から4月にかけてメンフィスで高揚した「私は人間である」というスローガンを掲げた清掃労働者ストの支援を決意したのは、民主党の有力大統領候補と目されたRFKの支持も得た「貧者の行進」の出発点としてこの運動への関与を位置づけたからあった。この二人の指導者の暗殺によって「貧者の行進」は間もなくみじめな挫折を余儀なくされ、改革の時代も終焉を迎えた。しかしながら、1968年春に最高潮を迎えた60年代の精神は歴史の彼方に潰えたわけではない。時を経て2011年秋に世界各地にも波及す

ることになる、タックス・ヘイヴンに資産を預けて租税の支払いを免れる国境を超えた「1パーセントの最富裕層」の責任回避を糾弾する、世界の「99パーセントの人々」の共通の利益を掲げる「ウォール街占拠闘争」の精神につながるのである。

同時に、メンフィスの清掃労働者の闘争を囲い込んで、やがて1960年代の運動の総体の息の根を止めようとしたのが警察国家体制であった。1960年代の改革の息吹を潰えさせたのは確かに何発かの銃弾であったと同時に、また警察国家体制の強化でもあった。短期間に燃え上がってグローバルな拡大さえ見せた「ウォール街占拠運動」も巧妙で徹底した警察権力によって潰されてしまったのである。アメリカだけでなく日本の場合にも当てはまることであるが、1968年の経験は運動の側以上に権力の側に学ばれた点が多いのである。そのような1960年代の両面性を考える上でもキング牧師の「最後の聖戦」であるメンフィスの清掃労働者のストライキ支援闘争の歴史から学べることは大きいのである。

2 メンフィス清掃労働者スト

発端は、1968年2月1日、急に雨が激しく降り出したミシシッピ川に面するテネシー州メンフィスで起こった大変に悲惨な「事故」であった。降雨のために、通例に従いゴミ収集作業は中断された。その際に2名の清掃労働者がゴミ収集トラック後部の圧縮装置に巻き込まれて死亡するという、何ともむごたらしい事件が起こった。写真1に見られるように、黒人のゴミ収集労働者は移動の際にゴミ

写真1

収集車の後部に座り込むのが慣例であった。この2名はトラック後部に乗車中に、白人のみが採用される正規従業員である運転手の初歩的な確認ミスで、ゴミとともに圧縮機に巻き込まれ、殺されたのである★16。

遺族に対しては市当局から弔慰金が支払われるどころか、葬儀屋からの遺体修復料などの高額な請求書が突きつけられた。これに憤慨した1300名の全員が非正規の黒人の男性である清掃労働者は翌日から自主的に職場放棄を開

始した。間もなく首都ワシントンに本部を置き、全国な組織化を進めつつあった全米自治体労連（The American Federation of State, County, and Municipal Employees、1932年創設、略称はAFSCME）の白人オルガナイザーがメンフィスにやって来て、黒人たちを説得して集会を開かせ、労組支部を結成させ、その承認などの諸項目の要求を掲げた正式なストライキを開始する運びとなった。

　白人オルグの助言に基づいて黒人労働者が市長に対して要求した諸項目には、結成されたばかりのAFSCMEの支部を正式な組合として承認することと、昇給や昇進などの雇用差別撤廃などと並んで、組合費の給料からの天引きが含まれていたことに注目すべきである。市長が最後まで抵抗したのはこの組合費の給料天引きの要求であった。かつて公立学校の教職員組合員として「違法スト」にもたびたび参加した本稿執筆者自身の経験から言えば、組合費が天引きされなかったら、筆者は組合などに入らなかったであろう。これは多くの昔の仲間も同意することと確信する。組合費の天引きの制度化は組合組織率向上の必須条件である。それを当時のヘンリー・ローブ（Henry Loeb）市長が最後の最後まで認めなかったのは十分に理解できる。ローブは1920年生まれ、ドイツ出身で1860年にメンフィスに渡米したイディシュ語（Yiddish）を話す東欧系ユダヤ人の家系で、マサチューセッツ州の私立進学校を経てブラウン大学を卒業し、1952年には全米在郷軍人会（American Legion）の司令官を務めるなど、南部に定住したユダヤ系移民の複雑な立場を象徴する人物だった。市長は黒人スト破りを多数雇い入れて黒人コミュニティー内部の亀裂の拡大を図ったり、他の自治体首長や有力政治家とはかつてテネシー州議会で公共事業労働者のストライキを違法とする州法を成立させたりするなど様々な妨害を試みたが大した効果を生まなかった★17。

　市当局による妨害の試みにもかかわらず、黒人労働者の結束は強固だった。間もなくメンフィス市中心部には放置されたままの未回収ゴミが散乱し、市民の不満が高まり、市長は苦しい立場に追い込まれた。他方、連日「私は人間である」というスローガンを首から下げて無言のデモ行進を続ける黒人清掃労働者の姿は、全国的なテレビ報道とも相俟って、各方面から注目と共感を集めつつあった。彼らの決起には地元でも「人種」の枠を超えて徐々に支持が拡大したが、市長による最大の武器は生活の糧というべき給料のカットであり、全国からの支援はその一部を補償するものでしかなかった★18。

　階級を超えた黒人コミュニティー全体の支援の必要性を痛感した地元出身の

黒人労組指導者の働きかけで、清掃労働者のストライキはNAACP（The National Association for the Advancement of the Colored People, 全国有色人地位向上協会）傘下の支部のうちでも最大の動員力を誇ったメンフィスNAACP支部の支援を得たのみならず、1960年2月1日に開始され、瞬く間に南部各地を席巻し、停滞気味の地域の市民権運動の再生を画した「座り込み」（Sit-in）運動以来、テネシー州内で長年にわたって非暴力社会変革運動を組織してきたジェイムズ・ローソン（James Lawson）ら、キング牧師が主宰するSCLC（The Southern Christian Leadership Conference, 南部キリスト教指導者会議）の経験豊富な活動家を介して、1960年代に高揚した市民権運動の最終局面を飾る大規模な全国闘争となる「貧者の行進」を計画中のキング牧師の関心も惹くようになった★[19]。

　看過できないのは、黒人と白人の間の亀裂だけでなく、黒人内部にも階級と世代による不一致が深刻であったという事実である。後に1970年代以降に「福祉依存」が問題化する「アンダークラス」と呼ばれる、主に北部や西海岸の大都市中心部の黒人ゲットー地区の労働力からさえ脱落した最下層の民衆と異なり、フルタイム労働者として終日働きながら給与その他の待遇面でアルバイト並みでしかない非正規の黒人清掃労働者と、先に触れた1964年と翌年の連邦二法により地元政治権力機構にも参入を図りつつある全国的市民権運動組織の支部幹部を務める地元黒人指導者や、彼らの支援者であるような黒人中産階級は、黒人労働者階級、ましてや失業中で「スト破り」にしか活路が見出せないより不利な人々と利害が一致し難い状況にあったことは否定し難い事実である。

　加えて、1966年夏のSNCC（The Student Nonviolent Coordinating Committee, 学生非暴力調整委員会）の指導者ストークリー・カーマイケル（Stokely Carmichael）による「ブラック・パワー」をスローガンとする、それまでの穏健な非暴力による「人種統合」の要求を否定するような「自衛的暴力行使」や「自主的分離主義」（Black nationalism）の主張は南部と北部を問わず、大学生や高校生を中心に若い世代の黒人に絶大な支持を広げつつあった。その傾向に危機感を抱く黒人労組指導者と非暴力直接行動の組織者である黒人市民権運動の活動家がもくろんだのは、ノーベル平和賞受賞者で世界的名声のあるキング牧師をメンフィスに招聘し、市当局に妥協への圧力を高めることのみならず、運動の維持発展の鍵となる黒人コミュニティーの結束をもたらすことであった。

　他方、先に説明したような行き詰まり状況を強いられつつあったキング牧師

本人も、この誘いに乗ることで、これまで具体化が進まなかった「貧者の行進」の企画と実行の目途が立つことを期待したのである。既述の如く、それはFBIや陸軍のMID（Military Intelligence Division，軍事情報部）が「共産主義勢力の浸透」として警戒感を募らせていた、当時の公安当局の用語である「暴力的黒人ナショナリスト集団」へのキング牧師の接近という、公安当局が想定する最悪の事態の現実化を意味し、キング牧師本人に対する諜報機関による監視と破壊工作を強化する結果を招くのである[20]。
　このような情勢の下、ローソンの誘いを受けたキング牧師は3月18日にメンフィスを訪れ、市内中心部から少し離れた黒人中産階級の一戸建て住宅群の中心に位置するメイソンテンプル教会（黒人教会の建物として当時全国最大規模のペンテコステ派教会）で次のように演説した。それは清掃労働者が象徴する、今日でいう「ワーキング・プア」の雇用条件の改善を求める演説をした点で特徴的である。

> 皆さん、メンフィスのみならず全国に向けて、この豊かな国で人々に飢えをしのげないような賃金しか得られないのは犯罪である、と知らせましょう…（中略）友人のみなさん、我々は文字通り不況下で生きています。ご存知のように広範な失業状態にあり、とくに黒人コミュニティーではひどいのですが、それは社会問題とされます。広範な失業状態にあり、白人で特にひどい場合に、それは不況と言われるのです。しかし我々は文字通りの不況下で生活し…（中略）それは全国的なもので、国家としての問題です。今や問題は失業だけではありません。この国では貧困者の大半が毎日働いていることをご存知ですか。彼らの稼ぎは乏しく、この国で経済生活上の主流に入ることができないのです…（中略）フルタイムで働きながらパートタイム並みの給料しか得られないのは犯罪なのです[21]。

　FBIをはじめ公安当局が第一次世界大戦期の創設以来、思想内容にかかわらず伝統的に「黒人ナショナリスト」の浸透を極度に不安視していたことは、歴史家にもあまり知られていない事実である[22]。メンフィスの清掃労働者ストの行方とキング牧師による「貧者の行進」の計画との関わりを注視するFBIは、キング牧師の側近にも黒人スパイを潜入させていたことが今日では分かっている。そのスパイの報告を受けたフーヴァー長官を最も恐れさせたのは、それまでキング牧師の非暴力的運動手法に批判的で、白人との穏健な「人

種統合」の路線に反発を表明していた、暴力的傾向を鮮明化する地元の若い世代の黒人ナショナリスト集団もキング牧師が招かれた集会に参加し、キング牧師を崇拝するようになっている事実であった。血気盛んな十代の若者にも慕われていた「ブラック・パワー」系の40名ほどの構成員を要する「インヴェイダーズ」(The Invaders) のリーダーであるチャールズ・キャベジ（Charles Cabbage）はキング牧師の出身大学の後輩（Morehouse College 卒）でもあった。上記の3月18日夜にメイソンテンプル教会で開催されたキング牧師の演説会には教会の内外に9千名ないし1万5千名もの黒人住民が押し寄せ、その中には「インヴェイダーズ」も含まれていた★23。先に引用したように、暗殺のちょうど1年前の1967年4月4日にニューヨークのリヴァーサイド教会で、盟友というべきジョンソン大統領を批判してベトナム反戦の立場を明らかにしたキング牧師は、既にFBIによる超法規的な盗聴や秘密妨害工作を含む「カウンター・インテリジェンス・プログラム」（COINTELPRO）の対象とされており、今日そのほぼ全貌が情報公開法のおかげで明らかにされている★24。

　ともかくも、FBIにも把握された3月18日月曜夜9時7分過ぎに開始された、1万を上回ると推定される、階級や立場を超えて参集したほとんど黒人のみから成る聴衆を前にキング牧師が発した演説は「労働をめぐる闘争と市民権と宗教の伝統の全てを糾合した一体感が醸成された瞬間」を象徴していた。黒人運動に孤立をもたらしかねない「ブラック・パワー」の隆盛の一方で挫折を強いられたシカゴ闘争以降に「人種統合」のスローガンとその実現可能性にキング牧師自身が強いられてきた精神的落ち込みは払拭された。キング牧師は投票権法の成立をもたらしたセルマ闘争以降に毎年夏に主に北部や西海岸の大都市中心部で頻発する「人種暴動」という危機的な事態を前に、市民権運動が目指すべき次なる段階のための論理的帰結として「平等の実質化」を求める方針を提示し、メンフィス闘争を「運動の新たな段階」への出発点と位置づけた。それまで「貧者の行進」計画の実行の方途の模索に行き詰まっていたキング牧師は「平等の実質化」をもたらすための具体的手段として「ゼネスト」の呼びかけという選択肢を思いつき、徐々にその考えに傾斜していったのだが、この3月18日夜のメイソンテンプル教会での演説において1万を超える黒人聴衆に、自分たちには軍隊以上に政治を動かし自らの情況を変えうる潜在力があるということを気づかせたのである。とりわけキング牧師が重視したのが、メイソンテンプル教会の周辺居住区住民を含む黒人中産階級への、清掃労働者ストへの経済的支援を含めた連帯の呼びかけであった。海外での軍事・経済的な活動にお

ける「アメリカの有罪性」批判へ傾斜していったキング牧師は「ブラック・パワー」のスローガンの代わりに「労組の団結力」（Union Power）を呼びかけ、ベトナム反戦と「人種」を超えた貧困問題の解消を連邦政府に迫るために、ゼネストの呼びかけへと戦略目標と戦術を転じつつあった。3月18日夜の演説はキング牧師の類まれな動員力を公安当局に印象づけた。その意味で、キング牧師はかつてローマ帝国の軍人と官吏がイエス・キリストに見出したものと同質の因子を有する宗教家としての才能にあふれる「危険な社会運動指導者」と映じたのである[25]。

　キング牧師はメイソンテンプル教会での約束どおり、清掃労働者ストの支援のためのデモ行進を指導すべく、3月28日木曜日朝にメンフィスに戻ってきた。市内の黒人地区にある五つの高校の生徒を含む2万2000人の児童生徒が自主的に休校していた。しかしながら、合計1万人以上が参集した大衆抗議デモ行進の先頭に立つはずのキング牧師の到着が遅れたことで、特に若者たちが焦燥感を募らせ、その一部がデモ行進の開始直後に暴力行為に走ってしまったのである[26]。

　キング牧師の「最後の聖戦」を詳しく分析した労働史家のマイケル・ハニー（Michael Honey）教授によると、この日の地元警察官による規制はことのほか緩く、あたかも若者の暴力行為を煽動するかのような感さえあった。やがて若者たちの暴力的な態度と警官の暴力的な対応の応酬は短時間でフルスケールの「暴動」へと発展した。その時点で側近活動家たちはキング牧師の現場脱出を決断した。容赦なき警察の横暴は取材中の白人ジャーナリストが驚愕するほど度が過ぎており、市内中心部の黒人教会クレイボーンテンプル（Clayborn Temple）にはさながら野戦病院のように多くの中産階級の女性を含む黒人の負傷者が運び込まれた。目立ったのは「催涙ガス」の噴霧による犠牲者だった。地元主要紙の白人記者の証言によれば、注目すべきは驚くほど凶暴な白人警察官による弾圧であった。無秩序化した市内中心部では間もなく略奪行為が横行し、そのさなかに16歳の黒人少年ラリー・ペイン（Larry Payne）が警官に射殺された[27]。

　もちろん、無秩序状態を誘発した原因の一つとして、略奪に走った一部の黒人にも責任があったことは否定し難いが、略奪者が銃などで武装した例は確認されておらず、明らかに警官の過剰反応であった。暴徒の行為も商店の略奪が目的というよりも、怒りの爆発というべきシンボリックな破壊が大半であった。けが人が収容された労組会館や黒人教会で救援活動に当たった人々の証言によ

ると、警官の暴力的弾圧の犠牲となったのは主にデモ行進に参加した、女性を多く含む、見るからに中産階級的な身なりをした人たちが大半であった。白人が大半の警官にとって黒人の身なりで象徴される「階級」など関係なかったのである。もちろん略奪者など犯罪的な行為を目的とする者も少なからず現場にいたのは事実であろう。しかしながら、そのほとんど全ては警官が到着する前に姿を消してしまい、取り残された、むしろ被害者というべき多数の身なりの良い、明らかに中産階級的な女性を含む黒人の年長者が警官の暴力的な弾圧の犠牲となったのである。その多くが「催涙ガス」という名の合法性が怪しい毒性ガスを浴びた人々であった。地元白人主要紙は混乱の全責任をキング牧師に帰したが、これはあまりにも不当な主張である。警官の証言と違って、警官に射殺されたペインがナイフすら所持していなかった事実が証言で明らかにされ、さらに射殺直前に彼が警官に命乞いの言葉さえ発していたのに無慈悲にも射殺されたことも十数名の証言で明らかにされている。警察側の過剰警備が暴動の誘発と激化の原因であったことは明確である[28]。

　地元の黒人紙には抗議文が詩の形で掲載された。「略奪者がいつまでも居残っているわけがないじゃないか。警官の暴力の標的となったのは一般市民だ。ブラック・パワーを叫んでいたのは大学生だ。そんな我々のうちでも優秀な連中が恥ずかしい行為をするわけがないじゃないか」という悲嘆の声であった。側近の一人としてキングの周辺に潜り込んだ当局の黒人スパイの秘密報告によれば、平和的なデモが「暴動」と化した直後のキング牧師の落ち込みは相当ひどかった。しかし、彼は気を取り直し、側近らの反対を押し切って再度のメンフィスでの非暴力行進の敢行を決意するのであった。キング牧師はその成否の鍵を握るのが「インヴェイダーズ」と自称する「ブラック・パワー」信奉者集団を通じた暴力的傾向が顕著な怒れる若者たちへの説得教育工作にあると見抜くのであった[29]。

　地元の黒人の若者たちから弱腰であると非難されがちだったキング牧師であったが、本人は何ら違和感なく彼らと話すことができ、その態度に若者たちも感銘を受けたのである。それは天賦の才であると同時に、歴代の黒人教会の牧師としての文化的DNAを受け継いだものでもあった。他方、FBIや陸軍情報部が恐れたのは、まさにそのようなキング牧師の才能であった。彼に対するカウンター・インテリジェンス（対敵情報工作）はさらに強化されるのであった。ハニー教授が疑うのは、そのような当局によるキングの暗殺を狙う右派レイシスト集団への間接的な情報リークであった。キング牧師の再来訪の際の宿が、

今は内務省管轄の国立博物館になっているロレイン・モーテル（Lorraine Motel）になるという情報を当局は意図的に彼らに流した。FBIディレクターで「対MLK破壊工作」責任者のウィリアム・サリヴァンはキングがメンフィスでの暴動の責任者であると確信するのであった。しかし、間もなく、キング暗殺後に首都ワシントンやニューヨーク、シカゴなど全国主要都市を含む多数の都市での、アメリカ史上最大規模の抗議の暴動が一斉に起こることによって、むしろキングの存在自体が暴力の誘発をそれまで抑えていた事実、すなわちサリヴァンの仮説が全く見当違いだったことが証明されるのは何とも皮肉である★30。

先の「暴動」の翌日の3月29日にインヴェイダーズのキャベジを含めた3名の若者たちが落胆しているキング牧師の部屋を訪れた。3名はキング牧師の無防備さに驚いた。キング牧師は彼らに、もし事前にメンフィスにブラック・パワー派の活動家がいることを知っていたら、彼らと会談していたと伝え、3名はキング牧師の懐の深さに圧倒された。間もなくメンフィスを離れたキング牧師はローソンにインヴェイダーズの若者たちを通じてメンフィスの若者たちに非暴力の効能を説得するように再三指示した。しかしながら、彼らのリーダーであるキャベジですら、十代の若者たちのコントロールが完全にはできないでいた★31。

暗殺の前日の4月3日午後遅く、新たなデモ行進を組織するべく空路メンフィス入りしたキングは、地元黒人市民権運動家たちがあきらめてしまっていた、キャベジを通じての十代の若者の非暴力への説得のために急きょ彼と会談した。しかし、キャベジは非暴力に徹するという約束をせず、キングは時間も手間も取られ、エネルギーも消耗し尽くしてしまった。キング牧師は夜の演説をキャンセルし、腹心のアバナシー牧師に代役を託して、モーテルの中で寝転がっていた。ところが、メイソンテンプル教会では聴衆がキング牧師なしでは収まらなかった。再三の要請を受けて、ようやく9時半になって彼はメイソンテンプルに顔を見せた。そこで有名な「山頂演説」（Mountaintop Speech）を行うことになった。詰めかけた聴衆は収容人員を上回る3000人以上で通路も立錐の余地もないメイソンテンプルで、キング牧師は彼の最後となる有名な演説を原稿の準備もなく行うのであった。彼が強調したのは「ブラック・パワー」の唱道者と同じ内容だった。つまり「人種平等」の闘いに勝利するための不可欠の前提として「黒人の団結」（Black Unity）が必要である、という主張であった。そして階級を超えた黒人の団結による経済的ボイコットが有効であり、

牧師たちがそれを率先しなければいけない、と強調した。自分自身も意識の高揚が最高潮に達してしまったキング牧師は、翌日の自らの死を示唆した。

> もう私には何の心配もありません。皆さんと同様私も長生きしたいというのが本音です。でも、今の私にはそんなことはどうでもよいのです。私はただ神の意志を実現したいだけです。そして神は私が山上に立つことをお許し下さったのです。その結果、山の向こう側が見えました。向こう側というのは約束の地です。でも、私は皆さんと一緒にはたどり着けないのです。ただ、垣間見ただけです。私たちは一つの民族として行けることを私は確信しています★32。

キング牧師はこの時に敢えて「人種」(a race) という言葉を使わず、「民族」(a people) という言葉を使っている。ただし、この"a people"には黒人しか入っていないのは文脈上明らかである。ハニー教授は「山頂演説」の意義を次のように述べている。「全国民に向けて発せられた1963年の"I Have a Dream"演説と違って、キングの「山頂演説」は数百万の人が聞いたわけではない。数千人の包囲された人々が一つの教会で肩を寄せ合い、聞いている極めて私的な情況であり、外には1万人以上が入れなくて嵐が吹き荒れる中で、スピーカーから流れる声に耳を傾けていたのである。この瞬間はこの場にいた人々の意識の深い部分に刻印され、多くの人々が終生、キングの言葉と共に生きることになるのであった」★33。キングは短い生涯の最後に黒人聴衆を相手に、それまで白人支援者に明かすことの決してなかった本音を語ったのである。

3　メンフィス清掃労働者ストライキの画像や映像の案内

3・1　"I AM A MAN"を掲げた抗議行動

以下においては以前に本研究会の口頭での報告の際に利用したネット上の写真の一部を掲載し、説明を加えたい。当時のストライキ中の抗議行動の写真（写真2、写真3）を見てほしい。"I AM A MAN"は、「私は人間である」と訳して本当によいのだろうか。これはフェミニストに怒られるかもしれないが、本稿執筆者としては「私は男である」の方がよいかもしれないと思い悩んでいる。黒人男性にとって「男である」ことは大変に複雑な意味がある。それには今日の価値観に立つ視点からの批判を超えた意味が含まれる。本稿では「私は

人間である」と訳しているが、ハニー教授が筆者に語ったところによれば、この"I AM A MAN"の意味するところとは「人間の尊厳の原則に立脚した正当な労働条件の要求」であるから"MAN"は「人間一般」を指すと考えてよい、というのが大方の合意である。写真2のようにネット上には清掃労働者のストの続行の結果としてゴミが散らかっている当時の市内の光景も見いだせる。写真3では"I AM A MAN"という看板を掲げて無言の抗議活動の一環として行進する黒人労働者のわきを装甲車が並走して威嚇している。装甲車には完全武装のテネシー州兵が乗っている。ここはアメリカ国内であり、当時激化していたベトナムの戦場ではない。このときまでに、

写真2

写真3

AFSCME全国本部の派遣したジェリー・ワーフ（Jerry Wurf）をはじめ白人オルグの助言に従ってスト続行の正式決議をあげ、組合の結成を高らかに宣言していたのである。

写真4はメイソンテンプル教会で暗殺死の前日の1968年4月3日に行われたキング牧師の最後の演説の光景である。この演説は音声付きのビデオ映像が残っていて、一切事前用意の台詞なしに、その場で、まるで神様から降りてくる言葉を自分の口を通して語るような、まさに神がかったキング牧師の声と表情が実感できる。関心のある読者諸氏にはぜひYouTube等のサイトにアクセスして視聴してほしい映像と声である。

写真4

3・2　MLKとRFKの暗殺と「貧者の行進」の挫折

ネットで検索すればキング牧師の死の直前の写真を見ることができる。死の

直後の写真も見ることが容易である。倒れているキング牧師の足だけが見える写真もあり、倒れているときに急いで証拠の写真を撮ったのである。周囲の側近たちが一定方向を指さしている。警察の捜査の便宜を考慮して銃弾が飛んできた方向を示すために証拠の写真を撮ったものと思われる。ネット上にはキング牧師の遺体の写真も見つけられる。高性能ライフルの銃弾で、顔の隠されて見えない方がえぐられている。痛ましい画像である。

ネット上にはまた暗殺当時の新聞の一面の写真の画像ファイルも見つけられる。キング牧師暗殺の犯人とされているジェームズ・アール・レイ（James Earl Ray）の写真もある。実はレイは強盗犯で収監中に脱獄した。刑務所に入っていたのになぜ容易に脱獄できたのか。なぜ捕まらずに逃亡し続けることが可能だったのか。暗殺の実行後にメンフィスからやすやすと逃亡して数週間後に捕まったのがロンドン空港である。逃亡資金はどう調達したのだろうか。謎はつきない。彼は司法取引で罪一等を減じられて終身刑で、1990年代に病死する。暗殺後に全国150カ所以上で「暴動」が起き、一番ひどかったのは首都のワシントンのもので、戒厳令が敷かれた当時の市内の光景を示す画像もネット上に見出せる。

写真5は1968年秋の大統領選挙を目指して遊説するRFK（ロバート・ケネディ）である。ネット上には銃撃を受けた直後のRFKの写真も見出だすことができる。民主党の大統領候補として指名確実となった、ロサンゼルスで6月5日の夕方に銃弾を受けたRFKは日付けが変わって6月6日午後1時過ぎに息を引きとった。RFKに関しても、捕まったサーハン・ベシャラ・サーハン（Sirhan Bishara Sirhan）は真犯人ではないとする見解は現在も根強く残っている★34。

写真5

写真6は「貧者の行進」の参加者のテント村の光景である。予定をかなり下回ったものの、最大時で数万人を数えた参加者は写真のようにテント村をつくるのだが、間もなく警官隊に押し潰されてしまって惨めな終焉を迎えた。

写真6

3・3　ウォール街占拠運動（2011年秋）

画像や映像資料の紹介の最後はウォール街占拠運動（2011年秋）である。アメリカ国内だけでなく、日本の東京を含めた世界各地に広がった「99パーセントの人々の利益回復」を求める民衆運動だったが、当のウォール街では騎馬警官に踏みつけられ、さらに催涙ガスなどかなり暴力的な手段を行使されて潰されたというのが運動の末路であった。我々にはあまり報道がなされなかったが、ネット上にはマドリードや東京など世界各地の画像や動画が見られ、"Occupy the Planet"（地球大に広がった占拠運動という意味）の画像や動画もある。

写真7　ウォール街占拠運動

まとめに代えて──その後のメンフィスとMLK50の年に考えたこと

1968年4月8日の月曜日にメンフィスにおいてコレッタ・スコット・キング（Coretta Scott King）を先頭に、十代の血気盛んな若者も含む4万2000人が集まって、キング牧師の遺志を継いで清掃労働者スト支援の抗議デモが整然と敢行された。ただし、黒人清掃労働者たちの話によれば、「今度こそ許さないぞ」と、いざというときのために持っていたライフルを持ち出して、「今度こそ戦争だ」と思っていたら、大した暴動が起きなかったそうだ。そういう生々しい証言が、今、研究者によって明らかにされつつある。結局、市長は組合を承認して、待遇の改善や昇給・昇進なども認めることになった。キング牧師とラリー・ペインの生命を含む多大な犠牲を代償としたわりにささやか過ぎる勝利であった★35。

本稿筆者が50年目の命日の前後にメンフィスを訪れた際に参加した"MLK50"（キング牧師暗殺追悼50周年の諸行事）を含めた、近年のメンフィスの黒人労働者をめぐる情況について記したい。ハニー教授によれば、キング牧師の生命を代償として得られた清掃労働者のささやかな勝利の後のメンフィスの黒人労働者、とりわけキング牧師が共感を寄せた、今日では「ワーキング・プア」と呼ばれる、生活の維持さえ困難な低賃金の労働を強いられる人々のその後の運命は大変に過酷だった。三菱電機をはじめとする日系企業等の進

出も近年は見られるが、高級ギター制作企業として名高いギブソン社の倒産に象徴されるグローバルな競争の激化の波は黒人労働者に特に厳しい[36]。

　他方、キング牧師の遺業を今に受け継ぐ人々も見出しうるのである。筆者が確認できたのは二つの活動である。一つ目は、南北戦争の開戦後いち早く北軍に占領されたテネシー州に所在する水運の要所メンフィスに北軍兵士とともにやって来たアボリショニスト（abolitionists, 奴隷制廃止運動家）が1862年に黒人大学とともに開設した会衆派教会（The First Congregational Church）に集う北部出身の元労組活動家であるマーク・アレン（Mark Allen）氏や彼のミシガン州の高校の同窓であるスティーヴ・ロックウッド（Steve Lockwood）氏が代表を務めるNPOによる地元居住区の保全運動である。とりわけロックウッド氏が主催する地域保全NPO（Frayser Community Development Corporation）の活動は、2016年秋の大統領選挙で「トランプ現象」を引き起こした背景として注目された白人中産階級の没落傾向より先行した黒人の一戸建て住宅居住者の経済情況の悪化に伴う居住区の不安定化、とりわけ治安の悪化に伴う所有者の脱出と空き家の不法占拠の横行に歯止めをかける活動である。具体的には不法占拠者に公的資金を流用して融資を行い、職を斡旋し、占拠中の不動産の買取や正式な賃貸契約の締結を元の所有者のために代行する活動である。子どもを持つ一戸建て所有者の一番の懸念は校区の安全であり、筆者の質問に対するロックウッド氏の回答によれば、地域リーダーの育成が鍵を握るという[37]。本稿執筆時で68歳を迎える両氏のキング牧師の遺業を引継ぐ宗教的使命感に裏打ちされた献身的な地域改善活動に心からの敬意を表したい。

　次にアメリカ社会の格差の現状を確認しよう。筆者が米国政府商務省国勢調査局によって公表されているデータをもとに作成した最新のアメリカの人種別所得階層人口のグラフ（図1）を見てほしい。さすがにアメリカでは最高の階層（年収20万ドル以上）の人の数は予想外に多く、この層では確かに白人が圧倒的に多い。ただし、所得最下層にも白人が人数的には一番多い。最も下の階層の1万ドル以下の年収の人々はどうやって生活しているのだろうか。違法薬物の密売でもしないと食えないのではないか。ではなぜ黒人だけが麻薬売買でもっぱら警察に捕まったり身体検査さえ受けずに射殺されたりするのか。これはアメリカ合衆国憲法修正第13条が禁じている差別ではないのか。

　最後に「労働権」（the right to work）について一言私見を開陳することをお許し願いたい。ここでいう労働権とは「労働三権」ではなく、そもそもの

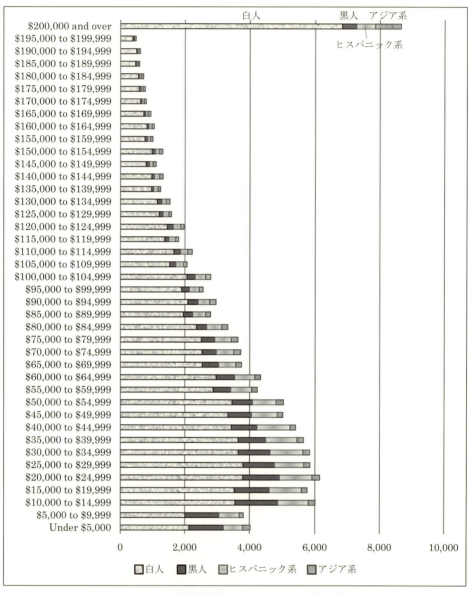

図1 アメリカの人種別所得階層人口（2016年、人数の単位は千人）

「働く権利」である。キング牧師が最後にたどり着いたのは「人間の尊厳」に基づく「働く権利」の保障であった。それには働けど暮らしが立たない「ワー

キング・プア」を生み出さない、相応の賃金や待遇を前提とする。また子育てや家事労働などの「シャドーワーク」も「仕事」に含められる。

　かつて先進諸国で「中産階級社会」を生んだ製造業職は海外へ移転し、新たな雇用はサービス業などの「情動労働」(emotional jobs) と高度なIT関係職に二分している。先進諸国の国民はその両職において海外から流入する労働者との激しい競争を強いられる。かつてビル・クリントン政権の労働長官を務め、今はカリフォルニア大学バークレイ校で労働経済学を講じるロバート・ライシュ (Robert Bernard Reich) 教授は労働長官就任当時に早くもアメリカで顕在化しつつあった職種と所得の二極化傾向という抗し難い歴史的な流れを受け入れた上で、より有利な職種により多くの国民を導くために教育制度を拡充することで二極化の問題解決を図ろうと試みたのである★38。しかしながら、最近の著作によると、ライシュ教授はAI（人工知能）の予想外の発達によって、従来の優位の仕事の需要も今後20年ないし30年間に極端に縮小する見通しであることに鑑み、このままではいくら就学前教育と高等教育を拡充し無償化しても、1パーセントの超金持ちと彼らの快適な生活を支えるAIのみが存在を許されるのが未来の地球社会になりかねない、と懸念を募らせ、従来の自説を修正する決断を下した。ではどうしたらよいのか。ライシュ教授は「99パーセントの人々」の生活を守ることができるのは唯一「ベーシック・インカム」だけであると結論づけて、その実行を政府に提案する立場に転じる決断を下したのである★39。

　本稿筆者には長年敬愛してきたライシュ教授の新たな主張は確かに傾聴に値する一方、従来の方向をさらに突き詰める必要があるように思われてならないのである。まずその前提として従来の「リベラル」対「保守」の対立軸、つまり「政府の責任」対「自己責任」、ないし「大きな政府」対「小さな政府」の対立軸は再考されねばならない。つまり、どの人も自立した生活を送る権利を政府によって保障されるべきである、という方向で、弁証法的にパラダイムを変換、ないし矛盾を止揚 (aufheben) すべきであると筆者は主張するものである。とりわけ教育制度の拡充は未来社会への投資であり、国民的な合意を得やすく、その道を放棄すべきではない。幼児への無償の早期教育、初等中等教育の拡充、無償の高等教育および成人への職業訓練までをカバーする広範な教育制度の拡充と、従来の失業対策や福祉拡充の政策にとどまらない、社会的存在としての人間の尊厳を実現するような、従来の失業対策を超えた、新たなAIの時代に見合うクリエイティヴな職の創出政策、単なる生活の糧を得るだ

けにとどまらない、社会と個人とをつなぐ絆としての「仕事」を人々に遍く保障し、子育てや家事労働などの従来は無報酬の「シャドーワーク」も「仕事」に含められて十分な代償を保証されるという新たな「労働」観と結びついた「人権」観の構築、およびそれと並行した大胆な公共政策の提案が必要ではないか。それこそがキング牧師とメンフィスの清掃労働者の闘いの歴史的意義を真に受け止め、現在に引き継ぐことを意味するのであると筆者は強く確信するものである。

注

★1　The Civil Rights Movementは日本語では通常「公民権運動」と訳されることが多いが、本稿では「公民権」で連想される参政権にとどまらず「市民としての諸権利」を求める運動であったとの意味を込めて「市民権運動」と訳す。

★2　上坂昇『キング牧師とマルコムX』(講談社、1994年)、ジェイムズ・H・コーン(梶原寿訳)『夢か悪夢か――キング牧師とマルコムX』(日本基督教団出版局、1996年)。

★3　英語ではde fact segregationと呼ばれる、主に不動産業者や金融機関等による慣行としての差別の結果生じた居住区隔離などの黒人に対する差別を指す。

★4　川島正樹『アメリカ市民権運動の歴史――連鎖する地域闘争』(名古屋大学出版会、2008年)、第7章。

★5　同上。

★6　今日でもその「急進性」が目を引くジョンソン大統領の演説は下記のサイトで全文をダウンロードすることができる。"Commencement Address at Howard University," June 4, 1965, in https://online.hillsdale.edu/document.doc?id=286.

★7　「アファーマティヴ・アクション」の二面性に関しては次の拙著を参照。川島正樹『アファーマティヴ・アクションの行方――過去と未来に向き合うアメリカ』(名古屋大学出版会、2014年)。

★8　山森亮『ベーシック・インカム――無条件給付の基本所得を考える』(光文社、2009年)、9-10頁。

★9　黒崎真『マーティン・ルーサー・キング――非暴力の闘士』(岩波書店、2018年)、185頁。

★10　「貧者の行進」の概要および公安当局の監視としては次を参照。Gerald D Mcknight, *The Last Crusade: Martin Luther King Jr., The FBI, And The Poor People's Campaign* (New York: Basic Books, 1998). 公安当局に関するキング牧師への監視に関する先駆的な研究としては以下を参照。David J. Garrow, *The FBI and Martin Luther King, Jr.* (New York: Penguin, 1981); 川島正樹「1965年夏以降のM・L・キング――FBI秘密ファイルの再検討を中心に」『歴史評論』第531号(1994年7月)、19-34頁。

★11　この時期を含めたキング牧師の演説原文を含めた資料情報については以下のサイトが

参考になる。"Sermons and Speeches of Martin Luther King Jr.," in https://en.wikipedia.org/wiki/Sermons_and_speeches_of_Martin_Luther_King_Jr.
- ★12 リヴァーサイド教会演説の原文に関しては『マーティン・ルーサー・キング・ジュニア・ペーパーズ』の編集と刊行を続けるスタンフォード大学の以下のサイトを参照。なお同サイトにおいてはキング牧師自身の原音声のファイルもダウンロード可能である。The Martin Luther King, Jr. Research and Education Institute, "Beyond Vietnam," in https://kinginstitute.stanford.edu/king-papers/documents/beyond-vietnam.
- ★13 川島、「1965年夏以降のM・L・キング」。
- ★14 カーナー委員会報告の「要約」（PDF版）は次のサイトからダウンロード可能である。"Report of the National Advisory Commission on Civil Disorders, Summary Report," in http://www.eisenhowerfoundation.org/docs/kerner.pdf.
- ★15 Ibid.
- ★16 Michel K. Honey, *Going Down Jericho Road: The Memphis Strike, Martin Luther King's Last Campaign* (New York, NY: W.W. Norton, 2007), pp.1-2. 亡くなった二人の黒人清掃労働者はEchol Cole（36歳）とRobert Walker（30歳）である。
- ★17 Ibid., pp.33-34, 118.
- ★18 Ibid., pp.105-106.
- ★19 Ibid., chap.4.
- ★20 公安当局によるキング牧師への監視については上記註10を参照。
- ★21 Martin Luther King, Jr., "All Labor Has Dignity," a speech delivered in an American Federation of State, County and Municipal Employees (AFSCME) mass meeting, Memphis Sanitation Strike, Bishop Charles Mason Temple, Church of God in Christ, Memphis, Tennessee, March 18, 1968, in Michael K. Honey, ed., *"All Labor Has Dignity" Martin Luther King, Jr.* (Boston, MA: Beacon Press, 2011), p.172.
- ★22 FBIが「黒人ナショナリスト」をことのほか恐れた事実に関しては次の拙稿を参照。川島正樹「ガーヴィー運動の生成と発展（1914～1924年）──第一次大戦後の米国での活動を中心として」『史苑』第50巻1号（1990年3月）、48-84頁。
- ★23 Honey, *Going Down Jericho Road*, pp.304-305.
- ★24 本稿筆者はかつてFBIの秘密の捜査・妨害活動について立法措置により特別に開示された膨大な一次資料の全てに目を通し、論文にまとめた（前掲「1965年夏以降のM・L・キング」）。内報者の中には自主的に証言に応じた人も少数はいるが、特別開示後も国家安全保障および個人情報に関わるとの理由から多くの部分が墨塗りで、情報提供者の名誉を守るということでその名前の多くも墨塗りのままである。
- ★25 Honey, *Going Down Jericho Road*, pp.295-296.
- ★26 Ibid., p.336.
- ★27 Ibid., pp.352-361.
- ★28 Ibid.

★29　Ibid., p.361.
★30　Ibid., pp.363-365.
★31　Ibid., pp.372-373.
★32　King, "To the Mountaintop: Let Us Develop a Kind of Dangerous Unselfishness," a speech delivered in an AFSCME mass meeting, Memphis Sanitation Strike, Mason Temple, April 3, 1968, in Honey, ed., *"All Labor Has Dignity,"* p.195.
★33　Ibid., pp.415-426.
★34　例えば以下を参照。Fernando Faura, *The Polka Dot File on the Robert F. Kennedy Killing: Paris Peace Talks Connection* (Walterville, OR: Trine Day LLC, 2016).
★35　Honey, *Going Down Jericho Road*, chaps. 21, 22.
★36　この部分の記述はMichael Honey教授より供与された原稿（"Black Workers Matter: The Continuing Search for Racial-Economic Equality in Memphis"）を資料としている。教授のご厚情に心より感謝する。同論文は以下の書籍に収録されている。Aram Goudsouzian, ed., *An Unseen Light: Black Struggles for Freedom in Memphis, Tennessee* (Lexington, KY: University Press of Kentucky, 2018).
★37　ロックウッド氏のNPOに関しては以下のURLを参照。https://www.frayercdc.org/.
★38　ロバート・ライシュ（中谷巌訳）『ザ・ワーク・オブ・ネーションズ──21世紀資本主義のイメージ』（ダイヤモンド社、1991年）。
★39　ロバート・ライシュ（雨宮寛他訳）『最後の資本主義』（東洋経済新報社、2016年）。

参考文献

川島正樹「マーティン・ルーサー・キング, Jr.の思想的深化と「第三世界」──「勝利」後の闘いに焦点を当てつつ」『人文論叢』第11号（三重大学人文学部文化学科、1994年3月）、125-141頁。

―――「1965年夏以降のM・L・キング──FBI秘密ファイルの再検討を中心に」『歴史評論』第531号（1994年7月）、19-34頁。

―――「いまなお、ひきつけてやまぬキング」『アサヒグラフ──キングの「夢」アメリカ黒人の「いま」』通巻3969号（朝日新聞社、1998年4月24日）、24-25頁。

―――『アメリカ市民権運動の歴史──連鎖する地域闘争』名古屋大学出版会、2008年。

―――『アファーマティヴ・アクションの行方──過去と未来に向き合うアメリカ』名古屋大学出版会、2014年。

Honey, Michel K. *Going Down Jericho Road: The Memphis Strike, Martin Luther King's Last Campaign*. New York, NY: W.W. Norton, 2007.

Goudsouzian, Aram, ed., *An Unseen Light: Black Struggles for Freedom in Memphis, Tennessee*. Lexington, KY: University Press of Kentucky, 2018.

第3章

指導者の失敗、終わりが見えない戦争、抗議運動の隘路

1968年の永続的な遺産

マイケル・アダス

藤本博 訳

　1968年にウィスコンシン大学マディソン校にて東南アジア史・グローバルヒストリーを専攻し博士論文を準備していた一人の大学院生の目からしても、アメリカが国内的に分裂し、非共産主義陣営の民主主義国家のリーダーとしての覇権的役割を疲弊させつつあることは理解できた。少数派として長らく抑圧されてきたアフリカ系アメリカ人や国内の貧困層を向上させる諸改革を推進するリベラル派の推進者として〔1964年の〕大統領選挙に圧倒的勝利を収めた大統領〔ジョンソン〕が、貧しくかつ分断された独立後のヴェトナム社会に対してアメリカを大規模な軍事介入へと引きずり込んだとして広く非難の対象になっていた。アメリカにおける政治上の冷戦コンセンサスは、マッカーシズムの時代が終わって以後、時が経つにつれすでに揺らいでいたが、戦争が破壊的様相を呈し、その後かなりの意見の対立が生み出されたことで一層崩れつつあった。ヴェトナムにおける戦争はまた、アメリカの主要な同盟諸国を離反させるとともに、共産主義中国やソ連、そしてワルシャワ条約機構加盟諸国がグローバル超大国としてのアメリカを中傷し、衰退させる機会を提供することになった。

　家族と私は反戦抗議運動の震源地の一つの地域に住んでいたのだが、地域的に見ても、古くからの大学町の静寂さは暴力的状況によってかき乱されていた。州議会議事堂からウィスコンシン大学キャンパス内の古い建物の一画にあるバスコムホール（Bascom Hall）まで伸びる市の大通りは戦場さながらの状況

になり、店舗の店先のショーウィンドーは壊され、州兵が見回りをし、催涙ガスやゴミが散らかった中で学生らが嘲って高らかな声を上げている姿が見られた。1968年の終わりまでには、ヴェトナムの泥沼から手を引き、アメリカ国内の分裂を修復できるような指導者が登場するかどうかは誰の目からしても明らかではなかった。

　リンドン・ジョンソン大統領ならびに政権中枢の人たちが南ヴェトナムのサイゴン政権に対する軍事介入の規模に関して意図的な虚偽やあからさまな嘘によって覆い隠そうと何度も試みようとしたものの、最終的には無駄な試みであることが明らかとなった。そして、このため、1964年当初から反戦運動の中で支配的であった怒りや頻繁な暴力的衝動が増幅していった。自国の指導者たちがとくに海外での軍事作戦に関する重大な問題について有権者を意図的に騙すことはないと成人になって信じてきた何世代にも及ぶ多くの人々にとって、1968年には、自分たちが何度も欺かれてきたことは自明のものとなった。勇気あるジャーナリストやテレビのコメンテーター、率直な役人たちは、派遣米兵の増強を一層拡大させているにもかかわらず否定する政府の不誠実な態度を暴くとともに、米軍顧問がいる基地の防衛のためにだけにヴェトナムに派遣されたといわれた米軍部隊が実際には主要な攻撃的作戦に従事し始めていたことを明らかにしていた★1。米軍は早くも1965年末の数か月の時期に、南ヴェトナムの高原地帯で南ヴェトナム解放民族戦線（NLF、以下「解放戦線」）及び北ヴェトナム軍（NVA or PAVN）に対して空からの機動作戦を展開していた。そしてこのことは、サイゴン政権の指導者や南ヴェトナム軍（Army of the Republic of South Vietnam）が勝利できないのが明白になっていた戦争を米軍が代わって引き継ぎつつあることを意味していた。

　上述のような欺瞞を重ねながら、ホワイトハウス中枢にいたジョンソンやマクナマラ〔国防長官〕、バンディ兄弟〔マクジョージ・バンディ国家安全保障担当大統領補佐官、ウィリム・バンディ、アジア・太平洋担当国務次官補〕らは、解放戦線と北ヴェトナムへの空と海、そして陸上における戦争の漸次的拡大に対して疑念や公然たる批判を表明していたヒューバート・ハンフリー副大統領やジョン・マッコーンCIA長官など政権内の人々を排除したり、辞任に追い込んだりした★2。ジョンソンは、戦争を協議する様々な場において、ジョージ・ボール国務次官に対しては極端な形でわざと異を唱える役を演じるよう促していたものの、ヴェトナムに関する政策決定に関わっていたすべての人に対して自分に同意するよう要求していた。この点は内部でかなり意見の違いが

第3章　指導者の失敗、終わりが見えない戦争、抗議運動の隘路

あった統合参謀本部に対しても同様であった。マクナマラは、誤った統計数字を根拠に北ヴェトナムの指導者にヴェトナムの再統一を諦めさせるような段階的な軍事的拡大を遂行していたが、統合参謀本部の大半はマクナマラの政策に批判的であった★3。

　政権側が欺いた姿勢をとり、わずかの議員を除けば1968年に入るまで自分の意見を表明することがなかったため、ジョン・F・ケネディが1960年代初頭に再活性化させた国内問題に向けてのリベラルな政治行動主義に対して失望を抱かせることになった。政権中枢にいたマクナマラやマクジョージ・バンディらがヴェトナムの悪化する状況に対してむしろ攻勢的なアプローチをとっていたのに対して、ジョン・F・ケネディ、そしてジョンに最も影響力をもっていた側近であった〔弟の〕ロバートは、ヴェトナムの内戦への米軍による軍事介入の拡大に対してはかなり疑念を抱いていた★4。ヴェトナムやラオス、カンボジアでの戦争努力に費用がかさむにつれ、開発途上諸国――周辺に位置する南ヴェトナムを含め――建設的なプロジェクトに予算が注ぎ込まれるのではなく、東南アジアや周辺諸国の軍事作戦に対して果てしない予算が投入された★5。これまでになく拡大する軍事介入に予算が投入された結果、アメリカ経済は疲弊し、アメリカの同盟国から資金的な支援を受けることになった。これら同盟国の中でも、注目すべきはオーストラリアや韓国が実際に戦闘部隊を派遣し、そしてとくに日本やタイが軍事基地のみならずヴェトナムにおける「同盟」軍に対する補給物資や休暇をとる何万もの米兵向けの施設を提供した。

　政府予算を過剰な軍事介入に劇的な形で充当したことから、1968年初頭には、貧困者救済や教育、医療などの国内のニーズに対処しようとしたジョンソン大統領の「偉大な社会」計画が骨抜き状態になっていることは誰の目にも明らかであった★6。1965年初頭に投票権法が議会を通過したことはジョンソン大統領自身の大きな成果であった。ただ、議会を通過したその夜にジョンソンがビル・モイヤーズ報道官に率直に認めていたように★7、民主党はすでに過去一世代にわたって長期的に南部諸州の支持を失ってきていた。また、その後もジョンソンは優柔不断な形で戦争を続けていたため、進歩派やリベラルな人々、無党派層、そしてわけてもマディソンなど主な大学町において街頭で抗議行動を行っていた大卒の人々などの有権者の支持をかなり減らしていた。

　1968年初頭の解放戦線や北ヴェトナム軍部隊によるテト攻勢は、南ヴェトナム領内および北ヴェトナムからの派遣された共産主義勢力にかなりの打撃であったが★8、ジョンソン政権ならびにアメリカ市民の大多数に与えた政治的影

61

響は泥沼化していた戦争の転換点となった。主要な軍事作戦を行って2年以上が経た後でも、共産主義勢力は敗退するどころか、アメリカの戦争拡大に対してヴェトナム民族の解放と統一のためにいかなる犠牲も払うつもりであることは明らかであった。テト攻勢を受けて、次第に多くの議員や尊敬を得ていた報道関係者——その顕著な象徴がウォルター・クロンカイトであった——は、勇気を奮って戦闘の終結と交渉による米軍の南ヴェトナムからの撤退を要求するようになった★9。

「トンネルの出口の明かり」が全く見えないことへの認識が高まるにつれて、1968年におけるマディソンでの抗議運動は、それに加わる人数や地元警官や州兵との暴力的小競り合いの規模からすると新たな高まりを見せるようになった。州兵部隊は、占拠されていた建物や急進的な活動家から標的となりそうな建物——皮肉にも新築されたばかりの〔ウィスコンシン大学の〕人文棟の建物も含め——の周辺を見張っていた。コンクリート造りで窓が狭い人文棟のビルはさながら要塞のような建物で、このような建物がヴェトナム戦争末期の時期には多くの大学のキャンパスで見られた。活動家による大多数の抗議集会やデモはかなり組織化され、しかも統制が行き届いており、かつての「ティーチ・イン」運動のように大部分は平穏なものであった。このような雰囲気を象徴的に示したものが1967年11月後半に行われたデモで、そのデモの目的は、ダウ・ケミカル社による就職面接を阻止することにあった。ダウ・ケミカル社は、共産主義者の支配から救うために闘っていると主張していた「国」である南ヴェトナムにおいて米軍が大規模に使用していた非常に悪名高い毒性の物質〔枯れ葉剤〕を主に製造していた会社であった★10。地元警察がデモ参加者を追い払うために過度な暴力を行使し、しかもこのことが地元のみならず全米に広範囲に報道されたことで、1968年の大半の時期において反戦デモの拡大をもたらした。警察や軍が抑圧的な対応をしたことから、SDS(「民主的社会を求める学生組織」、Students for Democratic Society)を含む急進派グループに対する支持が拡大していった。その活動家たちは、合法的で非暴力的抵抗の枠を超えて、目標とした大学の建物を占拠することにしばしば成功した。その目標の筆頭にあがった建物が「ランド・テニュア・センター」(Land Tenure Center)であった。同じような目的をもつ施設はミシガン州立大学にもあり、ヴェトナムの農村地域における作物の生産を向上させる政府の取り組みに深く関わっていた。ただ、〔農民の〕心情(ハーツ・アンド・マインズ)を掌握しようとするこの取り組みは

効果がなく、十分な資金投入もなされずじまいであった★11。

　抗議運動のデモの規模が拡大したにもかかわらず、名の知れた活動家の一部——東部、とくにニューヨーク州やニュージャージー州出身者たち——が挑発的で暴力的手段に訴えがちであったため、ウィスコンシン大学の学生や周辺の地元住民の大多数を遠ざけることになった。こうした地元の人々の中には、反戦デモに一般的に反対していた州議会議員や地元業者（とくに店舗を破壊された店主たち）、地元の報道関係者、一般市民が含まれていた。抗議運動を担う急進派の人々に見られた挑戦的な態度やヒッピー的なスタイルはウィスコンシン大学の多くの構成員だけでなく周辺住民の多くをも遠ざける要因となった。同時にまた、こうした背景があって、1968年の大統領選挙でニクソンが大統領に当選してからもしばらく戦争への支持が続いた。東南アジア史とアメリカの外交を研究していた我々からすると、反戦活動家たちは大抵の場合、ヴェトナムの歴史と文化ならびにアメリカの侵略に対する共産主義者による抵抗の歴史的背景、そして戦争へと導くことになった「とんでもなく誤った」★12決定に関してはほとんど無知であった。おそらく一層当惑させたことは、デモに加わる活動家らが、投獄されていたブラックパンサー党創設者のボビー・シールの解放や山猫ストの合法化など、人々を不快にさせるような問題を持ち出したことであった。また、カギとなる一つの要求に絞ることがある時点で大切だと考えたガンジーの知恵に彼らが気づいていないか、あるいは知らぬふりをしていたことは明白であった。ヴェトナムにおけるアメリカの破滅的な介入を止めさせるためには広範な支持を獲得することが必要であったのだが、急進的活動家たちは非暴力市民的不服従に関するガンジーの主張に繰り返し背いたことに加え、相矛盾する問題を掲げたことで、むしろ人々を遠ざけてしまうことになった。

　急進派の声高な不満が教育制度そのものの仕組みに主として向けられるにつれて、街頭でデモをしていた急進派たちは大学のあり方に対してその怒りを向けるようになった。急進派は資格がある大学教員も含めての終身在職権（テニュア）の廃止を含め、大学のカリキュラムや成績評価制度の改正、授業単位制度の廃止に及ぶ諸要求を掲げたが、そのことはウィスコンシン大学の教員や学生をかなり分断した。一層憂慮すべきことに、急進的な教員たちが活動家を元気づけるような形で自分たちの授業を提供しているとの情報が流布していた。当時、人文科学と社会科学分野を専攻する院生の多くがヴェトナム戦争に反対していたものの、反戦活動に参加していた非常に多くの者が闘争心旺盛で嘲る

ようなヒッピースタイルを装っていることに幻滅しており、私と私の友人の一人もそうであった。こうした状況の中で、1967年の秋学期も終わりに差しかかった頃に、私たちは、ハーベイ・ゴールドバーグ教授の講義に出席することにした。ゴールドバーグ教授は魅力的な授業を行い、並外れた数の学生が受講しているとの噂であった。ゴールドバーグ教授の授業は、受講者がかなり増えたために農学部が定期的に家畜の品評会を行うために使用していた非常に大きな円形劇場風のホールで行われた。ゴールドバーグ教授は、フランスの社会主義者であるジャン・ジョレスについて素晴らしい本を書いていた。ジャン・ジョレスは、1914年にフランスがドイツとの戦争に突入したことに反対して展開された抵抗運動の主要なリーダーで、フランスの熱狂的な国粋主義者ラウール・ヴィランによって暗殺された人物であった★13。

　友人と私は農学部ホールの満席になっていたバルコニーのうしろの席に座ったのだが、ゴールドバーグ教授の業績だけを知るのみであったこともあって、講義が始まってからの授業の光景に全く心の準備ができていなかった。ゴールドバーグ教授が眼鏡をはずすと（教授は明らかに近視であった）、そこに集まった学生たちはそのしぐさを見て静まり返った。するとゴールドバーグ教授は熱のこもった話を始めた。1917年4月初めにレーニンが劇的な形でフィンランドのある駅に到着した時の話で、その大筋はエドマンド・ウィルソンの比類なき著作『フィンランド駅へ』（*To the Finland Station*）からの紹介であった。教授が話しだして間もなくすると、そこに集う大勢の学生は教授の話にすっかり魅了された。続いて教授は、1917年に革命の真っただ中にあったロシアや1968年のアメリカと、同様に社会的・政治的変動の震源地であったマディソンとを比較する話をし始めた。ゴールドバーグ教授のこうした比較の妥当性は疑わしいものであった。しかし、教授のこの話が終わると、話を聞いていた学生たちは賛意を示して大きな歓声をあげた。当然のことながら、友人と私は、興奮の渦で囲まれた会場を出たが、ゴールドバーグ教授が当惑させるようなたとえ話をしたことで抗議活動のやり方に悪い影響を与えるのではないかと憂慮した★14。

　マディソンを引き合いに出したゴールドバーグ教授のたとえ話は非常に見当違いのものであり、（私が知る限り）何ら直接的な関連性は史料的に証明できないものであった。とはいえ、ゴールドバーグ教授の話がおそらく何らかの引き金となって、その後の数年間に、予備役将校訓練（ROTC）の古い建物や「ランド・テニュア・センター」、陸軍の数学研究センターが入っている建物であ

るスターリングホール（Stering Hall）に対する暴力的な一連の襲撃が起こったと言えるかもしれない。陸軍の数学研究センターに対する爆弾事件が1970年8月24日に起こった。この爆弾事件はそれまでで最も深刻な出来事であった。この計画に携わり実行した4名の急進的な活動家は何らかの形で大学と関係していた者であった。爆弾を投げ込んだうちの二人は大学新聞『デイリー・カーディナル』（Daily Cardinal）の編集に携わっていた学生で、もう一人は軍事研究に関わっていた数学研究センターで報告書の作成に直接従事していた。爆弾の爆発によって数学研究センターが入っていた建物にはかなりの被害が出たが、皮肉にもそのセンターがあった階にはほとんど被害がなかった。センターの建物の地階で超伝導について仕事をしていたロバート・ファスノートが死亡し、他に3名が重傷を負った。この爆弾事件は、大学とマディソンの街に粛然たる影響を与え、急進派の影響力に対する拒絶反応をもたらすとともに、ウィスコンシン大学や全米の大部分の大学のキャンパスで大きく盛り上がった反戦運動が衰退する契機となった。

　不必要な戦争をめぐって国論がかなり分裂している状況下で、ウィスコンシン大学があるマディソンは全体として国全体の縮図を示していた。一方で、反戦的な立場に立つ極左集団が、機会を見つけてはいつでも、「支配者（エスタブリッシュメント）」の側に立つとみなした機関の行為に対して挑戦的態度で臨んだり、妨害しようとむきになっていた。そして他方では、組織的に確固たるものではなかったが極端に愛国的な集団が、安全保障やアメリカの安定を維持する観点からヴェトナムへの米軍の派遣を決断したジョンソン政権とニクソン政権を擁護していた。全国的なレベルで見れば、1968年は、独立後の〔ヴェトナムの〕社会で起こっていた内戦の泥沼にアメリカを引きずり込んだ指導者たちがその代償を支払った年であった。解放戦線のゲリラ戦士と北ヴェトナムから入ってきた北ヴェトナム正規軍は、ヴェトナム全土で攻撃を行うことができた。この事実は、共産主義者が相次ぐアメリカの戦争エスカレーションによる一層の戦争の拡大に対応する用意があると主張していた戦争批判派の考え方を確証するものであった。ドミノ倒し的状況にはなっておらず、アメリカの同盟国が批判を強めていった状況からしても、戦争に反対していた人々の考えが裏づけられた。ヴェトナムの命運は、当時もそれ以前も、アメリカの安全保障にとって死活的な重要性はなく、しかも世界を共産主義の独裁の脅威から救うとの歴史的使命にとって差し迫ったものではない、と戦争を批判していた人は考えていた。とはいえ、

戦争に対する世論の批判が1968年に頂点に達していたものの、ジョンソン政権内での政策決定におけるウォルト・ホイットマン・ロストウの影響力はかなり高まっていった。ロストウは、南ヴェトナムを共産主義者の支配から救うというアメリカの十字軍的な使命を引き続き実現することを強硬に推進した人物の一人であった。1966年初頭以降、負け戦になっているとして、ジョンソン大統領に対し米軍の規模縮小を提言し始めていたロバート・マクナマラは〔1968年の〕同じ時期に、大統領の主要な側近としての自らの立場を次第に失いつつあり、それに伴い、ホワイトハウスの側近の中での政策決定にあたって長らく保持してきた彼の支配的影響力に陰りが見られることになった★15。

　ケネディ政権期において、ロストウはアメリカが独立後の社会の政治的変革に関与することに対して熱心な支持者であった。ケネディ大統領兄弟やその側近の人々にとっては、ロストウがこのような関わりを持つことはある意味で喜ぶべきことであった。ロストウは一時期、国内で増大しつつあったシンクタンク、より広くは社会科学分野の学界に集う専門家たちの間で絶大な影響を持っていた。彼は、1960年代初頭までイギリスやアメリカが経験してきた産業革命前の社会から脱工業化社会への移行を前提とした英米中心の歴史が普遍的な歴史の流れであることを1950年代末に提示していた。ロストウは、こうした発想をもとに「高度に発展した」社会の適切な道を考え、東ヨーロッパやアジアに共産主義が拡大して資本主義社会が挑戦を受けている状況下においては、こうした道を進むことがその一つの対抗手段になると信じていた。1960年代初頭に彼は自らの枠組みをインドや中国、より一般論として独立後の世界に適用しようとしたが、このことは、これら諸国が多様な道を歩むことを閉ざすことを意味した★16。ロストウがしばしば言及していた目的論的な発展段階論においては、程度の差こそあれ相互に互換的で、資本主義的かつ高度な消費社会を基本とする彼の発展段階論はありとあらゆる地域に適用可能なものと考えられた。ロストウを含め、彼の政策提言を論評していた社会問題評論家や開発問題の専門家たちは、独立後の各諸国においては資源の保有状況や貧困の度合い、政治システムの点でかなりの差異があることについてはよく分かっていたが、共産主義を嫌悪する点では共通していた。したがって、こうした信念をもとに、グローバル化や技術革新、繁栄の増大にふさわしい資本主義的で民主主義的な道を歩むよう、アメリカとその同盟諸国が途上国を導いていくこと──必要な場合は武力を伴ってでも──が必要不可欠であると考えられた★17。

　ロストウの思考枠組みは、暗黙的に、またある場合には明示的に、より広範

な思想的概念として大きな影響力を持ち、近代化論が1950年代から1970年代初頭においてアメリカをはじめ、程度はそれほどではないにせよ、ヨーロッパや日本の学界でかなり支配的な潮流となった。近代化への「上昇」という枠組みで思考していた研究者の一部は、ロストウと同様の発展段階論を考案していた。しかし大部分の研究者は、「伝統的」社会と「近代」社会との差異とともに、「伝統的」社会が「近代」社会への最適状態に向かう場合に重要だと考える要因を重視していた。ロストウが提示した思考枠組みは、「ニュートン力学以前と以後」、後には「合理主義以前と以後」に区分する二分法で、人種主義的な色合いを持っていた。こうした二分法的な思考枠組みはすべて、産業革命以後、基本的には資本主義的な側の方を優位とみなすものであった。近代化論の大部分はまた、男性優位の思考枠組みで、しかも人間による自然の征服に寄与し、科学的取り組みや技術革新の成功をもたらした文化特性の価値を重視した。それほど近視眼的ではないにせよ、西欧中心的な分析手法をもとに、近代化を達成する諸前提、すなわち初期の技術革新の導入やその適応、わけてもその発展を図ることができる資力が強調された（この点では日本の例がしばしば引き合いに出された）★18。

　マクナマラでさえ勝てないと判断していた戦争が進行している状況下で、ロストウは「進歩」に関してそれまで楽観的な評価を下していたが、このことは、ジョンソン大統領の側近の一部の間では物笑いの種となりつつあった。同時に、かなり豊富化されたロストウの発展段階論や近代化論に対して批判が高まった。わけてもテト攻勢の様子がテレビでかなり放映されたことでヴェトナムにおける挫折が明らかとなり、また、独立後の社会を守るために戦っている国に対してアメリカが技術を駆使した戦争によって破壊を生んでいることが次第に知れわたることで、戦争を継続することに対する批判が一層強固なものとなった。1968年前後に社会科学者たちは、報道関係者や顧問たちの批判を引き合いに出して、ロストウの理論が資料的裏づけに乏しく、分析は非歴史的であり、政策提言はご都合主義的で、予定調和的な結末を想定していると厳しい批判を加えていた。実際に報道関係者は実際の姿を報道し、他方で顧問たちはヴェトナムなどの独立後の社会における政府支出の開発計画について従事していた。近代化論の批判者たちは、ロストウ批判をさらに進めて、近代化論の推進者、とくにマサチューセッツ工科大学国際問題研究センター（CIS）に所属する多数の社会科学者の著作や論文で提示されている前提ならびに実証的論拠の薄弱さについて異議を唱えようと試みた。CISの研究者による研究と政策提言は、

アメリカが途上国に対して行っている高圧的で、時として軍事力を伴う介入を支持する文脈でなされていた[19]。その後数十年の間に、政治家の虚言によってヴェトナムでの失敗がもたらされたこと、そして思想的に傲慢で専門用語だけを散りばめた理論をもとに当時もその後もヴェトナムでの失敗を正当化してきたことを徹底的に明らかにするかなりの文献が刊行されてきている[20]。

　1968年には、ジョンソン大統領自身を含めきわめて強硬な態度をとっていた戦争遂行者を除いて、ヴェトナム戦争が大統領の遺産をかなり食い潰しつつあることは誰の目にも明らかであった。その頃までに、マクナマラやジョン・マクノートン、次第に多くの上院議員や下院議員、そして大多数のアメリカ市民は、アメリカの軍事介入がヴェトナムに民主主義と経済発展をもたらすどころか軍部独裁政権を支えることに手を貸しているにすぎないと結論づけていた。アメリカの軍事介入はまた、内戦の拡大によって北ヴェトナムと南ヴェトナムを荒廃させ、かつての抗仏戦争における死傷者に上乗せする形で、何百万人にも及ぶヴェトナム人の犠牲者を生み出していた[21]。かつてホー・チ・ミンはその約二十数年前〔第二次世界大戦直後〕に、依然として分裂状態にあった国内状況に対処するうえで、フランス軍撤退を見越してトルーマン大統領に経済援助を提供するよう懇願したが、トルーマン大統領は拒絶したことがあった。この結果、米ソの冷戦的対立が高まっていく状況下で、ヴェトナム中立化の道は閉ざされることになった。したがって、チトーによる教条主義的路線ではないユーゴスラヴィアのような発展の可能性も排除された。冷戦的な「ドミノ倒し」の論理が空虚なものになりつつあったにもかかわらず、ジョンソンやマクナマラなど政権内の政策担当者らは、腐敗し、無能なサイゴン政権を支持して負け戦を引き続き戦う主な理由づけとしてアメリカの威信を維持する必要があることを次第に強調するようになった[22]。長期的に見れば、ジョンソン政権が虚偽の情報を流布し、明白な嘘をついたためにリベラリズムを信奉する左派系の活動家たちの信用をかなり失い、後のロナルド・レーガンやジョージ・H・W・ブッシュの共和党政権から本格的な冷笑の対象になった。

　1968年の大統領選挙や連邦議会選挙における前哨戦において、ヴェトナム戦争は、選挙運動家や有権者にとって主要な問題であったのみならず、有権者の間で見られたより広い意味における政治的、社会的対立の要因ともなっていた。政府によるごまかしが明らかになると、積極的に抗議行動をしている人たちの間——しばしば階層ごとに頻繁に暴力に訴えることがあったが——で裏切られたという気持ちと怒りの感情がかなり強まっていった。そして、こうした

反応はウィスコンシン州マディソンの人々のみならず、ひいてはアメリカ市民全体に見られた。反戦運動に参加する急進派の人たちの風貌や行動、わけても公共の場での暴力的衝動に基づく行動をアメリカ人として共有できる行為だと彼らが意図的に言いふらしたことから、ジョンソン政権によるヴェトナム軍事介入の一層の拡大に批判的な進歩的かつ中道的な人々のかなりの部分を含め大多数の市民は急進的な反戦活動家を遠ざけて見るようになった。おそらくカウンター・カルチャー（対抗文化）的な最も目にあまる自己顕示の現象を示したものが、1967年にサンフランシスコで開催された「サマー・オブ・ラブ」（Summer of Love）の集会であると考えられる。恵まれた身分で、身ぎれいにしている「ヒッピー」風の風貌をしていたこの集会に集う参加者たちについては、ケン・バーンズとリン・ノヴィックが最近製作したヴェトナム戦争に関する長編ドキュメンタリーの中で、汚れた格好で敵に包囲されながら南ヴェトナムの熱帯雨林を足で踏みつけながら進軍する米兵と見事に対照させる形で描かれている。怒りをあらわにしていたヒッピー風の活動家集団は、負傷して帰国した米兵ならびにPTSD（外傷後ストレス障害）に苛まれていた米兵に対して「子ども殺し」とか「戦争犯罪人」とかのレッテルを貼って悪罵を浴びせていた。こうした活動家の大半は、徴兵されて戦闘に駆り出されずに済む方策を講じることができた。他方でこうした悪罵を浴びせられた帰還兵の大部分は労働者階級ないしは中産階級末端の出身者で、彼らは徴兵を逃れることはできない状況にあった。彼らはまた、かなり悪条件の中で軍務を遂行せざるを得ないことに嫌悪の念を抱くようになっていた。帰還兵に対して根拠のない悪罵がしばしば浴びせられたために、労働者階級のかなり多くの人々は民主党に対する支持を躊躇するようになった。民主党の指導者たちはそれまで兵士たちを騙し、必要のない戦争に彼らを徴兵してきたのだった。

急進派の活動家たちが帰還兵に対するこのような行き過ぎた態度をとったために、全体として反戦運動に批判的であった右派のメディアや街頭行動を行っていた極右派の人たちからかなり非難を浴びることになった。こうした極右派の人たちは労働者階級出身者で占められることがしばしばであり、彼らはヴェトナムにおけるアメリカの軍事介入を続行するジョンソン大統領、そしてその後のニクソン大統領の決意を支持していた。極右派による街頭デモがピークに達したのは、1968年11月の大統領選挙の序曲とも言うべき民主・共和両党の党大会が行われた数週間前の時期、そして両党の党大会が開催された期間であった。共和党大会では、「名誉ある」形での戦争終結を人々に保証したリチャ

ード・ニクソンに対する大衆的支持が大いに高まった。シカゴでの民主党大会は、民主党員の意見がかなり割れて喧噪に満ちたものとなり、最終的にヒューバート・ハンフリー副大統領が大統領候補指名を獲得した。党大会が開催されたその1週間の期間、シカゴ市街はさながら戦場の様相と化し、その様相はシカゴの方がはるかに規模は大きいものであったが、ウィスコンシン州マディソンの状況を想起させるものであった。暴力行為や市民的不服従による妨害によって党大会が中止となり、全体として市民生活が混乱をきたす恐れがあったが、こうした暴力行為や市民的不服従による妨害に対しては警察がしばしば粗暴なやり方で対処し、また州兵が抑圧的態度をみせて対応した。上記のことすべては全米にテレビで放映された。保守的な論説を執筆しているブレット・スティーブンスが最近の社説で論じているように、感情をあらわにした言説——ハーベイ・ゴールドバーグ教授が〔1917年のロシア革命期と1968年のマディソンにおける〕政治的極左派双方の双曲線的な類似性に関する話の中で先取り的に提示していたものだが——は、非生産的な衝突をもたらし、ここ数十年の間に再び顕在化してきた、階級や教育程度に基づくアメリカ社会の深い対立を促進することにつながった。

> ……民主党大会が開催されたシカゴの街頭ではヴェトナム反戦のデモが見られた。……ここでの真の責任は、ヒステリー気味のシカゴ警察との流血騒ぎをもたらした群衆たちにはない。より大きな責任は、活動家が行っていた行動は正当で弁明できるものであると当時述べていた知識人や大学教授、政治家、ジャーリズムのコメンテーターにある。……シカゴでの出来事を振り返れば、そうした正当化は後にも絶えず見られ、当時がこうした正当化が見られた最初と言える。……アービー・ホフマンが1960年にシカゴで語っていたように、「革命家の最初の任務は、逃げることにある」。これは、現政権〔トランプ政権〕とその支持者のスローガンでもあると言ってもよい。……トランプ大統領は法律をはじめ、手続き、礼儀作法に対して軽蔑の念を抱いているが、そのことは彼が気に入る人たちの行動を支持する免罪符となっているとともに、……将来のアメリカの扇動政治家やそのような人々を擁護する者のモデルとなっている。……〔こうしたことは〕トランプ政権が何であるのか、またどのような政権に今後なっていくのかをまさしく示している。トランプ政権は、1960年代においてリベラルな知識人が良識的なリベラリズムを裏切ったのと同様な形で良識的な

第 3 章　指導者の失敗、終わりが見えない戦争、抗議運動の隘路

保守主義を裏切っている知識人階級を称賛しているのである★23。

　1968年を通じて有権者の間で拡大していった、時として暴力をともなった深刻な対立は、いくつかの主要な社会的・政治的な抵抗運動が交錯して挫折していくことで一層深刻なものとなった。マーティン・ルーサー・キングらは1950年代半ばからアフリカ系アメリカ人の平等を求めて運動を開始したが、キングの足跡を見るとわかるように、1960年代半ばには、ヴェトナム反戦運動はアフリカ系アメリカ人の平等を求める運動と結合することがしばしばあった。その後、急進派が離れてブラックパワーの台頭を生み出した。そして1960年代末にはテト攻勢を機に高まった反戦運動と軌を一にして都市暴動が起こり、最終的には激しい選挙戦を経て、1968年11月にリチャード・ニクソンが当選することになった。キングは「南部キリスト教指導者会議」（SCLC）など黒人差別に反対して非暴力を掲げる様々な組織の中で極めて重要な立場を占めていた。キングは国内のヴェトナム反戦運動と黒人の市民権運動とを接合したいと考えていたが、このため、とくに外見上人種統合が進んでいた北部諸州における「白人」のキング支持者は複雑な思いを抱くことになった。物議をかもしたキングのヴェトナム戦争批判は、「南部キリスト教指導者会議」（SCLC）が率いる直接行動のコーディネーターであったジェームズ・ベヴェルの強い影響を受けたものであったが、南部の自分の友人やかつての支持者の反対を押さえて投票権法の議会通過を成功させたジョンソンへの侮辱であると多くの人々の目には映った。明らかなことは、キングが反戦の大義を語るようになった大きな理由は、過度にアフリカ系アメリカ人がヴェトナムでの戦闘部隊に従軍させられているからであった。また他の理由は、キングが差別撤廃運動において急進派のブラックパンサーの影響力が高まっていくことに懸念を抱いていたからでもあった★24。1968年4月にキングが暗殺されたことによって、ロサンゼルスやニュージャージー州のニューアークなどで暴動が発生した。キング暗殺の同時期には、ロバート・F・ケネディの名声が高まることになった。ロバート・ケネディは、アフリカ系アメリカ人の人たちの間で名声と信頼を得ていた事実上、唯一主要な「白人」政治家であった。こうしたことからロバート・ケネディは、北部都市のゲトー地区を訪問することができ、暴力的な報復を受ける可能性に直面した際にはキングの熱烈な支持者であると表明できた★25。

　4月のキング暗殺に続いて1968年6月6日にロバート・ケネディが暗殺された。このため、民主党の統一のみならず、ひいては国全体の統一に向け修復を約束

できるリーダーがいなくなったと同時に、交渉によってヴェトナムでのアメリカの戦争を早期に終わらせる可能性も閉ざされた。ケネディ兄弟がリンドン・ジョンソンを彼が副大統領の時に政策決定から排除したことも災いして、ロバート・ケネディとジョンソンとの間で深い憎しみが拡大していた。こうした事情があったことで、1963年11月に兄のジョン・F・ケネディが暗殺された後に大急ぎで閣僚の任命が行われた際、ジョン・F・ケネディの側近の中でロバート・ケネディだけがジョンソンによって留任を依頼されなかった。主要な政治的人物が驚くほど相次いで死に追いやられたことを受けて、1968年の大統領選挙が近づくにつれ、全米の有権者は政治的暴力やアメリカの指導者の脆弱さについて大いに気に留めるようになっていた。

　民主党の大統領候補指名が自滅的な様相を呈していたため、当時副大統領であったヒューバート・ハンフリーが民主党の大統領候補に指名される事態となった。ハンフリーは、遅ればせながらジョンソン大統領の戦争を断固として支持したことから、左派のリベラルとして長い間受けていた自らの高い評価を貶めたばかりか★26、11月にリチャード・ニクソンが大統領に選ばれる道を開くことになった。大統領就任後間もなくして、ニクソン新大統領がヴェトナムでの行き詰まり打開のために提示した新たな「計画」は——かなりの賛否両論を招いた計画であったが——、すでに失敗が明らかになっていたジョンソンの持続的な形でのアメリカの段階的介入政策と大差がないものであった。また、議会で弾劾される可能性に直面した際のホワイトハウスでの会話のテープ——このテープが明るみに出てニクソンは辞任を余儀なくされた——が明らかにしているように、ニクソンは南ヴェトナムのグエン・ヴァン・チュー大統領と共謀して、政権を譲ることになっていたジョンソンがパリで仲介していた、北ヴェトナムと解放戦線を相手にした交渉による解決を妨害していた。ジョンソンはニクソンとチューとが秘密裏に話し合いを進めていることを知らされていた。彼はこうしたことは裏切り行為であると考えていたものの、一つにはヴェトナムでの行き詰まりの打開に失敗したことで自らの政治的資産をかなり失っていたために、ニクソンの背信行為を公にすることには乗り気ではなかった。

　戦争が長期化したことで戦争の双方における兵士およびヴェトナム民間人の死傷者数が急速に増大したのみならず、南北ヴェトナム双方の農地や森、農村と主要都市における破壊の規模も拡大していった。かなり広範囲にわたって多大な犠牲をもたらしたテト攻勢時の衝突に続く形で1968年に持続的に展開さ

れた解放勢力の攻勢後における米兵の犠牲者数は、ロナルド・スペクターが実証的に示しているように、ヴェトナムの内戦にアメリカが軍事介入した最初の2年間をはるかに上回るものであった[27]。アメリカの勝利がもはやあり得ないと思われる状況のもとで、戦争が膠着状態になっていることは明白であった。このため、戦争時に双方で戦闘による死者が急増したことの影響で士気の低下がより見られたのは、米兵の方であった。明確な戦略の欠如によって成果が上がっていないことは、本格的な軍事作戦を開始した最初の数か月を経た時点から明白であった[28]。こうした状況下で、重大とも言える戦略的欠如を埋め合わせるため「ボディ・カウント」（死体勘定）に依拠するようになったことで、事態は一層悪化していった。「ボディ・カウント」を実行させられていた一般の兵士たちは、ウェストモーランド将軍の際限のない「索敵撃滅」作戦を非常に腹立たしく思っていた。その理由は、〔解放戦線の〕ゲリラや北ヴェトナム正規軍兵士が戦闘の時間と場所を思い通りに決め、アメリカの火力を展開する前に彼らが森の中に逃げ込むのが可能であることが米軍の作戦が展開された最初の数か月の時点で明らかであったからである。同時に、奪取できた地域でも支配を及ぼすことができなかったところでは、敵がその場所を再び掌握でき、結果的に多大な死者と負傷者を生み出した[29]。大部分の歩兵が12か月で軍務を終えたことや、それより短期間に幹部将校の配置替えがあったために、部隊の一体感が薄れるともに、不可避的に戦闘能力の低下をもたらした[30]。加えて、米国内でますます亀裂が深まり、一般の兵士の間でも人種差別が存在して人種関係がますます緊張の度を深めたため、戦闘の場面で時としてかなりマイナスの作用を及ぼした[31]。米軍戦闘部隊の兵士の間で犠牲的精神を発揮するのではなく、生き残りを図ることを最優先する意識が広がるにつれて、自分のヘルメットに平和のサインを書く兵士がいたり、より深刻なことに、明らかに不快に思っていた上官に対する「フラッギング」（殺傷する）事件が起こったことが大きな問題となった。1968年末には、無能な文民政治家ならびに誤った方向に導いた軍部の指導者たちが企てた必要のない戦争は終わりが見えず、大義を失っていることは明らかであった。

＊文中の〔　〕は訳者が補ったものである。

原注
[1]　ジョンソン、そしてマクナマラなど彼の側近が弄していた欺瞞的な態度に関しては以下のマクマスターの著作が最も詳しい。H. R. McMaster, *Dereliction of Duty: Lyndon*

Johnson, Robert McNamara, *The Joint Chiefs of Staff and the Lies That Led to Vietnam*, New York: Harper Collins, 1997, 第3〜8章。David Kaiser, *American Tragedy: Kennedy, Johnson, and the Origins of the Vietnam War*, Cambridge, MA: Harvard University Press, 2000. 第10〜14章も参照。

★2　Andrew Preston, *The War Council: McGeorge Bundy, the NSC, and Vietnam*, Cambridge, MA: Harvard University Press, 2006, pp.180-181; and McMaster, *Dereliction of Duty*, pp.256-257.

★3　McMaster, 各所参照。

★4　Kaiser, *American Tragedy*, p.39, p.102, pp.113-117, pp.261-265; and David Halberstam, *The Best and the Brightest*, New York: Ballantine Books, 1969., pp.273-275, pp.299-301.

★5　James M. Carter, *Inventing Vietnam: The United States and State Building, 1954-1968*, Cambridge: Cambridge University Press, 2008., pp.155-180.

★6　Brian VanDeMark, *Into the Quagmire: Lyndon Johnson and the Escalation of the Vietnam War*, New York: Oxford University Press, 1995, p.213.

★7　Bill Moyers, *Moyers on America: A Journalist and His Time*, New York: New Press, 2004, p.167.

★8　ヴェトナム戦争における重要な歴史的出来事であるテト攻勢とその後の影響に関して今でも最も優れた著作は、Ronald Spector, *After Tet: The Bloodiest Year in Vietnam*, New York: Vintage, 1993である。

★9　クロンカイトを含めヴェトナム戦争期における戦争報道が与えた影響については、Daniel C. Hallin, *The "Uncensored War": The Media and Vietnam*, Oxford: Oxford University Press, 1986参照。

★10　驚くべき量の化学物質がヴェトナムに散布されたことに関して以下の文献を参照。Barry Weisberg, ed., *Ecocide in Indochina: The Ecology of War*, San Francisco: Canfield, 1970.

★11　Robert Scigliano and Robert G. Fox, *Technical Assistance in Vietnam; The Michigan State University Experience*, New York: Praeger, 1965. 1960年代末にマディソンの「ランド・テニュア・センター」に対して抗議運動があったけれども、そのセンターが東南アジアについて手掛けていたプロジェクトは主としてフィリピンにおいて行われていた。

★12　この点は最終的に数十年後にロバート・S・マクナマラ自身が自身の回顧録の「まえがき」で認めている。*In Retrospect: The Tragedy and Lessons of Vietnam*, New York: Random House, 1995.

★13　Harvey Goldberg, *The Life of Jean Jaures*, Madison: WI: The University of Wisconsin Press, 1962.

★14　教室や街頭などでしばしば無責任な興業主のように振るまった人物としてゴールドバーグ教授を評価したものとして以下を参照。David Maraniss, *They Walked Into Sunlight: War and Peace in Vietnam and America, October 1967*, New York: Simon

and Schuster, 2003, pp.99-100.
- ★15　Preston, *The War Council*, pp.224-225, pp.232-233; and Michael Adas and Joseph Gilch, *Everyman in Vietnam: A Soldier's Journey Into the Quagmire*, New York: Oxford University Press, 2017, pp.141-144.
- ★16　Rostow, *The Stages of Economic Growth: Non-Communist Manifesto*, Cambridge, MA: Cambridge University Press, 1960.
- ★17　Michael Adas, *Dominance by Design: Technological Imperatives and America's Civilizing Mission*, Cambridge, MA: Harvard University Press, 2006, pp.243-246, pp.256-257 & pp.303-304.
- ★18　*Ibid.*, 第5章 ; Reinhard Bendix, "Tradition and Modernity Reconsidered," *Comparative Studies in Society and History* 9/3 (1967); and Dean C. Tipps, "Modernization Theory and the Comparative Studies of Societies: A Critical Perspective," *CSSH* 15/2 (1973).
- ★19　Michael E. Latham, *Modernization as Ideology: American Social Science and "Nation Building" in the Kennedy Era*, Chapel Hill, NC: The University of North Carolina Press, 2000 and Nils Gilman, *Mandarins of the Future: Modernization Theory in Cold War America*, Baltimore, MD: Johns Hopkins University Press, 2003.
- ★20　注記1〜3参照。
- ★21　Adas and Gilch, *Everyman in Vietnam*,「エピローグ」参照。
- ★22　威信が強調されたことに関して、戦争遂行の際の分析報告書ならびに議会や一般市民に提示された正当化の論理の中に見いだされることは、上記注1のマクマスターやカイザーの著作で資料的に十分に実証されている。
- ★23　Editorial, *New York Times*, Saturday, July 29, 2017.
- ★24　Mary Robbins, *Against the Vietnam War: Writings by Activists*, Lanham, MD: Rowman & Littlefield, 2007, pp.102-107. また、戦闘の場において黒人兵の比率が高いことや黒人の差別に関するキングの反応については、Christian P. Appy, *Working-Class War: American Combat Soldiers & Vietnam*, Chapel Hill, NC: The University of North Carolina Press, pp.18-22参照。
- ★25　Ray E. Boomhower, *Robert F. Kennedy and the 1968 Indiana Primary*, Bloomington, IN: Indiana University Press, 2008. pp.2- 6.
- ★26　非常に落胆することになるのであるが、私の学部時代である1965年にハンフリー副大統領が私のキャンパスを訪問して講演した際、私が聴衆からの質問者として選ばれたことがある。この際、ハンフリーがホワイトハウスの舞台裏では批判的意見をもっていたために村八分にされていたまさにその時に、彼がジョンソン政権の戦争拡大政策に対して無条件に支持していることを知ることになった。
- ★27　Spector, *After Tet*, 第3章。
- ★28　McMaster, *Dereliction of Duty*, 第15章及び「エピローグ」など同著作の各所参照。
- ★29　戦争における米軍の軍事的誤算による犠牲に関する最も優れた分析については、

Andrew F. Krepinevich, Jr., *The Army in Vietnam*, Baltimore, MD: Johns Hopkins University Press, 1986参照。すべての当事者から見た地上における戦闘の諸相に関しては、Adas and Gilch, *Everyman in Vietnam*, 4〜6章参照。
- ★30 海兵隊の場合、従軍期間は13か月であった。
- ★31 Spector, *After Tet*, 第11章。

参考文献

Isaacs, Arnold, *Vietnam Shadows: The War, Its Ghosts, and Its Legacy*, Baltimore, MD: Johns Hopkins University Press, 1997.

Maraniss, David, *They Walked Into Sunlight: War and Peace, Vietnam and America, October 1967*, New York: Simon & Schuster, 2003.

Neu Charles, ed., *After Vietnam: Legacies of a Lost War*, Baltimore, MD: Johns Hopkins University Press, 2000.

第4章
アメリカ大統領候補指名制度の民主化[★1]
ローレンス・オブライアンによる民主党規則改革 1968-1972年

平松 彩子

はじめに──アメリカ合衆国における民主化の定着過程について

　アメリカ合衆国においては、世界の他国に先駆けて1820年代に近代民主主義の定着が始まったとされる。この時代に白人男性普通選挙権が拡大し、1828年大統領選挙においてアンドリュー・ジャクソンのもとで大衆政党組織が発展したこと、そしてその後も継続的に二大政党による政権交代が今日まで続けられてきたことが、アメリカ合衆国における民主的な体制の安定性が議論される前提となってきた。他方で、建国以前より奴隷制を抱え、南北戦争終了後の再建期を除いてその後1960年代半ばまで、長らく政治参加の権利を持つ市民を人種の分断線により峻別してきたアメリカ合衆国の非民主的な側面は、ジャクソニアン・デモクラシーによる民主化の定着過程の議論の中では、重要でないごく例外的なことのように考えられてきた。

　しかしこのような民主化の理解に対して、近年のアメリカ合衆国における政治学およびアメリカ政治史研究では批判的疑問が提示されている。なぜ戦後の南部再建期を経た後に、19世紀末から人種の分断線に基づいた政治体制はアメリカ合衆国において再構築されたのか（Kousser, 1974; Valelly, 2004; Woodward, 2002）。20世紀前半のニューディール期の連邦行政府の発展と革新性にもかかわらず、黒人公民権の剥奪と人種隔離政策、そして南部州における民主党一党体制のもとでの権威主義的体制が、実態としてアメリカ合衆国憲法修正第14条および15条に違反しながらも、その後1960年代まで継続し得たのはなぜか。これらの疑問を解く鍵は、南部州選出の白人保守派の民主党政

治家がアメリカ合衆国の政治制度において果たした役割にある。南部民主党政治家は、三権分立制と連邦制をとるアメリカ合衆国の政治制度の中で、大統領候補指名過程における政党代議員や、連邦議会内の常設委員会委員長といった要となる役職を占めながら、連邦政府の介入から南部州地域内における権威主義的統治体制の自治を守ろうとしたのであった。

　このことに着目し、19世紀末から20世紀半ばまで続いた南部州における民主党の一党優位体制を、民主的体制の例外ととらえるのではなく、むしろアメリカ合衆国における連邦官僚国家機構と社会福祉政策の独特な発展形態を定めた積極的要因として考えるべきであるとする研究が昨今主流となっている。ニューディール政策の全国労働関係法では、農業労働者や女中といった多くの南部黒人によって担われた職種については、労働者団結権を認めたこの法律の適応外とするという条項が設けられた（Katznelson, 2013; Katznelson et al., 1993）。社会保障法のうち、扶養児童のいる家族に対する手当プログラムでは、地元の福祉委員に手当の配布を一任する実施方法をとったことにより、南部においては黒人家族が白人の福祉委員から援助を受けさせないようにした（Lieberman, 1998）。また第二次世界大戦終了後の復員兵手当法においても、大学や職業訓練校への連邦補助金の配分は州政府を通じて決定させるという分権的な仕組みをとったために、南部の人種隔離体制下では黒人学校が白人学校ほどには恩恵をうけることができなかった。この差異は連邦政府の施策によってつくりだされた戦後の中流階級に人種間格差を色濃く残す要因となった（Katznelson, 2006）。このように、ニューディール期の連邦政府の権限や官僚機構、予算規模の大幅な拡大にもかかわらず、連邦議会で南部民主党が多くを占めた常設委員会委員長の立案により、南部の人種間関係や労使関係には連邦政府が介入できないような政策実施の方法がとられたのであった。この他、白人優位主義のもとで民主党一党優位制を築いた深南部州地域を、「権威主義体制の飛び地」と定義し、1940年代半ばから60年代にかけての公民権運動による「飛び地」内外からの民主化の圧力に対して州警察と州政党政治家が社会秩序維持のためにとった対応を、深南部三州を事例として比較したロバート・ミッキーの研究は、アメリカ合衆国の民主化経験を比較政治学の体制移行研究の議論の俎上にあげることに成功した（Mickey, 2015; 平松、2017）。このような既存の研究により、連邦政府の発展を形作った権威主義的とも呼ぶべき南部の体制は1960年代半ばまで続き、その後に民主化の定着が始まったとする理解が、アメリカ政治発展論の分野において浸透しつつある。

本稿は上記の議論に基づき、南部民主党政治家が重要な役割を果たした複数の政治制度のうち、民主党の大統領候補指名制度に着目し、南部の民主化後に起きた政党制度の変容過程の一つの側面を明らかにすることを試みる。19世紀末から20世紀中葉にかけて南部州の民主党政治家は、歴代の大統領候補に対して南部の権威主義的体制の自治を容認させ、連邦政府が民主化のための介入をしないことを求めた。民主党はこの条件を受容する大統領候補を南部地域の外から探し、大統領候補選定過程での支持と、大統領本選挙における選挙人票、そして連邦議会での支持票を南部地域が安定して供給することを前提に、南部州における権威主義的統治体制の自治を維持した。大統領候補と南部民主党政党政治家の間のこのような共存関係により、アメリカ合衆国における「権威主義の飛び地」は継続したのであった（Gibson, 2012）。しかし1960年代半ばに公民権法、および投票権法が成立すると、連邦司法省は南部における有権者登録や選挙の際に監視人を派遣し、州選挙法の変更に際して事前審査を行うことができるようになり、この地域の民主化が始まった。これにより南部の州政府による自治と大統領による不介入という民主化以前の二者の関係は成立しなくなった。そして1968年夏シカゴでの全国民主党大会の議場内外での紛糾と混乱を経て、1972年までの間に大統領候補指名過程は大きく変革された。

　通称「マックガヴァン・フレーザー委員会改革」と呼ばれるこの大統領候補指名過程改革の実施を、全国民主党委員長として推し進めたのがローレンス・オブライアンである。マサチューセッツ州出身の政党政治家であったオブライアンは、1952年の連邦上院議員選挙と1960年の大統領選挙において、ジョン・ケネディの選挙組織の事務局長をつとめ、ケネディを当選させた。とくに1960年の大統領選挙では、当時テキサス州選出の連邦上院議員であったリンドン・ジョンソンを副大統領候補としてケネディ陣営に迎え入れることにより、南部地域における権威主義体制を民主党連合にとどめようとした。また1968年にヒューバート・ハンフリーが大統領候補指名を獲得すると、ハンフリーはオブライアンを全国民主党委員長として本選挙の運営を任せたのであった。

　南部地域の民主化後、1968年から1972年にかけての政党制度改革を通じて、改革推進派が全国政党大会における影響力を弱めようとしたのは、まさにケネディ、ジョンソン、ハンフリーの側近であったオブライアンのような旧体制派であった。このような自身の経歴にもかかわらず、民主党の転換期に全国民主党委員長に二度着任したオブライアンは、いかに改革を受容し、実行したのか。これを解明することにより、1960年代後半のアメリカ合衆国における民主化

の過程を南部州地域の側からだけではなく、中央の政党幹部の視点から理解することが可能になると考えられる。この考察は、1960年代終わりから1970年代初めにかけてのアメリカ合衆国における政党を通じた全国統合の問題と、南部の民主化後新たに形成された政党制度を明らかにするために必要な作業である。

そこで本稿はオブライアンが全国政党委員長としてとった政党規則改革の実施手法について、主に次の観点から検討を行う。シカゴでの党大会では、公民権運動と、若者を中心とするヴェトナム反戦運動という二つの社会運動から旧来の民主党政治家に対して改革要求が出された。その後の改革過程を通じて、全国政党委員会においてどのようにこれらの異議申し立てが受理されたのか、あるいはされなかったのか。そして従来の大統領候補選定過程における政党政治家の影響力が失われようとする中、オブライアンが改革過程を通じて何を優先すべきであると考えていたのか。この疑問に対する解を、本稿はジョン・F・ケネディ大統領図書館に収蔵されているオブライアンの個人文書と、全国民主党に関する政党資料、当時の新聞記事、そしてすでに刊行されている研究書に基づいて明らかにする。

以下では、第1節において1968年8月のシカゴにおける民主党大会の紛糾と対立点の概要について、とくにジョージアとアラバマの州民主党代議員の資格審査をめぐる政治を中心に取り上げる。次節では、シカゴ党大会の決議として出された政党改革案の内容と、オブライアンの全国民主党委員長再任の背景について明らかにする。続く第3節では、1970年7月に連邦議会上院議事堂内で開かれた「若者の政治参加に関する民主党公聴会パネル」の実施について、前年に開かれた南部州における民主党改革地方公聴会との比較を行う。最後に第4節において、ジョージアおよびアラバマ州における州政党改革について触れ、本稿の考察をまとめる。

結論を先取りして言えば、オブライアンのもとで民主党政党規則改革は次のように展開した。ヴェトナム反戦運動家を始めとする若者の政治参加機会の拡大を求める声は、主に全国委員会の公聴会において取り入れられた。その一方で、州政党規則の改革については、改革は州政党幹部に任された。これにより、南部においてはそれまで保守派で公民権運動に反対してきた民主党政治家が州政党の幹部として居残ることが可能になったのであった。このことは、1968年を境目とする民主党の政党制度変容、特に政党の全国化と言われる現象の実態を理解するのに、有用な視点であると思われる(Cohen et al., 2008;

Aldrich, 2011）。

1　1968年8月シカゴでの民主党全国大会の決裂

　シカゴの国際劇場において1968年8月に開催された民主党全国大会では、議場の内外で抗議活動が展開され、混乱に陥る様子が全米にテレビ映像として流された。議場外において大会開催三日目には、市長リチャード・デイリーの指示のもと、シカゴ市警察が大学生を中心とするヴェトナム反戦活動家と路上で衝突し、多数の負傷者と600名近い逮捕者を出す事態となった。党大会の議場内においては、まず黒人公民権運動活動家から、いまだ白人優位主義者が多数を占めていた南部州民主党代議員の全国党大会参加資格について、全国民主党委員会の資格委員会に対して再審査をするよう申し立てが提出された。この申請を受けて、南部民主党の代議員資格を一部認めないという審査結果が民主党全国大会の票決により出されると、南部州代議員は抗議の意を示すために議場から退場するものもあった。さらにジョンソンの指示を受けて、カール・アルバート連邦議会下院民主党院内総務やデイリー市長をはじめとする政党政治家が、現職副大統領ヒューバート・ハンフリーを大統領候補とする指名を強行したことに対して、ヴェトナム反戦派は対立候補を擁立し抗議を続けたのであった。

　公民権運動とヴェトナム反戦運動の活動家が旧体制の政党政治家に対して激しく異議を申し立てた例として、本稿では特にジョージア州とアラバマ州の民主党分裂の例を取り上げる。ジョージア州においては、1968年の段階では州の民主党規則により、州の党代議員は知事と州政党委員長によって一元的に任命されていた。当時知事であったレスター・マドックスは、これより2年前の知事選挙で公民権法成立後の白人保守派有権者の反動票によって辛勝した白人優位主義者として知られており、1968年夏にシカゴに赴いた同州の民主党全国大会代議員は、すべてマドックス派の州民主党幹部によって占められた。この白人ばかりの民主党代議員団に対して、ジョージア州議会の下院議員であったジュリアン・ボンドを始めとする若手黒人公民権運動家は、黒人メンバーを含むロイヤル・ナショナル・デモクラット党（LNDP）こそが民主党全国大会においてジョージアの州代議員資格を認められるべきであると抗議し、民主党全国大会の代議員資格審査委員会に異議申し立て申請を行った。この審査委員会から、合計43票あったジョージア州の代議員議席をマドックス派代議員

とLNDPの間で二分するよう判定が下ると、マドックス派のジョージア州民主党代議員団は抗議して議場から退出した（Boyd, 2012）。

　ジョージアの隣州アラバマでは、白人優位主義者の前知事ジョージ・ウォレスがアメリカ独立党の候補として大統領選挙に出馬していた。ウォレスのこの第三政党を通じた大統領選挙キャンペーンは、アラバマ州の民主党代議員に大きな混乱をもたらした。なぜならば、アラバマ州民主党の代議員は、民主党大統領候補ではないウォレスに対して全国民主党大会で支持を表明したからである。合計32票を独占していたウォレス派民主党代議員に対して、全国民主党大会の候補者を支持すべきであると抗議した穏健派白人を中心とするアラバマ独立民主党（AIDP）と、主に州内の黒人公民権運動家によって構成されたアラバマ全国民主党（NDPA）が、全国民主党大会において代議員資格審査申請を提出した。全国党大会の代議員資格審査委員会は、本来のアラバマ州民主党代議員のうち、全国民主党に対して忠誠を誓える者の資格を認め、忠誠を誓えない代議員はAIDP代議員と差し替えることを提案し、党大会の発声投票によってこの案は承認された。その一方で、黒人公民権運動家を中心とするNDPAの代議員を正規のアラバマ州代議員として総入れ替えすべきであるという決議は、党大会投票の投票によって否決された（Congressional Quarterly Inc., 2001）。

　またヴェトナム反戦派としてハンフリーと対立した大統領候補であった、ミネソタ州連邦上院議員のユージーン・マッカーシーとその支持者は、ジュリアン・ボンドを副大統領候補として指名しようと試みた。もっともボンドは当時弱冠28歳であり、正副大統領になるには35歳以上でなければならないという合衆国憲法上の規定を満たさなかったため、この指名は抗議の声を議場内で明らかにした以上の象徴的意味を持たず、ボンドは自ら推薦を辞退した。ただしアフリカ系アメリカ人として初めて二大政党の副大統領候補に推薦されたボンドは、この全国民主党大会の後、公民権運動家、かつヴェトナム反戦運動家として、一躍全国的な脚光を浴び、とくに民主党リベラル派の注目を得ることとなった。

　全国大会議場での第1回目の大統領候補指名投票で、ハンフリーとマッカーシーの得票はそれぞれ67％、22％であった。これによりハンフリーの大統領候補指名が確定し、副大統領候補にはメイン州連邦上院議員のエドモンド・マスキーが選ばれた。しかしマッカーシーをはじめとする他候補への支持が議場内で表明されているにもかかわらず、ハンフリーとマスキーの候補指名を全会

一致の大会動議として強行採択したアルバートとデイリーに対して、ヴェトナム反戦派の間に強い不満が残った（Congressional Quarterly Inc., 2001）。

　大統領候補指名についてヴェトナム反戦派を含むリベラル派の活動家の不満が残るなか、リベラル派は次の二つの決議を1968年民主党大会の会場において採択させることに成功した。第一に、州政党がすべての民主党員に対して、代議員選出の過程で「時宜を得てかつ意味のある」参加の機会を与えるべきであるとの内容を4年後の全国民主党大会招集の文言に含めること。第二に、州代議員団全員の投票を拘束する単位選出制（unit rule）を次回の大会の代議員選出過程において廃止すること。この二つの決議の採択と、新たに「規則委員会」および「政党構造と代議員選出に関する委員会」の設立が決定されたことにより、4年後の全国民主党大会開催に向けた党制度改革が始動したのであった★2。

2　マックガヴァン・フレーザー政党改革の政治

　マックガヴァン・フレーザー改革は、ヴェトナム反戦運動の立場からハンフリーの大統領候補指名に反対した活動家を中心とする全国民主党委員会のリベラル派によって起草された。しかし実際にこの改革案に沿って政党規則や政党構造の変更を実施する主体は州政党であり、50州の政党が独自の規則に従って個別に改革を実施する必要があった。なぜならば連邦制をとるアメリカ合衆国においては、州政党の組織は自律性が高く、全国民主党委員会は各州から政党委員や4年に一度の全国党大会での代議員を送り込む場とはなりえても、逆に全国民主党委員会の側から州政党の内部規則や組織構成の決定に異議申し立てをすることは、基本的にできなかったからである。州政党規則の改革を全国民主党委員会が強制的に実施させうる唯一の手段は、この改革案に従わずに旧来通りの方法で州政党が次回の全国民主党大会出席代議員を選出した場合に、1972年の大会会場での本会議投票によりその州の代議員参加資格を認めないとすることであった。しかし1968年のジョージア州マドックス派代議員をめぐる対立からも明らかな通り、全国党大会において全代議員が一堂に会した後に、特定の州の代議員資格審査を実施し資格が剥奪されることになれば、再び党大会を分裂に導く可能性があった。このような事態を回避するためには、事前に州政党制度改革を経た上で新たな選出過程を用いて1972年の代議員が選ばれることが望ましいと改革派は考えていた。政党改革によってそれまでの大

統領候補指名過程における影響力を失う側にあるのが、オブライアンを含めた旧来の政党政治家であったということに加え、連邦制のもとで全国政党委員会が州政党に対して改革の実行を強制する拘束力を有していなかったことから、この改革の実施は容易ではなかった。

2・1　「政党改革のための指令」18項目ガイドラインの起草と公表

　シカゴでの党大会の閉幕後に、民主党の大統領本選挙を率いたのは、ハンフリーの依頼により民主党全国委員長に着任したローレンス・オブライアンであった。同年秋の各州における大統領本選挙では、ハンフリー陣営は選挙動員と資金の調達を専ら旧知の政党政治家と労働組合に頼らざるを得ず、各地のヴェトナム反戦派の活動家との協力関係は皆無であったと言ってよい（O'Brien, 1976: 262）。1968年11月に行われた大統領選挙は、一般投票の得票数においてはハンフリーとニクソンは僅差を争ったものの、選挙人票においてハンフリーはテキサス州とワシントン州、および北東部と中西部の一部の州を制したのみで、民主党の敗北に終わった。翌年年始に開かれた民主党全国委員会の執行委員会により、オブライアンの民主党全国委員長の解任と、オクラホマ州連邦上院議員であったフレッド・ハリスの次期党全国委員長への着任が決まった。

　ヴェトナム反戦派を始めとするリベラル派にとって、ハンフリーの本選挙での敗北は党内改革の機会が開けたことを意味した。サウスダコタ州選出の連邦上院議員であったジョージ・マックガヴァンを委員長とする「政党構造と代議員選出に関する委員会」は、1969年を通じて国内の主要な17都市を巡り、政党改革について各地の民主党支持者から意見徴収をする公聴会を開催した。南部地域においては、ジャクソン（ミシシッピーとアラバマの2州を対象）、ヒューストン（テキサスおよびオクラホマ州）、アトランタ（ジョージア、サウスカロライナ、ノースカロライナ、フロリダ、ヴァージニアの5州）、ニューオーリンズ（ルイジアナ州）、ナッシュヴィル（テネシー州、およびウェストヴァージニアとケンタッキー州）の5カ所で公聴会が開催された。しかし証言人として参加したのは、1968年シカゴ党大会の混乱に不満を抱いた活動家の側が圧倒的に多く、南部地域の旧来の保守派政治家の大多数は参加しなかった。なかでもアトランタでの公聴会においては、マドックス知事をはじめとする現職のジョージア州政党幹部の多くが不参加であった。ジョージアから参加したもののうち、ジュリアン・ボンドの証言人としての発言は、同州の他の公民権活動家と比較して、マックガヴァンを始めとするリベラル派の公聴会調査委

に温かく迎えられた。

　全国各地で開催された公聴会の結果を経て、翌1970年4月にマックガヴァン・フレーザー改革の骨子である『政党改革のための指令』（原題 *Mandate for Reform*）という題目の報告書小冊子が公表された。民主党全国委員会に対する報告書として作成されたこの18項目にわたる政党規則変更案の概要は、次のようなものであった。人種マイノリティー、若年層、および女性の全国党大会参加を促進するため、これらのグループが州人口に占める割合と同程度に全国党大会代議員に代表されるよう積極的措置を講じること★3。またすべての民主党支持者の代議員参加を促すため、時宜に即さない有権者登録や、長期にわたる居住条件、識字試験などといった制度的障害を撤廃または軽減すること。代議員参加のための金銭的費用をなくすこと。代議員選定に関わる政党規則を明文化すること。代理投票の禁止。代議員選定過程を一般有権者に対して明確に説明すること。州政党の会議における定足数を、40％以上とすること。補欠および空席となった代議員の選定については、州政党委員長あるいは正代議員による独自の任命を禁じ、政党委員会あるいは代議員団全員の審議により選定を行うこと。単位選出制の禁止。州代議員の選出を、各大統領候補の人気に比例して決める、あるいは各州内で連邦議会選挙区より小さい単位を元に州代議員の選出を行うこと。州内での有権者に対する代議員数の割り当ては、人口および州内の民主党の勢力によって決定すること。代議員選定過程を十分に告知すること。公職や政党幹事職により自動的に選定される代議員制度の禁止。政党参加の機会を広げること。全国党大会が開催されるのと同じ暦上の年から、代議員の選定を開始すること。予備選挙あるいは党員大会による代議員の選定を推奨し、政党委員会による選定は正副代議員の1割以下とすること。代議員候補者名簿の作成にあたり、州政党が民主党支持者の十分かつ意味のある参加を保証すること（The Commission, 1970: 38-48）。この政党規則変更案はいずれも、州政党代議員の選出過程における旧来の政党政治家の統制力を弱め、争点活動家と一般有権者の政党への参加を促すことを目的としたものであった。

　しかし報告書の公表を目前にして、ハリスは1970年2月に民主党全国委員長を突如辞職した。表立っての辞任理由は、総額930万ドルにまで累積した民主党全国委員会の負債を減らせなかったことの責任を取ったためであった（Klinkner, 1994: 94）。しかし実際は、この負債額の問題の他に、ハリス自身が次期大統領選挙への出馬の野心を失っておらず、民主党全国委員長の役職

に止まっていては出馬の計画を実行に移せないと考えた政治的動機が存在したからであったとされる★4（O'Brien, 1976: 275）。

2・2 オブライアンの全国政党委員長復帰

ハリスの辞任に伴い、後継者として再び白羽の矢が立ったのが、ハリスの前任者でもあったオブライアンであった。オブライアンは1917年にマサチューセッツ州スプリングフィールドでアイルランド系の民主党地元政治家の家に生まれた。ジョン・F・ケネディの大統領選挙参謀として1960年民主党大統領選挙を勝利に導いたのちに、リンドン・ジョンソン政権下では連邦郵政長官を務めた（O'Brien, 1976）。1968年には民主党大会でジョンソンの後継者として大統領候補に指名されたハンフリーの任命により、全国民主委員長に就任し同年の大統領選挙を率いたが、ハンフリーの大敗が11月に決まると、オブライアンは全国民主党委員長の役職を降り、政界から一度距離をとった。以上の経歴からは、全国政治で活躍した典型的な政党ボス政治家としてのオブライアンの姿が浮かび上がってくる。しかし1968年シカゴ党大会においてヴェトナム反戦派の活動家によりハンフリー支持者として批判され、その後のマックガヴァン・フレーザー改革により従来の大統領候補決定過程における影響力を失うはずであった側のオブライアンは、改革が進行していた1970年から1972年にかけて、再び全国民主党委員長に就き、政党構造改革を遂行した側に回った。

マックガヴァン委員会スタッフの間では、新委員長の改革に対する取り組みが改革遂行の帰趨を左右すると考え、オブライアンの復帰に強い警戒を示す者が多かった。これはオブライアン自身がハンフリーを始めとする旧体制派に属する政党政治家であったこと、またオブライアンが委員長復帰に伴い新たに配置した全国政党委員会の事務スタッフの多くが、ハンフリーの元側近によって占められたことに起因するものであった。よってオブライアンは改革実施にあたって、党内の分裂を深めないようにすることに苦心した。ハンフリー陣営からオブライアンによって任命された新スタッフのうちの一人であった、全国政党委員会事務局長のウィリアム・ウェルシュが、オブライアンの就任直後1970年3月に新委員長に書き送ったメモには、改革派の不信感を増大させないための助言として、次のような内容が書かれている。「報告書が公表された後に残された改革委員会の作業は、主に政党組織の改革を進めることにあります。全国党大会によってこの改革委員会の設立が定められたのですから、この

委員会を、あなたや全国政党委員会の誰かの決断によって一方的に廃止することが可能であるとは私は思えません。改革委員会メンバーと細心の注意を払って一緒に作業を行えば、この改革は世間に目立たず論争を呼ばない形で、かつ常勤職のスタッフを多数雇う必要もなく実施できると私は信じています」★5。改革派と旧体制派の双方が再び分裂することを危惧していたオブライアンに対して、ウェルシュが提案したのは、できる限り論争を呼ばない形で政党改革を実施することであった。

　マックガヴァン・フレーザー改革の実施過程について最も詳しい研究書である『静かな革命』（原題 Quiet Revolution）を著した政治学者バイロン・シェイファーも同様の分析を加えている。オブライアンの優先課題はあくまで民主党内の団結を維持することであった。この達成のため、オブライアンは「改革派に対しては政党規則および手続きの変更を認め、旧来の政党政治家に対しては全国委員会の役職を配分することで、党内分裂を防ごうとした」（Shafer, 1983: 253）とシェイファーは指摘する。具体的には、ハリス委員長のもとですでに起草されていたリベラル派の意向を反映した改革案を受け入れる一方、改革反対派であったサウスカロライナ知事のロバート・マクネアー知事とハンフリー支持者のジェラルディン・ジョゼフを全国委員会の副委員長職に、さらにテキサス出身のロバート・ストラウスを全国委員会会計係に命じ、改革反対派を全国委員会の幹事職に留まらせるようにしたのであった。

3　若年層政治参加のための全国民主党公聴会パネル

　改革についての論争が党内の分裂をさらに深めることを最小限に抑えながら、リベラル派活動家の要求を吸収するために、彼らとの意見交換は主に全国政党委員会の場で行われた。これは旧来の政党政治家との対立が噴出しないよう、リベラル派との住み分けを意図したために起きたものだと考えられる。前述の1969年夏にアトランタを始めとする全米主要都市各地にて開催されたマックガヴァン委員会の公聴会に続き、1970年7月29日に連邦上院議会会議室にて開催された「若年層の政治参加のための公聴会」はその好例であった。

　折しも、有権者年齢を18歳に引き下げるための合衆国憲法修正第26条が翌年発効する時期を目前に控えており、民主党内では若年層有権者の参加を促すための改革に注目が高まっていた。さらに『政党改革のための指令』では、18歳から30歳までの年齢の若者有権者が、州人口に占める割合に応じて州民

主党代議員に選ばれるよう規則を改革する案が提示された。マックガヴァンは公聴会の開催を知らせる手紙で、オブライアンに対して次のように説明している。「有権者年齢引き下げの憲法修正案は裁判所によって追認されることになるでしょうが、そうなれば1972年までに1100万人の人々が新たに有権者資格を有することになります。このほかに1972年選挙では、これまで大統領選挙で投票したことのなかった2300万人の35歳以下の成年人口が存在します。この人々が民主党にもたらす潜在的可能性は明らかです。もし我が党がこの若年者層の嗜好に見合う政策の代替案を提供できれば、そして彼らを効果的に政治過程に引き込むプログラムを採用できれば、まだ誰も手をつけていない巨大なエネルギーや才能の宝庫が、そして何より票田が、我が党の手の届くところに見つかるでしょう」★6。マックガヴァン委員会は、この若年層有権者の意向を調べるため9名構成の内部委員会を設置し、「民主党が、新たに参政権を獲得した若年層（18歳から24歳までの新たな有権者）を最も効果的に選挙と政治過程に引き込むにはどのようにしたら良いのか」という議題について公聴会で意見を集めようとした。若年層の代表としてマックガヴァン委員会が招いたのは、全米ヤング・デモクラティック・クラブ会長のデーヴィッド・スターノフ、大学キャンパス秩序に関する大統領委員会のメンバーであったハーバード大学院生のジョー・ローズ、ジュリアン・ボンド、南部地域評議会の有権者教育計画に加わっていたジョン・ルイス、およびほか8名であった★7。

　オブライアンはこの公聴会の冒頭で、第一証言人として話すようにマックガヴァンに依頼されている。公聴会翌朝のニューヨークタイムズ紙は、オブライアンが次のように証言したと報道している。「若年層を民主党支持者として取り込むには、和平を進め、国内の喫緊の課題に取り組むことが必要です。そして1968年党大会の惨状を繰り返さないために、我々民主党は懸命に努力することを誓います。1968年党大会で起きたことについて、誰に咎を負わせるのかを名指しで非難し合うのは有益ではありません。同時に、党大会をきっかけに党制度改革の礎が準備されたこと自体は考慮すべきでありましょう」★8。この証言にも、全国に報道された公聴会の場で、改革派と旧体制派の双方に対して受け入れられやすい発言を心がけたオブライアンの方針を見て取ることができる。

　1940年代生まれの若者代表として参加したデーヴィッド・スターノフの発言の主旨は、次のように残されている。「民主党は、今よりもさらに政策争点に注目を払うべきだと私は考えています。ただしそのためには、どの政策争点

を取り上げるべきなのかについて議論する場を全国レベルの大会において設けるべきです。たとえ若者やマイノリティーの声がよりよく代表されていたとしても、規模の小さな会合に参加した一部の声によって議題が決められることは好ましくありません」★9。政策論議のための「全国レベルの大会」を開催すべきであるというスターノフの提案は、その実現可能性や既存の全国政党委員会との関係性は不明であるにせよ、改革推進派が全国レベルでの参加を促そうとする志向を示していると考えて間違いないだろう。

このように、若者有権者の政治参加に関する改革推進派の意見は、マックガヴァン委員会の全国レベルでの会合において表明された★10。改革推進派と反対派の党内での住み分けを意図したこの手法は、党内分裂をこれ以上深めないよう双方への配慮に腐心したオブライアンの方針とも合致した。ただし、全国レベルで改革推進派の意見を表出させながら、州レベルの政党規則改革の実施を旧来の政党幹部に任せるという、二者の対立を避けるための住み分けの手法は、後者の生き残りのために新たな政治的機会を与えることをも意味した。この点を次節で手短に概観する。

4　マックガヴァン・フレーザー改革の州レベルでの実施

第1節で取り上げたジョージア、アラバマの深南部二州において、マックガヴァン・フレーザー改革の政党規則改革は次のように実施された★11。ジョージア州では、知事ジミー・カーターが州政党規則の改革を実行した。カーターは1970年の知事職民主党予備選挙において、前任のレスター・マドックスを支持した農村部の反動保守派の白人有権者票と、都市部アトランタの黒人票および革新派白人票を組み合わせた支持を得ていたという経緯から、必ずしも選挙中から改革を熱心に支持していたわけではなく、州政党規則の改革についての決議も同年夏にメーソン市で開かれた党大会において、議論がなされないままなし崩しに成立した。カーターの知事就任後、改革は次のように実施された。まず州知事による一元的な民主党代議員任命権と、州代議員団全員の投票を拘束する単位選出制が廃止となった。新たに州政党規則に設置されたのは、州内に10区あった連邦下院議会選挙区ごとに4名の代議員を選出し、さらにこの合計40名の代議員によって13名の全州代議員を選出させることで、合計53名の全国民主党大会参加代議員を選ぶという仕組みであった。知事主導による政党改革を経て、ジョージア州代議員団の1972年全国民主党大会における候

補者支持は、ジョージ・マックガヴァン、ヘンリー・ジャクソン、ジョージ・ウォレス、シャーリー・チズムの間でおおよそ四分された。カーターは、1972年の全国党大会において自らをマックガヴァンの副大統領候補として売り込む野心を見せたが、マックガヴァン陣営はこの申し出に応じず、サージェント・シュライヴァーを指名した。1972年の全国党大会を経てカーターと周囲の側近は、4年後の大統領選挙への出馬を企図するようになった。

一方アラバマ州においては、民主党代議員選出のための予備選挙を1968年の段階からすでに実施していたために、マックガヴァン・フレーザー改革によって州政党規則や組織に大きな変革を加える必要はなかった。このため、アラバマは他州に先駆けて早期に州政党改革を終えた。州政党規則の改革過程において州知事の関与は皆無であり、実際の改革は州民主委員長であったロバート・ヴァンスによって実施された。しかし皮肉にも、1972年の全国民主党大会では引き続きウォレスの人気が維持されたままであった。改革実施後のアラバマ州では、ウォレスが知事職から引退した1980年代後半まで選挙における民主党の勢力は衰えなかったが、その後知事職は共和党が占めるようになった。

おわりに――南部の民主化と政党の全国化の関係について

オブライアン全国政党委員長のもとでマックガヴァン・フレーザー改革は、若者を始めとするリベラル派の改革要求を全国レベルで受理し、州政党規則改革の実施は州政党幹部に委任するという、改革推進派と反対派の住み分けにより進められた。これは改革過程において民主党内の分裂を悪化させまいとするオブライアンの方針と合致した。しかしこの住み分けは、同時に民主化後の南部州、特に本稿が取り上げたジョージアとアラバマの二州において、民主化以前の体制支持派が州政府内に勢力を維持し、あるいは彼らに新たな政治的な適応の機会を提供することを可能にした。そしてその後1970年代を通じて、民主党大統領候補指名過程は民主化以前の制度や慣習から大きく変容し、1976年に至っては深南部州政府の公職経験者であったカーターが大統領選挙を制した。

オブライアン全国政党委員長のもとで民主党の団結を優先するためにとられた、改革推進派と旧体制派の二つの勢力を住み分けさせるという改革手法は、政党の全国化という現象に関して次のような二つの影響を残した。第一には、

第4章　アメリカ大統領候補指名制度の民主化

リベラル派の全国政党委員会における意見表明が可能になったことにより、全国政党委員会において表出される政策争点はよりリベラルなものとなった。第二に、南部州の民主党政治家は政党規則改革過程を通じて、民主化後の大統領候補指名方法に適応していった。カーターの大統領選挙当選は、この適応を如実に物語るものである。こうして1960年代半ばまで権威主義的体制をとっていた南部州は、公民権法および投票権法の成立による民主化と、その後の大統領選挙を契機とする政治的な統合を通じて、アメリカ合衆国の民主的体制に組み込まれていったのであった。しかしその後1970年代後半にはロナルド・レーガンが深南部州で圧倒的な人気を博し、現職カーターを制して大統領に当選した。この保守化傾向を強めたアメリカ政治への転換と、共和党の南部州地域における進展についての考察は、他に稿を譲ることとしたい。

注

★1　ジョン・F・ケネディ大統領図書館（アメリカ合衆国マサチューセッツ州ボストン）所蔵の「ローレンス・F・オブライアン個人文書」の調査を行うにあたっては、2017年度南山大学外国語学部個人研究費を用いた。学部の研究支援に謝意を表したい。

★2　「規則委員会」は全国党大会の議事進行規則を改変することを目的とし、ミシガン州選出の連邦下院議員ジェームス・オハラが委員長を務めた。後述の「政党構造と代議員選出に関する委員会」は、マックガヴァンが1970年末に自らの大統領選挙出馬のために委員長を辞任すると、ミネソタ州選出の連邦下院議員ドナルド・フレーザーに引き継がれた。後者は通称マックガヴァン・フレーザー委員会と呼ばれている。

★3　ただしこの積極的措置の導入は、クオータ制を導入することを強制するものではない、という但し書きが、報告書の脚注に加わっている（The Commission, 1970: 40, f.n.2）。

★4　ハリスは、1968年にはマスキーに次ぐ副大統領候補としてハンフリー陣営の選考に残り、その後も1972年および1976年の民主党大統領候補に名を挙げた。

★5　"Memo to the Chairman From Bill Welsh. Re: McGovern Commission. March 12, 1970." Correspondence by Subject: McGovern Commission [1970-1971] (3 of 3), Series 5.2 Correspondence Files, Series 5. Democratic Party Files, 1961-1974. Box# 181. *Lawrence F. O'Brien Papers*. John F. Kennedy Presidential Library（以下 JFKPL と略す）.

★6　"Letter from George McGovern to Larry O'Brien. July 9, 1970." Correspondence by Subject: McGovern Commission [1970-1971] (2 of 3), Series 5.2 Correspondence Files, Series 5. Democratic Party Files, 1961-1974. Box# 181. *Lawrence F. O'Brien Papers*. JFKPL.

★7　残りの証言人8名には、政治学者であったセイモア・リプセットとアンガス・キャンベル、ジョンソン政権の合衆国司法長官であったラムゼー・クラーク、ニューヨーク市ブ

ロンクス区から連邦下院議員選挙に民主党候補として出馬していたプエルトリコ系のハーマン・バディーヨなど、40歳以上の者が少なくとも半数は含まれていた。*Ibid*.
- ★8 "Avoid Another '68, Democrats Told." *The New York Times*. July 30, 1970. 30.
- ★9 "Memo from David Sternoff to Ira Kapenstein, attached to Sternoff's Testimony Before the Special Subcommittee on Youth Participation of the McGovern Commission on Party Structure and Delegate Selection. July 29, 1970." Correspondence by Subject: McGovern Commission [1970-1971] (2 of 3), Series 5.2 Correspondence Files, Series 5. Democratic Party Files, 1961-1974. Box# 181. *Lawrence F. O'Brien Papers*. JFKPL.
- ★10 ジュリアン・ボンドやジョン・ルイスのこの公聴会での証言記録は、オブライアン個人文書には残念ながら見つけることはできなかった。ジョージア州の公民権活動家であったボンドとルイスの当日の発言を明らかにすることについては、今後の調査の課題としたい。
- ★11 この節の依拠資料は、拙稿「米国深南部三州における民主体制の定着の比較考察──州民主党によるマクガヴァン・フレーザー委員会党改革指針の受容過程 1968-72」を参照（平松、2015）。

参考文献

平松彩子「米国深南部三州における民主体制の定着の比較考察──州民主党によるマクガヴァン・フレーザー委員会党改革指針の受容過程 1968-72」日本比較政治学会2015年年次大会報告ペーパー 自由論題1「アメリカ政治の分析視角」上智大学四谷キャンパス、2015年6月27日

─────「学界展望〈アメリカ政治外交史〉（Robert Mickey. *Paths Out of Dixie: The Democratization of Authoritarian Enclaves in America's Deep South*. Princeton University Press. 2015）」『国家学会雑誌』第130巻第3・4号、有斐閣出版、2017年4月、228-31頁。

Aldrich, John H., *Why Parties?: A Second Look*, Chicago: University of Chicago Press, 2011.

Boyd, Tim S. R., *Georgia Democrats, the Civil Rights Movement, and the Shaping of the New South*, Gainesville: University Press of Florida, 2012.

Cohen, Marty, David Karol, Hans Noel, and John Zaller, *The Party Decides: Presidential Nominations Before and After Reform*, Chicago: University of Chicago Press, 2008.

The Comission on Party Structure and Delegate Selection, "Mandate for Reform: A Report of the Commission on Party Structure and Delegate Selection to the Democratic National Committee," Washington, D.C.: Democratic National Committee, 1970.

Congressional Quarterly Inc, *National Party Conventions, 1831-2000*, Washington, DC: CQ Press, 2001.

Gibson, Edward L., *Boundary Control: Subnational Authoritarianism in Federal Democracies*, Cambridge: Cambridge University Press, 2012.

Katznelson, Ira, *When Affirmative Action Was White: An Untold History of Racial Inequality in Twentieth-Century America*, New York: W.W. Norton, 2006.

―――, *Fear Itself: The New Deal and the Origins of Our Time*, 1st ed. New York: Liveright Publishing Corporation, 2013.

Katznelson, Ira, Geiger Kim, and Daniel Kryder, "Limiting Liberalism: The Sourthern Veto in Congress, 1933-1950," *Political Science Quarterly* 108 (2):283, 1993.

Klinkner, Philip A., *The Losing Parties: Out-Party National Committees, 1956-1993*, New Haven: Yale University Press, 1994.

Kousser, J. Morgan, *The Shaping of Southern Politics: Suffrage Restriction and the Establishment of the One-Party South, 1880-1910*, New Haven: Yale University Press, 1974.

Lieberman, Robert C., *Shifting the Color Line: Race and the American Welfare State*, Cambridge: Harvard University Press, 1998.

O'Brien, Lawrence F., *No Final Victories: A Life in Politics - From John F. Kennedy to Watergate*, 1st ed, New York: Ballantine Books, 1976.

Shafer, Byron E., *Quiet Revolution: The Struggle for the Democratic Party and the Shaping of Post-Reform Politics*, New York: Russell Sage Foundation, 1983.

Valelly, Richard M., *The Two Reconstructions: The Struggle for Black Enfranchisement*, Chicago: University of Chicago Press, 2004.

Woodward, C. Vann., *The Strange Career of Jim Crow*, New York: Oxford University Press, 2002.

第5章

トラウマの文学的表象／トラウマの物質化
ティム・オブライエンの『失踪』とカート・ヴォネガットの『スローターハウス5』

山辺 省太

1 公的史実／私的物語

　ティム・オブライエン（Tim O'Brien）の『失踪』（*In the Lake of the Woods*）★1 は、1968年に起こったベトナム戦争のソンミ事件を基盤にした小説である。しかし、主人公ジョン・ウェイド（John Wade）が連邦政府の上院議員選に出馬するも隠蔽していたソンミ事件の関与が明るみとなり落選、その傷を妻のキャシー・ウェイド（Kathy Wade）と癒やすべくカナダ国境に近いミネソタ州湖畔のコテージから始まるこの物語は、ベトナム戦争の抗議文学とは異なる様相を呈している。実際、この作品の内容は、妻のキャシーが行方不明になった原因を、ジョンの母やキャシーの姉、事件を担当する保安官、そしてウェイド夫妻を知る人たちの証言とともに模索するという、極めてプライベートなものである。また、フィクションと史実、実在と架空の人物を混在させ、さらにオブライエンと思しき語り手が注釈まで加える独自のスタイルは、時に言及されるソンミ事件の事実さえも茫漠としたものへと変容させる危険性を併せ持つ。つまり、『失踪』とはソンミ事件を扱った話なのか、行方不明のキャシーを追跡する探偵小説なのか、あるいは14歳の時にアルコール中毒症の父親を自殺で亡くしたことで精神的な闇を抱え込んだジョンの遍歴を辿る物語なのか、ベトナム戦争小説という謳い文句で本書を読み始めた読者は困惑するであろう。

　もちろん、キャシーの失踪はソンミ村の非戦闘員に対する虐殺と関連しており、彼女の行方不明の原因を探ることは、あの凄惨な事件の真実を闡明（せんめい）するこ

とと連動している。だから物語中、「証拠」("Evidence")という章において、ウェイド夫妻についての証言と、ソンミ事件の首謀者ウィリアム・キャリー中尉(Lt. William Calley)や実在の兵士の証言が混在しながら引かれていることは、この小説が決してフィクションの枠に収まるものではないことを示してはいる。キャシーの失踪をめぐり、殺人容疑のかけられた夫ジョン——裁判が行われている時点で、彼もまた行方不明なのだが——に対する各人各様の証言と、ソンミ事件で誰のどのような指令の下、一体何が起こったのかについての茫洋とした証言は、様々な「仮説」("Hypothesis")は生み出しても、事の「真実」("Nature")を照らし出すには至らない点でも、二つの事件は確かに類似している。敷衍するなら、キャシーの失踪原因とジョンの本性を知ることはソンミ事件に肉迫することであり、夫婦二人をめぐるプライベートな物語と凄惨な史実は『失踪』において懸隔してはいない。そうは言っても、ジョンの遍歴とソンミ事件、物理的にどちらに多くのページ数を割いているかと問えば明らかに前者であり、また具体的な例として以下に引用するソンミ村虐殺の場面を読む限り、語り手はソンミ事件の惨烈たる真実をどのように考えているのか、という疑問がどうしても頭をもたげてくる。

> 何かがおかしかった。太陽の光か朝の空気かだ。周りのいたる所ではマシンガンが発射され、その風圧でジョンはあちこちに吹き飛ばされそうだった。若い女性が胸か肺のない状態で横たわっていた。牛も死んでいた。火も燃えあがっていた。木や茅葺の家が燃え、煙が立ち込めていた。魔術師はどこを、何を撃てばいいのか、わからなかった。……もし何か物が動けば撃ったし、物が動かなくても撃った。撃つべき敵もいなかったし、彼には何も見えなかったので、何の目的も意志もなく、ただこの恐ろしい朝が消え去ってしまうのを願いながら撃ちまくった。　　　　　　(63)

「魔術師」とは、手品を得意とするジョンにチャーリー中隊の兵士たちが付けた渾名である。淡々とした上記の光景が逆に黙示するのは、阿鼻叫喚なソンミ事件を描こうとすればその表象不可能性に向き合わざるを得ないという、自身もベトナム戦争を体験したオブライエンの苦悶である。一例として、軍事裁判でのリチャード・シンビル(Richard Thinbill)——オジブワ族の血を引く架空のアメリカ兵士——の証言の注釈部分で、語り手は事件の1年後、1969年にベトナム戦争に参戦した際の心象を吐露している。総括的な論調で、ベト

ナムとは「亡霊の世界」であり、ソンミ事件で何が、どのように起こったか、自分は理解することができると言う。それは「太陽の光」のせいであり、「血の中に浸み込み、徐々に湧き上がってくる邪悪なもの」であり、ベトナムとは「何かもっと不可解なもの、香の匂いのようなもの、理解されないもの（"the unknown"）、理解されえないもの（"the unknowable"）、表情のない顔（"the blank faces"）、圧倒的な他者（"the overwhelming otherness"）」（199）だと語り手は注釈する。この種の見解は何も『失踪』に限ったことではなく、オブライエンがベトナム戦争で会得した一つの摂理であろうが、「圧倒的な他者」であるベトナム戦争の表象は、結果として引用箇所のような淡々とした描写にならざるを得ない。その平板な文体に対し、小説という物語（フィクション）は事実に彩りと深みを与える何らかの文学的魔法（手品）を必要とするが、オブライエンがその答えとして見出したのが記憶——もちろん、トラウマという病を内包した忌むべき記憶ではあるが——という技法である。

2　白黒の出来事／バラ色の世界

　『失踪』の第13章「獣の本質」におけるソンミ事件の表象は、小説というジャンルとは対照的に事実だけを伝えるルポルタージュのように映る。実在と虚構の兵士が混在して行われるこの酸鼻な虐殺場面では、「シンプソンは子供らを殺していた。ウェザビー上等兵は殺せるものは何でも殺していた。ピンクがかった紫の日光を受けながら、道端には死体が列となって横たわっていた。10代の子供たち、老女、二人の赤子に一人の男の子だ」（107）と書かれているように、一人一人の行動とそれによって生み出される光景が淡々と描かれる。ジョンにとって、あるいはソンミ事件を体験した彼の心情を理解できると言う語り手にとって、虐殺の光景は知覚作用以上に表現されることはなく、憎しみや不安、恐怖といった人間的な感情が剥き出しに描かれることもない。実際、父親を失ったこと、選挙に負けたこと、そしてキャシーの失踪について、冷静な意識の内奥から煮えたぎるような暴力的で制御不能なトラウマが頭をもたげてくる場面を除けば、ジョンの内面が作中に浮上することはあまりない。ジョンの出馬を後押ししたフィクサーのアンソニー・カーボ（Anthony Carbo）が選挙の敗北が濃厚になった彼の様子を「無表情で、死者が歩いているような感じだった」（100）と証言しているが、自らの精神を破壊したソンミ事件を豊穣な言語で語ることなど「不可能」なのである。

言語で語ることが不可能なのは、しかしながら、語られる対象を主体が自身の中で処理できていないことを示唆し、処理できていない対象は何らかの形で主体に回帰することになる。「魔術師」と渾名されたジョンは、「語れないこと」は「事実ではない」として、得意の手品によりソンミの記憶を以下のようにして忘れ去ろうとするが、このような行いは注釈で語り手が言うように、悪性腫瘍や感染を封じ込めるような精神的防御作用（298）なのであろう。

　　　それから大分後になり、日の光に絡まれながら彼は（起こった出来事を）忘却しようとした。「消えろ」と彼は呟いた。一瞬置いて、それからもう一度、しっかりと大きな声で言うと、小さな村はそのバラ色の輝きの中へと消え始めた。彼は思った、これはこれまでで最も荘厳なトリックだと。これから何か月か数年先、ジョンは化学的な悪夢が思い出されるのと同じように、トゥアン・イエン集落を思い出すだろう。それは*不可能な結び付き*であり、*不可能な出来事*であり、やがてその不可能性は*最も豊かで深い、最も深遠な記憶*になる。
　　　これは起こりえなかったことなのだ、故に、起こらなかった。
　　　そう考えると、彼は気分が楽になった。
　　　　　　　　　　　　　　　　　（108-109; イタリックスは論者）

　ソンミ事件とは様々な要素の「不可能な結び付き」であり、その表象は「不可能」なのだが、翻ってそれは「最も豊かで深遠な記憶」になる、と語り手は言う。結果として、ソンミ事件は「バラ色の輝きの中」へと消え去っていくが、ここに記憶が生み出す文学的な豊さと危うさを読み取ることができる。「バラ色の輝きの中へと消え去っていく」記憶は、事実とは異なる彩色された記憶であり、それは手品師のジョンが為せる技である。つまり、ソンミ事件の表象が不可能である以上、「それは起こりえなかった」ことになり、結果として「起こらなかった」ことになる。換言すれば、想像の世界（「起こりえなかった」）が現実の世界（「起こらなかった」）を創造するある種の捏造・忘却であり、それこそが記憶という手品であり、文学という手品でもある★2。この種の捏造は、チャーリー中隊の名簿に記載された自身の名前を消去し、代わりにアルファ中隊に入れるというジョンの行為に最も具現化される。
　手品に夢中になった自身の過去を告白しながら、文学とはある種の手品であるとオブライエン自身主張しているが、記憶は表象不可能な白黒の出来事に

様々な彩色を施してきた。代表作『本当の戦争の話をしよう』（*The Things They Carried*）に散見されるように、戦争の非人道的な惨劇やそれを誘導した国家への怒りを直截に描くのではなく、戦争の記憶を描く／描けない苦悶こそがオブライエンにとっての文学的主題であり、その文体は一見リアリズムに映るが、現実世界に虚構の物語が組み込まれていることから分かるように、リアリズムとは異なる様相を呈している。事実、『本当の戦争の話をしよう』所収の「本当の戦争の話をしよう」（"How to Tell a True War Story"）において、語り手は以下のような記憶の真理を記している――「どんな戦争の話をするときでもそうだが、とくに本当の戦争の話をするとき、そこで実際に起こったこと（"what happened"）と、そこで起こったように見えること（"what seemed to happen"）を区別するのはむずかしい。起こったように見えたことがそれ自体起こったこととなり、実際起こったこととして語られるようになる」（71）。出来事の内実を十全に語ろうとすればするほど、その話は「作り話」のようになってしまうが、しかしそれは同時に「真実の話」（71）なのだと語り手は言う。つまり、「真実の戦争の話」はリアリズムではないからこそ逆に「真実の戦争の話」となるのだが、ここにオブライエンが小説というジャンルを使ってベトナム戦争を描く真意を窺い知ることができる。オブライエンにとって、小説（記憶）なしに歴史（事実）を語ることはできないが、ここから推知できるのは虚構を孕む物語に「豊かさと深遠さを」見出す、文学特有のロマンティックな態度である。そして、そのロマンティシズムとは記憶の謂に他ならない。

　ベトナム戦争という凄惨極まりない出来事は記録文学、つまりルポルタージュでは描けないことを仄めかし、表象と記憶をめぐり彫心鏤骨したからこそ、オブライエンはトラウマ理論を旗印に掲げる90年代のポストモダン・アメリカ文学の旗手となったのだと概括するのは、それほど的外れな見解ではないだろう。オブライエンのトラウマ表象を称揚する批評家は、語ることのできないベトナム戦争を「正しく」表象しようとすれば「起こった真実」（"the happening-truth"）より「物語の真実」（"the story-truth"）（*The Things They Carried*: 180）を重要視する彼の信念に異を唱えることはしない。たとえば、バーバラ・コワルチェック（Barbara Kowalczuk）は、トラウマの記憶とは公文書のように保管されるものではなく、そこへの侵入／書き換えを誘発する魅惑的な空間であり、また歴史の表象は物語という虚構性を必要とするので「固定化」されてはならないと主張する（10）。しかし、トラウマ理論

に可能性を見出すこの類の批評は、逆に読者から、あるいは文学批評から、「起こった真実」を忘却させることになったのもまた疑いのない事実であろう。

　トラウマ理論及びポストモダニズムを批判的に纏めるなら、「私」は対象・客体を理解できないという予定調和を基盤にした表象不可能性にある。もちろんそれは、主体の表象作用に対する批判から生まれた、極めて倫理的な営みではあるが、翻ってそのことは対象・客体を認識できない「私」の私的領域へと閉じ込める危険性を併せ持つ。つまり、「ソンミ事件」は表象され得ないが故に「バラ色の輝きの中へと消え去っていく」のだが、ここで行われている文学行為とは、「私が表象できないこと」を「バラ色の輝き」に置き換えつつ後景化することに他ならない★3。結果として、少なくとも『失踪』において最も重きを置かなければならない虐殺されたソンミ村の人々の／への視線が忘却され、事件の表象が不可能となることで、極めて私的な物語——政治家ジョンの失脚とキャシー失踪の物語——が代わりに前景化される。つまり、主体の表象不可能性をめぐる文学の最終的な着地点は、いかに対象・客体を語るかという方法論の模索ではなく、飽くまで主体的(プライベート)な問題に回帰する。ゲイリー・グリーブ–カールソン（Gary Grieve-Carlson）も「証拠は真実ではない」という『失踪』の語り手の主張に賛同し、客観的に映る真実に懐疑的になる必要性（4-5）を説くことで歴史的表象の限界を指摘するが、この類の文学批評は、ともすればベトナム戦争を開かれた研究領域において分析する道を遮断し、私的な独白の物語になる陥穽を孕むことになる★4。

　『失踪』を分析する際に多くの批評家が引用するのは、オブライエン自身が恋人のケイト・フィリップス（Kate Phillips）と共にソンミ事件の現場やかつて兵士として戦った戦場を訪れた際に綴った紀行文、「私の中のベトナム」（"The Vietnam in Me"）である。このエッセイが『失踪』を読解する鍵になっているのは間違いなく、オブライエンは何故ベトナム戦争を描くのにプライベートな話を書いたのか、その理由を密かに述べている。

> いずれにせよ、（ケイトに関する）こうした考えは、公的な事柄に対しては、あまりにも個人的で恥ずかしいことであり、また不適切なことなのだろう。でもそんなこと誰が言えるか？　ちょっとした気持ちの滅入る人間的真実を経験すれば、教会に行ったり、告白を始めたり、あるいは自分の内側に閉じこもったりしないだろうか。

ベトナム再訪の後、彼はケイトと別れるのだが、人間的真実という領域において恋人の喪失と戦争の体験は重なっている。かるが故に、オブライエンが描くベトナム戦争の世界は、マイケル・ハー（Michael Herr）のルポルタージュ的なスタイルでもなければ、ノーマン・メイラー（Norman Mailer）のような政治的抗議小説にもならない、記憶と個人の内面を描く極めて「文学」的なものとなる。「ベトナムにいるためには、あなたはわざわざベトナムにいる必要はない」（"The Vietnam in Me"）、オブライエンの格言めいたこの言葉は、ベトナム戦争で体験した深淵なる闇は、その戦争を知らない人にも奥深く潜んでいる闇と同じである、という彼の信念を表出したものだ。つまり、「父親が死んだとき、夫が離婚を求めたとき、あなたの愛する女性があなたではない男性のそばで寝ているとき」に感じる煩悶は、「戦時」の精神的苦しみと同じであるという考えである（"The Vietnam in Me"）。

だが、やはり、この種の言明をそのまま受け入れることに抵抗を感じてしまうのは論者だけではないだろう。戦争というパブリックな出来事とプライベートな人生は並置の関係にあるのかという疑問はもちろんのこと、父の死別や妻・夫との離縁が、目の前で無残に親や子が殺されることと同類であるとはどうしても思えないからである。前者の状況に際しては、人は何らかの感情──悲嘆や不安、怒り──を覚えるだろうが、後者の惨状において浮上するのは、感情では訴えることのできない、人間の非人間化であり物質化である。『失踪』において仮説の一つとして挙げられるジョンのキャシー殺害はソンミ事件のトラウマが暴力的な形で顕現した最たる例だが、ここで彼はキャシーへの愛を呟きながら彼女の目に熱湯を注いでいる。もちろん、ソンミ事件をベースにした作品において何故このような妻の殺害シーンを描く必要があるのかと問えば、熱湯により焼けただれ、その苦しみで体を曲げる物質的な様相のキャシーは、ジョンがソンミ村で見た女・子どもの死体と並置の関係にあることを暗示するためである。しかし、偶々持っていた鍬を銃と間違えたが故に射殺してしまった老人に対し、ジョンがキャシーと同じ愛情を持っていたかと問えば、答えは明らかに否であり、私的な生活空間と国家的な戦争空間をリンクさせようとすれば、どこかに齟齬が生じることは等閑視すべきではないだろう。

3　可能性のトラウマ／退化のトラウマ

『失踪』の「証拠」の章の中で、ジュディス・ハーマン（Judith Herman）

の『心的外傷とトラウマ』が時折引用されていることから推知できるように、オブライエン自身、かなり精神分析のトラウマ理論を意識していたことは間違いなさそうだ。その理論は『失踪』とどのような関連性を持つのか、ここではハーマンと並んで名前が引かれることの多い、そして彼女より文学色が強い、キャシー・カルース（Cathy Caruth）の『トラウマ・歴史・物語』を紐解きながら、この精神疾患を吟味したい。カルースがトラウマ理論の嚆矢として言及するのは、フロイトの『快感原則の彼岸』と『モーセと一神教』であるが、トラウマ（フロイトの用語では「反復強迫」）の要因として彼女は以下の事象を指摘する。

> フロイトによれば、刺激があまりに素早く襲ってきたために準備ができなかったという「恐怖」が亀裂を作る。生命が肉体的危機にさらされたからではなく、心がその危機を認識するのに・一・瞬・お・く・れをとってしまい、しっかりつかみとることができなかったこと、これが心に亀裂を生じさせる原因である。……悪夢を繰り返し見ることの根底にあるのは、皮肉なことに、この直接体験の欠陥だったのである。　　　（90; 強調はオリジナル）

つまり、心に衝撃を与える何かと向かい合う時、主体は何らかの心的対応、たとえば不安のような感情を作り出す前に、出来事を出来事として経験してしまうため、対象は自己の中で消化されず悪夢となって自己に回帰することなる。トラウマとは、言うなれば自己の感情に還元されることなく持ち主のない経験として自己内で反復されるが、その本質は外的な出来事を人間的に消化することのできない、非人間的な物質性にあると考えても良い。『失踪』においては、本論においてもすでに言及した、「表情のない顔」や「圧倒的な他者」という表現からトラウマが醸し出す非人間性を窺い知ることができるし、作品の掉尾付近で書かれている語り手の注釈はカルースが指摘するトラウマの本質を論証するものである——「時折、特に私が一人でいる時、こうした古い断片的な記憶は誰か他人の人生から出てきたものではないか、あるいはかつて読んだか聞いた文学作品のものではないかと訝しく思ったりする。私自身体験した戦争は、私に属していないのだ」(298)。私が所有しているとは思えないが故に、記憶の内実は自分の言葉で形容することはできない疎遠なものとなることを、作品の語り手は強調している。とするならば、トラウマ治療の一つとして当然考えられるのは、この身元不明の記憶を自分の記憶とする語りであり、オブライエ

第5章　トラウマの文学的表象／トラウマの物質化

ンの『失踪』とは、まさにトラウマを物語に還元／捏造することの可能性／不可能性を主人公ジョン・ウェイドの苦楚を通して描いているのである。

　カルースも指摘することだが、フロイトが『快感原則の彼岸』の中で述べるトラウマの特質は、出来事を理解できないまま「生き延びてしまった」ことに起因する。つまり、トラウマは理解不能な出来事を抱えて生きることへの恐怖であるが故に、死への欲動を生み出すことになる。その意味で、ベトナム戦争や絶滅収容所キャンプの生き残りの人たちが、自身の生命の安全を知った後、逆に自殺してしまう現象は、カルースが指摘するようにトラウマ理論を通してある程度解明されるのかもしれない（91-92）。ただ、彼女のトラウマ理論は最終的に物質性に向かうのではなく、オブライエンの作品がそうであるように、どこか人間的な物語に回収される嫌いがある。彼女がトラウマを「未来へ向けて発する理解不可能性」（103）であり、精神分析の可能性を「人々にしっかり理解された理論となって、真っ当な生涯を送るかたちではなく、完全に理解されなかった部分が繰り返し回帰し、生き返るというかたちで生き延びていくしかない」（104）と総括する時、彼女はトラウマを表象不可能な記憶と同時に、未来に開かれたものと見做している。つまり、それが意味するのは、「出会いそこない」であるが故に繰り返し主体に回帰する出来事を、その都度物語──(his) story──として再構築すること、トラウマとは「同じ失敗、同じ喪失をたんに繰り返している」のではなく、「出立と差異とを反復しているという意味で新しい行為」（154; 強調はオリジナル）なのだと肯定的に受けとめる姿勢である。

　しかしながら、『快感原則の彼岸』を読むと、フロイトがトラウマという反復強迫症を未来に向けられた可能性ではない、むしろ無機質な物質への退化の意志として捉えていることに気付かされる。快感原則とは一般的に性／生の衝動と思われがちだが、「要するに、本能とは生命ある有機体に内在する衝迫であって、以前のある状態を回復しようとするものであろう」（172; 強調はオリジナル）というフロイトの主張は、人間の自我本能とは進化ではなく、寧ろ死により無生物状態に戻る退化の衝動に他ならないことを示している。カルースが反復強迫として主体に回帰するトラウマに、新たな記憶の読み替えの契機、つまり新たな物語の再想像として未来的な側面を見出すのに対し、フロイトは反復強迫症とは差異を生み出すのではなく飽くまで同一性への退化であり、それが人間の無意識な快感原則なのだと述べている。快感原則を抑圧しているのが、あるいは遅延させているのが、逆に性（生）の本能であると定義付けるフ

ロイトの理論を基盤にすれば、人間の隠されていた自我本能とは生の緊張状態・興奮状態の無化である。故に、

> われわれの多くのものにとっては、精神的活動と倫理的昇華の現在の段階へと人間を引き上げ、さらに超人にまで発展することを約束するはずの完成への衝動が、人間自身の中にあるという信仰を断念することは困難であろう。しかし私は、このような内的衝動を信じないし、このような快い幻想をまもる手段を知らない。 （176-177）

という彼の言葉に耳を傾ける時、快感原則とは退化と同一性と物質性にそのベクトルを向けるのであり、トラウマとはむしろ快感原則を抑圧する生の欲望を破壊することから、無意識に横たわる人間本来の本能を引き出す可能性があることを窺い知ることができる★5。

つまり、『快感原則の彼岸』から推知できるのは、フロイトはカルースとは異なりトラウマに新たな物語を呼び込む可能性を見出していないことである。フロイトの反復強迫症は無機質な物質という色のない無の世界に回帰することはあっても、「持ち主のない経験」に新たな可能性や色彩空間、つまり生を与えることはない。そう考えるなら、カルースのトラウマ理論に比してフロイトのそれは明らかに反文学的であるが、当のオブライエンの文学世界がどちらの傾向を帯びるかと問えば、これまでの議論から明らかなように、それは前者である。もちろん、『失踪』において死の匂いは充溢しており、最終的にキャシーを、そしてそれまで築いてきたキャリアを失ったジョンが、湖をボートで進む中で自ら死を選んだ可能性は高い。その一方、作品の末尾を飾る章の「仮説」——「証拠」ではなく「仮説」を最後に持ってくるところに、事実よりもフィクションを重視するオブライエンの考えが滲み出ているが——の冒頭における語り手の言葉は、トラウマに苦悶するオブライエンが生への渇望を捨象していないことを改めて示すものである。

> すべてが仮説であるなら、結末がはっきりしないなら、それなら幸福で終わってもいいではないか？　ハッピーエンディングの可能性すらも捨て去ってしまうほど、我々は皮肉で洗練された人間か？　……幸福により信頼性は損なわれるのだろうか？　人間の精神には、癒しや充足感への渇望、自身の食欲を疑うような何かがあるのだろうか？ （299）

第5章　トラウマの文学的表象／トラウマの物質化

最後に書かれた語り手の訴えは、ジョンとキャシーの幸福な未来に思いを馳せる極めて悲哀じみたものだが、フロイト的な死への欲動、物質への退化の衝動とは程遠いところにある。癒しや充足感を望み、食欲を否定しない人間の心は何を追い求めるかについて、「何も決定（fix）されず、何も解決されない。事実は最終的に行方不明なものの虚空へと、結末の非結末性へと吸い込まれていく……あらゆる秘密は暗闇へと入っていき、その向こうにあるのは、かもしれないという世界である」(301)と語り手が思索を巡らせていることを踏まえれば、最後の段階においてもオブライエンが記憶の終焉を回避し、新たな物語を呼び込む未来空間を指定しようとしていたこと、事実を捨て去り「かもしれない」という虚構の物語に執着していたことを読者は窺い知ることができる。

　事実より物語を重要視する彼の文学的態度は、歴史よりも記憶を尊重することであるが、記憶とは出来事を客観的に記録するというよりも、主観的な物語を紡ぐことである。本論ですでに指摘したように、記憶とは想像／創造であり、魔法であり、忘却であり、捏造であり、たとえ主体の能力の限界を認めるものであっても、いや能力の限界を認めるものだからこそ、最終的には主体的な営みに還元されることは必定である。オブライエンが何故ジョンに手品師というキャラクターを付与したか、それは彼の言動を通して記憶の属性を伝えるためだろう。その意味で、オブライエンは単に記憶の力を盲目的に信じている作家ではなく、その「悪魔的な仕掛け」(51)を客観的に捉えることのできる作家ではあるが、そのことは彼が記憶の外部で物事を考えることを意味しない。「私の中のベトナム」から窺えるように、オブライエンはジョンのように記憶という幾重にも反射する鏡の中に取り込まれ、そこから脱却できない自身のトラウマ的宿命を引き受けている感がある[6]。子どものころ嫌なことがあると鏡の前で手品をして心の中でそれを隠滅していたこと、鏡に向かって実像とは異なる想像の父親を創造していたこと、そしてソンミ事件の惨状を目にした時「鏡の後ろへ逃げ込んだこと」(210)から窺えるように、鏡はジョンの逃げ道を生み出す装置である。そしてその逃げ道とは、虚構に満ちた記憶の世界に他ならない。

　戦争を語ることはその記憶を語ることであり、記憶を否定することは戦争の表象を禁止することでもあるならば、誰も記憶を語る行為自体を否定することはできない。ただ、戦争の語り方として記憶を特権化することは、記憶を語る主体・共同体・国家を特権化することもでもあり、すべてがそうでないにせよ、

客体の視点を無視した自己充足的な世界への陥穽を孕むものだ。次節において、オブライエンとは異なる文学スタイルで戦争を表象しようとした作品の特質を挙げつつ、本論を終えることにしたい。

4 記憶の表象／記憶の物質化

　オブライエンがトラウマを内包する記憶を捨象しようとはしなかったこと、彼がベトナム戦争を描く際に政治的／歴史的な技法を使わず、飽くまで自己の精神的問題に拘ったことは、文学的にどのような意味を持つのだろうか。『失踪』の文学性を照射するために、ここでソンミ事件の1年後の1969年に出版された、著名な戦争文学作品――SF作家カート・ヴォネガット（Kurt Vonnegut）の『スローターハウス5』（*Slaughterhouse-Five*）――との比較分析を試みたい。ベトナム戦争ではなく第二次世界大戦末期、秘密裏に行われたドレスデン爆撃を題材にした作品であるが、『失踪』と類似している点は実際の戦闘から二十数余年経た後に執筆されたこと、厳密にはソンミ事件と関わりはないがオブライエンが一兵士としてベトナム戦争を体験したように、ヴォネガットも捕虜としてドレスデン爆撃を経験し、その惨状を目の当たりにしたことである。

　オブライエン同様、ヴォネガットも戦争の表象に苦悶した作家であったことは作品の冒頭部分に描かれる思いから窺い知ることができる。「第二次大戦から故郷に戻ってきたとき、見たことを書けばいいだけなので、ドレスデン爆撃について書くのは容易いものだと思っていたが、本を書くのに十分な言葉が出てこない。ドレスデンについてどれだけ書きたいと思っても、私の記憶は全く役に立たないことを実感したのだ」（2）というヴォネガット本人の言葉は、そのままオブライエンにも当てはまる心境だろう。ただ、オブライエンがベトナム戦争を描く際にトラウマという病を抱えた記憶に最後まで拘り、その結果自己内の深淵へとはまり込んでいったのに対し、ヴォネガットは記憶とは一定の距離を取ることで、トラウマから生じる人間的狂気や精神的苦悩を描かなかったことは、二人を比較する際に等閑視できない重要な点であるように思える。オブライエンの作品においてキャラクターの感情が表面化していないことはすでに指摘したが、それは来るべきトラウマの予兆ともいうべき不気味さを内包した感情の欠如である。その一方、『スローターハウス5』においては、人間的悲哀が描かれつつも、どこか人間的な属性そのものが打ち消されている節が

ある。どこに具現化されているかと言えば、「そういうものさ」("So it goes")という達観した言葉が示す感情の希薄さもその一つだが、それ以上にヴォネガットという作家はクロノロジカルな時間の流れとそこから生じる過去への執着——記憶——を否定しているようにも映るのである。

　もちろん、聖書の「創世記」に出てくる、神の「後ろを振り返るな」という命令に背いたが故に塩の柱となったロトの妻に言及し、「私はそのような行為を愛する、なぜなら人間的な振る舞いだからだ」(22)と述べる件から、ヴォネガットが過去を軽視していないことは顕然としている。また、「ビリー・ピルグリムは時間の中に解き放たれた」(22; イタリックスはオリジナル)という第1章の末尾付近の言葉から、この作品が時間を中心テーマに据えていることは十分に窺知できる。論者が言わんとするのは、ヴォネガットが過去の惨劇から目を背けている、ということではもちろんないし、未来志向の楽観的な作家である、などということでもない。むしろ、ユーモアを多分に駆使しながらも、ヴォネガットという作家は稀に見る悲観的なアメリカ作家だと思うのだが、主人公ビリー・ピルグリム（Billy Pilgrim）をして時空の流れを超越した時間旅行を体験させるトラルファマドール星人の時間感覚とは、明らかに過去／現在／未来という人間的な時系列と対立するものであることは、一先ず押さえておくべき特質である。

> 私がトラルファマドール星人について学んだ最も重要なことは、人が死んだ時その人は死んだように見えるに過ぎないことである。その人はまだ過去において生きているので、葬式で嘆き悲しむのは愚かなことである。過去、現在、未来というあらゆる瞬間は常にあり、これからもあるであろう。たとえば、あなたがロッキー山脈全体を眺めるように、トラルファマドール星人はあらゆる異なった時間を見ることができる。彼らはあらゆる瞬間が永続するものであることを知っているし、興味のあるどの瞬間も見ることができる。瞬間瞬間は数珠のように繋がっており、過ぎ去った瞬間は二度と戻ってこないというのは地球に住む我々の幻想に過ぎない。
> 　トラルファマドール星人が死体を見る時に思うのは、死者はこの瞬間は悪い状況にあるが、他の多くの時間では特に問題なく過ごしている、ということである。　　　　　　　　　　　　　　　　　　　　　　　（26-27）

オブライエンの文学世界と比較する際、トラルファマドール星人の時間概念が

示唆するのは、永遠の現在を生きるという詩学などではなく、過去を哀悼する無用性、つまり記憶の否定である。作中、時系列的な時間の破壊は数多く散見されるが、その一つにビリーが見た逆向きの戦争映画の粗筋、空爆の惨状から軍事工場での爆弾製造、さらに人々が全員赤子状態となり、果てはアダムとイブが生み出される結末という時間の流れに表されている。トラルファマドール星人には時間の因果律、ある瞬間が来るべき次の瞬間を生み出すという時系列の連鎖はない。時間全体を通観することができるので、当然記憶を持つ必要がないし、そこに時間の産物である物語が生み出される必要もないのである。

　『スローターハウス5』の世界は、『失踪』と比較して無機質で、物質的で、機械的である。後者のジョン・ウェイドが、父親の死、選挙の敗北、そしてソンミ村での阿鼻叫喚な世界によるトラウマを抱え、自己の深淵に閉塞され、時にそのトラウマを暴発させるといった人間的苦悩を表出するのに対し、前者のビリー・ピルグリムは「そういうものだ」という箴言通りの調子で、ドイツで捕虜になるまでの足取りやドレスデン爆撃、そしてトラルファマドール星のことを語り出すきっかけとなった飛行機事故など、様々な出来事を——彼はすでにそのことを知っているので——ある意味機械的に粛々と体験する。トラルファマドール星人とビリーの以下のやり取りは、『スローターハウス5』の無機質な世界を幾分説明してくれるだろう。

> 「地球人は偉大な説明家だ。この出来事がなぜかようにして起こるのかを説明し、これ以外の出来事がかように為された／回避されたかもしれないことを教えてくれる。……（トラルファマドール星人にとって）あらゆる時間は時間に過ぎない。それは移り行くことなどない。時間は警告や説明などとは無縁なものである。それは単にそこにある。一瞬一瞬を取り出せば、私がさっき話したように、我々はみな琥珀の中の虫にすぎないことを知るだろう。」
> 「あなたがたは自由意志を信じていないようですね」、とビリー・ピルグリムは言った。
> ……「自由意志について語るのは地球人だけだよ。」
> 　　　　　　　　　　　　（85-86; イタリックはオリジナル）

上記の引用においてトラルファマドール星人が指摘するのは、時間について思索を重ねること、さらには過去の記憶から生み出される「警告」や「説明」と

いった物語の無意味さである。「時間はそこにある」ので再度体験すれば済む話だ、というトラルファマドール星人の考えから窺えるのは、物語——因果関係の構築／捏造——の解体と時間の物質性である。敷衍すればそれは、自由意志を排除することから推し量れるように、人間性の徹底的な否定であり、故に彼らは罪悪感を持たない（207）ことになる。トラルファマドール星人が「宇宙のあらゆる生物や植物は機械であり、この考えに多くの地球人が感情を害するのは興味深い」（154）という件は、もちろん戦争による人間の機械化に対するヴォネガット自身の批判であろうが（164）、同時に人間的な感情を持つことへの警告とも取れる。つまり、人間とは殺し合いという宿痾を抱え込んだ生物ならば、その病因は人間感情にどこか愚かしい要素があるということになる[7]。

　このようなヴォネガットのある意味非人間的な詩学は、トラウマという自己閉塞的な記憶の病に陥ることなく、また表象不可能性を主張することなく、淡々と過去に行われた出来事を反復的に描く。そこには、人間の自由意志の入る余地などないので、「我々は眠りを選んでいるのか、そんな訳はない、眠りに落ちているのだ。我々は可能性に、気まぐれや空想に、寝床に、枕に、白い錠剤に身を任せるが、それらが我々に代わって選んでいるのだ」（*In the Lake of the Woods*: 283-84）、という自由意志をめぐるジョン・ウェイドの苦衷が『スローターハウス5』に描かれることはない。もちろん、絵画に描かれるような、凄惨極まる光景を炙り出す想像性が『スローターハウス5』の中で希薄であるという批判の余地もあるが、少なくとも記憶の彩色された景色ではない、ある種枯淡な風景が作中に映し出されている。その風景において主体の苦悩が特権化されることはなく、他者、動物、物質が「ただそこにある」だけである。もちろん、『スローターハウス5』の詩学がフロイトの言う反復強迫の死への衝動や物質への退化と必ずしも呼応している訳ではないが、少なくとも両者のベクトルは『失踪』やカルースのトラウマ理論のように未知の可能性へとは向けられていない。『失踪』とは異なる点として『スローターハウス5』から感じられるのは、たとえ淡々とした無機質な印象を抱かせる情景であっても、ヴォネガットは表象不可能性を担保にした記憶の物語に陥らないことである。その意味でポストモダンを代表するこのSF作家は実に反ポストモダン的であり、SFのスタイルを用いながらも実にリアリズム的である。彼の作品はルポルタージュでも記憶でもない、何度もその現場に立ち戻り、主観的な記憶・感情を持たず物質的に経験すること、つまり「起こった真実」を「起こった真実」と

して経験することの意義を描いている。仮にオブライエンが述べるように、「起こった真実」ではなく「物語の真実」が文学の本質であるならば、ヴォネガットの詩学は明らかに反文学的だ。

　文学に何らかの人間的な物語を望む読者にとってヴォネガットの詩学が受け入れられないことは、小説は死んだか否かというラジオ討論の番組において、文芸批評家たちが喧々諤々議論する以下の場面からも容易に想像できる。

　　人々はもはや印刷された文字から生き生きとした情景を頭の中で想像できるほど深く読むことはできないので、作家はノーマン・メイラーのように自作で書いたことを公衆の面前で実演しなければならない。司会者は出演者に現代社会における小説の機能についてどう思うか尋ねたところ、ある批評家はすべて白い壁に覆われた部屋に彩りを与えることだと言い、もう一人はオーラルセックスを芸術的に描くことだと述べた。　　　　（206）

その席でビリー・ピルグリムがこれまで体験したトラルファマドール星人との邂逅や時間旅行のことを淡々と述べても、それは「文学」とは見做されない。何故か──それは上記の引用で挙げられる作品の実演やセックスに例証されるように人間的な「彩り」に欠けるからだ。そして、その「彩り」こそが、トラルファマドール星人が知りたかった極めて人間的属性なのである。

　時系列の中で苦悶する記憶の物語を紡ぐことは文学的な営みであり、それ故オブライエンの作品は豊かな人間性を伝えるものであるが、同時に文学が内包する危険性を黙示しているように思えるのである。ベトナム戦争のトラウマと表象不可能性を示すことは文学空間においてどのような政治的意味を孕むか、ティム・オブライエンの作品読解を通して文学批評の力学も同時に考えていかなければならない。ヴォネガットは戦争の表象と記憶の関係を考える際にトラルファマドール星という外部を措定できたが、対蹠的にオブライエンはトラウマの外部を見出すことができず、記憶という鏡像の中に取り込まれた感は否めない。だが、取り込まれたのはオブライエンだけではない、記憶という人間的な物語を特権化したポストモダンの文学批評も同じであることは、閑却すべきことではないだろう。「物語とは過去を未来に結び付けるためにある。……物語は永遠のためにある。永遠において、記憶はなくなり、物語だけが残る」(*The Things They Carried*: 38)とオブライエンが言及する「物語」とは一体何か、私的な物語ではなくベトナムの人々も参与できる物語なのか、ということも合

わせて思索することこそ、オブライエンが描くベトナム戦争文学の批評に求められることではなかろうか。

注
- ★1　本論において『失踪』と『スローターハウス5』から引用する場合、括弧内にページ数のみ示す。前後の文脈から推測できないそれ以外の文献については、必要に応じて著者名か作品名を記す。
- ★2　記憶とは必ず忘却を内包するものだが、「証拠」の章において引用される、文豪にしてトラウマ患者の一人であるドストエフスキーの証言——「人には自分にしか言えないような秘密もあるだろうが、自分にも言えないような、心のうちに留め置く秘密も多く持っている。人は自身についても嘘をつく運命にあるのだ」（145）——は正鵠を得ているのだろう。
- ★3　これはティモシー・メリー（Timothy Melley）が指摘するように、歴史的事実を事実ではなくシミュラクラとして忘却（amnesia）を図る悪しきポストモダニズムの特質と通じるものがある（121-22）。
- ★4　実際のところ、21世紀に入りすでに20年近くが経つ現代において、90年代のトラウマ理論とポストモダニズムの関係性を歴史的に捉え直そうとする批評家もいる。オブライエンのエッセイ「私の中のベトナム」が表象不可能なベトナム戦争と恋人を混同させていることを踏まえ、マーク・ヘバリー（Mark Heberle）は、オブライエンの文学とはベトナム戦争という公共の歴史を私的な物語に改編し、それ以前に書いた自作を基盤に新たなベトナム戦争とトラウマの記憶を紡ぎだす自己充足的なものであると、舌鋒鋭く批判する（9）。また三浦玲一は、90年代のアメリカ文学研究においてトラウマ批評が隆盛を誇った歴史を概観しつつ、記憶の表象不可能性を主張し私的領域を前景化するオブライエンの作品と、人々の共有意識を生み出す社会を排除し個人のアイデンティティ主義と私的権益を打ち出したネオ・リベラリズムとの親和性を見ている。ヘバリーや三浦がオブライエンに見出すのは、倫理的配慮から生まれた対象・他者の表象不可能性が逆に主体の私的領域を補強する文学的メカニズムである。
- ★5　だからこそフロイトは、サディズムを死の欲動である快感原則が他者に向けられた状態だとし、マゾヒズムとはその欲動が自己へと向けられた状態を指すと指摘する。たとえば、『快感原則の彼岸』の中で、サディズムを以下のように定義する。
    > だが、対象を傷つけることを目的とするサディズム的衝動を、いったいどうして生命を維持するエロスからみちびき出すことができるのであろうか？　このサディズムは、本来、自我の自己愛的リビドーの影響によって、自我からはみ出して、対象に向かってはじめて現れる死の本能である、と仮定してよいのではなかろうか？　（186）
- ★6　それ故オブライエンは「証拠」のセクションで、謎の地下組織「トライステロ」が存在するかどうか煩悶し続ける『競売ナンバー49の叫び』（*The Crying of Lot 49*）の主人公エディパ・マース（Oedipa Maas）の精神的苦境を引くのだろう（26）。
- ★7　それを端的に示すのが、戦時中に生じた勘違いの復讐心——それこそ、『スローターハ

ウス5』において批判されるキリスト教的な「目には目を、歯には歯にを」の考えだが——が基で、ビリー・ピルグリムがレーザー銃で殺されてしまうことである。

引用文献

カルース、キャシー（下河辺美知子訳）『トラウマ・歴史・物語』みすず書房、2005年。

フロイト、ジーグムント（井村恒郎・小此木啓吾他訳）「快感原則の彼岸」『フロイト著作集6』人文書院、1970年、150-194頁。

三浦玲一「アメリカン・ロマンスからポストモダン・ロマンスへ——ティム・オブライエンの『かれらが運んだもの』」平石貴樹・後藤和彦・諏訪部浩一編著『アメリカ文学のアリーナ——ロマンス・大衆・文学史』松柏社、2013年、355-384頁。

Grieve-Carlson, Gary, "Telling the Truth about History: Tim O'Brien's *In the Lake of the Woods*," *War, Literature & the Arts*, 29 (2017), pp.1-14.

Heberle, Mark A., *A Trauma Artist: Tim O'Brien and the Fiction of Vietnam*. Iowa City: University of Iowa Press, 2001.

Kowalczuk, Barbara, "My Lai's 'Fucking Flies!': The Stigmata of Trauma in Tim O'Brien's *In the Lake of the Woods*," *War, Literature & the Arts*, 26 (2014), pp.1-13.

Melley, Timothy, "Postmodern Amnesia: Trauma and Forgetting in Tim O'Brien's *In the Lake of the Woods*," *Contemporary Literature* 44.1 (Spring, 2003), pp.106-131.

O'Brien, Tim, *In the Lake of the Woods*. New York: Penguin, 1995.

———, *The Things They Carried*. New York: Broadway Books, 1998.

———, "The Vietnam in Me," New York Times Magazine 2 Oct. 1994. <https://archive.nytimes.com/www.nytimes.com/books/98/09/20/specials/obrien-vietnam.html>

Vonnegut, Kurt, *Slaughterhouse-Five, or The Children's Crusade*. New York: Dell Publishing, 1969.

第6章
対抗文化とカルロス・カスタネダ

加藤 隆浩

はじめに

　1968年を基準とすれば2018年はちょうど50周年。60年代に視準を、ということであれば、時代はもうすでに50周年に突入している。カルロス・カスタネダと対抗文化のブームについてである。筆者はその60年代には既に生を受けていたが、だからといってこの50周年に特別な感慨を抱いているわけではない。したがって、回顧主義や懐古趣味で小論を書こうとしているわけではないし、ましてや、「50周年記念」と銘打って何かのお祭りであるかのような雰囲気の中で研究を進めようとしているわけでもない。
　大切なのは、50年前の出来事を過去に埋没させないこと、言い換えれば、昔の事柄の単なる掘り起こしに意義を見出すのではなく、60年代と現在とをつなげそこに歴史的意義を見出すことであろう。
　本稿は、68年（60年代）研究の一部として「カスタネダと対抗文化」を採り上げて、それが当時の社会・文化的脈絡の中でどのようなものであったかを検討するとともに、カスタネダの著作が文化人類学のなかでどのように取り扱われてきたか、そしてそれが現在どのようになっているかを検証するのを目的としている。言うまでもなく、それをテーマとして取り上げるのは、対抗文化としてのカスタネダ・ブームが、60年代に急に膨張し、それがその後の社会のさまざまな面に影響を与え、その痕跡が未だ顕著な形で残存しているからである。ところが残念なことに、対抗文化というと、取るに足らない「大衆のもの」と決めつけられ、その研究意義も矮小化され、研究成果の蓄積も少ないのが現状だからである。
　周知のように、1960年代には新たなパラダイムの基、多くの社会・文化的

運動やイデオロギー、思想、事物が創出され、その一つひとつからさらに次の芽が出て、四方八方にのびていった。言うならば1960年代は、価値の大増殖、大変動の時代といっても過言ではないだろう。しかし、それらは一見多岐にわたるように思えるが、とりあえず諸要素を分類し大雑把に纏めてみると68年（60年代）の社会や文化を読み解く特徴、特質のキーワードは次のようになるだろう。つまり反戦・権利・平和・自由・性・解放・ドラッグ・東洋・新宗教など、であり、不思議にもそうした風潮、運動、事物が共存していた。もっとも、藤本が、南山大学地域研究センター共同研究会（「1968年」の意義に関する総合的研究）の中間報告書（藤本、2017）でも指摘しているように、60年代はきわめて多様な視角から論ずることができるが、あいにく文化・思想の研究が手薄で、時代論としてはその辺りへの目配りが不足している。その意味でやや大げさな表現ながら、ある種の物足りなさ、学術的歪みを感じてしまう者も少なくないだろう。

　小論は2017年5月19日に上述の研究会で「カスタネダと対抗文化」と題して行われた研究発表を基に、藤本の危惧する60年代論で手薄になっている文化面に注目し、その担い手の中心にあった若者、とりわけ人気のあった分野、また他の60年代論からこぼれ落ちてしまいそうな事象を下支えした大衆ないし民衆の精神のうねりの一部を確認しておきたい。

　ところで、資料1は、6枚[★1]の写真からなる。上記の共同研究会の案内チラシ（青木万里子女史のデザイン）である。どれもインターネットから見栄えの良さそうな画像をダウンロードしたもので、上段には筆者の発表のテーマに則した1960年代の対抗文化を余すことなく表現する写真、下段には、川島正樹氏の講演のテーマと関係ある黒人問題を表わす画像が入れてある。上段、下段の順は、講演会での順序に対応しており、それ以外の含みは一切なく、また画像の選択にもデザイン以外の要素は考慮していない[★2]。

　ところが、ほとんど無作為に選択した画像資料とはいえ、こうして上下に並べて眺めてみると、上は上、下は下で共通点が見えてくる。さらには上段下段が、対立とまではいかないまでも、醸し出す雰囲気あるいは「空気」がかなり異質であることも仄見える。これは、同じ時代、同じ国の画像もしくはそのコピー[★3]であるにもかかわらず、外部に向け発信しようとしている内容もメッセージも、発信の方法・仕方も大いに異なっていることに気づかされ、その時代の多様性に改めて驚かされる。若干の説明を加えておけば、以下のようになろう。

第6章　対抗文化とカルロス・カスタネダ

　上段の左はヒッピーと呼ばれる若い男性（ただし、見様によっては女性らしくも見える）で、ラフなサラサ綿仕立てのシャツをまとい、ズボンはジーパン。長髪の頭にはバンダナを巻き、髪や首を中心にカラフルな草花で飾っている。彼らは、「フラワー・チルドレン」（花の子どもら）と呼ばれる若者として現れた。当時の流行歌「花のサンフランシスコ」原題San Francisco（Be Sure to Wear Flowers in Your Hair）（歌：スコット・マッケンジー）に誘われ、花が表象する平和・秩序・愛・調和といったものを希求し「花の子どもら」の聖地、アメリカ西海岸を目指し続々と集まった。サンフランシスコに押しかけた若者がそこに持ち込んだものは、花だけにとどまらず、歌、楽器（多くはギター）も含まれ、楽器と歌の音楽を通しこの運動のメッセージが生成された。そしてそれがまた大衆の間で共有されると、次の歌、次のムーブメントを生みだしていった。その意味で、楽器と歌が彼らの存在を象徴し、また同時に彼らの主張を背後から支える重要なツールとなった。

　上段中央は、60年代末に絶滅に瀕していた「モモイロバト」保護を訴えるデモであり、自然保護、ピンクが表象する女性、ハトが表わす平和が強調される。中央左に小太鼓状の楽器が見えていること、また参加者の表情から判断するに、デモ行進であるが、穏やかでユーモアたっぷりのパレードの様相を呈している。上段右は、当時、世界的に流行したヒッピー文化の一つ、フラワー・パワー・バスである。「花力バス」とでも訳せるこの乗り物は、大きな車体をキャンバスもしくは壁に見立てそこに社会・政治的なメッセージ（ヒッピーの求める反戦・平和・愛など）を書き込むのが特徴であった。とりわけ、ヒッピー文化の中心的アイコンとなるいわゆるピースマーク★4――反戦デモやヒッピー運動で多用され、平和のシンボルマークとして世界中に広まった――は重要で、明るく派手な色調で花を想起させるデザインが好まれた。ただし、政治的メッセージの発信とはいえ、楽しさ・パレード性が前面に押し出され、上段中央の、デモともパレードともとれる行進と同様に、発信することそれ自体に重きをおいており、反戦・平和を実現していくための具体的方策もルートマップも漠としたままであった。

　以上の上段に対して、下段は、先にも述べたように、筆者の研究発表に続いて行われたもう一つ別の60年代論「貧者の行進からウォール街占拠へ」の画像である。下段左は、ルーサー・キングとロバート・ケネディのツーショット。両人とも自由と平和を求めそこに至る方法を模索したが、その道半ばで同じ年（1968）に相次いで凶弾に倒れた。暗殺の恐怖が現実化する重苦しい時世だっ

たが、それを跳ねのけようとする気迫がみなぎっている。下段中央は、メンフィス清掃労働者ストライキに伴うデモ行進の1シーンである。「私は人間だ」という主張と抗議は冷静かつ威厳をもってなされたことが窺える。下段の右はアメリカの経済界、政界の中心を占拠し、そこを拠点に自らの主張、「私たちは残りの99%だ」（"We are the 99%"）を発信しようというウォール街占拠運動の一コマである。暴力ではなく、ことばによる主張の表明であり、当面の目的は、相手を対話のテーブルにつかせることであった。

　以上6枚の画像について短いながら説明を加えたが、各々はまるで似てはいないが、全体を注意深く眺めてみると一つのテーマで貫かれていることが分かる。それは、外部に向けて何かを主張・発信するという行為であり、それが二つのムーブメントも共通点となっている。ただし、類似しているのはそこまでで、上段の3枚と下段の3枚では、その主張の特徴にはまったく相容れない方向性が隠れている。

1　1960年代における二つの潮流

　画像の上の段と下の段、共に同時代の米国の文化の様子をいま一度注視してみると、画像の深読みをしなくても当時の雰囲気やその時代に吹いたさまざまな「風」の詳細がもう少しはっきりとしてくる。

　上段の左に目をやると、フラワー・チルドレンが一人ぽつりと写しだされている。この対抗文化の担い手たちは、実際、個人の信念に忠実で、個人——あるいは、せいぜい数名で——で自発的に行動するのが常だった[★5]。

　したがって、野外コンサートやグルの説法集会というような場合を除けば、参加者が一か所に集まることも、同じ方向を向くこともなかった。結局、上記のイベントへの参加者は多いが、一定の仲間意識を共有できたのは、「出し物」を共に楽しむ束の間だけのことであり、お目当ての催しが終われば、そこで醸成された熱っぽい一体感は多くの場合すぐに冷め、横の連帯はたいてい脆弱なものであった[★6]。だから、先述のスコット・マッケンジーの歌に出てくる登場人物も、「君が行くなら私も一緒に行こう」という誘い話ではなく、向こうに行けば花を身につけた優しい人たちがいてくれる。だから、先方に着いたら、まずは花で飾った人を探せということになる。つまり、花はフラワー・チルドレンあるいはヒッピーの所在をしらせるための目印だったのであり、特段の政治理念も宗教の教義もなく、運動は自然発生的に生まれ、どちらかというと集

団というよりも個人を優先させる緩い繋がりの組織として拡大していったのである。すなわち、集団があるとしても何らかの組織、あるいはセクトが存在しているというのではなく、それぞれが思い思いの主張を胸に秘め、花を目印にとりあえず集まっただけという摑み所のない「無定形」の集団にすぎなかった。

　集団組織の緩慢さとは別に、もう一つ見落としてはならない重要な特徴は、彼らのインフォーマル性である。カウンター・カルチャーの担い手の多くが、それまでにはなかった突飛な服装や髪形をしており、それは当時のドレスコードに照らすまでもなく、超インフォーマルなものといってよいほどのものである★7。しかし、彼らの型破りな風采は、多くの若者の心をつかみ世界中を席巻し、インフォーマルが自由――因習からの自己解放――を表象するとばかりに、形式ばらない格好で歩く者も少なくなかった。しかも当時は、それをファッションとして受け入れ、そうした風体で歩くことで、社会的メッセージを「伝道」しようとする若者も多かった★8。というのも、既成の価値観、権力にも与せず、むしろそれらへの異議申し立てそのものが彼らの信条の根底にあったとすれば、既成の価値観からの離脱のためにはフォーマルであることを否定し、超インフォーマルへ向かうことがヒッピーの辿るべき道だと考えられたからである。超インフォーマルというのは、既成の社会に対してなされた違和感の表明で、それに基づき短命ながら実際に小規模なコミューンも形成されるほどであった。要するに既成の型にはまらず、新しいライフスタイルを模索すること、対抗文化にどっぷりつかること、それがヒッピーであることの証となった。

　もう一点注目すべきは、上段の方には女性の存在が見て取れるということである。事実、上段中央の画像には大勢の女性が写し出されているし、本稿では立ち入らないがヒッピー運動の記念碑的イベント、20万人の観客を動員したモントレー・ポップ・フェスティバル★9（1967）、三日間で40万人の観客を動員したウッドストック・フェスティバル（1969）の写真や映像を見れば、男性も女性もほぼ同じように参加できているという点である。それに対して下段の様相は全く異なっている。女性の姿はなく、また女性的イメージすらない。要するに、上段と下段を比べてみると男女が一緒に出てくるグループと、男性だけが――あるいは百歩譲って、男性主体で――が登場するグループとに分かれる。上段では女性は欠かせない要素だが、それは、彼らの主張の根底に、男性と女性の和合の追求があり、それがヒッピーの思考の根幹をなす基本原理であったからである。そして、そうした彼らの「愛」の主張が最終的にはアメリカ発の「性革命」へとつながっていくのである。

上下段の違いは、さらにはリーダーの有無、組織化についても指摘できる。先にも述べたように、上段は個人が中心にあり、したがって運動全体に目配りしそれを統括するようなリーダーの影も形もない。ところが下段を見るとそのグループでは統制がきちんと取れており、その場のリーダーの姿が見えている。要するに、ここでわれわれが問題としている時代には、女性の姿が見える集団と見えない集団とがあったように、リーダーができやすい集団とできにくい集団の二種があり、その対比がはっきりと見えていたということである。

　上段に写しだされた対抗文化の行動様式、組織化に付言すれば、ヒッピーの結集の原理は、反戦・平和・愛、つまり人類がこれまで希求してきた理想を掲げることであった。ただし、彼らにとって重要なことは、理想のために具体的行動を起こすとか、権力に立ち向かうというよりも、自らの信念を表明し、賛同者を増やしていくことに重点がおかれたことを忘れるわけにはいかない。なぜなら、彼らにとって花を飾る心優しい人の増加は、戦争を憎み反戦に向かうことになるからである。つまり人類の崇高な理想の実現を夢見て、仲間を増やすことに意義があると考えるのである★10。ヒッピーという存在は、厳格で、きつい縛りのあるような集団ではなかったので、外観でヒッピー風でありさえすれば、多少のイデオロギーの相違や思考プロセスは不問にし、ヒッピーとして愛や平和、反戦、人権擁護を容易に主張できたのである。

　さらにまた、上段と下段で、目標達成のための戦略の違いも顕著である。上段の写真は見るからに楽しげである。自分の思いの丈を歌やファッションで表現し、究極的には自分で楽しみ、どちらかといえば、自己満足型で内向きの行動のように見える★11。これに対し下段はどちらかというと、「戦い」──無抵抗であれ──のイメージが前面に押し出され、宣伝カーやデモ行進を積極的に活用し、自身の主張、考え方を外部に向けて発信しともかく社会を動かそうとしている。このように見ると、上段と下段とでは、運動への参加の仕方も、メッセージの発信方法がまるで違っており、強いて言うなら、上段はどちらかといえば消極的、下段はかなりアグレッシブに主張し、賛同者間の連帯が重視されている★12。

　また、彼らが要求するものについて言えば、下段の人たちは平和やベトナム戦争反対、基本的人権の保障、あるいは社会正義の実現であり、そのためには、自らが積極的に関わり、自身の手でそれらを合法的に勝ち取っていかねばならないというメッセージがにじみ出ている。これに対し上段ではそうした姿勢も迫力もほとんど読み取れない。要するに、対抗文化の担い手が何を求めていた

第6章　対抗文化とカルロス・カスタネダ

かというと、表面的には平和や自然・愛——人類がこれまで手にしたことのない理想——だが、ではそれをどのように獲得するか、またそうした理想郷をいかに構築するかについての具体的方策を問われると、返答に窮して、せいぜい花のもとに集まり、共に愛や平和を歌い、皆が優しくなれば戦争のない時代がやってくるというような話に落ち着いてしまう。つまり、皆で楽しみ、心が穏やかになれば、そこから理想に向かう花の芽が出て、それがやがては成長し、いつかは愛と平和の大輪を咲かすはずだということになる。こうした主張は、美しく、また分かりやすいが、それは同時に安直なものでもあった。なぜなら、自分たちは何もしなくても、誰かがいつか何とかしてくれるだろう、あるいは理想の世界がひとりでに訪れ、人類が求めてきた正義も平和もそのうちに実現するだろうという超楽観論になっているからである。考えてみれば、これは、下段の人々の行動、つまり目指すものは体を張ってでも自分たちの力で勝ち取る、という考え方とは正反対に位置するものとなる。下段の人々は、刑務所に入れられるかもしれないが、それでも主張は曲げないという頑強な精神、不屈の決意に裏打ちされているからである。

　さて、カウンター・カルチャーの側に身をおく人々の考え方は、ヒッピー御用達の歌やファッションの流行が下火になると、やがて大きく変質しはじめる。自分たちが待望する平和や愛ある世界の到来が見えないことが分かりはじめ、対抗文化を担った若者の内向きの精神は、1950年代から漸次的にアメリカで紹介されたドラッグによる神秘体験に向けて大きく舵をきることになる。その象徴的なものが、1967年からブロードウェイで人気を博したミュージカル「ヘアー」である。その挿入歌「アクエリアス」（邦題「輝く星座」）は1969年にはグラミー賞最優秀レコード賞を受賞した。言うまでもなく、その受賞は、賞に見合うだけの人気と、多くの賛同者をえたということだが、歌詞を見ると、花、愛、平和に力点を置いてきたそれまでのヒッピー・ムーブメントとは若干方向性が異なってきたことが分かる。歌詞の要約は以下の通り。

　　月が第7番宮にあり、木星と火星と重なりあうと
　　みずがめ座の時代がやってくる
　　みずがめ座の時代になれば
　　調和と理解、協調と信頼が湧きあがる

　一世を風靡したこの流行歌の歌詞は、人間の力を超越する天体の動きに合わ

せ、時が来れば平和が訪れる。だから皆でその日の到来を待とうというのであり、これは、平和は作るものではなく、与えられるもの、向こうから自動的に訪れるものという「あなたまかせ」の運命論、あるいは、消極的かつ受動的な彼らなりの他力本願がその基調をなしている。

そしてその神秘主義的祝歌は、まもなく新時代（ニュー・エイジ）つまり「アクエリアス（みずがめ座）」の時代がやってくると説き★13、また他の流行歌では、神秘体験つながりで宗教とドラッグが複雑に絡み合うサイケデリック運動、スピリチュアリズムなどがもてはやされるようになった。

その後、アクエリアスの流行から数年経過すると、宗教色が濃いという点では同じだが、別の毛色のミュージカルがブロードウェイにお目見えする。「ジーザス・クライスト・スーパースター」である。それは、タイトル通り人間としてイエスを描写し、特に「聖週間」の出来事を中心に描いたものだが、人間イエスとはいえ、ストーリーそのものは、イエスの再臨後には新しい至福の時代が待っているという終末論も含め、キリスト教的メッセージを観客に充分に想起させるに足る作品であった。つまり、アクエリアスは占星術、ジーザス・クライスト・スーパースターはキリスト教と、その運動や活動の方法ではそれぞれ異なるものの、ともに、この上ない幸せな時代が神秘的な形で到来するという話として同じ方向を向くことになるわけである。

2　カルロス・カスタネダの『ドン・ファンの教え』

前節では60年代にとりわけ若者の生き方を方向づけた二つの流れの輪郭を素描したが、以下に問題となるカルロス・カスタネダの『ドン・ファンの教え』（1968）は、言うまでもなく、先の分類では上段に属する。実際、対抗文化を支えた人々がその本の主要な読者で、彼らのライフスタイルにも影響を与え、一世を風靡する大ベストセラーとなったからである。

カスタネダのこの著作は、ヤキ族の呪術師ドン・ファンとその宗教的世界観についての人類学的モノグラフということになっている。ドン・ファンが弟子カスタネダに、幻覚や幻聴を誘発するサボテンやキノコを摂取させ、身体の中で起こる幻覚体験を含むさまざまな生理的現象に一つずつ解説を付すとともに、弟子がそれまでに内面化させてきた欧米流の伝統的な思考を排し、それとは異なる思考回路が存在していることに少しずつ気づかせていくのである。

たとえば、カスタネダが最初に習ったのは、ヤキの呪術師独特の言語観であ

第6章　対抗文化とカルロス・カスタネダ

る。それは、かいつまんでまとめれば次のようになる。この世の中でわれわれが見たり聞いたりしているものは所詮一つの幻想にすぎず、自分たちが見る幻覚こそが本物であるとする。そもそもわれわれがなぜ今あるような世界を見ているかといえば、われわれがわれわれのことばを有し、その言語を通して世界を見ているからである。しかし、もし異なる言語を使っているのであれば、われわれとは当然違う世界像をもつことになるはずだ。だから、自分たちは世界を見ることばを持たねばならない（カスタネダ、1972）と。そこでカスタネダは、ドン・ファンが属するヤキという民族集団のコスモロジー、世界観、社会構造などをヤキのローカルタームを道しるべとしながら一つひとつ習っていったというわけである★14（同上）。

　カスタネダが彼の処女作を上梓したのは、彼がまだUCLA（カリフォルニア大学）の人類学の学生だった頃である。人類学徒として自らが体験した呪術的世界をどのように描写するかに腐心したと著者自身が回想しているが、その結果、できあがった「報告書」は、文化人類学の論文というよりは文学作品に近く★15、だからそれは、ヤキ族の呪術師に関する民族誌と銘打たれてはいても、一般の文化人類学者からは人類学的研究としてすぐに承認されたわけではなかった。しかも、それはこれまで報告されてきたヤキ族の文化とは大きく異なるとされ、書かれている内容の信憑性に疑問符が投げつけられた。しかし、こうした人類学者の疑義に満ちた評価とは裏腹に、カスタネダの著作に関心を持ち、それを面白がる人たちがでてきた。それが、先述の対抗文化世代の若者たちだった★16。

　カスタネダの作品が、ことさら彼らにもてはやされたのは他でもない。カウンター・カルチャーの求心力の核が、「花」から「ドラッグ」に移行し、その目標が、「反戦・平和・愛」から「自分探し」に推移していったからである。そうした状況の中で、神秘の呪的世界が身近にあり、それを容易に体験でき、しかも、それを体験するための英語で書かれた解説・マニュアル本まである……と評判になれば、重苦しい社会的閉塞状態を打開し、自己の精神的安寧、さらには内なる平安を希求しようとする者たちにはそれは快く響き、彼らがこぞってそれに飛びついたとしても決して不思議ではない。しかも、後述するように若干の例外を除けば、手軽に体験できる幻覚植物やその幻覚の意味などを解説する一般向けの著述は、1960年代以前にはほとんど存在せず、カスタネダの著作は、その意味で幻覚植物についての初の啓蒙書にもなった。

　先述のように、世の中を変革し心の安堵を求め、しかしそれを手っ取り早く

121

実現しようとする人たちにとって、サボテンやキノコを食するだけで新しい世界が目の前に開ける、という「教え」は、以前にもまして手軽になり——歌を作ったり、花で身を飾ったりする必要もないし、あくまでも個人的趣味でそれを体験するかしないかの選択を自ら裁量できる——その簡便さ、好奇心などにより幻想世界、神秘的異界への「旅立ち」の発進力となった。その上、1960年代にはまだ幻覚剤やドラッグの使用には大きな罪悪感は伴わなかったので、若者たちが幻覚の織りなす神秘の世界、知られざる別世界を目指し「小旅行をする」のはむしろ自然なことであった。
　しかも、若者を向こうから引っ張る力だけでなく、呪的世界への関心を焚きつける力も働いた。それは、1960年代初頭、つまりカスタネダによって描かれた呪術師ドン・ファンがまだ登場していない頃だが、アメリカを中心にもう一つ別のムーブメントが起きていた。
　それは、メキシコの先住民社会に出向き、幻覚キノコを体験し、その目くるめく神秘的世界を旅するというツアーだった。ただし、それはどこかの旅行会社が企画したものではなく、あくまでも各々が個別に企てる旅だった。しかし、有名な専門家ワッソンが書いた有名雑誌『ライフ』の記事（Wasson, 1957）が基で、その存在が世界中に知れ渡り、メキシコの隣国アメリカ合衆国のみならずヨーロッパ、アジアからも大勢の若者が幻覚キノコの聖地ワウトラ（メキシコ・オアハカ州の片田舎の小さい山村）を目指し、マサテコ族の女呪術師マリア・サビーナが主宰する儀礼に参加しようとした。その結果、もともと閑散とした村だったが、大量のヒッピーの往来で、地域は大混乱となった。何しろ、幻覚キノコを食べて辺りを徘徊し、道端で失神しそのまま横たわる者が続出し、ひどい例では、瞑想中に崖から転落して死亡するという痛ましい事故まで起きた。前代未聞のこの状況にメキシコ政府はついに軍隊の出動を決断、幻覚を探し求めてやってくる対抗文化の担い手たちを追い出すことになった。その前後にはビートルズのメンバー、ジョージ・ハリスンや、反戦歌「風に吹かれて」でお馴染みのボブ・ディランなども訪問した（加藤、2003）ので、若者に対するインパクトはさらに大きなものとなった。とはいえ、軍隊介入以後は、聖地ワウトラを目指す「巡礼者」の数は激減することになった。
　カスタネダが『ドン・ファンの教え』をひきさげて登場したのは、まさにその頃である。ワウトラへの入村が困難となり、行き場を失った幻覚マニアではあったが、次の聖地がおあつらえ向きに出現したのである。だから、メキシコ・マサテコ族の幻覚キノコ（テオナナカトル）、幻覚サボテン（ペヨーテ）に関

心を持つ人たちは、今度はワウトラより近場のヤキ社会（メキシコ北部とアメリカ南西部に居住）を訪れ幻覚サボテンや幻覚キノコを試すようになる。人々の関心がマサテコのシャーマニズムからヤキのそれへと変化したことで、幻覚性植物への好奇心はさらにかきたてられた。

そもそもマサテコ族にはマリア・サビーナという女性シャーマンがいた。そして彼女のおかげでマサテコ族もそこで採れるキノコも国際的に有名になったが、しかし、その菌類を摂取すれば、そこに含まれるアルカロイドにより幻覚が得られることは理解されたが、その先にある奥義を知ろうとする人たちはほとんどいなかった。なぜなら、ヒッピーの関心は幻覚とそれを誘発する植物にしかなく、その上、マリア・サビーナはマサテコ語のモノリンガルだったので、スペイン語でのコミュニケーションにさえ困難が伴ったからである。結局、聖地めぐりのアメリカ人は彼女の説明があっても、何を言っているのか分からず、ほとんど何も伝わらなかった。ただし外部からやってくる大多数の観光旅行者にとって、それはエキゾチックかつ神秘的雰囲気づくりに役立てば十分であった。というのも、彼らにとって重要なのは、キノコの力を借りて見る幻覚であり、それが持つ宗教的意味や、それが使われる一連の宗教儀礼ではなかったからである。したがって、マサテコの幻覚キノコに関する一般向けの短い記事（Wasson, 1957）は一つあったが、それによってマサテコの呪的世界に関する理解が進んだというわけではなかった。

これに対しカルロス・カスタネダの描く呪術師ドン・ファン像とその呪的世界は、カスタネダの「体験」が彼自身のフィルターを通して英語で書かれ、その著作は著名な出版社（ペンギン・ブックス）から比較的安価で発売されたので先住民言語でしか解説できないマリア・サビーナと比べて、彼の与えたインパクトは比較にならないほど大きなものとなった。しかも、カスタネダの著作はシリーズ化され、続編が次々に出版され、愛好者の間では半ば「バイブル化」し、他方、熱狂的な読者を新規に開拓していくことにもなった。「ドン・ファン」シリーズは、幻想と神秘の世界を探訪しようとする初心者からベテランまで読者対象とした神聖なガイドブックになりえたのである。

結びにかえて

以上がカスタネダと彼のベストセラーが現れた1960年代のあらましである。しかし、これまでの述べてきたことから、カスタネダとその師匠ドン・ファン

にずっと順風が吹き続けたと考えるのは早計に過ぎる。70年代に入ると、カスタネダと呪術師ドン・ファンに対する人々の視線に変化が生ずる。カルロス・カスタネダの著述に対し文化人類学の専門家から民族誌をめぐっていくつもの疑義が提出されはじめた。またそれと同時に、より根本的な質問が相次いでなされた。カスタネダは著作の中で、自分はドン・ファンに会って弟子入りし、その師匠から多くを学んだと明言しているが、そのドン・ファンに会った者はカスタネダ以外ほとんど誰もおらず、ドン・ファンの写真の公開もなかった。それどころか、カスタネダ個人の国籍や出身地、年齢にも曖昧な点が多く、あまつさえ『ドン・ファンの教え』はじめ、そのシリーズの中味を精査してみると、ヤキ族のモノグラフと銘打ってはあるものの、著書の中で言及されるヤキ人、文化、社会、その他どれについても、にわかにヤキのものと認定できない要素が次から次に出てくることが判明した★[17]（ミル、1983）。もちろん、学会はこうした不備を採り上げ、それを直ちにデータの「捏造」と決めつけることはなかったが、実証性を最優先する人類学としては、信頼性を欠くデータからの理論や仮説、モデルの構築の試みは控えられ、カスタネダは学会の中で孤立することになった。それでも彼は、人類学の枠の中に居場所を見つけようと試みたが、結局のところデータを裏づける別の証拠、資料（画像や録音、録画など）、フィールドノートなどの公開を拒否し、結果的に多くの文化人類学者からは敬遠され、学会のみならず文化人類学そのものとの間に溝が生まれてしまった★[18]。

　では、カルロス・カスタネダは、単なる軽はずみな「研究者」だったということだろうか。あるいは、ヤキ族の文化についてデータを捏造し、ただただ学会を混乱に陥れただけの騙り屋だったのだろうか。実は、これらの問いに対する正解は一つとは限らないが、しかし、ここで一つだけはっきりしているのは、彼が自ら蒐集した民族誌的データの正真性の証明を断念することでヤキ族の研究者であることを放棄したという点である。そして、それに伴い彼がものにした一連の著作の民族誌学的価値も著しく損なわれてしまったということである。だとすれば、これで、カスタネダとドン・ファンの人気、また彼らについての関心はとうとう潰えてしまったということになるのだろうか。

　しかし現実はそうはならなかった。カスタネダもドン・ファンも、作品に登場する「ヤキ人」も現実の世界、人類学から離れた存在ではあるが、カスタネダの著作が次々に出版され10巻以上のロングセラーにまでなっていることを考えれば、いくつかの疑惑の当事者ではあったとしても、カスタネダはまだ大

きな影響を与え続けていることに間違いはない。では、それはいったいどのような人々に対してか。言い換えれば、カスタネダ、ドン・ファンの人気をいまなお支えているのはどのような人々か、ということである。

　繰り返し述べているように多くの文化人類学者は、カスタネダの著作との間に一線を引いてしまっているのは明らかだが★19、興味深いことに、それを今、別の読み方をすることでカスタネダを再検討しようとする人々が出てきている。たとえば、ドゥルーズとガタリ、オクタビオ・パスらがそうであるが、彼らの主張は詰まるところ、カスタネダの著作をヤキ族のモノグラフ、つまり文化人類学の書物として読むのではなく、初めからフィクションとして捉え、地域文化にとらわれずに内容を吟味すれば、興味深い言語論、哲学が埋め込まれているのが分かるという立場をとる。つまり、その著作の中のドン・ファンが実在しようがしまいが、また、カスタネダがヤキ族のシャーマニズムの調査を実際にしたかどうかでもなく、大切なのは、カスタネダがドン・ファンを使って紡ぎ出したテクストそのものということになる。言い換えれば、カスタネダの著作の読まれ方は、今では、テクストから少数民族のヤキというローカルな枠もノンフィクションという看板も取り下げ、これまで、カスタネダとドン・ファンしか体験できなかったこと——たとえば秘儀——を、だれでもどこでも経験できるものとして解釈の道筋をつけようということになる。

　先にも述べたが「ドン・ファン」シリーズは、今日までに全13巻が出版されている。第1巻から最終巻までテーマは少しずつ変化してきているが、この変遷は、カスタネダ自身の思考の変化でもあるだろうが、その時代時代の読者の反応に呼応するものでもある。カスタネダはすでに鬼籍に入っている（1998）が、さまざまな読み方が可能だということで、シリーズはまだまだ読まれ、読者を幻覚の世界に誘うとともに、認識論、言語哲学、文化理論等の分野で今後も抜け目のない激しい挑発を繰り返していくと思われる。

注
- ★1　下段右は、2枚で一組になっているので、1枚と数えている。
- ★2　実際、共同研究会のチラシに筆者がつけた注文は、ヒッピーの写真を入れてもらうことだけだった。
- ★3　すべての写真がアメリカ合衆国で撮影されたものであるわけではない。アメリカ以外で写されたものもある——上段右の写真では、メッセージがフランス語で書かれている——が、それはアメリカでの現象のコピーであり、アメリカで撮られたものとほとんど変わるところはない。

★4　平和の象徴、ハトの足跡に由来するという巷説があるが、それを世に出したデザイナー、ジェラード・ホルトムは俗説を否定している。
★5　確かに、撮影者が被写体にカメラを向けた時、たまたま一人だったとか、撮影された人がアップで撮られたから「孤独な」ヒッピーというイメージができあがってしまった、という反論も可能性としてはあるが。
★6　当時流行した「花のサンフランシスコ」の歌詞には、サンフランシスコに行くなら、花を髪飾りしていくのを忘れないように、とあり、その花が同類の証であるとしている。確かに歌詞に歌われる「愛の集会」(love-in) はあり、反戦や人間愛が話題にされたが、花を身につけ集合しただけでそれ以上の盛り上がりは期待できなかった。彼らが希求する平和・人間愛は、「心優しい」人が集まり、そこから発せられる「不思議な振動」が国中に広がり、それが、新しい説明原理となり、人が動いていくと歌には歌われている。
★7　なぜなら、服装や髪形によって自らの信条を可視化し、それを外に向けて表明することができたからである。
★8　Tシャツにさまざまなメッセージを入れるのが流行し始めた。
★9　スコット・マッケンジーが「花のサンフランシスコ」を披露したのはまさに、そのコンサートの中であった。
★10　ペンタゴンを取り巻いたデモ隊がつきつけられた銃口に小さな花を挿したという逸話は有名である。
★11　時には、社会を厳しく糾弾したり、特定の場所に大集合し、そこを占拠してしまうというような行動が見られることもないではなかったが。
★12　下段中央の画像に見えている揃いのプラカードがその好例である。
★13　因みに今は「うお座」にいることになっている。
★14　従来の文化人類学の論文の形式で書かれてはいない。それを学術的な俎上に載せようという意図もほとんど見えない。また描写の仕方は、60年代前半に多くの議論を巻き起こしたオスカー・ルイスの著作の基調にある「民族誌的リアリズム」に近いと言ってよかろう。
★15　例えば、平行線は交わらないというユークリッド幾何学があり、われわれはそれを学校で教わり、一般にその枠組み＝世界観で生活しているのだが、平行線が引かれる場の条件を少し変えただけで、平行線の並列性はたちまち成立の根拠を失い、三角形の内角の和＝180度というわれわれにとっては疑いの余地のない命題も成り立たなくなる。要するに、われわれが「当たり前」と考え慣れ親しんでいる世界ではない世界が存在するのを認めざるをえないのである。
★16　日本では1970年代に、有名な鶴見俊輔（1991）や真木悠介（1986）などがカルロス・カスタネダの作品を高く評価している（島田、2002参照）。ただし、それは文化人類学の研究としての評価ではない。
★17　ヤキ族の権威スパイサーは、早くからドン・ファンシリーズに出てくるヤキの文化要素に違和感を持っていた。
★18　カルロス・カスタネダは「ドン・ファンは実在する」と主張したが、調査に関するメモ、フィールドノート、写真や動画も何一つ公開することができなかった。そして結局、彼

はUCLAから博士号を剥奪された。
★19　たとえば、マーヴィン・ハリス（Harris, 1974）を読むと、ハリスのカスタネダに対する微妙な立場が見て取れる。

参考文献

カスタネダ、カルロス（真崎義博訳）『ドン・ファンの教え——呪術師と私』二見書房、1972年。
加藤隆浩「マリア・サビーナ——幻想キノコに翻弄されて」『ラテンアメリカの女性群像』行路社、2003年、184-202頁。
島田裕巳『カルロス・カスタネダ』筑摩書房、2002年。
鶴見俊輔『鶴見俊輔集〈9〉方法としてのアナキズム』筑摩書房、1991年。
デ・ミル、リチャード／マクマホーン、マーティン（高岡よし子・藤沼瑞枝訳）『呪術師カスタネダ——世界を止めた人類学者の虚実』大陸書房、1983年。
藤本博編『「1968年」の意義に関する総合的研究——「時代の転換期」の解剖』（2016年度中間報告）、2017年。
真木悠介『気流の鳴る音——交響するコミューン』筑摩書房、1986年。
Harris, Marvin, *Cows, Pigs, Wars & Witches*, Random House, 1974.
Wasson, Godon, "Seeking the magic mushrooms", *Life*, 1957, pp.110-120.

資料→次頁

南山大学地域研究センター共同研究主催
アメリカ研究センター、ラテンアメリカ研究センター、大学院国際地域文化研究科共催

「1968年」の意義に関する総合的研究　— 「時代の転換期」の解剖 —

2017年度　第1回研究会

報告1：**加藤　隆浩**（南山大学外国語学部教授、ラテンアメリカ研究センター長）

カルロス・カスタネダと対抗文化

報告2：**川島　正樹**（南山大学外国語学部教授、アメリカ研究センター長）

「貧者の行進からウォール街占拠へ ——1968年のアメリカ社会運動と現在への影響」

開催日時：2017年5月19日（金）17：00〜19：00

開催場所：J棟1階特別合同研究室（Pルーム）

問合せ：
南山大学地域研究センター　PHONE：052-832-3111（代表）
〒466-8673　名古屋市昭和区山里町18番地

資料1　共同研究会のチラシ

第7章
68年5月の神話化に関する一考察
記憶・歴史・世論をめぐって

中村 督

はじめに

　2017年10月のことである。フランス大統領のエマニュエル・マクロンが2018年に「68年5月」の50周年「記念式典を行うこと」（commémorer）を計画しているという話が出た（*Le Figaro*, 20 octobre 2017）★1。公式に発表されたものではなかったが、これにはすぐさま批判が出た。哲学者のリュック・フェリーは、大統領が68年5月を「記念」（commémoration）するとしても一体何を祝うのかが分からないという。「学校制度の崩壊。毛沢東主義、トロツキー主義、カストロ主義の妄想に対する著名な知識人の恥ずべき降伏。自由主義の公然の憎しみ。それともまだましな側面、たとえば品行の自由、女性解放。しかしその他は隠しておくとでも」（*Le Figaro*, 25 octobre 2017）★2 と。フェリーはそもそもアラン・ルノーとの共著『68年の思想』で68年5月を徹底した個人主義を生み出す契機であったとして批判していた（Ferry et Renaut, 1985〔小野訳、1998〕）。しかし、それを別にしても、大統領主宰の記念式典となれば異論が出るのは当然だろう。68年5月のモチーフの一つは「権力の拒否」であり、権力の象徴たる大統領が記念行事を主宰するのはその精神が権力に絡め取られたことを意味するからである。
　とはいえ、ここでは大統領による記念式典の可否は問題ではない。重要なのはこの話題が単なる逸話を超えて、68年5月が歴史化あるいは神話化されていった過程にも深く関係していることである。それを理解するためにはこの話題を二つの次元に分けて説明する必要がある。

一つは大統領による記念式典の信憑性という次元である。まずもって留意すべきは大統領（候補者）の68年5月に対する態度表明の習慣化である。2007年の大統領選挙キャンペーンでニコラ・サルコジは68年5月の遺産を一掃すべきであると主張した。サルコジによれば68年5月の遺産がモラルや政治に対する冷笑的な態度をもたらしたのである。つづいて2012年の大統領選挙キャンペーンではフランソワ・オランドが68年5月の参加者に賞賛を送った。路上に出た者は夢想に耽りながらも社会を変えなければならないことを分かっていたという★3。オランドの発言は現職大統領のサルコジを牽制したものであるが、同時に68年5月の評価が政治的対立を構成することを示すものでもあった。こうした背景からマクロンが68年5月50周年という節目で何かしら言明するだろうというのは容易に予測できることであった。

　さらにマクロンが68年5月について言及するなら、肯定的な評価を与えるだろうという予測も十分に可能であった。マクロンの思想と68年5月の精神の親和性が高いと考えられるからである。マクロンは経済的には新自由主義的政策を推進する一方で、社会的不平等や差別の是正については進歩主義的であり、後者は68年5月の精神に近い（*Libération*, 6 novembre 2017）★4——もっとも前者も含めて68年5月の精神であるという指摘もあり得るだろう。また、この予測に関しては68年5月の象徴的人物で欧州議会議員のダニエル＝コーン・ベンディットが大統領選でマクロン支持を表明していたことも想起されるべきである。

　もう一つの次元は68年5月自体そのものの評価である。後述のように2018年の世論調査で実に8割近くの人が68年5月は肯定的な結果をもたらしたと考えていることが明らかになった。端的にいってフランスでは68年5月は戦後の転換点という評価が広く共有されており、2018年に記念式典が開催されるという話はまったく不思議ではなかった。主宰者が誰であるかを問わず68年5月の50周年記念はいかにもあり得るものとして想像されたのである。

　以上を考慮しただけでも、68年5月が神話化されていく背景が分かるだろう。つまり、68年5月は記念されることで歴史になり、歴史的出来事として語られることで大々的に記念されるというメカニズムを伴うものであったのである。そこで本稿は68年5月がいかにして「歴史」になったのかを理解するために、この問題系の論点を整理しながら、次なる課題を探ることを目的としている——なお、「歴史になった」とは「歴史化された」あるいは「神話化された」に置き換えても構わない。そのために68年5月という今日でも記憶の新しい

出来事が、いかなる議論を経て研究対象となったのかを確認し、最終的には世論の問題にまで言及したい。

1　「コメモラシオンの時代」のなかの68年5月

1・1　ピエール・ノラと68年5月

68年5月の歴史化を主題とする以上、最初に触れなければならない論考はピエール・ノラの「コメモラシオンの時代」である（Nora, 1992〔工藤訳、2003〕）。これは原著で7巻に及ぶ編著『記憶の場』の最後を占める論文であり、ノラのまた別の論文「記憶と歴史のはざまに」と同様、記憶の歴史学の問題系を世に提示した論文でもある（Nora, 1984〔長井訳、2002〕）。「コメモラシオン」とは「記念」や「顕彰行為」という意味であり、上で出てきた「記念式典（の開催）」あるいは「記念」という言葉はすべて「コメモラシオン」（commémoration）あるいは元の動詞「コメモレ」（commémorer）の訳語である★5。

ただ、「コメモラシオンの時代」が重要なのはここで「記憶と歴史」について考察しようとするからだけではない。その冒頭でコメモラシオンの典型例としてフランス革命200年祭とともに68年5月が引き合いに出されているからである。

> しかしながら、自ら望んだのではないにもかかわらず、記念＝顕彰する記憶の支配力を具現化しているのは、この両者のうち明らかに1968年5月事件の方である。革命的な行為という観点から見るならば、また血文字でつづられるヘーゲル的な意味での歴史という観点から見るならば、現実にはいったい何が起こったのかと誰もがのちに自問した。革命はなかったし、実体的で具体的なものすら何もなかった。しかし、行為者たちの意に反して、ありとあらゆる諸革命のすべてそろった伝説群が、抑えがたく上昇し、それらの祭典とばかりに燃え上がったのだ。街頭に出た学生たちは、1848年を、パリ・コミューンのバリケードを、人民戦線のデモ行進を、レジスタンスのなお生きつづけている思い出を想起させた。学生たちの参加した、これら19世紀さらには20世紀フランスの諸革命。ペトログラードのソヴィエトやレーニン主義者の権力掌握による革命。さらには、中国からキューバに至る第三世界の諸革命。68年5月が、もっぱら象徴的な要

約としての役割を果たしてきた歴史の幻影を数え上げたら、きりがないことであろう。68年5月の運動参加者たちは、行動することを望んだが、実際に彼らが行ったのは、究極の祝祭とよみがえりのただなかで、フランス革命の結末を祝うことだけであった。

　　　　　　　　　　（Nora, 1993：979-980〔工藤訳、2003：430-431〕）

　この文章は一読するだけでは分かりにくいかもしれない。それもそのはずでノラや当時の多くの読者からすれば、68年5月は同時代の出来事であり前提となる知識が省略されているからである。つまり記憶の歴史学は「言葉の能うかぎりの意味での「再記憶化」」であり、「現在のなかにある過去の総体的構造としての記憶に関心を寄せる歴史学」（Nora, 1996〔谷川訳、2002：27-28〕）である以上、「現在」あるいは同時代の状況の理解が重要になってくるが、その点、今日となっては当時の68年5月の記憶や理解はそれほど自明ではない。また、上記引用文の分かりにくさはノラが記述のなかに68年5月に対する評価を含めていることに因るものでもある。もちろんノラは否定的評価を与えているのだが、68年5月の目撃者である自分自身の印象に依拠しておりその具体的な理由が提示されていない。

　とはいえノラの68年5月に関する主張は単純である。一般的にいって68年5月はパリで開始した学生運動に労働運動が結びついてフランス全土に広がった幅広い異議申し立て運動を指す（西川、2011；中村、2015）。しかし、ノラによれば、68年5月は何かが起こったわけではなく、そこにあったのは「フランス革命の結末を祝うこと」だけだったということである。たしかに当時の有名な壁の言葉「1789、1830、1848、1936、1968」（西川、1999：100）が示すように、運動参加者たちはフランス史の革命（的な出来事）を祝いながら、そのなかに68年5月を位置づけようとする意識があったかもしれない。あるいは運動参加者たちは時間軸とは異なって空間的な意味で68年5月と世界の諸革命とを同列に配置しようとしたのかもしれない。上記の引用につづけてノラはいう——「この事件は記念の意味合いしか持っていない。1968年5月は、1989年が祝うと見なされていたものの結末を記念することによって、フランス革命200年祭を出し抜きさえしたのである」（Nora, 1993：980〔工藤訳、2003：431〕）。

1・2　68年5月──記念の意味合いしか持たない事件

　それならば過去や他国の革命を祝うこと、つまり記念の意味合いしか持たない68年5月がなぜ「事件」として同時代の集合的記憶を形成していったのだろうか。この問いにもノラははっきりと答えてはいないが、68年5月の性質に関する記述のなかから程度読み取ることは可能である。

　　五月事件は、真のコメモラシオンであればいずれもが持っている自己言及的な傾向を戯画的なまでに具現している。〔…〕事件は、それ自身にとって、まさに自分の事件そのものだったのであり、「68年5月の事件」という以外には名づけようがなかった。だからこそ、厳密な意味での歴史的な分析を驚くほど欠くことになり、深奥に潜むものを見抜くことが難しくなった。だからこそまた、5月事件の行為者たちは、自分たち自身の伝記を記すかのように、一定の時間が経過するごとに自己自身を仔細に検討する傾向を示した。68年5月は、「自己充足性」のうちに閉じ込められ、ただひたすらその記憶だけが増殖することを余儀なくされて、公的・国民的な舞台へと飛び出していくことができなかった。
　　　　　　　　　　　　　　　（Nora, 1993 : 980〔工藤訳、2003 : 431〕）

　ノラは、68年5月は「事件の行為者」あるいは運動参加者が自分たちでそれを言及することを特徴としているという。「自分たち自身の伝記を記すかのように」というのは比喩でもなく、実際に事件直後から関係者の多くが自伝やインタヴューのみならず、テレビやラジオ、新聞や雑誌など多様な媒体を通じて68年5月を振り返った。そのことで68年5月の「記憶だけが増殖」し歴史になっていったということだろう。
　つまり、ノラの見解では、68年5月には記念の意味合いしか持たないというのは二重の意味があるものとして理解してよい。68年5月は過去の革命を祝っただけの出来事であり、そしてそれ以降は68年5月自体を祝うことでその集合的記憶が形成された出来事であるということである。こうしたノラの68年5月の評価にはこの出来事を知らずとも、すなわち文章からだけでも様々な批判が考えられる。
　たとえば、ノラが「革命はなかったし、実体的で具体的なものすら何もなかった」というとき、68年5月をほとんど歴史的な出来事として捉えてはいない。しかし、「厳密な意味での歴史的な分析」の欠如を憂いているかのようなこと

もいう。端的にいって、何も起こっていないのに「歴史的な分析」を求めるのは主張に矛盾があるように考えられる。また、「コメモラシオンの時代」所収の『記憶の場』が出版された1993年の時点では1968年の出来事をめぐる一次史料がそれほど揃っているわけもなく、あくまで制度的な意味での歴史研究でいうと充実した「歴史的な分析」など相当に厳しい要求である。

2 記憶の歴史学を超えて
──ミシェル・ザンカリニ゠フールネルの批判

2・1 出来事としての68年5月

　以上のようなピエール・ノラの68年5月の記述に対して、当時、実際に批判があったのだろうか。結論からいうと即座にはそれほど出なかったようにみえる。何しろ『記憶の場』の出版はそれこそ「史学史上の事件」（谷川、2000：4；谷川、2002：1）であり、その重要性に力点が置かれるなかで68年5月の記述などは瑣末な問題に過ぎない。分量としても68年5月の記述は僅かであった。その一方で『記憶の場』の影響力に加えて、同書における「コメモラシオンの時代」の位置づけからすれば、この論文は多くの者によく読まれたにちがいなく、それだけに68年5月の記述を等閑に付すこともできない。

　こうした状況下でノラに対して真っ向から批判をしたのが歴史学者のミシェル・ザンカリニ゠フールネルである。社会運動史、なかでも女性解放史（フェミニズム史）を専門とするザンカリニ゠フールネルは68年5月の研究者としても著名である[6]。ここで注意しなければならないのは「68年5月の研究者」という表現である。というのも少なくとも現時点では68年5月それ自体を研究対象とする歴史学者はほとんどいないからである。後述するが、68年5月の歴史研究はフランスを中心に相当に進んでおり、今日ではその余白を探すことさえ困難である。しかしながら、ザンカリニ゠フールネルがそうであるように、各々がそれぞれの専門領域を持っており、そのなかで68年5月をいかに位置づけるかが問題になってきた。つまり、上記の女性解放史をはじめ、労働運動史、学生運動史、教育史、環境史、移民史、メディア史などの各テーマ史との関連において68年5月の意義は問われてきたのである。また、各テーマ史のなかに様々な下位区分があるので、68年5月研究はかなり細分化するかたちで進んでいるといってよい。そのなかでザンカリニ゠フールネルは68年5月の細分化された研究を総合する役割を果たし、いわば「68年5月

研究」という分野を開拓してきた（Artières et Zancarini-Fournel, 2008 ; Zancarini-Fournel, 2008）。

　ザンカリニ＝フールネルがノラに対する批判を含めて1995年に書いた論文が「1968：歴史・記憶・コメモラシオン」である（Zancarini-Fournel, 1995）。10ページほどの短い論文であるが、68年5月の研究史を考えるうえで欠かすことができないだけでなく、20年以上経った今日でもおさえておくべき要点が提示されている論文である。ザンカリニ＝フールネルによる主張の骨子は単純である。すなわち一次史料（資料）に基づく歴史研究が必要であるということに尽きる（Zancarini-Fournel, 1995 : 147）。なぜならば68年5月の歴史研究が開始されたばかりである一方、そのステレオタイプ化されたイメージだけが広まっているからである。とくに新聞・雑誌、出版社、テレビといったメディアによってイメージが作られたことを指摘している（Zancarini-Fournel, 1995 : 150）。この指摘自体は新しいものではなく、ある意味ではノラが「自己自身を仔細に検討する傾向」というのとさほど変わらない。

　それならばザンカリニ＝フールネルはいかなる点でノラを批判しているのだろうか。主たる論点は一つである。それは記憶の歴史学そのものに対する異論、もう少し踏み込むと、記憶の歴史学という方法論と現代史の問題の組み合わせに対する違和感である。上述のようにノラが提唱する記憶の歴史学が「再記憶化」であるとするとき、68年5月は「再記憶化」に「再」という言葉を伴って記憶に関心を寄せる前に歴史研究を埋め合わせる必要があるのではないか、あるいは「現在のなかにある過去の相対的構造としての記憶」というときの「過去の相対的構造」自体に関わるのが歴史学の課題なのではないかというのがザンカリニ＝フールネルの主張である。換言すれば、メディアを中心として行われる68年5月の記念は歴史学者の管轄外であるとしても、歴史学の枠組みのなかで記憶の歴史学が資料に基づく研究に先んじることの妥当性が問われているということである。

　さらにいうと――それにもかかわらずということであるが――ノラが68年5月に触れるとき、ノラ自身がむしろそのステレオタイプ化したイメージをつくるメディア側に与していることが問題である。ノラは1974年の論文では「出来事の歴史」の重要性も説いている（Nora, 1974）。しかし「コメモラシオンの時代」における68年5月に関してはそれを忘れたかのような記述になっているのである。ザンカリニ＝フールネルは記憶の歴史学自体を否定しているわけではない。ノラの歴史研究に対する態度に批判的なのである。ある意味では

ノラが歴史学者でなければ、批判の度合いも少し弱まったように思われる。

2・2　68年5月の三つのステレオタイプ

次にザンカリニ=フールネルがいうステレオタイプ化されたイメージについて、言葉を捕捉して説明しておきたい。おそらくこのイメージは今日でも払拭されていない。この歴史学者によれば68年5月のステレオタイプは三つに分けられる（Zancarini-Fournel, 1995 : 147-150）。

第一は場所と時間のステレオタイプである。すなわち1968年5月にパリのカルティエ・ラタン（パリ大学ソルボンヌ校のある学生街）で学生たちが反乱を起こし、最後は6月の総選挙で左派が大敗するという型どおりの物語である。より具体的にいえば学生がバリケードを築き、舗石を投げ、警察は警棒を持ったシーンが想起される。そして運動の参加者たちがさほど真剣ではなく、ナルシスティックな側面が強調される。また、学生の危機、社会の危機、政治の危機が完全に分けて語られ、それらが交差したり対立したりする点には意を払われない。さらに68年5月は政治を否定する運動であったといわれる。唯一の例外はシャルレティの集会であるが、そこでは社会党系の運動と共産党系の運動の協同が失敗に終わったという物語が成立している。こうして場所と時間のステレオタイプ化されたイメージによって、運動の時間的・地理的な広がりが忘却され、それぞれの運動が持っていた矛盾や多様性が見失われてしまうという。

第二は世代のステレオタイプである。「68年世代」（soixante-huitards）という言葉があるように、68年5月の一連の運動に積極的に参加した者たちを「世代」で括る見方がある。ザンカリニ=フールネルによれば、そもそも68年5月を世代と関連づけた文献は多くあったが、1976年に『ル・モンド』のジャーナリストであるピエール・ヴィアンソン=ポンテが「新しい失われた世代」（La nouvelle génération perdue）という論説を書いたことで再び世代に焦点が当てられるようになった（*Le Monde*, 5 septembre 1976）。1978年には『リベラシオン』の編集長セルジュ・ジュリーが68年5月10周年に関する特集を組み、「68年世代」という概念が定着していく。ジュリーは「私たちは消すことのできない痕跡を纏っている。一つの世代に属している。私たちが歳をとるにつれてその世代が台頭し、権力を持つ地位に就き、様々な階層に現れ、舞台や紙面を占め、本を書いて出版し、それらにコメントをする」（*Libération*, 18 mai 1978）と書いている。

第7章　68年5月の神話化に関する一考察

　ザンカリニ＝フールネルが指摘するように、ダニエル・コーン＝ベンディット、アラン・ジェスマール、ジャック・ソヴァジュオらと同様、ジュリーは「68年世代」を象徴する人物の一人であった。68年5月の直接的な要因となった「3月22日運動」（1968年3月22日、パリ大学ナンテール校でベトナム反戦運動に参加していた学生たちが逮捕されたことで結成された運動）にジャーナリストとして参加し、1973年にジャン＝ポール・サルトルらとともに『リベラシオン』の創刊に携わった。『リベラシオン』の創刊には1970年代における社会運動の興隆が大きく関わっている。換言すれば68年5月の精神をいかにして継承するかという問いを反映した新聞である（Guisnel, 1999）。つまり、その『リベラシオン』紙上でジュリーが「68年世代」を語ることはこの語の定着という点では大きな意味があった。さらに1988年にはパトリック・ロットマンとエルヴェ・アモンがその名も『ある世代』（*Une génération*）という二巻の本を出版し、第二次世界大戦中から戦後直後の10年間に生まれた人びとを細かく世代ごとに分けて調査し、1958年から1975年までの時代を分析した。二人は世代の分析を通じて68年5月をその前後の歴史的文脈を踏まえて捉え直そうとしたのである（Hamon et Rotman, 1987 ; Hamon et Rotman, 1988）。

　68年5月の参加者や支持者を「68年世代」として一括りにすることによる問題は二つある。一つは参加者や支持者の多様な層が見えなくなるというものである。とくに問題なのは68年5月のアイコン的存在、たとえば上記のジュリーらがこの運動全体を代表しているかのような印象を与えてしまうことである。ザンカリニ＝フールネルの言葉を借りれば「人気役者」（acteurs-vedettes）が「68年世代」を超えて、実際にその場にいた広汎な参加者を表象することになる（Zancarini-Fournel, 1995：149）。もう一つは「68年世代」という概念のうえに他のイメージが重ねられることである。「1968：歴史・記憶・コメモラシオン」が書かれた1995年の時点では「68年世代はロールス・ロイスに乗っている」というイメージが形成されていた。これは「68年世代」が68年5月以降に当時の精神を忘れたかのごとくブルジョワになっていたという見方を示すものであり、この世代に関するよく知られたステレオタイプの一つである（Zancarini-Fournel, 1995：148）。

　第三は68年5月における暴力の不在というステレオタイプである。68年5月の一連の運動あるいはその後のとくに極左集団プロレタリア左翼（通称GP）の活動においてテロなどの過激行為がなかったという言説があった。と

くにドイツやイタリアにおける極左集団の活動を考慮すると、フランスの社会運動は全般として致命的な暴力が発生しなかったとされる。68年5月以後プロレタリア左翼を指導した上記アラン・ジェスマールは、1981年に『テロの連鎖』を出版し、そのなかで他国と比べてフランスの1968年の出来事は殺戮のない平和な革命であり、生きていることを賛歌する瞬間であったという（Geismar, 1981）。ザンカリニ＝フールネルはこうしたいわば暴力不在の神話のせいで運動組織の具体的な実践が隠れてしまうという。また、フランスの社会運動ではテロが起こらなかったとはいえ、バスク地方、ブルターニュ地方、コルシカの独立運動に伴うテロについて不問であることに嫌疑を挟んでいる（Zancarini-Fournel, 1995：149）。

　最後の点についてはザンカリニ＝フールネルはそれほど批判的な調子ではなく、68年5月を神話化せずにより幅広い射程を持つことを提案している[7]。ただし、ザンカリニ＝フールネルは2008年に出版した『68年——異議の多い歴史』でもう一度、この問題に立ち返り、再びピエール・ノラを批判している（Zancarini-Fournel, 2008：66-67）。上述のようにノラは「コメモラシオンの時代」のなかで、68年5月について「血文字でつづられるヘーゲル的な意味での歴史という観点から見るならば、現実にはいったい何が起こったのかと誰もがのちに自問した」と記した。ノラはヘーゲルの参照がヘーゲル研究で著名な哲学者アレクサンドル・コジェーヴに由来すると説明している。

> 私は1968年6月のある夜、コジェーヴが私にいった言葉を覚えています。コジェーヴが亡くなる数ヶ月前のことです。「ヘーゲルなら冗談をいったでしょう」と。いわんとすることは、コジェーヴからすれば何も起こっていなかったということです。血も流れなかったし、死者も出なかったからです。
> 　　　　　　　　　　　　　　　　　　　　　（Nora, 1977：227）[8]

これに対してザンカリニ＝フールネルは「フランスの1968年5月と6月の出来事を通じて出た死者はどうなったのだろうか。なぜこうした死者は5月の出来事の歴史においてさえ考慮されないのか」（Zancarini-Fournel, 2008：66）と疑問を呈している。死者の数は確定していないが、7人というのが大方の見方である（Zancarini-Fournel, 2008：67）。7人とも5月24日以降に亡くなったことが確認されている。たしかにザンカリニ＝フールネルのいうように死者が出なかったというのは事実とは異なる話である[9]。

3　68年5月の集合的記憶と世論

3・1　68年5月研究の進展

　以上、68年5月研究に関してミシェル・ザンカリニ＝フールネルがピエール・ノラに対する批判を通じていかなる主張をしたのかを確認してきた。この歴史学者によれば68年5月研究で問題なのは、時間と場所の限定、世代の限定、暴力の不在という物語といったステレオタイプ化されたイメージである。裏を返せば、こうしたイメージを一次史料に基づいた歴史研究によって修正していくことが重要になってくる。ザンカリニ＝フールネル自身、それを推進した中心人物の一人であった。とくに1993年に出版された『68年の記憶』は、時期としてはかなり早い一次資料案内である。同書は県別に68年5月の関連資料の所蔵文書館や図書館を網羅しており、その後、68年5月の歴史研究の基礎を築く資料案内集となったといってもよい（*Mémoire de 68*, 1993）。

　繰り返しになるが「1968：歴史・記憶・コメモラシオン」が発表されたのは1995年である。資料案内集の出版と関連して、その後、今日に至るまでにどれほど68年5月研究が進展したのだろうか。この問いに答えるなら、上述のように各テーマ史あるいはさらにその下位区分の領域において相当数の研究成果が出されており、肯定的な回答をすることができる。これは『68年——異議の多い歴史』に掲載されている巻末の研究成果一覧で十分に示されている（Zancarini-Fournel, 2008 : 277-291）。

　2008年以降も同様に68年5月研究の成果は着実に出ている。とりわけ2018年という50年目の節目には当事者たちの回顧録や再版なども含めて関連書籍の出版点数は非常に多い★10。概説的な内容（Bantygny, 2018）もあれば地方における運動（Collectif de la Grande Côte, 2018 ; Filleule et Sommier 2018）や各領域における運動に関するものもある。また、広汎に68年5月の当事者たちが当時どのように運動に参加したのかを調査した結果も重要な成果である（Dormoy-Rajramanan et al., 2018 ; Filleule, Olivier et al., 2018）。その他、新聞・雑誌や写真などメディアに焦点を当てた研究も公刊された（Leblanc et Versavel, 2018）★11。これらはいずれもザンカリニ＝フールネルが課題とした68年5月の歴史研究が発展した結果である。

　こうして「1968：歴史・記憶・コメモラシオン」から20年以上が経ち、68

年5月研究に一定の成果がもたらされたと判断するとき、再びピエール・ノラの問題提起に立ち返ることが必要だろう。すなわち記憶の歴史学についてである。ここでいいたいのはノラは先を見通して68年5月に言及していたというのではなく、研究の進展によって「何もなかった」出来事ではなく、それに応じて記念すべき出来事になったと考えられるようになったということである。68年5月の意義が強調されればされるほど、当事者——とくにザンカリニ＝フールネルのいう「人気役者」——の自伝やインタヴュー集の出版、ラジオ出演やテレビ出演などメディア露出はますます増え、ついには大統領までもが記念式典を口にするほどまでになった。ある意味ではノラの見方とは異なるかたちで68年5月の集合的記憶が定着していった。

3・2 1978年および1988年の世論について

それでは68年5月の集合的記憶、いかにしてとくに正の方向を向いた成功体験としての集合的記憶が形成されてきたのか。それには1970年代における社会運動の興隆が関係している。フェミニズム、教育、環境、労働、マイノリティの権利など様々な問題が議論され、社会運動が組織化されるに至った。1972年に社会党と共産党が社共共同綱領を発表したときのスローガンが「生活を変える」であったことは、個人の自由に焦点を当てた問題が政治の舞台にあっても重要な議論になったことを意味していた。さらにこうした社会運動が政治を動かす契機をつくったことが重要である。よく知られているのはヴァレリー・ジスカール＝デスタン政権下で厚生相を務めたシモーヌ・ヴェイユが1974年から1975年にかけて妊娠中絶の合法化を可決させた出来事である。これは68年5月の精神が政治へと結実した事例であった。さらに決定的な成功体験となったのは1981年にフランソワ・ミッテランの社会党政権が誕生したことである。これは68年世代がもたらした勝利であり、その精神がいよいよ権力の座に就いたと考えられたのである（中村、2015）。

そこで、こうした社会運動の興隆や社会党政権の誕生などを背景とした68年5月の集合的記憶はフランスの世論ではいかにして表現されているかを確認しておきたい。より踏み込んでいうと、メディアで68年の特集が組まれ、その歴史的意義が学問上認められるなかで世論は変遷を遂げてきたのかどうかが問題である。2018年の『ル・ヌーヴォー・マガジン・リテレール』の調査では全体の79％が「68年5月は肯定的な結果をもたらした」と考えていることが示された。興味深いのは党派性の問題、すなわち支持政党の68年5月の支

持率の関連性である。2017年の大統領選でブノワ・アモン（社会党）に投票した98％、エマニュエル・マクロン（共和国前進（当時は「前進！」））に投票した87％が68年5月を肯定的に捉えている。これは比較的分かりやすい数値なのだが、極右政党のマリーヌ・ルペン（国民戦線）の支持者が78％となっている。保守系のフランソワ・フィヨン（共和党）の支持者でも57％と半数以上が68年5月を支持していることになる。つまり、全体としていうと党派性を超えて68年5月は肯定的な影響を残したと考えられているのである（*Le Nouveau Magazine Littéraire*, mars 2018）。『リベラシオン』も同様の調査を行い、よく似た結果を掲載している（*Libération*, 2 mai 2018）★12。

　しかし、ここで68年5月のこうした肯定的評価はずっとつづいてきたことなのかという疑問が出るだろう。疑問に対する回答は「否」である。1978年と1988年の世論調査を紹介しながら、この点について指摘しておきたい。

　1978年の世論調査では68年5月を肯定的に捉える者は48％と半分に満たなかったのである。1978年は68年5月の10周年に当たるが、振り返ってみると相対的にメディアの記念特集が少なかった年でもあった。もちろんミシェル・ザンカリニ＝フールネルがいうように、10周年記念は見かけ以上に多様であった（Zancarini-Fournel, 1995 :151）。『ル・モンド』ではアラン・トゥーレーヌが「3月22日運動」を取り上げ（*Le Monde*, 23 mars 1978）、アニー・クリージェルは大学の問題は未解決であると主張した（*Le Monde*, 23 mars 1978）。上述のように『リベラシオン』でも特集を組んでいる。また、この年にはシトロエンの工場で特殊工の経験をしたロベール・リナールが68年5月とその後を舞台にした小説『仕事場』（*L'Établi*）を発表した（Linhard, 1978）。その他、雑誌やテレビ番組でも68年5月の特集が組まれた★13。

　とはいえ、68年5月に親和的な『ル・ヌーヴェル・オプセルヴァトゥール』を例にとってもそれほど大々的な特集を組んでいるわけではない。たしかに4月29日号では「5月の数日」という特集で複数の証言が複数ページにわたって掲載されている（*Le Nouvel Observateur*, 29 avril 1978）。ただ、複数ページといっても広告に押しやられるかたちで分割されているだけで中心的な特集ではない。次の5月8日号は「失われた5月を求めて」という題で知識人の発言に場を割いている。これも前号と同様、単色刷りで各知識人に割り当てられた分量は半ページほどである（*Le Nouvel Observateur*, 8 mai 1978）。その次の5月15号はダニエル・コーン＝ベンディットのインタヴューが掲載されている。ここでは国外追放中のコーン＝ベンディットの生い立ちやドイツでの生活など

が1ページ半弱の量で語られている。そして同号で下記の世論調査の結果も掲載されている。しかし、そこにコメントは付されていない（Le Nouvel Observateur, 15 mai 1978）。いずれの表紙にもそれと分かる68年5月の写真（イメージ）はなく、実際、主たる特集は他の話題に当てられている。

つまり『ル・ヌーヴェル・オプセルヴァトゥール』にかぎっていえば、同誌はたしかに68年5月の特集を組んだが、中途半端な状態のままで終わっているのである。おそらくこうした消極的な特集の組まれ方と世論調査の結果は相互に影響している。一方では68年5月を肯定的に捉える者が半数以下の状態

表1　68年5月に関する世論調査
（質問「あなたは68年5月について考えるとき、どちらかといえば肯定的なものとして考えますか。それとも否定的なものとして考えますか」）

	1978年5月		1988年4月		「どちらかといえば肯定的」の変化
	どちらかといえば肯定的(%)	どちらかといえば否定的(%)	どちらかといえば肯定的(%)	どちらかといえば否定的(%)	
	48	31	55	25	＋7
性別					
男性	51	33	54	28	＋3
女性	45	29	56	23	＋11
年齢					
18〜24歳	65	13	50	21	－15
25〜34歳	59	26	68	16	＋9
35〜49歳	46	33	63	24	＋17
50〜64歳	42	38	52	30	＋10
65歳以上	32	42	34	35	＋2
支持政党					
共産党	59	30	69	13	＋10
社会党	56	26	71	15	＋15
民主主義連合（UDF）	40	37	45	36	＋5
共和国連合（RPR）	37	45	44	37	＋7
国民戦線	―	―	18	58	―

Le Nouvel Observateur (15 mai 1978)、Le Figaro magazine (20 mai 1988)、Cornut-Gentille et Méchet (1989) より作成。調査はフランス世論調査会社（SOFRES）による。1978年、1988年ともに実施人数は1000人。国民戦線の支持者のサンプル数は少ないので、解釈には注意が必要である（Cornut-Gentille et Méchet, 1989：54）。

では大々的な特集を組むことができなかった。他方、最初の10周年記念であり、68年5月のイメージが固定化されておらず、それを肯定的に捉える者も少なかったと考えられるだろう。

しかし表が示すように1988年の世論調査では68年5月を肯定的に捉える者が55％に増加する。つまり半数以上が68年5月の支持者を獲得しているのである。また否定的に捉える者も減少した。とくに注目すべきは民主主義連合や共和国連合といった中道および保守政党の支持者である。非左翼政党の支持者の間でも68年5月を肯定的に捉える者が否定的に捉える者よりも多くいるのである。これは端的にいえば68年5月の評価が左右を軸にした党派性を超えて、国民全般の水準で浸透していることを示している。見方によっては1988年の世論調査は2018年の世論調査とすでに多くの共通点を持っているといってもよい。つまり、1978年から1988年の間に68年5月の評価を変える状況の変化があったと仮定することができるのである。これにはミッテラン政権誕生のような出来事のみならず、メディアによる特集の量や質が大きく変化したと考えるべきだろう。

おわりに

以上、本稿では68年5月の記憶と歴史に関する問題系に関して研究史を辿りながら整理してきた。第一にピエール・ノラの提唱する記憶の歴史学のなかで68年5月がどのように言及されているのかを考察した。ノラは68年5月を何も起こらなかった出来事としながらも、歴史的な分析の少なさを批判していた。第二にこうしたノラの見解に対してミシェル・ザンカリニ＝フールネルが行った批判の論点を整理した。ザンカリニ＝フールネルによれば68年5月が三つのステレオタイプ化されたイメージで成立している。時代と場所、68年世代、暴力不在の神話である。こうしたイメージを修正するために歴史研究の進展が求められていた。実際、研究は進展して、68年5月に意義が与えられ、メディアでも大々的に特集が組まれることで世論でもその重要性が認められるようになった。ゆえに第三に世論調査の変化に着目し、少なくとも1978年の時点では68年5月を肯定的に捉える者は半数を超えていなかったことを示した。ただ、1988年になるとその数字は上昇し、68年5月は肯定的な出来事に変化する。

最後に世論調査の点に再び言及しておきたい。1978年の世論調査で68年5

月を肯定する声が半数以下であった背景についてノラが簡潔に指摘している。68年5月が「公的・国民的な舞台へと飛び出していくことができなかった」のは「政治的にタイミングの悪い時に巡り当たった」ことが一因であるといい1978年の状況を説明する——最初の10周年である1978年は、新左翼運動の熱が冷めた直後であり、社共共同綱領の下で行われた選挙の高揚のただ中にあった」（Nora, 1993：980〔工藤訳、2003：431〕）。つまりノラによれば1978年の国民議会議員選挙という政治的出来事に68年5月の記念が追いやられたという。他方、上述のようにザンカリニ＝フールネルも1978年の記念が多様であると主張しながらも、それが社会党と共産党の決裂や国民議会議員選挙での左翼の敗北によって政治的に幻滅した雰囲気のなかで行われたことを記している（Zancarini-Fournel, 1995：151；Zancarini-Fournel, 2008：52）。

二人の主張は、68年5月の記念が選挙の高揚の中で行われたか、幻滅した雰囲気の中で行われたかでは違いがあるが、それが政治的状況に左右されたという点では一致している（ちなみにノラのいう「社共共同綱領の下で行われた選挙」であるが、選挙前に社共は決裂しているので正確ではない）。たしかにメディアによる特集の量と質が重要であるとしても、同時代の政治的・社会的な出来事次第では過去の回想に割かれる場所は少なくなるだろう。つまり68年5月が取り上げられるにはその時どきの背景に依存するということである。

しかし、それがそうだとしたとき、1988年のときはどうだったのだろうか。ノラは「20周年の1988年は、右派がなお政権の座にあり、1968年にはいやな思い出しかもっていない人物が再選を目指して大統領選挙戦を繰り広げ、［…］革命記念祭の準備が進められるという三つの事態が重なる場に巡り合わせてしまった」（Nora, 1993：980〔工藤訳、2003：431〕）という。つまり1988年は68年5月の記念には不都合に働く状況にあったのである。しかし、すでに確認したとおり、1988年の世論調査では68年5月の評価には変化が生じている。つまり20周年記念を取り巻く状況に左右されずに世論が形成されている。そうだとすれば、繰り返しになるが、記念に捉われることなく1978年から1988年までの間に68年5月の評価を変える素地がメディアの次元で形成された可能性が高い。この点の考察については今後の検討課題としたい。

付記 本稿は、科学研究費補助金若手研究（B）（課題番号：15K21482）および2018年度南山大学パッヘ奨励金I-A-2の助成による研究成果の一部である。

注

★1　Christine Ducros, « Emmanuel Macron veut commémorer le cinquantenaire de Mai 68 », *Le Figaro*, 20 octobre 2017. 以下の『ル・フィガロ』電子版を参照（2018年6月28日閲覧）。http://www.lefigaro.fr/politique/le-scan/2017/10/20/25001-20171020ARTFIG00161-emmanuel-macron-veut-commemorer-le-cinquantenaire-de-mai-68.php

★2　Luc Ferry, « Commémoration de Mai 68 : de quoi l'État se mêle-t-il ? », *Le Figaro*, 25 octobre 2017. 以下の『ル・フィガロ』電子版を参照（2018年6月28日閲覧）。http://www.lefigaro.fr/vox/politique/2017/10/25/31001-20171025ARTFIG00301-luc-ferry-commemoration-de-mai-68-de-quoi-l-etat-se-mele-t-il.php?redirect_premium

★3　「68年5月を精算すべき」というサルコジの発言は68年5月批判の典型として様々な文献・論文で引用されている。ここではエルベ・アモンの著作を参照（Hamon, 2018 : 18-19）。また、オランドの発言については自伝を参照（Hollande, 2012 : 11）。

★4　Serge Audier, « Mieux qu'une liquidation, la célébration officielle », *Libération*, 6 novembre 2017. 以下の『リベラシオン』電子版を参照（2018年6月28日閲覧）。http://www.liberation.fr/debats/2017/11/06/mai-68-mieux-qu-une-liquidation-la-celebration-officielle_1608212

★5　本稿では一部を除いて「コメモラシオン」ではなく「記念」という訳語をあてる。

★6　代表的なものだけを挙げると社会運動史全般についてはZancarini-Fournel（2016）、フェミニズム史についてはDubesset et Zancarini-Fournel（1993）やZancalini-Fournel（2005）がある。

★7　68年5月における暴力の問題については中村（2018）を参照。

★8　ザンカリニ＝フールネルによるこの引用箇所（Zancarini-Fournel, 2008 : 66）とは異なって、ノラは他でもコジェーヴのエピソードを引き合いに出している。他とは『ル・ヌーヴェル・オプセルヴァトゥール』の68年10周年記念特集においてである（*Le Nouvel Observateur*, 8 mai 1978）。

★9　こうしたザンカリニ＝フールネルの見解はクリスティン・ロスのそれと近いことを指摘しておく（Ross, 2002 : 1-18〔箱田訳、2014：9-43）。

★10　ここでは一部の例にとどめる。以下の巻末に2018年に出版および再版された68年5月関連の文献が掲載されている。*Le Monde*, hors-série, avril-juin 2018.

★11　この文献は2018年にフランス国立図書館が開催した「68年5月のイコン」展のために編まれたものであり、いわばカタログのような体裁になっている。しかし、とくに編者の一人であるオードレー・ルブランは68年5月の写真がいかにして広まり、ステレオタイプ化されたイメージが形成されたのかを研究した人物で、その内容は学術的な意味で充実したものになっている（Leblanc, 2015）。

★12　すなわち70％が68年5月は肯定的な結果をもたらしたと考えているという結果である（2018年5月3日確認）。http://www.liberation.fr/amphtml/societe/2018/05/02/sondage-mai-68-a-eu-un-impact-positif-pour-70-de-francais_1647170?__

twitter_impression=true
- ★13　1978年の68年5月特集についてはHenniquant（2008）を参照。また、1978年と1988年の68年5月特集をめぐる問題についてはRioux（1989）を参照。

参考文献

谷川稔「社会史の万華鏡――『記憶の場』の読み方・読まれ方」『思想』岩波書店、2000年5月号、4-12頁。

―――「『記憶の場』の彼方に――日本語版序文にかえて」ノラ、ピエール編（谷川稔監訳）『記憶の場――フランス国民意識の文化＝社会史　第一巻〈対立〉』岩波書店、2002年、1-13頁。

中村督「五月革命――フランス」西田慎・梅崎透編『グローバル・ヒストリーとしての「1968年」』ミネルヴァ書房、2015年、195-222頁。

―――「68年5月――ミシェル・ロカールと社会民主主義の発見」『思想』岩波書店、2018年5月号、167-187頁。

西川長夫『フランスの解体？――もうひとつの国民国家論』人文書院、1999年。

―――『パリ五月革命私論』平凡社新書、2011年。

Artières, Philippe et Michelle Zancarini-Fournel (dir.), *68. Une histoire collective 1962-1981*, Paris : La Découverte, 2008.

Bantygny, Ludivine, *1968. De grands soirs en petits matins*, Paris : Seuil, 2018.

Collectif de la Grande Côte, *Lyon en luttes dans les années 68. Lieux et trajectoires de la contestation*, Lyon : Presses universitaires de Lyon, 2018.

Cornut-Gentille, François et Philippe Méchet, « Mai 68 dans la mémoire collective », SOFRES, *L'État de l'opinion. Clés pour 1989*, Paris : Seuil, 1989, pp. 49-65.

Dormoy-Rajramanan, Christelle et al. (dir.), *Mai 68 par celles et ceux qui l'ont vécu*, Paris : Les Éditions d'Atelier, 2018.

Dubesset, Mathilde et Michelle Zancarini-Fournel, *Parcours de femmes. Réalités et représentations, Saint-Etienne, 1880-1950*, Lyon : Presses universitaires de Lyon, 1993

Ferry, Luc et Alain Renaut, *La pensée 68. Essai sur l'anti-humanisme contemporain*, Paris : Gallimard, 1985（フェリー、リュック・ルノー、アラン（小野潮訳）『68年の思想――現代の反-人間主義への批判』法政大学出版局、1998年）.

Filleule, Olivier et al. (dir.), *Changer le monde, changer sa vie. Enquête sur les militantes et militants des années 68 en France*, Paris : Actes Sud, 2018.

Filleule, Olivier et Isabelle Sommier (dir.), *Marseille années 68*, Paris : Presse de la Fondation nationale des sciences politiques, 2018.

Geismar, Alain, *L'engrenage terroriste*, Paris : Fayard, 1981.

Guisnel, Jean, *Libération, la biographie*, Paris : La Découverte, 1999.

Hamon, Hervé, *L'Esprit de mai 68*, Paris : Éditions de l'Observateur, 2018.

Hamon, Hervé et Patrick Rotman, *Génération*, t. 1, *Les années de rêve*, Paris : Seuil, 1987.

―――, *Génération*, t. 2, *Les années de poudre*, Paris : Seuil, 1988.

Henniquant, Antoine, « L'absence de commémoration médiatique ? Autour du 10e anniversaire de mai 68 », Delporte, Chrstian et al. (dir.), *Images et sons de Mai 68. 1968-2008*, Paris : Nouveau monde édition, pp. 323-331.

Hollande, François, *Changer de destin*, Paris : Robert Laffont, 2012.

Leblanc, Audrey, « L'image de mai 68, du journalisme à l'histoire », thèse de doctorat d'histoire, École des hautes études en sciences sociales, 2015.

Leblanc, Audrey et Dominique Versavel (dir.), *Icônes de Mai 68. Les images ont une histoire*, Paris : Bibliothèque nationale de France, 2018.

Linhart, Robert, *L'Établi*, Paris : Éditions de Minuit, 1978.

Nora, Pierre, « Le retour de l'événement », Le Goff, Jacques et Pierre Nora (dir.), *Faire de l'histoire. Nouveaux problèmes, nouvelles approches, nouveaux objets*, t. 1, Paris : Gallimard, 1974, pp. 210-228.

―――, « Mémoire de l'historien, mémoire de l'histoire. Entretien avec J.-B. Pontalis », *Nouvelle Revue de psychanalyse*, n° 15, printemps 1977, pp. 229-234.

―――, « Entre mémoire et histoire : le problématique des lieux », Nora, Pierre (dir.), *Les Lieux de mémoire*, t. I, *La République*, Paris : Gallimard, 1984, pp. XVII-XLII（ノラ、ピエール（長井伸仁訳）「記憶と歴史のはざまに」、前掲『記憶の場――フランス国民意識の文化＝社会史　第一巻〈対立〉』、29-56頁）．

―――, « L'ère de la commémoration », Nora, Pierre (dir.), *Les Lieux de mémoire*, t. III, *La France 3. De l'archives à l'emblème*, Paris : Gallimard, 1992, pp. 977-1012（ノラ、ピエール（工藤光一訳）「コメモラシオンの時代」、ノラ、ピエール編『記憶の場――フランス国民意識の文化＝社会史　第三巻〈模索〉』岩波書店、2003年、427-474頁）．

―――, "From Lieux de mémoire to Realms of Memory," Nora, Pierre (ed.), *Realms of Memory: Rethinking the French Past*, vol. 1- *Conflicts and Divisions*, New York : Columbia University Press, 1996, pp. XV-XXIV（ノラ、ピエール（谷川稔訳）「『記憶の場』から『記憶の領域へ』英語版序文」、前掲『記憶の場――フランス国民意識の文化＝社会史　第一巻〈対立〉』、15-28頁）．

Rioux, Jean-Pierre, « À propos des célébrations décennales du mai français », *Vingtième siècle*, n° 23, juillet-septembre, 1989, pp.49-58.

Ross, Kristin, *May '68 and Its Afterlives*, Chicago : The University of Chicago Press, 2002（ロス、クリスティン（箱田徹訳）『68年5月とその後――反乱の記憶・表象・現在』航思社、2014年）．

Zancalini-Fournel, Michelle, « 1968 : histoire, mémoires et commémoration », *Espaces Temps*, n° 59-61, 1995, pp.146-155.

―――, *Histoire des femmes en France, XIXe-XXe siècle*, Rennes : Presses universitaires de Rennes, 2005.

―――, *Le moment 68. Une histoire contestée*, Paris : Seuil, 2008.

―――, *Les luttes et les rêves. Une histoire populaire de la France de 1685 à nos jours*, Paris : La Découverte, 2016.

Mémoires de 68. Guide des sources d'une histoire à faire, Lagrasse : Editions Verdier, 1993.

＊翻訳があるものについては原則、そのまま引用したが、表記統一などの観点から一部修正した箇所がある。

第8章

チューリヒにおける「1968年」
グローブス騒乱をめぐって

高岡 佑介

はじめに

　「1968年」は、ヨーロッパの小国スイスにおいてどのような様相を呈したか。このような関心から、本稿では1968年6月にチューリヒで起きたグローブス騒乱（Globus-Krawall）を取り上げる。

　「68年」をめぐっては、これまでさまざまな評価がなされてきた。ここでその議論の歴史を詳細に辿り直すことはできないが、日本国内における近年の議論の動向を、2010年代に出版された書籍や論文に絞ってごく簡単に振り返ってみよう。

　まず挙げられるのは、「68年」を「越境」というキーワードによって特徴づけようとする議論である。すなわち、英語の接頭辞trans-に表されるような、「境界を越える」ことが、この出来事のポイントだとされる。「68年」とは何か。それは、「国際的な同時性が顕著な「越境」現象」[1]、「国境を越えて世界のネイション、諸地域が相互に影響し合っていた時代」[2]、「トランスナショナルなコミュニケーション現象」[3]である（この場合の「コミュニケーション」とは、人間同士の意思疎通という狭い意味でのコミュニケーションではなく、観念やイメージ、思想、情念といったものが行き交う、交通、伝播、感染という次元を含んだ広い意味でのコミュニケーションを指す）。また、「68年」は、グローバルであると同時にローカルな現象でもあり、「それぞれの国の戦後の政治社会・政治文化の特質と変容に迫るうえで重要な手がかりを提供するもの」[4]という位置づけもなされている。さらに、その一方で、「68年」として

総称される多様な出来事の「相互の連関性」のなさを指摘する研究もある[5]。

本稿では、これらの研究蓄積のうち、とくに野田昌吾によって提示された視点に依拠し、「68年」を戦後の政治社会・政治文化を知るための手がかりとして位置づける。そのうえで、スイス国内で「68年」を象徴する出来事の一つとしてしばしば言及されるグローブス騒乱について検討を加える。グローブス騒乱という事件の詳細を追うことで、スイスにおける「68年」の一端に触れるとともに、研究対象となることの比較的少ない戦後スイス社会の一側面に光を当てることを目指す。

あらかじめ、本稿が重視する二つの研究視角を提示しておきたい[6]。

一つは、「68年」の「振り返られ方」である。野田によれば、「68年」の出来事そのものだけでなく、「68年」がどのように振り返られてきたかということもまた重要な研究対象となる。なぜなら、ある出来事がどのように回顧されるかは、その出来事が当該社会において持つ意味や位置と無関係ではないと考えられるからだ。「68年」の出来事はメディアのなかで取り上げられ、さまざまな主体によって振り返られてきた。もし、そうした振り返りのなかに「68年」の意味づけをめぐって特定の傾向や方向性、バイアスが見られるとすれば、何がそれらを生み出しているのか。

もう一つは、「68年」で何がテーマとされたかという問題である。「68年」の運動はヴェトナム反戦を始めとしてさまざまな問題をめぐって展開されたが、その際、それぞれの問題が当該社会においてどれほどの意味、重みを持ったかに着目することは重要だろう。提起された問題がその社会にとって何らかの点で重要な意味を持つならば、巻き起こる反響もそれだけ大きなものになると考えられる。しかし、問題によっては、提起されたまま主題化されることなく忘れ去られたものもあったかもしれない。「68年」の運動のなかで提起された問題のうち、どういったテーマがアクチュアルなものとして議論を呼び起こし、どのようなテーマがそうでなかったかに注目することで、当該社会が持つ歴史的文脈を具体的に知るための手がかりを得ることができるのではないか。

ところで、スイスで「68年」の舞台となったのはチューリヒだけではない。スイスの主要都市それぞれが「68年」の舞台だった。1968年、チューリヒでは、自主管理による青少年センターの建設要求をめぐって、デモ参加者と警察とのあいだで争いがあった（後述するように、この出来事が本稿で扱うグローブス騒乱である）。フランス語圏スイスに目を向けると、ジュネーブでは青少年文化センターが複数のグループによって占拠されるという事件が起こり、イタリ

ア語圏スイスのティチーノにおいても、ロカルノの師範学校の講堂が学生により占拠され、抗議運動の拠点になるという出来事があった。この他、バーゼルやベルンでも騒乱があったことが知られているが、『スイス歴史事典』によると、「スイスでは、チューリヒの抗議運動がもっとも大きな反響を呼んだ」★7。そこで本稿では、スイスにおける「68年」を考察するための事例として、チューリヒでの出来事を取り上げることにしたい。

本稿の構成は以下のとおりである。第一節では、ドイツ語圏スイスで「68年」がどのように回顧されたかを、具体例を参照しながら概観する。第二節では、スイス国内で「68年」を象徴する出来事の一つとして頻繁に言及されるグローブス騒乱を取り上げ、その内実を明らかにする。第三節では、グローブス騒乱を受けて展開された「チューリヒ・マニフェスト」の試みを検討する。およそ網羅的とは言えないが、上記の作業を通じて、チューリヒにおける「68年」の相貌の一端を明らかにすることを目指す。

1　回想のなかの「68年」

『スイス歴史事典』では、「68年」は「若者の騒乱」（Jugendunruhen）という項目のなかで次のように解説されている。「反乱は世界的な現象だった。それは、アメリカの学生運動、市民権運動、反戦運動から強い影響を受け、フランス（「68年5月」）、イタリア、ドイツ、その他の西欧産業諸国で1968年に頂点を迎えた。騒乱は、古い政党に背を向けた若者による、既成の価値に対する不満と激昂の一般的表現として、多くの社会の近代化の危機を示していた。抗議運動をおこなった者たちの政治的要求のほとんどは実現されなかったが、1968年と1980-81年に起きた若者の騒乱がもたらした精神的、文化的帰結は大きなものだった〔…〕」★8。

このような概説を読むと、次のような印象を抱くかもしれない。すなわち、「68年」に対する共通理解はすでに形成されており、あらためてその内実を問う必要はないのではないか、と。しかし、「68年」とは何だったのか（何であるのか）という問いは、回顧という形式をとって、新聞を始めとするマスメディアのなかで繰り返し提起されてきた。

初期の回顧において特徴的なのは、「68年」の運動に対する否定的な評価である。『新チューリヒ新聞』では、1977年12月31日に掲載された「暴動から10年後」という記事のなかで、次のように述べられている。「「運動」は、今日

ではもはや存在しない。その衝撃は失われ、激昂はおさまっている。〔…〕革命を継ぐ人びとの数は年々減っており、あたかも絶滅したかのような様相を呈している。「68年世代」はこれによって、板挟みの世代となるのかもしれない。すなわち、上の世代に対しコミュニケーションを取って働きかける可能性を逸し、下の世代に対しては反響を残すことができなかった。居心地の悪い、不毛な板挟みの状況である」★9。

　また、同じく『新チューリヒ新聞』の1988年6月29日付の記事では、「発見不可能な革命」という小見出しのもと、次のような記述がなされている。「今日1968年について考察しようとすれば、当時運動に参加していた者であれ、外側から傍観していた者であれ、この年がもたらした衝撃のうち、残っているものは何かを自らに繰り返し問いかけることになるだろう」。しかし記事によれば、「1968年の騒乱から生まれた新しい社会構造や制度の端緒を探そうとしても、見つかるものはほとんどない」。むろん実りがなかったわけではない。だが、そこにはつねに影の側面が付随していた。「68年」の運動により、「慣習の柔和化、強制からの解放がもたらされる一方で、放埓さも増した」。「マイノリティの人びとや社会の周縁に身を置く人びとに対する理解が広まる一方で、多数派をなす人びとへのまなざしは消えた」。結局のところ、「運動は意識の面で後ろを向いていたのであり、未来へ向かっていたのではなかった」。1968年が示しているのは、「新たな時代の始まりではなく、戦後の時代の終焉である」★10。

　「68年」に対するこのような否定的論調に対し、近年の回顧においては「68年」を再評価しようとする議論がなされている。

　まず、2008年にスイスで出版された『チューリヒ68』という論文集の編者を務めた歴史学者アンゲラ・ツィンマーマンによる「68年」の評価を取り上げてみたい。ツィンマーマンによれば、2008年時点で、それまでスイスでは「68年」について、「文化的には成功したが、政治的には失敗した」とする見方が支配的であったが、そうではない。「68年」は、「音楽、演劇、映画、絵画」、「生活、行動のスタイル」など、あくまで文化の問題だとして政治的問題と見なされてこなかった事柄を政治の俎上に載せたのだ。ツィンマーマンによれば、そうした認識の転換をもっともよく示すのが、「個人的なことは政治的なこと」（«das Private ist politisch»）という標語である。「68年」によって、「政治とは何か」「何が政治的なのか」という、政治の概念規定が書き換えられたのだとツィンマーマンは述べる★11。

第8章　チューリヒにおける「1968年」

　一方で、「68年」の意義はそれほど大きなものではないとする見解もある。チューリヒ州の元検事マルセル・ベルチは、グローブス騒乱で逮捕されたデモ参加者の事情聴取をおこなうというかたちで「68年」に関わった人物であるが、2008年7月の『新チューリヒ新聞』のインタビューで次のように述べている。

　　（――チューリヒの68年の騒乱は何を変えたのでしょうか？）警察の装備がよくなりました。物資の面でも訓練の面でも。それが私にとってもっともはっきりと感じ取ることのできる変化です。68年に関わった人たちが今日標榜しているその他の多くのこと――恋愛の自由、権威に対する態度の柔和化――は、騒乱がなくても手にしていたでしょう[12]。

　ベルチによれば、「68年」が概念や思考、認識の革新をもたらしたといったことはない。それらは「68年」がなくても達成されていただろう。むしろ「68年」の意義は、反乱のような出来事に対して問題なく対応できるよう警察が備えるようになったという事実にある。これがベルチの見解である。
　続いて、50周年に際しての回顧に目を向けてみよう。スイスでは2017年秋頃から、「68年」がマスメディア上で話題に上るようになり、関連イベントがおこなわれている。その一つが、2017年11月から2018年6月にかけて首都ベルンの歴史博物館で開催された企画展「1968　スイス」である。ベルン歴史博物館のウェブサイトにはこの展覧会の特設ページが設けられており、そこでは「68年」について次のような説明がなされている。

　　1960年代のスイスでは、結婚せずに同棲することは禁止されていました。長髪の男性はレストランで無視され、女性には投票権、選挙権がありませんでした。同性愛者は警察により確認されていました。戦後の時代の狭隘さは、多くの人にとって耐え難いものだったのです。若い世代の雰囲気は、抗議の波が西欧世界を巻き込んだとき、すでに緊迫していました。パリ、ワシントン、ベルリン、ロンドンだけでなくスイスの都市でも、支配的な規範や価値に対して抗議デモがおこなわれました。要求として掲げられたのは、ヴェトナム戦争の終結、男女の同権、共同発言権、連帯です。運動は1968年にその頂点を迎えます。〔…〕「1968」は、たんなる暦年ではありません。それは1960年代頃から1970年代頃にかけての社会的転換を解読するための徴なのです[13]。

一方、転換点としての「68年」というこうした評価とは対照的に、「68年」が重要であることを前提とせずに、その重要性を批判的に、あるいは懐疑的に問い直す言説も存在する。2017年11月、『新チューリヒ新聞』の学芸欄に「1968年の問い」と題する記事が掲載された。そこには、こう書かれている。

> 1968年、若者たちはとりわけ女性、労働者、外国人の差別に対して抗議した。しかしあれから何が変わったのだろうか。〔…〕何かを記念するとすれば、何であったかをではなく、何であるべきかということだろう★14。

記事によれば、「68年」において確かに若者たちは「女性」「労働者」「外国人差別」の問題を提起したが、その後何も変わっていないのではないか。40周年、50周年などの節目の催しをおこなうなら、「あれは何であったか」ということよりも、「あのとき問題になったことは、いまどうなっているのか、今後どうなっていくのか」を考えるべきではないかということが述べられている。

以上、ドイツ語圏スイスに関するごくわずかな例を紹介したに過ぎないが、「68年」がどのように回顧されたかを検討してきた。

次節では、スイスにおいて「68年」運動を象徴する出来事の一つとして位置づけられるグローブス騒乱について見ていく。具体的には、この出来事を扱った新聞記事を取り上げ、当時の報道を辿っていくことで、事件発生に至るまでの経緯とその後の反響について検討を加える。

2 グローブス騒乱

グローブス騒乱とは、1968年6月29日から30日にかけてチューリヒ中央駅付近で起きた、デモ参加者と警察との争いである。以下、2008年6月の『新チューリヒ新聞』の記事「グローブス騒乱」★15をもとに、経緯を確認していこう。

事態の発端となったのは、「自主管理による若者の家」（autonomes Jugendhaus）の建設要求だった。チューリヒでは戦後、若者たちが自らの管理、運営のもとで自由に活動をおこなうための場として、「若者の家」と呼ばれる施設を作るようチューリヒ市に要求する動きが高まっていた。1949年2月2日の『新チューリヒ新聞』には、「チューリヒはいつ「若者」の家を建てる

のか」★16という見出しの記事が掲載されており、「若者の家」の建設をめぐる議論は、40年代末には新聞の紙面を占めるテーマとなっていたことがわかる。51年に「チューリヒ若者の家協会」(Verein Zürcher Jugendhaus)なる組織が設立され、50年代末にはこの組織によって、チューリヒの大型デパート「グローブス」の空き施設を「若者の家」として利用できるように作り変えることが提案されていた★17。その後、しばらく具体的な進展はなかったが、60年代中頃を過ぎたあたりから議論が再燃し、68年春になると「若者の家」の建設を訴える運動が過激化していった。

　68年6月、「若者の家」の建設を要求する人びととチューリヒ市とのあいだで度々やりとりが交わされたが、うまく折り合いが付かず、交渉は遅々として進まなかった。6月15日にはデモ集会が開かれ、チューリヒ市議会に対し、7月1日までに若者のための場所を都心部に用意せよという要求が出された。その後も、デモ参加者によって構成された委員会と市議会とのあいだで話し合いがおこなわれるも、交渉は決裂してしまう。委員会によって6月29日に大規模なデモを実行するという予告がなされると、それに対して、チューリヒ市長がラジオで、「不法占拠からグローブス暫定施設を守る」という声明を発表し、双方は対立姿勢を強めてしまう。

　そうして、6月29日を迎える。その夜の出来事は、2008年の『新チューリヒ新聞』の記事では、次のように回顧されている。「グローブス暫定施設の正面、中央駅前の橋上で、多くの見物人が見守るなか、さまざまな人からなる大勢の若者が警察と対峙。19時を過ぎると、場所を明け渡すよう市警察の指揮官が要求するも効果はなかった。その後、警察は消防車のホースを使って放水。デモ参加者は瓶や石を手にした。朝方まで続いた都心部での路上の争いにより、41名の負傷者（警官15名、消防隊員7名、デモ参加者19名）が出た。また、169名のデモ参加者が逮捕された。チューリヒ市は、一時的にデモを禁止する決定を下した。一部のデモ参加者はデモを続け、逮捕後に警官が暴力をふるったという訴えを広げた。公衆は、以前には考えられなかった事態を整理し理解しようと努めた」★18。

　以上がグローブス騒乱の大まかな経緯である。

　それでは、グローブス騒乱の後、事態はどのような経過を辿ったか。言い換えれば、グローブス騒乱は、いかなる反響を巻き起こしたか。この点について見ていきたい。

　グローブス騒乱は、長らく平穏が続いていたスイス社会にとってショッキン

グな出来事だった。新聞各紙がこの出来事を取り上げ、紙面を賑わせた。68年7月12日、チューリヒの週刊紙『ヴェルト・ヴォッヘ』は、「誰も起きうるとは考えなかったこと」という見出しのもと、次のように報じている。

> この国の最大の都市であるチューリヒで、デモ参加者と警官とのあいだで血なまぐさい路上の争いが起きた。ベルリン、パリ、ローマ、世界中のほぼいたるところで長らく起こっていることが、突如として、遅れを伴って、静かで平穏なスイスでも起きたのだ。「誰も起きうるとは考えていなかった」。当地の新聞が呆然と書いているとおりである。〔…〕あらゆる予測と希望に反して、若者の国際的反乱の火の粉は国境を越えて飛び火した。(これについては、多数の意見によれば、まさにテレビと新聞が共犯である。なぜならそれらは、他の場所の暴動を無数に報道することで、いわば伝染作用を及ぼしたと言われているからだ。) ★19

引用文の末尾で述べられている、マスメディアのコミュニケーション作用に関する指摘は、当時の報道においてしばしばなされたものだ★20。しかしより特徴的なこととして挙げられるのは、事件後、警察と対峙し争ったのは学生ではないとする、学生に対する擁護がなされたという点である。いくつか例を見てみよう。

> 〔…〕土曜日の夜の出来事に対する責任の本質的な部分は「チューリヒの進歩的学生団」という小さなグループに帰せられるが、中央駅橋とベルビュー広場で騒ぎ回っていたのは「学生」ではなく、さまざまな出自を持つ若者の雑多な群れだった。(『新チューリヒ新聞』1968年7月1日「若者のデモ参加者によるチューリヒの暴動」★21)

> ラジオでもテレビでも新聞でも学生が先のチューリヒの暴動の張本人として挙げられていないにもかかわらず、暴動の主導者は学生であったという誤った見解が公衆のあいだで広まっているようだ。〔…〕大多数のチューリヒの学生は暴力と恐怖のいかなる行使からも距離を置いているということは強調しておきたい。(『新チューリヒ新聞』1968年7月3日「チューリヒの暴動」★22〔投書〕)

第8章　チューリヒにおける「1968年」

　チューリヒで暴動があった夜の後、とくに外国の新聞雑誌でチューリヒの学生騒乱について読むことができた。広く知られた『フランクフルター・アルゲマイネ』でさえ、「チューリヒの学生もまた共に行動することを望んでいる」という見出しで報道をおこなっている。〔…〕大多数の人間は先のチューリヒの騒乱の責任は学生にあるとしている。学生や生徒はデモ参加者のあいだでは消え入りそうなほどわずかな少数をなしていたにすぎないことが確認されているにもかかわらずである。(『新チューリヒ新聞』1968年7月17日「学生—「学生騒乱」」[23])

　このように、当初、人びとのあいだでは、デモをおこない暴動を起こしたのは学生であるという見解が広まっていたようなのだが、実際にはそうではなく、騒乱の中心にいたのは若者だったのだということが強調された[24]。学生に対する擁護がなされる一方で、「若者」の存在が主題化されていったのである。

　しかし、「若者」とは誰のことなのか。当時の新聞報道では、「若者」は、特定の年齢層といった具体的な属性によってではなく、ある種の抽象的な形象として語られていく。一方では、理解不可能な存在として、他方では、未来の担い手としてである。68年7月3日の『新チューリヒ新聞』の投書欄には、二つの対照的な意見が掲載されている。

　今日の若者は何を望んでいるのか。世界各地で周知のやり方で行動を起こしているあの者たちのことだ。彼らは何を望んでいるのか。大学の改革か。戦争に対する抗議か。彼らの問題に対してより大きな理解を求めることか。あるいは自分たちの攻撃性を何らかの仕方でぶちまけ、反乱のための反乱を称えたいだけか。叫び、暴れ、投石し、車に火をつけ、放火し、「体制」という単純な流行語で言い換えられるすべてに対して破壊をもって反対することか[25]。

　若い世代との対話は、——いずれにしても我々のあいだでは——とうに始まっている。明日の問題の解決は路上やトラムの線路のうえでは見つからない。私たちは、騒ぎを起こした者たちが我々の若い世代の名において語る権利を認めない。我々の若い世代は異なる。彼らは暴力もテロも望まない。彼らは反対に、未来を指し示す決定を真剣な話し合いに基づいて下すことに協力する。彼らはそれを敷石やビール瓶を用いずにおこなう。彼ら

はまた警察を挑発することもしない[26]。

　騒乱の発生後しばらくのあいだ、「若者」をめぐる問題は、新聞紙上で盛んに論じられ、さまざまな人物が意見を寄せたテーマであった。68年7月12日、『ヴェルト・ヴォッへ』に「大いなる信心――チューリヒでの出来事と若者について」という記事が掲載された。記事の執筆者は、スイスの劇作家マックス・フリッシュ（1911-91）である。この記事のなかでフリッシュは、若者を擁護しつつ批判するというかたちで、繊細な手つきでグローブス騒乱について論評を加えている。そこからは、当時人びとのあいだで「若者」がどのような存在として捉えられていたかがうかがえる。

> ごく少数の若者（これはもっとも友好的な呼称だ）は市議会を占領していないし、大学も占拠していない。ナパームを生産している工場も占拠していない。武器庫を略奪して国家転覆のための爆発物を調達しようなどと計画していなければ試みてもいない。彼らはまた、若者の家として自らのものにしようとしていた百貨店の古い建物も占領していない。彼らは行進して暴徒のように振る舞ったのだ。「1、2、3、グローブスを開放せよ」。彼らは敷石やビール瓶を放水車に向かって投げた――これは決して否定できない――放水車は必要だった。彼らは交通を妨害していたのだから。そうして路上の争いがチューリヒで起こった。／〔…〕「この集団を禁じることはできない」。そうチューリヒの新聞は書いている。明らかに私たちの世論を捉えているのは、とくに二番目の文だろう。「しかし非難することはできる」[27]。

　確かに、投石などによる暴力行為は非難に値する行為である。しかし、争いを起こした者たちを糾弾するのみでは、騒乱が起きたことの意味を十分に汲み尽くすことはできないのではないか。フリッシュはそう考えた。すなわち、騒乱とその主導者を非難の対象とすることに終始するのではなく、むしろ、一定数の人間からなる集団によって暴力が行使されたという事態を、当該社会における何らかの徴候の現れと捉えるべきではないか。フリッシュは、騒乱そのものは「非スイス的」ということばで批判しつつ、しかしそれは個々の人間に向けられた暴力というよりは、社会のなかで多数派を占める人びとに対する、少数派の人びとによる反抗の表現だったのではないかと述べる。

〔…〕反乱は根拠のないものに見える。少なくとも理解困難なもの、正当化されないもの、犯罪的なもの、要するに非スイス的なものだ。〔…〕すでに警察の制服（Uniform）に、その一部である警棒が引き抜かれる前に、明らかに駆り立てるような何かがあった——とりわけ制服を着用した警官の一団が現れたとき——ことには、理由があるに違いない。〔…〕警官たちは、——制服は彼らの職業に属するものである——投影作用の犠牲となったのかもしれない。敷石は人物に向けられたのではなく、画一性（Uniformität）そのものに、私たち圧倒的多数派の画一性（Uniformität）に向けられたのだ[28]。

　騒乱は、一様で他者と別段変わるところのない多数派の人びとに対する、他者とは異なる少数派の人びとによる訴えの発露だった。フリッシュによれば、6月29日の夜に起きた騒乱は、「無力という経験から生まれる暴力行為」にほかならず、したがって、「どんなに誠実なものであったとしても、少数派に自身の社会的無力を確認させるようなあらゆる措置はさらなる暴力行為を呼び起こす」ことになる[29]。
　そうしてフリッシュは、68年の時点で当時を転換のときと捉え、社会がその形を変えていかなくてはならないのだと主張する。その変化を担う存在が若者なのだと述べて、記事を締め括っている。

　　〔…〕我々の社会の形が疑問に付されている。もし我々の国が存続しようとするなら、根本的な批判は正当化されるばかりでなく不可避のものであると私は考える。〔…〕スイスは、思考を転換すべき世界にその身を置いている。〔…〕我々の時代における内容を持ったスイスを新たに構想しなければならない。それは当局の任務ではなく、私たちの任務だ。とりわけ若い世代の任務である。〔…〕我々の国が必要としているのは、模倣者としての若者ではなく、創設者としての若者なのだ[30]。

3　「チューリヒ・マニフェスト——思慮への呼びかけ」

　最後に本節では、グローブス騒乱が巻き起こした反響の一つとして、「チューリヒ・マニフェスト」に注目したい。

「チューリヒ・マニフェスト」とは、グローブス騒乱の発生を受け、また騒乱後の人びと、マスメディアの反応に対して、画家のゴットフリート・ホネガーや前節で取り上げたフリッシュなど、画家、作家、大学教授、ジャーナリストといった人びとによって発表された声明である。それは、68年7月5日、『フォルクス・レヒト』（Volksrecht）紙に掲載された。

声明の全文は以下のとおりである。

「チューリヒ・マニフェスト　思慮への呼びかけ」[★31]

我々は確認する。チューリヒで若者と警察のあいだで争いが起きた。これによって我々の街に摩擦が生じた。現在東と西に見られるような摩擦である。

我々は推測する。このチューリヒの出来事は、孤発的なものとして判断されてはならない。この出来事は不十分な社会構造の帰結である。これを騒乱として片付けたり、関与した者を、騒ぎを起こすろくでなし、野次馬と見なすのは、表面的である。

我々は確信する。この危機の原因の一つは、私たちの制度の頑なさである。この頑なさは人間と対立する。それは、人間が抱く欲求の変化への適応、創造する力を持った少数派の発展を妨げる。

我々は想起する。本質的な変革はつねに少数派から始まった。1848年、自由主義はほかならぬ若者のなかに熱烈な支持者を見出した。この少数派は──当時えせ革命家と呼ばれた──スイスの独立を守り、我々の連邦国家を作り出した。

我々は警告する。文化的な摩擦を解消するのは、警棒でも禁止でもなければ、恩着せがましい提案による鎮静化でもない。「施しとは、恩寵という肥溜めで権利が溺死することである」（ペスタロッチ）。摩擦の抑圧は若者をバリケードに向かわせることになる。

我々は要求する。1．年配者や若者を対象とした、自主管理によって運営される議論の場を街の中心部に用意すること。2．学生、生徒の処罰および退学処分、奨学金の取り止め、外国人の追放、解雇を、重大な不法行為に当たらない範囲で、断念すること。3．デモの権利をふたたび合法とすること。4．あらゆる少数派との対話の継続。5．新聞雑誌、ラジオ、テレビによる係争者の意見陳述の要請。6．今回の衝突の原因究明と実践的提言の案出を任務とする学術的ワーキンググループを即刻結成すること。

第8章　チューリヒにおける「1968年」

　声明には副題として「思慮への呼びかけ」という文言が掲げられている。グローブス騒乱を報じた新聞記事にはセンセーショナルなものが多く、当時のスイスでは、ショッキングな出来事に対して感情的な反応を示すというかたちで、議論の過熱が見られた。「思慮への呼びかけ」という副題には、そうした状況のなかで、理性的で冷静な態度であろうというメッセージが込められている。

　そしてこの声明の発表後、関連イベントとして、1968年9月4日から9日にかけて6日間にわたる連続討議がル・コルビュジェ・センターでおこなわれた。直面している問題を反乱というかたちで提起するのではなく、思う存分議論することで問題の所在を示そうという趣旨により開催されたものだ。『新チューリヒ新聞』の報道によると、この連続討議の催しには600名を超える人びとが来場し、その平均年齢はおよそ25歳ほどであったとされる。『新チューリヒ新聞』による概要の紹介を見てみよう。

> 「6日間のチューリヒ・マニフェスト」の催しが水曜日にチューリヒのル・コルビュジェ・センターで始まった。そこでは十分な機会が提供される。「思う存分の議論」がおこなわれるのだ。テーマは大なり小なり定められており、民主主義、文化、教育、都市計画、性、法治国家、外国人労働者の問題がプログラムに載っている。その他の点については、自由な進行の議論に任せられている。〔…〕話すよりも書く方が自分の考えをことばにできる者は、壁新聞を作ることが求められる。道具は用意されている。すでに初日の晩にはル・コルビュジェ・センターの全室の壁に無数の用紙が貼り付けられていた★32。

　この催しでテーマとして取り上げられた問題は、「民主主義」、「文化」、「教育」など、多岐にわたるものだった。開催者によって前もって予告された議論のトピックは、次のとおりである。「我々は見せかけの民主主義を生きているのか？」（9月4日水曜日）、「文化か、それとも見せかけの文化か？」（9月5日木曜日）、「イエスマンになるための教育？」、（9月6日金曜日）、「労働組合は労働者の利害関心を代表しているか？」（9月7日土曜日午後）、「冷戦への回帰？」（9月7日土曜日夕方）、「都市計画によって賃料は下がる！」（9月8日日曜日午後）、「セクシュアリティ」（9月8日日曜日夕方）、「法治国家における不正」（9月9日月曜日）★33。

また、「チューリヒ・マニフェスト」の催しでは、来場者の意見表明の手段として壁新聞が用いられた。モニカ・シュノーツが述べるとおり、大きめの用紙に自らの主張を手書きで書いて（描いて）掲示する壁新聞は、68年当時、モダンな表現手段であった。その技術的背景には、サインペンの発売（1963年）があった。堀江幸夫らによって開発されたこの新しい筆記用具は、抗議活動をおこなう若者たちによって落書き（Graffiti）をするのに用いられた★34。壁新聞は、簡易な仕方でその場で意見表明をおこない、思想の拡散を可能にするメディアとして、「チューリヒ・マニフェスト」の催しにおいても利用されたのだった。壁新聞では、「権威」、「教育」、「外国人差別」、「女性の権利」、「資本主義」など、多くのテーマが示された★35。また、すでに誰かが書いた壁新聞に、後から別の誰かが変更を加える（ことばを書き加える、斜線を引いて消す、など）といったことが頻繁におこなわれ、来場者が談議を交わす壁新聞の展示場だけでなく、壁新聞そのものが「新たなコミュニケーション空間」としての機能を担うといった事態も生まれた★36。

　こうした「チューリヒ・マニフェスト」の催しは、どのような反響を呼んだだろうか。当時の新聞報道によれば、それほど大きな反応を引き起こすことはなかったようだ。「チューリヒ・マニフェスト」の開催終了から二日後、この実験的催しの総括を謳った記事が『新チューリヒ新聞』に掲載された。そこでは次のように述べられている。

> 　議論に関して言えば、見守っていた人の多くの意見が一致するところであるが、新たな認識に至ることはなかったようだ。〔…〕議論に参加した多くの者は、主観的に、個々別々に、それぞれ異なる結論に至った可能性がある。これによってこの催しの核心に突き当たるだろう。示されたのは、参加した若者の大多数にとっては国家や社会の改革などが問題だったのではなく、〔…〕主観的に見て新しい認識の獲得、一人で身につけた認識の確認こそが重要だったということである。もしやや一般化して述べることが許されるなら、大多数にとって問題となっていたのは、〔…〕世界のなかで、というのはつまり国家のなかで、社会のなかで自分自身が占める位置を探求することである。この六日間の催しは、政治的な意義を失う一方で、心理的、社会的な重要性を獲得したのだ。〔…〕対話はおそらくいかなる道も示さなかっただろうが、あちこちで孤独な状況から抜け出すことにはつながっただろうし、認められたいという願望をいくらか満たしただ

ろう。おそらくこれらがポジティブな結果であり、それを過小評価してはならない。(『新チューリヒ新聞』1968年9月11日「6日間の「チューリヒ・マニフェスト」：実験の結果」★37)

「チューリヒ・マニフェスト」の試みはグローブス騒乱の発生を受けておこなわれたものだった。しかし、その催しに参加した者が問題にしていたのは、国家や社会の改革に関わる問題ではなく、自分たちの個人的な内面上の問題だったのであり、その点で連続討議の意義は、政治的な意義ではなく、心理的、社会的な意義である。『新チューリヒ新聞』の記事では、そのような評価が下されたのだった。

おわりに

本稿では、スイスにおける「68年」を考察するための事例として、68年6月にチューリヒで起きたグローブス騒乱に焦点を当て、検討を加えた。各節の内容を要約すれば次のとおりである。まず、「68年」がメディアのなかでどのように振り返られ、いかなる意味を持つものとして位置づけられてきたかを明らかにするため、『新チューリヒ新聞』を中心に、「68年」を回顧する記事を取り上げ、内容を吟味した。次に、スイスにおける「68年」の象徴的出来事とされるグローブス騒乱の内実を、この事件に関する当時の新聞報道を辿ることで把握しようとした。最後に、グローブス騒乱に対するリアクションとして展開された「チューリヒ・マニフェスト」の試みについて、当時の新聞報道に見られる評価とともに概観した。

残念ながら本稿では、グローブス騒乱の事態の経過について、その事実関係の一部を確認するにとどまり、この出来事が同時代の他国での現象とどのような関係にあるのかを検討することができなかった。また、20世紀スイス史という通史的観点に立った場合、グローブス騒乱がスイス現代史においていかなる位置を占めるのかという点についても考察が及ばなかった。今後の研究課題として以下の二点を挙げることで、結びに代えたい。

第一は、「若者の家」(Jugendhaus)の歴史である。チューリヒにおいて「若者の家」の建設要求がどのような前史をもって、どういった要請のもとで生まれてきたのか。この点を解明することは、スイスの「68年」のローカルな文脈を明らかにすることにつながると考えられるため、より詳細な検討が求めら

れる。

　第二は、グローブス騒乱におけるデモ参加者がどのような人びとから構成されていたかという問題である。本論では扱うことができなかったが、当時の新聞報道では、暴動に関与した者として、「若者」の他に、「外国人」の存在がしばしば言及された。反乱を主導したとされる「スイス労働党青年部局」や「チューリヒの進歩的学生団」などの来歴と併せて、デモの主体をめぐる問題について考察する必要があるだろう。

注

★1　油井大三郎編『越境する1960年代――米国・日本・西欧の国際比較』彩流社、2012年、13頁。
★2　西田慎・梅﨑透編著『グローバル・ヒストリーとしての「1968年」――世界が揺れた転換点』ミネルヴァ書房、2015年、10-13頁。
★3　野田昌吾「「1968年」研究序説――「1968年」の政治社会的インパクトの国際比較研究のための覚え書き」『大阪市立大学法学雑誌』57（1）、2010年、3頁。
★4　同、2-5頁。
★5　小熊英二「「1968」とは何だったのか、何であるのか」『思想』1129号、2018年、6-19頁。
★6　以下の記述は、野田、前掲、20-25頁に依拠した。
★7　Marco Tackenberg, »Jugendunruhen«, in: Stiftung Historisches Lexikon der Schweiz (HLS) (hg.), *Historisches Lexikon der Schweiz*, Bd. 6, Schwabe Verlag, Basel 2007, S. 844.
★8　Ebd.
★9　»Zehn Jahre nach dem Aufruhr«, in: *Neue Zürcher Zeitung*, 31. Dez. 1977, Nr. 307.
★10　»Die Globus-Krawalle in Zürich: Ende einer alten oder Beginn einer neuen Ära?«, in: *Neue Zürcher Zeitung*, 29. Jun. 1988, Nr. 149.
★11　Angela Zimmermann, »Stimmt es, dass die 68er politisch gescheiterten?«, in: *UZH Journal*, 38. Jahrgang, Nr. 3, 2008, S. 20.
★12　»Spürbarste Folge der 68er Unruhen ist eine besser gerüstete Polizei«, in: *Neue Zürcher Zeitung*, 1. Juli 2008, Nr. 151, Blatt 50.
★13　http://www.bhm.ch/de/1968/
★14　»Die Fragen von 1968. Noch ein Jubiläum: Vor 50 Jahren revoltierte die westliche Jugend. Was bleibt? «, in: *Neue Zürcher Zeitung*, 27. Nov. 2017, Nr. 276, Blatt 27.
★15　»Der Globus-Krawall«, in: *Neue Zürcher Zeitung*, 28./29. Juni 2008, Nr. 149, Blatt 47.
★16　»Wann baut Zürich das Haus der „Jugend"«, in: *Neue Zürcher Zeitung*, 2. Febr

1949, Nr. 250.

★17　Erika Hebeisen, »Bewegte Orte - Treffpunkte der Gegenkultur«, in: Erika Hebeisen, Elisabeth Joris, Angela Zimmermann (hg.), *Zürich 68. Kollektive Aufbrüche ins Ungewisse*, hier und jetzt, 2008, S. 217.

★18　»Der Globus-Krawall«, in: *Neue Zürcher Zeitung*, 28./29. Juni 2008, Nr. 149, Blatt 47.

★19　August E. Hohler, »Was niemand für möglich gehalten hätte«, in: *Die Weltwoche*, 12. Juli 1968, Nr. 1809, S. 1.

★20　一例としては、68年7月17日の『新チューリヒ新聞』にも次のような記述が見られる。「外国での当局に対する学生の暴動や、とりわけテレビで毎日映し出される殴打の光景がここまで気分を高揚させ、チューリヒでの出来事がそもそも可能になったということは否認できない。これはテレビや新聞雑誌に対する非難ではない。それらの任務は、結局のところ伝え知らせることにある。しかしその影響は明白である」。Vgl. »Studenten - «Studentenunruhen»«, in: *Neue Zürcher Zeitung*, 17. Juli 1968, Nr. 435, Blatt 15.

★21　»Die Ausschreitungen jugendlicher Demonstrationen in Zürich«, in: *Neue Zürcher Zeitung*, 1. Juli 1968, Nr. 395, Blatt 17.

★22　»Die Ausschreitungen in Zürich«, in: *Neue Zürcher Zeitung*, 3. Juli 1968, Nr. 401, Blatt 9.

★23　»Studenten - «Studentenunruhen»«, in: *Neue Zürcher Zeitung*, 17. Juli 1968, Nr. 435, Blatt 15.

★24　当時の報道では、「若者」をめぐる議論だけでなく、デモの主導者として、「スイス労働党青年部局」(Junge Sektion der Partei der Arbeit)、「チューリヒの進歩的学生団」(Fortschrittliche Studentenschaft Zürich)、「進歩的労働者、生徒、学生」(Fortschrittliche Arbeiter, Schüler und Studenten)なる集団の関与も話題に上っていた。残念ながら、本稿ではこれらの組織について詳細な検討を加えることができなかった。別稿を期したい。

★25　»Die Ausschreitungen in Zürich«, in: *Neue Zürcher Zeitung*, 3. Juli 1968, Nr. 401, Blatt 9.

★26　Ebd.

★27　Max Frisch, »Die grosse Devotion. Ueber die Ereignisse in Zürich und über die Jugend«, in: *Die Weltwoche*, 12. Juli 1968, Nr. 1809, S. 13.

★28　Ebd.

★29　Ebd.

★30　Ebd., S. 16.

★31　»Ein Zürcher Manifest. Aufruf zur Besinnung«, in: *Volksrecht*, 5. Juli 1968, Nr. 155.

★32　»Sechs Tage freie Diskussion«, in: *Neue Zürcher Zeitung*, 5. Sept. 1968, Nr. 548, Blatt 3.

★33 »Sechs Tage Zürcher Manifest«, in: *Volksrecht*, 4. Sept. 1968, Nr. 207.
★34 Monika Schnoz, »Ein Hauch von Kulturrevolution. Die Wandzeitungen der Marathondiskussion «Seches Tage Zürcher Manifest»«, in: Angelika Linke, Joachim Scharloth (hg.), *Der Zürcher Sommer 1968. Zwischen Krawall, Utopie und Bürgersinn*, NZZ Libro, Zürich 2008, S. 119.
★35 なお、「チューリヒ・マニフェスト」の壁新聞は、「スイス社会文書館」(Schweizerisches Sozialarchiv) のウェブサイト (https://www.sozialarchiv.ch/) で閲覧することができる。
★36 Ebd., S. 128.
★37 »Sechs Tage «Zürcher Manifest». Bilanz eines Experiments«, in: *Neue Zürcher Zeitung*, 11. Sept. 1968, Nr. 561, Blatt 17.

参考文献

小熊英二「「1968」とは何だったのか、何であるのか」『思想』1129号、2018年、6-19頁。

西田慎・梅﨑透編著『グローバル・ヒストリーとしての「1968年」――世界が揺れた転換点』ミネルヴァ書房、2015年。

野田昌吾「「1968年」研究序説――「1968年」の政治社会的インパクトの国際比較研究のための覚え書き」『大阪市立大学法学雑誌』57 (1)、2010年、1-51頁。

油井大三郎編『越境する1960年代――米国・日本・西欧の国際比較』彩流社、2012年。

Frisch, Max, »Die grosse Devotion. Ueber die Ereignisse in Zürich und über die Jugend«, in: *Die Weltwoche*, 12. Juli 1968, Nr. 1809, S. 13 u. 16.

Hebeisen, Erika, »Bewegte Orte - Treffpunkte der Gegenkultur«, in: Erika Hebeisen, Elisabeth Joris, Angela Zimmermann (hg.), *Zürich 68. Kollektive Aufbrüche ins Ungewisse*, hier und jetzt, 2008, S. 214-228.

Schnoz, Monika »Ein Hauch von Kulturrevolution. Die Wandzeitungen der Marathondiskussion «Seches Tage Zürcher Manifest»«, in: Angelika Linke, Joachim Scharloth (hg.), *Der Zürcher Sommer 1968. Zwischen Krawall, Utopie und Bürgersinn*, NZZ Libro, Zürich 2008, S. 119-128.

Tackenberg, Marco, »Jugendunruhen«, in: Stiftung Historisches Lexikon der Schweiz (HLS) (hg.), *Historisches Lexikon der Schweiz*, Bd. 6, Schwabe Verlag, Basel 2007, S. 843-845.

Zimmermann, Angela, »Stimmt es, dass die 68er politisch gescheiterten?«, in: *UZH Journal*, 38. Jahrgang, Nr. 3, 2008, S. 20.

Neue Zürcher Zeitung

Die Weltwoche

Volksrecht

第 9 章

新しい社会運動からポピュリズムへ？
承認と再配分のジレンマをめぐって

大竹 弘二

はじめに

　1968年を一つの頂点とする60年代の反体制運動は、しばしば社会運動における一つの転換点とみなされている。つまり、60年代から70年代にかけての時期には、労働運動のような旧来の社会運動にとどまらず、人種差別反対運動、フェミニズム運動、同性愛者の運動、エコロジー運動といった、いわゆる「新しい社会運動」が出現してきたのである。よく知られているように、ロナルド・イングルハートはこうした新しい社会運動を「ポスト物質主義」という語で特徴づけている。この新しい社会運動は、物質的・経済的な利害よりも、文化的アイデンティティのような「ポスト物質主義」的な価値を重視するようになったというのである。

　もっぱら左翼の若者たちによる反体制運動やオルタナティヴ運動が展開された1960年代と70年代に対し、80年代になると、また別の種類の運動が台頭してくることになる。すなわち、主にヨーロッパを中心に見られるようになった右翼的なポピュリズム運動である。これを「社会運動」と呼べるかどうかについては議論もあるが、こうしたポピュリズム運動のうちに「新しい社会運動」との一定の構造的親和性を見出す論者も存在する。右翼の側からの排外的ナショナリズムもまた、ある種のアイデンティティ運動という点で、「ポスト物質主義」的な特徴を持った運動と言えるのではないか。こうした右翼ポピュリズムは、一連の「新しい社会運動」から原理的に区別できるのだろうか。

　他方、2016年に世界を騒がせた一連の出来事、すなわち、国民投票を経て

決まったイギリスのEU離脱（ブレグジット）やドナルド・トランプのアメリカ大統領当選などもまた、排外主義的なポピュリズム現象とみなされている。そして、これをもたらした要因としては、経済のグローバル化によって追い込まれた下層の白人労働者の反乱という経済的・物質的側面がしばしば注目される。してみると、単なるアイデンティティの追求ではなく、物質的な利害の追求もまた、今日のポピュリズムの重要な動因であるように思える。

　社会運動であれ、ポピュリズム運動であれ、それを突き動かすのはアイデンティティの承認要求なのか、それとも物質的な満足の追求なのか。およそ社会運動というものは、文化政治と経済闘争のいずれに強く規定されるものなのか。そもそもこの二つの側面を分けて考えることは適切なのだろうか。もし適切でないとしたら、イングルハートの言う「ポスト物質主義」という見方自体疑ってみる必要があるだろう。社会運動において、文化的アイデンティティと経済的再配分はどのような関係にあるのだろうか。

1　転換点としての68年運動？

　68年運動が「古い社会運動」から「新しい社会運動」への転換点を示しているというのは、アラン・トゥレーヌ、アルベルト・メルッチ、ユルゲン・ハーバーマス、クラウス・オッフェなど、新しい社会運動の勃興期にこの現象を分析した多くの論者に共通して見られる見解である。古い社会運動ということで念頭に置かれているのは、社会主義思想に強く規定された旧来の労働運動である。それが目指すのは資本主義体制そのものの変革であり、そのためには、革命を通じてであれ、議会主義的な漸進的改良を通じてであれ、国家権力の奪取もまた重要な目標となっていた。他方、60年代以降の新しい社会運動においては、文化的な価値の承認や日常的なコミュニティのあり方の変革に重点が置かれるようになる。トゥレーヌによれば、社会運動は「革命」とは異なり、「転覆よりもむしろ方向転換をねらう」（トゥレーヌ、2011：123）。新しい社会運動の出現とともに、国家や経済構造の変革を目指す大文字の政治は、アイデンティティ・ポリティクスのような、もっとミクロなレベルの政治に移行するわけである。

　イングルハートは『静かなる革命』（1977）のなかで、この「新しさ」を「ポスト物質主義」という語で言い表し、社会運動の焦点が物質的なものから文化的なものへ移行しつつあると指摘した（イングルハート、1978：255-283）。

60年代のアメリカ、西ドイツ、フランスの反体制運動に見られるように、高度に経済発展した西洋先進諸国においては、単に物質的な富や経済的安定だけではなく、ポスト物質的な諸価値が重要になってくるというのである。公民権運動や反戦運動、あるいは人口増加や環境汚染の解決を目指す運動はその例を示している。

　ハーバーマスもまた、イングルハートの議論を踏まえつつ、1960年代以降における「古い政治」から「新しい政治」への転換について述べている（ハーバーマス、1987：412-413）。この「新しい政治」においては、人権、生活の質、個人の自己実現などが争点となるのであり、その担い手になりうるのは、高度に発達した資本主義社会が生み出した新中間層や若い世代である★1。同様にオッフェも、1968年以降の新しい運動を、豊かな社会に特有の現象とみなしている。彼によれば、新しい社会運動は「新中産階級の政治」として特徴づけられる。つまりそれは、戦後の福祉国家の発展によって経済的に豊かとなり、経済状況や労働市場の状況に直接的に生活を左右されることがなくなった新中産階級、あるいはオッフェの言い方を借りるなら、「脱商品化された」（Offe, 1985: 834）人々によって担われる運動だというのである。

　このように多くの論者が、単に経済的な富の分配を求めるにとどまらない新しい社会運動の「文化政治」的性格を指摘しているが、実のところ、こうした文化政治へのパラダイム転換は、1950年代のイギリスで誕生したニューレフトの思想家たちがすでにいち早く主張していたことでもある。レイモンド・ウィリアムズ、エドワード・P・トムスン、スチュアート・ホールなどに代表されるこのニューレフト誕生のきっかけになったとされるのが、1956年の二つの出来事、すなわち、ハンガリーでの民衆蜂起に対してソ連が武力介入を行ったハンガリー事件と、スエズ運河国有化を宣言したエジプトに対してイギリスが（フランスやイスラエルとともに）軍事介入を行ったスエズ危機である。この二つの出来事は、ニューレフトの思想家たちに旧来の左翼の限界と新たな政治戦略の必要性を痛感させることになる（リン、1999：28-29）。

　まずハンガリー事件は、世界の社会主義体制を主導していたソ連に対する信頼性を大きく損ない、イギリスの左翼知識人のあいだにソ連に対する幻滅を広めることになった。それとともに、一般的にはそれほど影響力はなかったが、曲がりなりにも知識人の間では影響力を持っていたグレートブリテン共産党も大きな打撃を受けるのである。

　より深刻だったのは、スエズ危機、いわゆる第二次中東戦争である。イギリ

スによるエジプトへの帝国主義的な介入に対して反戦運動を組織しようとした左翼知識人に対し、イギリスの一般国民はまったく関心を示さず、それどころか、労働者階級を含めた多くの国民はナショナリズム的熱狂のなかでこの戦争を強く支持する。こうした雰囲気のなか、イギリス労働党も労働者階級を動員して反戦運動ができるような状況ではなくなり、このことが左翼知識人に大きなショックを与えることになった。

　こうした事態に直面したニューレフトの思想家たちは、階級的な利害に基づく連帯を自明のものとするような、労働者階級に足場を置いた運動が今日では難しくなっていることを認識せざるをえなくなる。戦後の豊かな社会では、労働者階級を含め、一般の人々は貧困問題や経済問題よりも、文化やイデオロギーによって左右されることが多くなっているというのである。それゆえいまや、経済的な闘争よりも、文化やイデオロギーのレベルでの闘争のほうが重要になりつつある。経済的な下部構造を反映した単なるイデオロギー的な上部構造として文化を捉えるような、古典的マルクス主義の経済決定論は、もはや有効性を失っている。ニューレフトの思想家はまさに「文化は政治である」と考え、文化戦略を通じて人々を動員することの重要性を強調する。そうして、1960年には『ニュー・レフト・レヴュー』誌が創刊され、また1960年代にはバーミンガム大学に現代文化研究センター（CCCS）が設置されるなど、今日のカルチュラル・スタディーズの源流が形作られていく。

　とはいえこうしたニューレフトの理論においては、いまだ労働者階級に特権的な地位が与えられていた。ニューレフトの思想家たちは資本主義消費社会の文化やイデオロギーへの抵抗を試みるのだが、そうした抵抗の潜勢力を持っているのは、労働者階級における反エスタブリッシュメント的なポピュラーカルチャーであるとされる。したがって初期のニューレフトには、伝統的なマルクス主義と同様に、なお労働者階級というものへのこだわりを見て取ることができる。

　それに対し、1960年代から70年代の新しい社会運動のなかでは、そのような労働者階級の特権性そのものが疑われるようになるのである。労働運動にとどまらないさまざまなアイデンティティ運動（黒人の権利獲得運動、フェミニズム運動、同性愛者の運動、エコロジー運動など）の出現によって、人間の本来的なあり方は、単に労働者として生きることのうちにのみあるわけではないことが意識されていくのである。マルクス主義の教説においては、まさに労働こそが人間の中心的な活動であり、労働者こそが歴史を作り、また変えていく

第9章 新しい社会運動からポピュリズムへ？

ことができるとされる。それゆえ労働者こそが歴史の主体であり、労働運動こそが社会運動の中心とみなされる。しかし、新しい社会運動のなかで出てきたさまざまなアイデンティティ運動は、こうした労働運動の優位性を揺るがすのである。これらのアイデンティティ運動もまた、労働運動と同程度に、社会にとって本質的かつ根源的な運動だとみなされるようになる。旧来のマルクス主義に見られる労働および労働者階級の存在論的中心性がこのように疑問に付されるなかで、80年代には「労働社会の危機」（Matthes, 1983）といった問題系も登場するのであり、それは単に労働者の主体性の確立を目指す「労働による解放」の思想を超えて、「労働からの解放」を志向するベーシック・インカム論を準備することになるだろう。

「古い社会運動」から「新しい社会運動」への移行は、資本主義社会の発展に伴う現象として理解される。相対的な豊かさを達成した社会では、対立と抗争のあり方が変容し、経済的利益や物質的再配分はもはや一義的な争点ではなくなるのである。実のところ、戦後の高度経済成長が行き詰まった1970年代に書かれた先のイングルハートの著作では、そのような「ポスト物質主義的ラディカリズム」が引き続き発展していく可能性について、いくぶん懐疑的な見方が見られる（イングルハート、1978：282-283）。新しい社会運動の登場に伴う社会抗争のパラダイム転換については、むしろトゥレーヌやハーバーマスの理論のうちにより顕著に見出すことができる。

トゥレーヌの『ポスト工業化社会』（1969）では、1968年の学生運動が「反テクノクラート運動」、つまり技術的専門家の支配に対する抵抗運動として解釈されている。トゥレーヌはすでに1950年代から、フランスの企業、役所、労働組合といった諸々の組織を調査するなかで、今日の経済的投資が生産過程から組織管理へ移行しつつあることを診断していた。つまり今日では、生産そのものよりも、知識と情報に基づいた生産のプランニングのほうが重要性を増しているというのである。トゥレーヌが「ポスト工業化社会」と呼ぶこうした現代社会では、支配層は資本家階級というよりも、むしろ技術者、あるいは技術者出身の経営者のようなテクノクラートたちである。そしてここでは労働組合もまた、テクノクラートの支配ブロックのうちに組み込まれることになる。

このようなテクノクラシーの進展に伴って、社会運動もまたその性格を変えていく。すなわち、それはもはや労働運動としてではなく、反テクノクラート運動として展開されるのである。「学生運動はその最深部においては反テクノクラート運動なのだ」（トゥレーヌ、1970：115）。1960年代以降の学生運動、

女性運動、反原発運動などは、テクノクラシーに対する抵抗運動の新たな担い手だというのである[★2]。

　新しい社会運動に対しては、ハーバーマスも『コミュニケーション的行為の理論』（1981）のなかで、これと似たような理解をしている。彼もまた1950年代から60年代にかけての分析のなかで、戦後西ドイツの社会国家（＝福祉国家）がテクノクラシー傾向をますます強めているという見方をしていた。彼によれば、今日の社会国家はもっぱら経済システムの安定と成長を任務とし、政治の役割はそのシステムの円滑な運営の維持にすぎなくなっている。その結果、政治は専門家による技術操作に委ねられ、そのことが国民一般の脱政治化をひき起こしている。このような専門家支配に対して大衆の忠誠が維持されるのは、彼らがひとえに技術と科学の万能性を信頼しているからである。こうしてハーバーマスはヘルベルト・マルクーゼに倣って、今日では技術と科学こそが支配を正当化するイデオロギーの役割を引き受けていると確言する（ハーバーマス、2000：88）。

　このような現状診断に基づいて、1970年代のハーバーマスにおいては、システムと生活世界という有名な対置が提起されるのである。ニクラス・ルーマンの理論から摂取されたハーバーマスのシステム概念は、一方は経済の市場システム、他方は国家の行政官僚システムを意味している。彼が問題にするのは、今日ではこれらのシステムが生活世界を「植民地化」しつつあるという事態である。これは旧来の社会福祉国家の限界という認識とつながるものである。19世紀後半以降の社会福祉国家は、経済危機を回避するため、積極的な行政介入によって市場をコントロールし、再配分を行ってきた。しかし、市場はもちろん、行政も究極的には社会の規範的統合を生み出すことはできず、そうした社会統合は生活世界における日常的なコミュニケーションに依拠せざるをえない。ところが今日では、市場や行政のようなシステムがそうした生活世界の領域を侵食している。資本家と労働者の対立を中和してきた旧来の社会福祉国家は、行政機構そのものが生活世界を脅かすものになったことで、その限界に来ているのである。

　こうした状況のなかで、資本家と労働者の対立に代わって前面に出てきたのが、システムと生活世界の対立である。新しい社会運動とは、「システムと生活世界の接点」で起こる「新たな抗争」である（ハーバーマス、1987：417）。それは経済的再配分をめぐる労働者の闘争ではなく、人々が自分たちの生活世界を拠りどころとして市場や国家というシステムに抵抗する運動だとされる。

こうしてハーバーマスは、労働からコミュニケーション的相互行為へと理論の重点を移行させることで、旧来のマルクス主義におけるような階級闘争論から離脱する。新しい社会運動においては、システムによって危機にさらされた文化的な生活形式の防衛が問題なのである。「要するに、新たな抗争は、分配の問題ではなく、生活形式の文法の問題が火種となって燃え上がるのである」(ハーバーマス、1987：412、強調は原著者)。

2　アイデンティティ・ポリティクスの諸相

2・1　政治化か、脱政治化か？

　新しい社会運動が集団的な生活形式あるいはアイデンティティをめぐって展開されるということは、少なからぬ論者に共通する見方である。つまりそれは、何らかの具体的利益の獲得を目的とした単なる道具的行為ではなく、それ自体が一つの集合的意志の表出だということである。こうした理解からすれば、もっぱら運動の動員過程に分析を集中する「資源動員論（RMT）」は不十分とみなされる。主にアメリカで社会運動の分析枠組として主流となったこの資源動員論は、運動が「いかに」生じるかというプロセスは分析できても、「なぜ」生じるかという原因は分析できない。メルッチなどに言わせれば、資源動員論のこうした欠点は、それが社会運動における集合的アイデンティティの問題を看過していることに起因する（メルッチ、1997：22-32）。メルッチは、自らの博士論文指導教官であったトゥレーヌ、あるいはハーバーマスの影響のもと、アイデンティティを構築する運動としての社会運動に着目している。

　しかし、こうしたアイデンティティ運動としての社会運動に対しては、すべての論者がその意義を肯定的に評価しているわけではない。新しい社会運動に対して懐疑的な見方がなされる理由としては、まず、それが必ずしも政治を変える力を持つとは限らないという点が挙げられる。

　例えばハーバーマスは、1980年代初め頃には、新しい社会運動に対していくぶん両義的な評価を下していた。彼は新しい社会運動における二つの側面を指摘している。つまり、それは一方では「解放の潜在力」を持つが、他方では「抵抗や退却の潜在力」をも有している（ハーバーマス、1987：414）。「抵抗や退却」ということが意味しているのは、新しい社会運動が単に自分たち固有の生活のあり方を守ろうとするだけの保守的な性格を帯びてしまうということである。例えば、人権概念のより普遍的な進歩を志向していた公民権運動や女

性解放運動とは異なり、エコロジー運動やオルタナティヴ運動の一部には、自らの個別的な生活形式の維持に固執する「特殊主義的な」傾向が見られる（ハーバーマス、1987：414-415）。市場や国家といったシステムへの反発と抵抗は、場合によっては、近代合理主義そのものを拒否するような反動的な運動に退行する危険を孕んでいるのである。

　新しい社会運動に対してハーバーマスがこのような留保を付しているのは、おそらくドイツのエコロジー運動の両義的な性格が念頭に置かれているからだと思われる。ドイツには、19世紀末のドイツ青年運動（ワンダーフォーゲル運動）にまで遡ることのできるような、自然のなかでの前近代的な生活にノスタルジーを持つ保守的な環境保護運動の流れがあり、1980年に結党された当初の緑の党には、そのような右翼的な環境保護団体もまた加わっていた。その後1年ほどの党内闘争を経てそれらの右翼勢力は党からパージされ、緑の党は今のような左翼政党へと純化されたのである。主にエコロジー運動に見られたこうした保守的な社会運動の存在が、「近代主義者」のハーバーマスに少なからぬ警戒感を与えただろうことは想像に難くない。

　メルッチもまた、社会運動における同様の否定的側面を「ナルシスティックな退行」（メルッチ、1997：276）という言葉で表現している。個人の自己実現の追求はしばしば、各々が自らの個別的なコミュニティや文化的アイデンティティに引きこもるだけの「政治的部族主義」をもたらし、それによって運動は結局のところ、人々の政治離れという逆説的な結果を招く可能性もあるのである。

　アンソニー・ギデンズもまた68年運動をきっかけとした政治の変容を指摘している論者であるが、彼の考える新しい政治そのものにも似たような「脱政治的な」性格を見て取ることができる。彼によれば、60年代以降の学生運動や女性運動は、世界の根本的な変革を目指す旧来の革命政治とは異なるような、人々の日常生活に根差した新たな異議申し立ての政治の出現を意味している。彼の語で言えば、新しい社会運動は「解放の政治」から「生活の政治（ライフ・ポリティクス）」への移行を示すものである（ギデンズ、2002：119-122；ギデンズ、2005：237-261）。

　古典的なモダニティにおける「解放の政治」において目指されていたのは、伝統的支配からの解放や富や権力の公正な配分であった。つまりそれは、主として「正義」に関わる政治であったと言える。それに対して、後期モダニティの「生活の政治」は、個人としていかに生きるかという自己実現やアイデンテ

ィティの要求によって動機づけられており、その限りでいわば「善」に関わる政治とみなすことができる。ギデンズはこうした「生活の政治」へのパラダイム転換をもとにして、新自由主義でも旧来の社会福祉国家でもない有名な「第三の道」の理論を提起し、右派と左派の区別を超えた新たなオルタナティヴを打ち立てようとする。これが1990年代後半にイギリスで誕生するニューレイバー（新しい労働党）のブレア政権に理論的な支柱を与えることにもなる。

しかし、この第三の道に対しては、それが本当に新しい政治を意味するのかという疑念の目も向けられてきた。第三の道の理論は、「イデオロギーの終焉」（ダニエル・ベル）や「歴史の終わり」（フランシス・フクヤマ）という言葉で言い表されるような、新自由主義的な時代診断と一定の親和性がある。すなわちギデンズの言う「再帰的近代化」に即した生活の漸進的改良は、今日ではもはや政治闘争などは時代遅れであり、あとは自分の身近な生活上の問題のみに関心を持てばよいとする脱政治的な考え方につながるのではないかということである。ギデンズ自身は「解放の政治」が時代とともにまったく不要となると考えているわけではないが、しかし旧来の左右のイデオロギー対立を超えるとされる「生活の政治」は、政治的無関心とは言わないまでも、政治を非常に狭いものに切り詰めてしまう可能性があるのではないか。新しい社会運動が、もっぱら自らの生活のあり方やアイデンティティを争点とすることで、世界の根底的な変革の可能性を退けるものだとすれば、それは本当に政治の名に値するものなのかという疑問も提起されるのである。

2・2 新しい社会運動としての極右運動？

新しい社会運動に対して懐疑的な見方がなされるもう一つの理由としては、1980年代以降になって問題含みのアイデンティティ運動が出てきたことが挙げられる。すなわち、ヨーロッパで台頭してきた極右の排外主義やポピュリズム運動、あるいは、キリスト教やイスラム等で見られるようになった宗教的原理主義などである。これらもまた文化的なアイデンティティに関わる政治という点で、新しい社会運動の一種とみなすことができるのではないか。例えばクレイグ・カルフーンは、こうした人種的・民族的・宗教的に不寛容な一連の運動を、新しい社会運動から明確に区別できるような原理は存在しないと指摘している（Calhoun, 1995: 215）。新しい社会運動のリストから極右的な運動を排除し、そこに公民権運動、フェミニズム、環境保護といった「進歩的な」運動だけを加えることのできる理由は何もないということである。

トゥレーヌの弟子筋にあたるフランスの社会学者であるミシェル・ヴィヴィオルカやフランソワ・デュベもまた、新しい社会運動におけるこうした影の側面に注目している。彼らは1980年代以降、フランスの失業した若者や郊外の移民を調査するなかで、新しい社会運動がトゥレーヌの期待したのとは違う方向に向かっていると考えた。ヴィヴィオルカは、1960年代と70年代における「文化運動」の「第一波」に比べ、80年代の「第二波」が不安をかきたてるような暴力的な実践として現れてきたことを指摘している（ヴィヴィオルカ、2009：32-33）。今日の集団的なアイデンティティ運動は、ル・ペンの国民戦線（FN）やその支持者に見られる排外的なナショナリズム、あるいは、フランスの主流社会に統合されることなく、場合によっては過激なイスラム主義に流れるような移民二世・三世たちの「共同体主義（コミュノタリスム）」というかたちで現れている。こうした運動は、普遍的な連帯の形成には関心を示すことなく、単に自分たちの文化的特殊性を守ろうとしているだけである。いまや社会運動は、自らの「本質」とされるアイデンティティのうちに引きこもり、異質な他者とのつながりを拒むものに変質してしまったように見える。
　アイデンティティ運動が普遍主義を拒否するような文化的特殊主義に陥る危険をよく表しているのが、1980年代以降のフランスで問題となった「新右翼（ヌーヴェル・ドロワ）」と呼ばれる思想潮流である。これは国民戦線のように大衆に浸透したポピュリズム運動とは違い、もっぱら知識人のレベルで展開されたインテレクチュアルな運動であり、今日ではその影響力をほとんど失っているものの、いわゆる「差異の政治」がいかに排外主義に転倒するかを示す例として注目される。
　新右翼の代表的なジャーナリストであるアラン・ド・ブノワは、ドイツの保守法学者カール・シュミットの多大な影響のもと、人権や人間性の名のもとで文化的な差異と多様性を抹消する普遍主義のイデオロギーを攻撃する★3。そして彼は「差異への権利」を掲げて、文化間のアイデンティティの違いを絶対化し、諸文化の共存ではなく、諸文化のすみ分けによる「エスノプルーラリズム」という国際秩序を構想している（ミュラー、2011：225-226）。そこでは、生物学的な人種に代わって文化が本質化・実体化されることで、もろもろの文化は決して互いに混ざり合うことができないかのようにみなされる。こうした思想は結局のところ、ヨーロッパから非ヨーロッパ系の移民を排斥するためのイデオロギーとして機能することになる。こうしてフランス新右翼は、他者との差異を尊重すると言いながら、実質的には他者の差別を行っているのである。

その限りで、新右翼の文化主義的な言説は偽装された人種主義にほかならず、「差異主義的な人種主義」（Taguieff, 1994: 66）や「人種なき人種主義」（バリバール／ウォーラーステイン、1994：37）と呼べるようなものでしかない。

　このように1980年代以降に右翼の側から繰り広げられるようになったアイデンティティ運動も、トゥレーヌが言ったような一種の「反テクノクラート運動」としてみなすことができる。というのも、今日のヨーロッパの右翼ポピュリズムは、ヨーロッパ統合に対する反動として現れてきたという面もあるからである。ヨーロッパ各国の人々が排外的なポピュリズム政党の支持に向かう原因の一つは、自分たちのあずかり知らないところでブリュッセルのEU官僚によってテクノクラシー的に進められるヨーロッパ統合プロセスに対する反発である。もっぱら人、モノ、サービスの移動を自由化する経済・通貨統合ばかりが先行するEUにおいて、そうした政策決定過程から取り残されていると感じた人々が、古いナショナリズムへのノスタルジーに訴えるポピュリズム政治家に引き付けられるのである。必ずしもポピュリズム現象と断じることはできないが、2005年にヨーロッパ憲法条約がオランダとフランスの国民投票で否決されたのも、EUにおけるそうした「民主主義の赤字（欠如）」に一因がある。ポピュリズムはテクノクラシーの裏面を成しているのであり、その限りで、それらはいわば「合わせ鏡の関係」（ミュラー、2017：119）にあると言うことができる。

2・3　ポピュリズムの新たな可能性？

　ところで、1980年代から現れてきたポピュリズムは、それ以前の伝統的なポピュリズムとは性格を異にすることがしばしば指摘されている（森、2008：155-157）。この新旧ポピュリズムの違いは、先に述べたような古い社会運動と新しい社会運動の違いにある程度関連するものであり、階級闘争から文化政治への転換という視点から考察することができる。つまり、新しいポピュリズムは、経済的利害をめぐってというよりも、アントニオ・グラムシ的な意味での「文化的ヘゲモニー」をめぐる闘争として展開されるということである。

　伝統的なポピュリズムは、ある特定の階級や社会階層を支持基盤として持ち、それらの利害を代弁する運動とみなすことができる。例えば、ポピュリズムの元祖とも言えるアメリカの人民党は、19世紀末アメリカの急速な資本主義発展のなかで困窮状態に追い込まれた中・南部の貧困農民層に支持された運動であった。また、第二次大戦後の1950年代にフランス南西部で発生したプジャ

ード運動は、工業の近代化によって没落危機にあった中小零細経営の商工業者の支持を強く集めていた。さらに、1940年代から50年代にかけてのアルゼンチンのペロン政権も、伝統的支配層であった大土地所有者や外国からの工業製品の輸入を批判し、国内の工業発展に力を注ぐことで、下層労働者からの熱烈な支持を受けた★4。これら古いポピュリズムがエリート支配層に対置する「人民」とは、自らの利害が政治に十分に反映されないことに不満を持つ特定の社会集団を意味していた。

　他方で、1980年代以降に台頭してきたポピュリズムの場合は、これとは異なる特徴を帯びている。この新しいポピュリズムは、特定の社会層の経済的利害を代表するというよりは、むしろ文化的アイデンティティの動員を中心的な戦略とする運動とみなすことができる。つまり、ポピュリズムにおいてもまた、文化政治への転換が見て取れるわけである。これは自由民主主義（リベラル・デモクラシー）における代表制の危機に対応した現象である。社会の複雑性が増大していく今日、人々は何が自分の利益であり、誰がそれを代表してくれるのか、ますます見極めにくくなっていく。労働者階級であればその利害は議会のなかで社会主義政党によって代弁されるといった、それまでの単純な利益代表のシステムが機能しにくくなっているのである。

　こうした代表制の機能不全のなか、今日のポピュリズム政治家の支持者たちは、自分の利益の代表者を選ぶというより、もっぱら自らの不満を表出するために投票を行っているように見える。新しいポピュリズムは、ある単純化された敵（支配エリート）に対するさまざまな社会層の不満を一手に集め、さらには、しばしば物質的・経済的な利害という点から見れば互いに対立しているように見える複数の階層もしくはグループから同時に支持を集めている。こうして新しいポピュリズムにおいては、経済的な階級闘争ではなく、文化やイデオロギーを手段としてより多様な社会層を自らのもとに動員しようとするヘゲモニー闘争が重要となるのである。

　イギリスのニューレフトたちはこうした新たなポピュリズムの実践を、1980年代のサッチャリズムのうちに見出すことになる。彼らの以前からの関心事であった文化政治の戦略は、皮肉にもマーガレット・サッチャー首相の右派ポピュリズムにおいて現実のものとなったのである。スチュアート・ホールはこれを「権威主義的ポピュリズム」と呼んで、文化的ヘゲモニーの獲得という観点から分析している。

　サッチャリズムはまず、戦後のコーポラティズム型福祉国家への敵対性を特

徴とする（Hall, 1988: 48-52）。それは、福祉国家的合意の担い手である政治家、官僚、さらには労働組合などを既得権者として攻撃する「反国家主義的な」新自由主義の言説によって、それら支配エリートに反発する人々を糾合する。そのさいサッチャリズムは、家族・国民・文化・伝統といった保守的な「常識（コモンセンス）」や「民衆道徳」に訴えかけ、伝統主義と道徳主義を通じて「普通の人々」を自らの味方とする（Hall, 1988: 142）。ホールの見るところ、これはもはや旧来のマルクス主義のファシズム分析で言われるような、資本主義の危機をイデオロギー的に隠蔽する受動的・防御的反応としての独裁ではない。ここではイデオロギーは単に物質的利害の反映ではなく、新たなかたちで「人民」の合意を打ち立てるための能動的な手段となっている。「イデオロギーが戦場であり、他のすべての種類の闘争はイデオロギーのうちに賭金を持つ」（Hall, 1988: 177）わけである。

　こうしたサッチャリズムの攻勢のなかで、左派の側からも、右派に対抗しうるようなポピュリズム戦略の必要性を強調する声が上がることになる。それが、エルネスト・ラクラウとシャンタル・ムフによる「ラディカル・デモクラシー」のプロジェクトにほかならない。アルゼンチン出身のラクラウはかねてから、ラテンアメリカのポピュリズム現象を観察するなかで、なお階級還元主義的なニコス・プーランツァスのファシズム分析に反対して、階級闘争から相対的に自立した人民＝民主主義的闘争の重要性を主張していた（ラクラウ、1985）。そして、ラクラウとムフの共著『ヘゲモニーと社会主義戦略』（1985）では、経済的利害に基づく古典的マルクス主義の経済闘争に代わり、イデオロギー的な合意を通じて人々の支持を獲得していくヘゲモニー闘争というポスト・マルクス主義的な戦略がはっきりと打ち出される。

　この新たな政治戦略を可能にしたのもまた、旧来の労働運動とは異なる新しい社会運動の台頭である。重要なのは、労働者階級を経済決定論的に特権化することではなく、反人種主義、フェミニズム、エコロジー運動、反戦運動といったさまざまな運動をヘゲモニー的に節合することなのである（ラクラウ／ムフ、2012：349-373）。実際、サッチャリズムは、伝統や家族を重んじる保守的なトーリー主義と、新自由主義という、場合によっては相反するような二つのイデオロギーをうまくつなぎ合わせることによって、反エスタブリッシュメント的な「人民」を構成することに成功した。同じように、左派オルタナティヴとしてのラディカル・デモクラシーも、諸々のアイデンティティのヘゲモニー節合を通じて「われら人民」を構成し、支配ブロックに対抗しなければなら

ないのである。

　いずれにせよ、ムフに典型的に見られるように、ラディカル・デモクラシーにおいては個人主義的・自由主義的な契機よりも、集団的アイデンティティの構成のほうに重点が置かれている。ムフは1980年代以降の新自由主義的なグローバル化を批判しつつ、政治共同体は普遍的な「人類」に基づくのではなく、ある共通性によってまとまった「人民」を前提とすると考える（ムフ、2006：69）。彼女は、カール・シュミットの自由民主主義批判や友敵理論に依拠して、「われわれ」と「彼ら」のあいだに境界線を引く「闘技的複数主義」を提起する（ムフ、2006：156-157）。そこで目指されるのは、諸々のアイデンティティを節合して、そこから闘争のための一つの集団的主体を形成することである。自由主義的な個人の権利よりも、敵対性に基づいた集団的結束を重視するポピュリズム戦略に対しては少なからぬ疑問の声も出ている★5。だが、ラディカル・デモクラシーもまた、社会運動のアイデンティティ・ポリティクス的な転換に応答しようとする試みの一つであることは間違いない。

3　経済的再分配か、アイデンティティの承認か？

3・1　アイデンティティ・ポリティクスへの疑念

　このように、1960年代から70年代の運動を境にして、社会闘争のパラダイムが経済的な再配分をめぐるものからアイデンティティの承認をめぐるものへと変化したということが指摘される一方で、アイデンティティ・ポリティクスばかりが優勢となった現状に対する批判もすでに早い時期から行われていた。それはまず、いわゆる「ポリティカル・コレクトネス（PC）」に対する右派のバックラッシュとして現れてきたのであり、例えば、1991年5月4日に当時のアメリカ大統領ジョージ・H・W・ブッシュはミシガン大学で行った講演のなかで、マイノリティの権利を守るはずのものであったPCが、単に特定の話題をタブー視する不寛容なものになってしまったことに苦言を呈している。そして、この発言をきっかけに起こった論争では、PCやアファーマティヴ・アクションを左翼による伝統破壊とみなして攻撃する保守マジョリティの側のルサンチマンが顕著に現れることになったのである。

　しかし、アイデンティティ・ポリティクスに対する批判は右派の側ばかりでなく、左派のリベラルの側からも少なからず行われている。例えばウェンディ・ブラウンは、アイデンティティの編成は排除を前提しているとみなし、それが

「エスニック化する政治」をもたらしかねないことを指摘している（Brown, 1995: 73-74）。歴史的に「傷つけられた」マイノリティが、同じ人種的・民族的・性的アイデンティティの者たちだけで結束することに救いを求めるならば、社会は互いに理解し合うことを拒否する諸々の共同体に分断されてしまうというのである。

　あるいはトッド・ギトリンも、アイデンティティ・ポリティクスというのは、人々のあいだに「差異」ではなく「共通性」を見出して連帯を作り出す「共通性の政治」を諦めて、社会を様々なアイデンティティごとに分断するような「分離主義」に陥ると批判している（Gitlin, 1994: 157-158, 166）。アイデンティティ・ポリティクスは、かつての左派が持っていた普遍的な人間的解放のビジョンを解体してしまった。このような「共通の夢」が失墜した後に出てきた「多文化主義」は、文化の差異ばかりを強調することで、アイデンティティ同士の対立を激化させる「文化戦争」をひき起こしているというのである（ギトリン、2001：259-275）。ギトリンは、アイデンティティの差異を讃えるばかりでなく、そうした差異を超えた普遍的な連帯を再度打ち立てることを主張する。左派は経済的不平等の問題にもう一度目を向け、再配分を目的とするアイデンティティ横断的な連帯を再建しなければならないというわけである。

　実際、2016年のイギリスのEU離脱をめぐる国民投票やアメリカ大統領選でのトランプ現象は、アイデンティティ・ポリティクスの限界を明らかにしたようにも見える。経済のグローバル化によって苦境に追い込まれた貧困労働者層の多くがブレグジットやトランプを支持したとされることから、これらの投票においては、文化的アイデンティティよりも経済的な利害関心のほうが重要な要因として働いたとみなすこともできる。何人かの論者の指摘するところによれば、多くの人々が排外的なポピュリズム政治家に投票したのは、近年の左派リベラルがアイデンティティ・ポリティクスやPCばかりに拘泥し、貧困や経済的不平等に無関心だった結果であるとされる。例えば、『ガーディアン』紙で論説をしているオーウェン・ジョーンズは、ブレグジットを「労働者階級の反乱」と呼んでいる（Jones, 2016）。ある種の文化エリートとして、労働者階級の排外主義や反移民感情を軽蔑し非難するだけの左派リベラルは、彼らの受け皿にはまったくなりえなかった。もしブレグジットやトランプ現象が置き去りにされた貧困層や労働者層の不満を原動力としたものであったとすれば、それらはいわばアイデンティティ・ポリティクス以前の「古いポピュリズム」の復活であると考えることもできる。そうしてみると、やはりアイデンテ

ィティの承認よりも、経済的・物質的な再配分にこそ、政治や社会運動の本来の任務があるということだろうか。

3・2　初期社会運動における文化政治

だが、そもそも考えてみるべきなのは、経済的な再配分とアイデンティティの承認を対立させるような見方自体がどの程度まで適切なのかということである。「物質主義」から「ポスト物質主義」へのパラダイム転換という観点から古い社会運動と新しい社会運動を対置することは一見分かりやすいが、しかし、歴史的に見ればこうした区別が疑わしいということは、すでに幾度となく指摘されている。古い社会運動はもっぱら経済的要求を掲げるだけで、そこには文化やアイデンティティの承認に関わる要求がなかったというのは一面的な見方である。例えばクレイグ・カルフーンはイングルハートを批判しつつ、19世紀初めごろの初期社会運動にアイデンティティ・ポリティクスとしての性格が強く見られたことを指摘している。「産業化初期の時代は、非物質主義的な運動をとりわけ数多く生み出すことになった」（Calhoun, 2012: 257）。ポスト物質主義は1960年代以降にはじめて現れたものではないし、豊かな中産階級社会特有の現象でもないというのである。

カルフーンの挙げている諸々の例を引き合いに出すなら、まず1800年前後にはメアリ・ウルストンクラフトに代表される初期フェミニズム運動が誕生している。また、19世紀ヨーロッパのナショナリズム運動なども当然、アイデンティティ運動とみなすことができる。あるいは、マルクスとエンゲルスによって「ユートピア的」と評されたロバート・オーウェンらの初期社会主義や、19世紀イギリスのチャーチスト運動などは、決して労働者階級だけにとどまらない多様な社会層の人々に関わる運動として展開された。さらに、19世紀前半のアメリカで起こった宗教的リバイバルとしての「第二次大覚醒」は、反動的な宗教運動という性格はあるものの、黒人奴隷解放運動や女性参政権運動に結びついたという点では進歩的な側面をも持った運動でもあった。

ニューレフトの歴史家E・P・トムスンは有名な著作『イングランド労働者階級の形成』（1963）のなかで、そもそも19世紀前半の初期の労働運動・社会主義運動自体が、単なる経済闘争ではなくて、ある種のアイデンティティ運動であったということを明らかにしている。トムスンによると、労働者階級は、古典的なマルクス主義の教説で言われるような経済的下部構造に基づいて形成されたわけではない。労働者階級というアイデンティティは、単に中立的・物

質的な「客観的な利害」なるものによって規定されているわけではない。19世紀初めの労働者たちは、資本主義発展とそれが引き起こす諸問題に直面するなかで、自らの階級文化、自らの伝統的なコミュニティのあり方を守るための主体的な闘争を展開していたのであり、それはメソジズムのような宗教運動とも結びついていた。ラッダイト（機械打ちこわし）運動のようなラディカルな抵抗は、それがいかに非生産的で退行的なものに見えるにせよ、労働者階級という一つのアイデンティティを形成するのに重要な役割を果たした。「労働者階級の形成は経済史上の事実であると同時に、政治史や文化史上の事実である。……労働者階級は、それがつくられたものであるというに劣らず、自らを形成したのである」（トムスン、2003：227-228）。

　初期の社会運動にもこのようにアイデンティティに関わる文化政治としての側面があったにもかかわらず、あたかも経済闘争だけが古い社会運動の特徴であるかのようにみなされるようになったのは、19世紀後半以降のヨーロッパの社会運動の成り行きが大きく影響しているとカルフーンは指摘している。19世紀の資本主義の発展は同時に大衆貧困の深刻化をも招き、それはいわゆる「社会問題」という言葉で言い表されるようになる。このような物質的欠乏としての社会問題は、人間社会が克服すべき根源的な問題とみなされるようになり、それとともに、その解決のための労働運動や社会主義運動が、唯一本来の社会運動であるとみなされるようになる。そうして初期の社会運動にあった運動の多様性は失われていく。「労働闘争、経済的困窮への応答、社会主義が、ほとんど一つの考え方のうちに、すなわちまさに社会運動なるものの単一性のうちに合流したのである」（Calhoun, 2012: 70, 強調は原著者）。さらに、ここに唯物史観に基づく単線的な進歩の思想が結びつくことで、労働運動や社会主義運動が歴史の発展を主導する前衛としてヘゲモニーを握ることになる。こうして19世紀後半から20世紀前半にかけて社会運動の中心に経済闘争が据えられたことによって、1960年代以前の古い社会運動はもっぱら物質的関心のみに動機づけられていたかのようなイメージが定着したわけである。

　してみると、労働運動と社会主義運動がヨーロッパに比べて相対的に弱かったアメリカの例外性がしばしば語られるが、むしろ社会運動の担い手が労働組合と社会主義政党に独占された19世紀後半から20世紀前半のヨーロッパの状況のほうが「歴史的に特殊で偶然的」（Calhoun, 2012: 280）だったのではないかという見方もできる。経済的利害のみに基づく階級ベースの社会運動の動員がたまたまリアリティを持っていた時代はあったのかもしれないが、実際に

は、物質的利害と文化的アイデンティティは簡単に切り離せるわけではない。「アイデンティティと利益は、一方が他方に順序良く先行しているわけではない。自分たちの利益になるとわれわれが信じているものを獲得するための闘争は、われわれのアイデンティティを形作っているし、同じように、アイデンティティはわれわれが自分たちの利益になると思っているものを規定している」（Calhoun, 1995: 216）。文化やイデオロギーから完全に自由なかたちで認識することのできる客観的・中立的な利害など、そもそも存在しない。

3・3 「承認 vs 再配分」を超えて

したがって、検討されるべきはむしろ、政治実践において物質的な再配分とアイデンティティの承認とはどのように結びつけられるべきかという点である。ナンシー・フレイザーはまさにこうした再配分と承認との統合の問題に取り組んでいる。フレイザーもまた、東西対立終焉後の「ポスト社会主義」時代においては、「承認をめぐる闘争」が「社会経済的な再分配をめぐる闘争」を凌駕したように見えると述べて、アイデンティティ・ポリティクスへのパラダイム転換を指摘している（フレイザー、2003：21）。彼女はこうした「文化論的転回」に批判的だが、とはいえ単純に「文化主義」に対する「経済主義」の優位を主張するわけではない。たとえアイデンティティ・ポリティクスに偏重した現在の状況が好ましいものではないとしても、そもそも再配分と承認をアンチテーゼの関係にあるものとして捉えることは不適切だというのである。

フレイザーによれば、通常、再配分は権利に関わる問題として、カント的な「道徳性」に関連づけられる。他方、承認は自己実現に関わる問題として、ヘーゲル的な「人倫性」との関連で理解される（フレイザー／ホネット、2012：33、40）。つまり再配分と承認は、正義と善の関係として捉えられている。しかしフレイザーは、アイデンティティの承認はそれ自体が目的であるような自己実現に関わる問題とみなされるべきではないと主張する。それはむしろ、平等な社会参加を可能にするための条件という意味において、正義に関わる問題として理解されるべきだというのである。

フレイザーは、参加の平等という正義を実現するためには、「客観的条件」としての物質的資源の配分と、「相互主観的条件」としての人々の相互承認が必要であると主張する（フレイザー／ホネット、2012：43）。社会的弱者はしばしば、不公正な経済的配分と同時に不十分な承認によって苦しめられている。具体的な例としては、貧困層のシングルマザーのケースなどが挙げられよう。

そうしたシングルマザーは往々にして、モラルが低い、性的に放埓、無責任といったレッテルを貼られ、このような道徳的なスティグマ化を通じて自らの貧困状態について自己責任を負わされる。それによって、生活保護等の福祉給付を拒否されたり、あるいは1996年にアメリカで事実上母子世帯をターゲットとするワークフェア政策として導入された貧困家族一時扶助（TANF）のように、彼女が行う子育て等の家庭内労働は正当な仕事として評価されることなく、福祉給付を受ける条件として外での就労を義務づけられたりする。これは、再配分の不平等が、一定の文化的な価値判断もしくは偏見と結びついている事例である。このように特定のカテゴリーの人を誤承認し、参加の平等を妨げている「文化的価値パターン」（フレイザー／ホネット、2012：36）を是正することにこそ、承認の政治が果たすべき役割があるとされる。

　アクセル・ホネットはフレイザーから文化論的転回を代表する理論家としてやり玉に挙げられているが、彼もまた、フレイザーと立場をそう大きく異にしているわけではない。「承認をめぐる闘争」という彼のヘーゲル主義的なテーゼは、一般に理解されているところのアイデンティティ・ポリティクスに尽きるものではない。「再配分か承認か」をめぐるフレイザーとホネットの論争は、再配分と承認の統合の必要性を前提としたうえで、それがいかなる統合であるべきかをめぐって争われているに過ぎない。

　ホネットは、フレイザーが再配分と承認の統合を志向しつつも、理論的には両者を分離する二元論に立っていることを批判する。規範的社会理論の立場に立つホネットは、「文化主義的」一元論というよりも、「道徳的」一元論の観点から再配分と承認を統合しようとする（フレイザー／ホネット、2012：288）。彼にすれば、社会は単に中立的で機能的なシステムではなく、必ず何らかの規範的コンセンサスによって成り立っている。したがって、社会闘争にはつねに「道徳的な文法」がある。つまり、社会闘争は単に経済的な利害対立のみによってひき起こされるのではなく、社会規範への不正が行われたと人々が認識したときにはじめて発生するというのである。ホネットは先述のE・P・トムスンの研究を引き合いに出しつつ、社会運動がそうした道徳的不正へのセンシビリティを伴うことを指摘している。「実際に抗議や抵抗が発生するのは、たいていは、経済的な状態の変化が、暗黙ながらも効力を持っている合意の侵害として経験される場合である」（ホネット、2014：222）。道徳的・規範的な観点を抜きにして、経済的不平等とそれに対する闘争を考えることはできないのである。

フレイザーにおいてもホネットにおいても、承認という契機は、単にアイデンティティを本質化するような「差異の政治」のために必要とされているわけではない。むしろアイデンティティの承認それ自体は目的ではない。再配分と承認を統合する立場からすれば、経済的不平等や社会的排除をひき起こしうるようなアイデンティティ主張は退けられるべきであり、排外主義的・差別主義的なポピュリズム運動に「承認」が与えられてはならないのはそれゆえである。「古い社会運動」と「新しい社会運動」の区別は相対的なものに過ぎず、社会運動においてはつねに物質的な闘争と文化的な闘争が絡み合ってきた。したがって、運動のあるべき姿をめぐる議論は同時に、公正な配分と正当な承認の関係をめぐる議論でもなければならないだろう。

注
- ★1　1950年代のハーバーマスは、東欧やエジプト、トルコ、韓国、日本などに比して、西ドイツのような先進諸国では学生は「機能エリート」としてリクルートされるだけで、政治運動の担い手になることはないと悲観していた（Habermas, 1973: 59-60）。これはもっぱら経済復興が優先されたアデナウアー時代の西ドイツの非政治的雰囲気を受けてなされた発言であるが、60年代に入って西ドイツでも反体制運動が盛り上がるなかで、ハーバーマスは学生運動への積極的な評価を行うようになる。
- ★2　ただしトゥレーヌは、旧来の工業化社会で労働運動がそうであったように、ポスト工業化社会においても諸々の運動がそこに収斂するような単一の普遍的な「反テクノクラート運動」が存在すると考えており、メルッチはこうした「一つの中心的運動」という想定を批判している（メルッチ、1997：266）。
- ★3　ブノワのこうした反普遍主義的な立場は、とりわけその反米主義と結びついている。それは、アメリカが主導する経済自由主義的なグローバル化への批判として展開されると同時に、冷戦後のアメリカがしばしば人道主義的な大義のもとで行った一連の戦争（湾岸戦争、コソボ介入、アフガン戦争、イラク戦争）に対するブノワの批判にもつながっていく。
- ★4　ただし、ラクラウなどはむしろ「ペロン主義」のうちに、階級還元主義では理解できない新しいポピュリズムの要素を見出している（ラクラウ、1985：179-198）。
- ★5　例えばヤン=ヴェルナー・ミュラーは、自由主義と民主主義を対立的に捉えるシュミットのテーゼを批判しながら、「非自由主義的な民主主義」という概念を退けている（ミュラー、2017：65-71）。ミュラーによれば、ハンガリーのオルバーン政権のようなポピュリスト政府であれ、ムフのようなラディカル・デモクラシーであれ、自由主義から切り離された民主主義をそもそも「民主主義」と呼ぶべきではないのである。

参考文献
イングルハート、ロナルド（三宅一郎ほか訳）『静かなる革命』東洋経済新報社、1978年。

第9章　新しい社会運動からポピュリズムへ？

ヴィヴィオルカ、ミシェル（宮島喬・森千香子訳）『差異』法政大学出版局、2009年。
ギデンズ、アンソニー（松尾精文・立松隆介訳）『右派左派を超えて』而立書房、2002年。
───（秋吉美都ほか訳）『モダニティと自己アイデンティティ』ハーベスト社、2005年。
ギトリン、トッド（疋田三良・向井俊二訳）『アメリカの文化戦争』彩流社、2001年。
トゥレーヌ、アラン（寿里茂・西川潤訳）『脱工業化の社会』河出書房新社、1970年。
───（梶田孝道訳）『声とまなざし』新泉社、2011年。
トムスン、エドワード・P（市橋秀夫・芳賀健一訳）『イングランド労働者階級の形成』青弓社、2003年。
ハーバーマス、ユルゲン（長谷川宏訳）『イデオロギーとしての技術と科学』平凡社、2000年。
───（丸山高司ほか訳）『コミュニケイション的行為の理論［下］』未来社、1987年。
バリバール、エティエンヌ／ウォーラーステイン、イマニュエル（若森章孝訳）『人種・国民・階級』大村書店、1997年。
フレイザー、ナンシー（仲正昌樹監訳）『中断された正義』御茶の水書房、2003年。
フレイザー、ナンシー／ホネット、アクセル（高畑裕人ほか訳）『再配分か承認か？』法政大学出版局、2012年。
ホネット、アクセル（山本啓・直江清隆訳）『承認をめぐる闘争』法政大学出版局、2014年。
ミュラー、ヤン＝ヴェルナー（中道寿一訳）『カール・シュミットの「危険な精神」』ミネルヴァ書房、2011年。
───（板橋拓己訳）『ポピュリズムとは何か』岩波書店、2017年。
ムフ、シャンタル（葛西弘隆訳）『民主主義の逆説』以文社、2006年。
メルッチ、アルベルト（山之内靖ほか訳）『現在に生きる遊牧民』岩波書店、1997年。
森政稔『変貌する民主主義』ちくま新書、2008年。
ラクラウ、エルネスト（横越英一監）『資本主義・ファシズム・ポピュリズム』柘植書房、1985年。
ラクラウ、エルネスト／ムフ、シャンタル（西永亮・千葉眞訳）『民主主義の革命』ちくま学芸文庫、2012年。
リン、チュン（渡辺雅男訳）『イギリスのニューレフト』彩流社、1999年。
Brown, Wendy, *States of Injury: Power and Freedom in Late Modernity*, Pronceton: Princeton University Press, 1995.
Calhoun, Craig, *Critical Social Theory: Culture, History, and the Challenge of Difference*, Oxford: Blackwell, 1995.
───, *The Roots of Radicalism: Tradition, the Public Sphere, and Early Nineteenth-Century Social Movements*, Chicago/London: University of Chicago Press, 2012.
Gitlin, Todd, "From Universality to Difference: Notes on the Fragmentation of the Idea of the Left," in Craig Calhoun, ed., *Social Theory and the Politics of Identity*, Oxford: Blackwell, 1994, pp. 150-174.
Habermas, Jürgen, *Kultur und Kritik*, Frankfurt a. M.: Suhrkamp, 1973.
Hall, Stuart, *The Hard Road to Renewal: Thatcherism and the Crisis of the Left*, London: Verso, 1988.

Jones, Owen, "Grieve now if you must – But prepare for the great challenges ahead," in *The Guardian*, 24. June 2016, https://www.theguardian.com/commentisfree/2016/jun/24/eu-referendum-working-class-revolt-grieve（2018年5月1日閲覧）

Matthes, Joachim (Hg.), *Krise der Arbeitsgesellschaft?: Verhandlungen des 21. Deutschen Soziologentages in Bamberg 1982*, Frankfurt a. M./ New York: Campus, 1983.

Offe, Claus, "New Social Movements: Challenging the Boundaries of Institutional Politics," in *Social Research*, Vol. 52 (1985), pp. 817-868.

Taguieff, Pierre-André, *Sur la Nouvelle Droite: Jalons d'une Analyse Critique*, Paris: Descartes & Cie, 1994.

第10章
中国文化大革命における理想と現実

星野 昌裕

はじめに

　1968年あるいはそれも含めた1960年代全体を「時代の転換期」という視点から再考しようとする場合、中国政治の文脈でそのもっとも中心的な位置を占めるのは、なんといっても「プロレタリア文化大革命」であろう。1968年の世界的な変動のなかで、西側諸国の学生運動などでも毛沢東の肖像画が賞賛的に掲げられるなど、世界の社会運動にあたえた影響も大きかった。

　1966年から1976年まで展開された文化大革命は、「混乱の10年」と一言で総括されることが多い。簡潔に説明される高等学校の世界史教科書などでも、表現の違いこそあれ、そのような趣旨で記述されている。文化大革命を一文で説明しようとするなら、それは間違ってはいない。しかし、このような視点に立てば、文化大革命の位置づけは、中国現代史における制定、破壊、回復プロセスにおける破壊の役回りとして強いイメージが与えられることだろう。すなわち、1949年の中華人民共和国建国後、1950年代にはいって社会主義制度などが制定されたが、それら諸制度や伝統文化が文化大革命を通じて破壊され、文化大革命終結後の改革開放時代において、1950年代に制定された制度が回復されたというイメージである。このようなイメージが作られる要因はさまざまだが、その一つとして指摘しなければならないのは、1981年に中国共産党が「歴史決議」を出し、その中で文化大革命を全面的に否定したということがある[1]。しかし、もし文化大革命が単なる混乱の10年であったとしたら、文化大革命を時代の転換期と捉えることはむずかしいだろう。というのも破壊から回復というプロセスにおいては、文化大革命とその後の時代の非連続性が強調されることになるからである。筆者は、文化大革命は単に混乱の10年とい

うことではくくれないと考えている。文化大革命の期間にも、組織や制度が破壊されただけではなく、現在の中国政治を分析するうえで重要な機能を果たす制度が生み出されているケースもあるからである。

　以上のような問題意識を持ちつつ本稿では、本書の趣旨に照らして、中国における1968年および1960年代が時代の転換期であるとすればそれはどのような意味においてそう言えるのかについて、1949年の中華人民共和国建国からの前史を視野にいれながら検討を進めていくことにしたい。

1　中華人民共和国の建国と社会主義体制の変容

　中華人民共和国史、とりわけ毛沢東時代の歴史は振り子のようだと説明されることがある。それは、政策が一方に偏ると次にはその反動で他方へ偏り、さらにはその反動で再び一方に偏るといったように政策が大きく揺れ動くことのたとえである。そうした政策の揺れをいくつかのまとまりにくくるとすれば、まず毛沢東時代と改革開放時代の二つに大別することができる。

　中国共産党史観では、1949年10月1日の中華人民共和国建国から現在までの中国現代史は、1978年12月を境に毛沢東時代と改革開放時代に大別されるとしている。1976年に毛沢東が死去した後の1978年に開催された中国共産党第11期中央委員会第3回総会（中国共産党第11期3中全会）は、1979年以降の政策の重点を社会主義現代化建設に移行することを決めた。1979年以降の時代を改革開放時代と呼ぶのは、農村における人民公社の解体、農業請負制の導入、郷鎮企業等の導入、都市における企業自主権の拡大といった国内体制「改革」と、外資の積極的な利用などを推奨して経済発展を目指す対外「開放」政策が同時並行で進められたからである。毛沢東時代の特徴を後史との関係から浮かび上がらせるのは本書の目的ではないが、1960年代の意味を捉えるためには、毛沢東時代と改革開放時代の境界線を意識しておくことが必要である。もっとも、中国共産党第11期3中全会以前より継続されている政策もあれば、この会議のあとしばらくしてから導入された政策もあり、厳密にいえばこの会議ですべての政策が180度転換されたというわけではないという点も理解しておく必要がある。

　このような点を踏まえながら本節では、本稿がターゲットとする1960年代の特徴をまずは前史との関係から明らかにすることとしたい。

1・1　社会主義体制の確立

　中華人民共和国は1949年10月1日に誕生した。この国家は、中国共産党が中国国民党との内戦に勝利することによって成立したものであり、1949年の時点ではまだ社会主義社会にはなっていなかった。そのため、政治アジェンダにとって重要だったのは、いつ、どのようにして社会主義社会になるかという点にあった。その手がかりとなるのが、新しく樹立されるべき中国のあり方について1940年代に毛沢東が示した二つの論文、すなわち「新民主主義論」と「連合政府論」である。

　1940年1月に発表された「新民主主義論」のなかで毛沢東は次のように語っている。「いまわれわれがうちたてようとしている中華民主共和国（原文ママ）は、プロレタリア階級の指導のもとでの、反帝反封建のすべての人びとの連合独裁の民主共和国でしかありえない」とし、「このような新民主主義国家は、一方では、ふるい形態の、欧米型の、ブルジョア独裁の資本主義の共和国とはちがっている（中略）、他方では、ソ連型の、プロレタリア独裁の、社会主義の共和国ともちがっている」とし、「第三の形態」であることを強調していたのである[★2]。

　また、1945年4月の「連合政府論」のなかで、毛沢東は「一部の人々は共産党が勢力を得ると、ロシアにならって、プロレタリアートの独裁と一党制度がとられるのではないかと疑っている。われわれの答えはこうである。すなわち、いくつかの民主主義的階級が同盟した新民主主義国家とプロレタリアート独裁の社会主義国家とは原則的にちがったものである。したがって、新民主主義制度の全期間を通じて、中国は一階級の独裁および一党が政府機構を独占する制度ではありえないし、またそうであってはならない」[★3]と述べた。

　ここでいう新民主主義とは、政治権力はプロレタリアートが掌握するものの、経済面については資本主義的なメカニズムを制限的に利用して国の生産力を高めようとする段階である。当初、この新民主主義の段階は長きにわたることが想定されていた。しかし、建国後まもなく朝鮮戦争が勃発するなど国内外の環境が大きく変化するなかで、1953年にこの方針が転換され、社会主義社会への道筋である生産関係の変革が急速に実施されると、1956年9月に社会主義社会に突入したことが宣言された。ハーバード大学の教授で文化大革命の起源についての研究で第一人者のロデリック・マックファーカーは、まさに1956年をその起点に位置づけている[★4]。

1・2　社会主義体制の変容

　社会主義社会となった中国には大きな課題があった。それは、マルクスが想定したように、資本主義社会で高度な経済力を持ってから社会主義社会になったわけではなかったことである。前述のように新民主主義の段階とは、政治的にはプロレタリアートが権力を持ちつつも、資本主義的なメカニズムを制限的に利用して生産力を高めようという段階であった。この新民主主義段階を飛ばして社会主義社会に突入してしまったところに中国の大きな矛盾があった。私的所有を否定し公有制を旨とする社会主義制度のもとで、どのようにして経済力を向上させていくか。これこそが社会主義になった中国の大きな課題だったのである。

　そのために毛沢東は、活発な世論を喚起して今後の中国のあり方について自由な発言を呼びかけるようになった★5。1956年の「百花斉放、百家争鳴」がそれである。当初知識人たちはなかなか発言しようとしなかったが、毛沢東からの再三の要請に応じてついに口を開くようになった。しかし、毛沢東にとって思いがけず、そうした議論が中国共産党の一党支配体制に対する批判の色彩を強めてくると、1957年に反右派闘争をしかけて約50万人に「右派分子」のレッテルを貼って政治的にパージした。

　この反右派闘争を通じて、中国共産党の独裁体制と「継続革命論」という考えが強化されていくことになった。毛沢東自らが呼びかけた議論が、毛沢東自身の手によって厳しく取り締まられたことで、反右派闘争は中国共産党への反論を封じ込めるという権威主義的な政治効果をもたらした。また、中国共産党への批判を述べる人々の存在を目の当たりにした毛沢東は、社会主義社会になったあとも政治、思想、文化領域で革命を継続し続けていく必要があるとの認識を深めることになった。

　反右派闘争後も毛沢東は引き続き経済発展を目指したが、その特徴は中国独自の発展方式を模索したことである。ソ連モデルを使った1953年からの第一次五カ年計画を転換し★6、それを代表するのが大躍進政策であり、人民公社の誕生であった。しかし、大躍進政策は数千万人の餓死者をだすなど失敗に終わった。大躍進政策の失敗が政治的な観点から重要な意味を持ったのは、毛沢東と政治的に近い関係にあった国防部長の彭徳懐が、慎重な言い回しながらも大躍進を批判したことで、1959年の廬山会議で毛沢東に批判され失脚に追い込まれたことである。これによって、中国共産党内で毛沢東の独裁がさらに強化された。毛沢東とどんなに近い人間関係であっても、その人物がひとたび毛沢

東を批判すれば、すぐさま政治的に失脚することを見せつけられたからである。
　この時期の地方に目を転じると、1959年3月にチベットで騒乱が発生していることも見逃せない。この騒乱を契機にダライ・ラマ14世はインドへ亡命することになったが、中国、インド、ソ連の三か国関係のなかで、以下で述べる中ソ対立の一因ともなった。中国とインドの対立に同じ社会主義のソ連が明確な中国支持を打ち出さず、中立的な対応をとったことに中国が反発したためである。

1・3　1950年代までの対外関係
　対外関係については、1968年および1960年代を分析するうえで重要なアクターとなるソ連との関係を分析しておこう。
　1945年の中ソ友好同盟条約において、社会主義国のソ連が中国の中央政府と認めたのは、蒋介石の国民党政権であった。こうした事情を背景に当時の毛沢東は、ソ連に対するアンチテーゼとしての意味あいを持つ「中間地帯論」によって国際情勢を認識していた。それは、「米ソ間の矛盾が世界の主要矛盾だというようないいかたは、アメリカと、米ソ間の広範な中間地帯の国家・人民との間の矛盾を覆い隠す」もので、「世界の主要矛盾は「アメリカ帝国主義」と、中国もそこに属する中間地帯諸勢力との間の矛盾」だという認識である★7。しかし、国共内戦でアメリカが蒋介石を支持する以上、「国際的にもソ連は実質的な同盟国」★8ではあった。冷戦が本格化してくると1949年の「人民民主主義独裁について」★9において正式にソ連や社会主義陣営への「一辺倒」政策を宣言し、中立的立場や第三の道の可能性を否定し★10、建国直後の1950年には中ソ友好同盟相互援助条約を締結するにいたった。
　ところが、1956年のソ連共産党第20回大会でフルシチョフがスターリン批判を展開したことで、ソ連との関係が悪化していく。スターリンとソ連の威信に依拠して政権を維持していた国やソ連式の社会主義を追求していた国にとって、ソ連共産党第20回大会でフルシチョフの行った秘密報告がスターリンおよびソ連の実情だとすれば、政権の基盤を揺るがすことにつながりかねなかったからである★11。そのようななかで、中国はソ連に依拠する危険性を感じ、独自の権力の正統性、独自の社会主義の道を模索しはじめたのである★12。
　ソ連との関係が悪化したことで、中国は1950年代後半には全体的に強硬な外交政策をとるようになった。例えば、1958年には台湾が実効支配する金門島を砲撃し、台湾海峡の軍事的緊張が高まった。これは台湾を支持するアメリ

カと、雲南・貴州・四川にまでビラを撒いて「大陸反攻」の気勢をあげていた台湾★13との関係に加えて、悪化しつつあったソ連との関係も影響していた。「中国としては、ソ連の核兵器がどれだけ中国の防衛に役立つか試そうとした」★14からである。この緊張のなかで中国は、「ソ連の核兵器が、中国の安全保障のためにほとんど期待できない」と認識するようになり、中国は核兵器の自力開発にさらに力を入れ始めた★15のである。1959年になるとソ連は、国防新技術に関する協定を破棄して中国に核兵器のサンプル供与を取りやめた。これによって、中ソ関係はさらに悪化した。1959年9月にフルシチョフが中国を訪問したにもかかわらず、共同声明を出せなかったことがそれを示している。

2　時代の転換期としての1960年代と1968年

　第1節で論じたように、1949年の中華人民共和国建国時、毛沢東は新民主主義によるゆるやかな社会改革を目指していたが、1953年を境に社会主義への改造がスピードアップし、当初の予定よりかなりはやい1956年には生産力が遅れた状態のまま社会主義社会に突入してしまった。その後、社会主義システムのもとで中国独自の方式による経済発展を目指していったが、その過程で1950年代の終わりには、大躍進政策が失敗に終わって経済的に厳しい局面に立たされると同時に、毛沢東の独裁が強化されていくことになった。対外的な関係でいえば、この時期の中国の国際情勢認識は、自由主義陣営のアメリカとの距離間よりも、同じ社会主義陣営に属するソ連との距離間で規定される側面が強かった。中国とソ連は、1949年の建国時には蜜月関係にあったものの、1950年代を終える頃には深刻な対立を内包する関係となっていたのである。中国にとっての1960年代は、内政の面でも対外関係の面でも、非常に厳しい環境の船出だったのである。

2・1　1960年代前半の中国をとりまく政治外交
　内政に目を向けると、大躍進政策の失敗による経済の立て直しが急務であった。この任にあたったのは、1959年4月より国家主席となっていた劉少奇と鄧小平であった。なお、毛沢東にかわって劉少奇が国家主席となった点について、毛沢東が大躍進政策の失敗の責任をとって国家主席を辞任したとの議論があるが、この点にはより慎重な分析が必要である。国分によれば、毛沢東は大躍進開始以前から国家主席の辞任を申し出ているうえに、国家主席の辞任が正

式に決定した1958年12月には大躍進が失敗であるとの認識には至っていなかったという[16]。党務と理論活動に専念するために国家出席を辞任したのであって、中国共産党主席というハイレベルの政治ポストにはとどまっていたのである。このことは、文化大革命期における毛沢東の政治パワーを分析する上で重要である。

　劉少奇と鄧小平による経済の立て直しは、いわば資本主義的なメカニズムによる経済振興策であった。この政策のもとでは、個々の農家がそれぞれの生産を請け負い、規定分を上納したあとの余剰は自由市場で売買してもうけることが可能で、その結果経済は急速に回復していった[17]。しかし、1962年1月の中国共産党中央拡大工作会議において毛沢東は自己批判をした[18]ものの、やがて経済政策をめぐって劉少奇・鄧小平との溝を深めた。毛沢東は、1962年9月の中国共産党第8期10中全会で、階級闘争と継続革命の必要性を訴え[19]て、資本主義的な経済政策の行き過ぎに警戒感を示した。

　一方、1960年代初めの対外関係について、前述したソ連との関係以外にも、1959年8月にはインドとの国境で武力衝突が発生するなど、中国にとっては安全保障上の緊張が高まっていた時期であった。1960年のソ連人技術者の引き上げや、1962年には新疆ウイグル自治区住民のソ連への逃亡等も相次いだ。そして1963年には中ソ公開論争、1964年10月16日、まさに東京オリンピックのさなかに原爆実験に踏み切ったのである。

　1960年代前半の中国、とりわけ毛沢東にとっては、国内的な路線対立に加えて、米ソ両国との対立からも孤立を深めていた。文化大革命は国内政治の所産であるとともに、国際社会へのアンチテーゼとしてのメッセージをもつことになったのである。

2・2　文化大革命における1968年

　1000ページを超える『中国文化大革命事典』[20]のなかに「文化大革命」という項目がたてられていないことが示すように、「文革とは、実際には、いくつかの異なるプロセスとメカニズムの集合であり、このことが「文革とは何か」という問いに答えることを困難にしている」[21]のである。

　1966年から1976年まで続いた文化大革命を二つに時期区分するとすれば、林彪が後継者に決まった1969年4月の中国共産党第9回全国代表大会か、その林彪が毛沢東の暗殺を企てたとして死にいたる1971年9月の林彪事件のいずれかで区分することができる。専門的な観点から文化大革命という場合には、

1966年の文化大革命発動からこれらの時期までを指すことが多く、1960年代を分析対象とする本稿もこの時期が重要となる。

1966年5月16日のいわゆる「五・一六通知」を経て、8月の中国共産党第8期11中全会では、「プロレタリア文化大革命についての決定」が採択され、資本主義の道を歩む実権派の打倒と、パリ・コミューン型の新しい権力機構の創出という二つの目標が掲げられた。

前者の実権派の打倒という点では、じつはこの会議のなかで劉少奇の序列が2位から8位に格下げされて、それにかわって林彪が第2位になるとともに、10月には劉少奇と鄧小平は自己批判に追い込まれ、事実上失脚している。また、後者のパリ・コミューン型の権力機構については、翌1967年2月5日に上海コミューンの成立が宣言されたものの、党の指導や軍の存在意義への懸念から、毛沢東はこの動きを否定するにいたった。つまり、1966年8月の「決定」に掲げた二つの目標に焦点を絞るなら、文化大革命は数ヶ月で収束してもおかしくなかったのである。にもかかわらず、その後、派閥抗争、武闘、粛清、迫害といった状況が展開した。

一方、文化大革命中の対外関係の動向について青山は、1966年から1968年まで外交分野で展開された文化大革命の過程を次の五つの段階に区分している[22]。①文革開始当初、外事機構は党主導で運動が展開され在外公館では文革運動への参加が制限。②1966年8月の中国共産党第8期11中全会後、外事機構における文革運動も拡大化。③1967年2月に毛沢東は外交の秩序を重視し外事機構への紅衛兵の立ち入りを禁止。④中央文革の影響が外交部にも浸透し、外交トラブルも激増。⑤外交秩序の回復。このように、外交分野における文化大革命は他の分野に比べて運動の深化が比較的遅く、毛沢東が1967年2月の時点で外交の秩序を重視するとともに中国共産党の指導の重要性を強調するなど収束も早く、こうしたことが、文化大革命期での米中接近（1971年）や日本との国交正常化（1972年）を可能にさせた。

以上を踏まえて、1968年前後の対外関係をみてみよう。岡部によれば、この頃毛沢東は、文化大革命のなかでアメリカよりソ連の方が大きな脅威だという考え方に導かれ、ニクソンの「ベトナム戦争後のアジア」（『フォリン・アフェアズ』1967年10月号）を読んだのち、ニクソンが大統領になればアメリカは対華政策を変更するかもしれないと認識していたという[23]。事実、中国外交部はニクソンが大統領選挙に勝利してすぐの1968年11月26日に米中大使級会談の再開を提案した[24]。

こうした中国の決定に大きな影響を与えたのがソ連であった。チェコスロバキアで起こった「プラハの春」に対して、1968年8月にワルシャワ条約機構軍が軍事介入した。このときソ連が軍事介入の根拠としたブレジネフ・ドクトリン★25は、中国への軍事介入を正当化する根拠ともなりうるもので、これ以後中国はソ連に対して「社会帝国主義」として批判を強めた。1969年3月にはダマンスキー島で中ソ国境紛争が発生するにいたって、中国にとってソ連の脅威は現実的なものとなり、米中接近が加速していったのである。

中国とアメリカの接近が国際関係の政治力学を大きく変えたとすれば、アメリカでニクソン大統領が当選し、またチェコ事件の発生した1968年は、中国をめぐる国際関係を大きくかえた時代の転換期ということができるだろう。

3　ケーススタディを通じた「時代の転換期」の分析

前節までは、1950年代から1960年代にいたる中国現代史を、内政と対外関係の文脈からその全体像の把握につとめてきた。本節では特定のフィールド、具体的には筆者が専門とする民族政策を事例にとってより詳細な分析を通じて、時代の転換期としての1960年代、1968年そして文化大革命を検討することにしたい★26。

3・1　政策の急進化と階級論的認識

1949年10月1日に中華人民共和国が建国されたとき、そのもっとも重要な政治課題は、すでに述べたように、いつ、どのようにして社会主義社会に到達するかという点にあった。それに加えて民族政策の観点から重要な政治課題であったのが、いかに国家統合をなしとげるかという点であった。のちに初代国務院総理となる周恩来は、中華人民共和国の建国直前に「多くの少数民族の住む地域が、なお解放されていない」★27ことにどのように対応するかが重要な政治課題だとして、具体的に次の二つの課題を指摘していた。すなわち、新たに建国される国家は多民族の連邦制によって統合されるのかどうかという課題と、この国家のなかでは少数民族の持つ政治的な権利が自治の範囲を超えるのかどうかという課題である。のちに周恩来はこれらの課題に対して、「今日、帝国主義者が我々のチベット、台湾、新疆を分裂させようとしている。このような状況において、我々は各民族が帝国主義者の挑発に乗らないことを希望する。このため、我々の国家の名称は中華人民共和国とし、連邦とはしなかった」

と国家名称を定めた理由を述べたうえで、「我々は連邦制をとらないが、民族区域自治によって民族自治を行使する権力を認める」とし、少数民族の権利が自治の範囲を超えないという民族政策の基本方針を示した[★28]。

ここで言及されている民族区域自治制度は、少数民族の政治的な権利を擁護することを目指した政策であった。しかし、建国当初に国家統合を進めた内モンゴルなどの少数民族地域には少数民族だけでなく極めて多くの漢族も居住していた。そのため、少数民族と漢族の両者への配慮を盛り込んだあいまいな制度となった。つまり、民族区域自治制度とは、民族自治地方の少数民族を優遇する「民族自治」という理念と、民族自治地方のなかで漢族を含む各民族を平等に扱う「区域自治」という二つの理念を融合した統治システムとなったのである。しかし、実際に政治を動かしていく上で、相互に矛盾し合うこの二つの理念を両立させることは難しく、前節までに述べたような政治路線の「振り子」の影響を受けながら、民族自治か区域自治かのどちらか一方に、政策の重点が置かれることになった。

建国直後の1950年代前半は、相対的には「民族自治」の側面があらわれた時期で、社会主義社会にむけた改革の実施について、少数民族が多く住む地域では慎重かつ緩やかに行う方針がとられた[★29]。少数民族地域では政治、経済、文化の状況が不均衡であると認識されたためである。この方針は、1950年6月に「少数民族問題を慎重に処理することに関する指示」として中国共産党中央から全国に向けて出された[★30]。しかし、慎重で緩やかな方針が指示されてはいたものの、少数民族地域における諸改革は慎重で緩やかであるどころか、中央の方針に反してかなり早く進展してしまったのが実情であった。

社会主義社会への突入が宣言された1956年9月の中国共産党第8回全国代表大会における劉少奇全国人民代表大会常務委員長の政治報告では、3500万人あまりの少数民族のうち、2800万人が居住する地域では集団化による社会主義への改革がほとんど完了したと説明された[★31]。この報告にしたがえば、1956年の時点で少数民族人口のおよそ80％におよぶ地域で社会主義への改革が完了していたことになる。慎重で緩やかな政策というわりには、かなり性急な改革が行われたことを印象づける報告である。

また既述の反右派闘争が1957年6月にはじまると、民族政策の急進化傾向が具体的な運動となって助長されていった。1958年7月に出された青海省中国共産党委員会による循化サラール族自治県「反革命武装事件」に関する報告[★32]のなかでは、民族問題の本質は階級問題であり、階級の本質を把握しな

ければ民族問題を徹底的に解決することはできないと指摘されていた。これは、民族問題の階級論的認識という意味で重要な意味を持つことになった。民族問題を階級問題と結びつける論理は、民族融合論ともあいまって民族政策の急進化を強めていった。民族政策にかかわる指導者の一人は、1958年からの大躍進政策において民族地域の相互援助や相互協力は普遍的で空前の規模だったと評価し★33、諸民族間の関係はいよいよ密になり、民族融合の要素が育ってきていると述べた。また、ここで示している民族融合は強制的同化と異なり、社会主義革命と社会主義建設を通じての民族間の自然な融合であると強調した。しかし、漢族が90％以上を占める中国社会では、民族融合とは事実上、漢族への同化にほかならなかった。

　一方、こうした民族問題の階級論的認識の方向性を修正しようする動きもみられた。たとえば、1962年4月に開かれた民族工作会議では、民族政策が十分に執行されていないばかりか、それに背いた政策が執行されている地域もあると批判したのである★34。しかし、こうした修正の動きは大きなうねりとならなかった。先述した継続革命の重要性が訴えられた1962年9月の中国共産党第8期10中全会では、穏健な民族政策を取り戻そうとした中国共産党統一戦線工作部が投降主義、修正主義路線として批判され、1964年12月には統一戦線部部長の李維漢も批判された。穏健な民族政策を回復しようする動きは、中国政治全体が一層急進化していくなかで挫折に追い込まれたのである。

　こうして文化大革命期には、民族問題の本質は階級問題であるとの言説と民族融合論が強い影響を与え、各地で少数民族の伝統文化が否定され、寺院や仏像といった宗教的建造物の多くが破壊されるにいたったのである。

3・2　文化大革命期における政治指導体制の変容

　現在の中国において、民族区域自治制度を法的に担保しているのは、文化大革命終結後の1984年に制定された民族区域自治法などである。この民族区域自治法は1950年代に制定された民族区域自治実施要綱を原型としているが、じつはこの間の文化大革命の期間に、現在の民族問題を分析するうえで見逃すことのできない運用上の政策転換が起きていた。

　1984年に制定された民族区域自治法では、少数民族に民族自治地方での政治的な優遇策が一定程度保証されている。たとえば民族自治地方の行政トップにあたる自治区主席、自治州長、自治県長には、当地の少数民族を着任させることが決められており、議会についても議会のトップである主任（議長）ある

いは副主任のどちらかに少数民族を着任させることと定めている。しかし現在、こうした民族政策のあり方には、民族自治の形骸化という観点から不満を持つ少数民族が少なくない。というのも、政府や議会は国家あるいは公的機関なため、憲法や法律によって少数民族への優遇策が決められているが、民族自治地方で実際の政治権限を持っているのは中国共産党の書記であり、主要な民族自治地方ほど、中国共産党書記のポストを漢族がつとめている。したがって、民族区域自治法に基づいて政府や議会における少数民族の優遇策が定められているにもかかわらず、実際の政治パワーは漢族が握っていることになる★35。この構図の形成過程を考えるうえで文化大革命は重要な意味をもっており、この点について、内モンゴル自治区を事例に検討してみたい★36。

　文化大革命前の内モンゴル自治区では、古くからの中国共産党員で信頼の厚かったモンゴル族のウランフを中心とした政治体制がとられ、ウランフには内モンゴル自治区の中国共産党第一書記、人民政府主席、軍区司令のポストが与えられていた。ところが、ウランフは1966年8月に文化大革命が発動されると、その直後に劉少奇との関係性から、内モンゴル自治区党組織のなかで最大の資本主義の道を歩む実権派という批判を受けて失脚した。失脚する直前の7月27日には「ウランフの誤りの問題に関する報告」が出され、ウランフが具体的にどんな誤りを犯したのかが書かれている。それによると、毛沢東思想と階級闘争に反対した、民族分裂活動を行って独立王国を樹立しようとした、腹心を自治区の党や政府の要職に優先的に配置して主に漢族幹部に打撃を与えたなど、民族的な観点からウランフを攻撃したことがわかる。このようなことから考えると、少数民族地域の文化大革命は漢族と少数民族との異民族間の闘争のようにみえるが、じつは内モンゴル自治区のトップレベルの政治闘争についていえば、漢族対モンゴル族という単純な民族対抗図式ではなかった。対立し合うそれぞれのグループに漢族もいたしモンゴル族もいたのである。こうした点とも関連するが、内モンゴル自治区の政治展開を通じて明らかになるのは、文化大革命期の政治がどんなに混乱しているように見えても、地方の指導者たちにとって中国共産党中央とりわけ毛沢東の権威がおちることはなかったことである。内モンゴル自治区で対立する二つの派閥は、いかに自分たちが党中央と毛沢東に忠実かというところで権力闘争を展開していた。そのため、中央が正当性を認めた派閥が政治的な勝利をおさめるという構図があり、文化大革命を通じて中国共産党の指導力は弱体化するどころか、むしろ強化される方向にベクトルが働いていたということができる。

モンゴル族のウランフ失脚後、文化大革命を通じて内モンゴル自治区のトップポストが漢族指導者の指定席となっていくプロセスも、このような意味で政治の秩序が保たれていたからと言える。先述のとおり内モンゴル自治区の政治実権は長い間ウランフがもっていた。しかし、文化大革命でウランフが失脚し、1967年11月に内モンゴル自治区革命委員会が設立されると、その主任には滕海清という漢族幹部をあてたのである。ここでいったん漢族の手に渡った内モンゴル自治区の政治実権は、その後少数民族に戻ることはなく、今日にいたるまで漢族の指導者が独占するようになったのである。

　一方、グラスルーツレベルにおいては少数民族に多くの被害がでているのも事実である。文化大革命期の冤罪事件として有名なのが、新内モンゴル人民革命党★[37]掘り出し運動★[38]である。1980年に中国の最高検察庁が報告したところによれば、この運動によって迫害された人物は34万6220人、死者は1万6222人に上ったとされている。また、内モンゴル自治区の党員数と幹部数のデータによれば、1965年には27万9995名だった党員総数は、1976年の文革が終わったときには30万人にまで増えているにもかかわらず、モンゴル族に限って見ると、約4万人から2万3000人へと減少しているのである★[39]。党全体では人数が増えているにもかかわらず、モンゴル族の党員数は減少している。同じように幹部数を見ても、文化大革命終結後は発動前に比べて幹部総数は増えているが、モンゴル族の幹部数は減少している。このことは、前述したような漢族による共産党トップの独占という意味合いにとどまらず、文化大革命を通じてグラスルーツレベルにおいても漢族優位の政治体制が出来上がっていったことを示している。

　このように、文化大革命期における政治指導体制の変動は、今日の民族自治地方の統治構図を検討していくうえで非常に重要な意味を持つことになったのである。

3・3　未精算のままの文化大革命の傷跡

　文化大革命は多くの少数民族に甚大な被害をもたらしたが、なぜこのような被害が起きたのか、またそれは誰に責任があったのかについて、今日にいたってもなお公式に問題の清算がなされていない。

　ただ文化大革命で少数民族が受けた被害を公的に清算するチャンスがなかったわけではない。チベット問題を例にとると、文化大革命終結から10年が過ぎた1987年秋にチベットで騒乱が起きたとき、当時の趙紫陽党総書記は、チ

ベット騒乱は長期にわたる左傾路線の結果、すなわち文化大革命のように社会主義的な原理が前面に出てくるような政治路線の結果であり、文化大革命の時期を含めた過去から積み残した問題を解決するよう指示をだした。ところが趙紫陽が1989年6月の天安門事件で党内の立場が悪くなり失脚してしまうと、この動きも止まってしまった。趙紫陽のあとを受けて誕生した江沢民政権は、1989年10月に「チベット工作会議紀要」を出し、「チベットで発生した騒乱は国内外の勢力が連携して国家を分裂させ、共産党に反対し、社会主義を転覆させようとした厳重な政治闘争である。長期にわたる左傾路線の結果であるとは結論づけられない」として、文化大革命における被害の清算を事実上棚上げにしてしまった★40。

このように未精算におわっている文化大革命の傷跡は、現代の民族政策に不満を持つ少数民族運動と連動する危険性を常に内包している。その意味においても文化大革命は、単なる混乱の10年とは位置づけられないのである。

おわりに

中国現代史において1968年ならびに1960年代という時代は、世界的にきわめて注目をあびた文化大革命によって彩られた時代である。紅衛兵が毛沢東語録を掲げて街を練り歩く姿は、写真や映像によって諸外国に発信され、世界の社会運動に多大な影響を与えてきた。本稿では、中国でなぜ若者達が熱狂してこの運動に参加したのかではなく、諸外国に影響を与えた文化大革命の実像にせまる分析をおこなってきた。そこから明らかになったのは、文化大革命が諸外国の若者を引きつけた旧体制を破壊する革新的な運動のように見えながら、じつは国内的には中国共産党やマジョリティ集団による支配構造が強化される結果をもたらし、対外的には社会主義理念を共有するはずのソ連との対立を深めて、逆にイデオロギーを超えたアメリカと接近するなど、きわめてリアリスティックな政治外交を進めていたことである。

本稿を締めくくるにあたり、2018年の中国政治と文化大革命の関連について示しておきたい。改革開放時代になって文化大革命をふりかえったとき、任期が定められないまま毛沢東個人に強大な権限が集中しすぎていたことが政治制度上の問題と考えられた。そこで改革開放時代のリーダーとなった鄧小平は、中国共産党、国家機構、軍の三つを分権化する政治体制を構築した。意外かもしれないが、中国の政治体制は制度上分権的な性質をいまでももっているので

ある。しかし、1990年代に江沢民が政治の実権を持つようになると、中国共産党総書記が国家主席と中央軍事委員会主席の三権を兼任するようになり、特定の個人に権力が集中するようになった。その仕組みは紆余曲折を経ながらも、胡錦濤と習近平に受け継がれていった。胡錦濤の時代には、明文化されてはいないものの中国共産党リーダーの定年制や、国家機構の任期にあわせるかたちで中国共産党指導者の交代が図られたが、習近平時代に入ってこの仕組みが変わる可能性が出てきた。2018年3月の憲法改正で5年を2期までとする国家主席の任期が廃止されたからである。もともと中央軍事委員会主席には任期がないことから、残る中国共産党リーダーの定年制が改められれば、習近平は任期がないまま今後も継続的に党・国家・軍の三つの権力を保持できることになる。文化大革命からちょうど半世紀を経た2018年は、まさに文化大革命の反省から構築された中国政治の構図を再び大きく変える可能性を秘めることになったのである。

注

★1　ここでいう「歴史決議」とは、1981年6月に中国共産党第11期中央委員会第6回会議において採択された「建国以来の党の若干の歴史的問題についての決議」を指す。「歴史決議」のなかで文化大革命は、いかなる意味でも革命とか社会的進歩ではないとされ、指導者がまちがってひき起こし、それが反革命集団に利用されて、党と国家と各民族人民に大きな災難をもたらした内乱であったとされる。この点については、国分良成「「歴史」としての文化大革命」国分良成編『文化大革命再論』慶應義塾大学出版会、2003年、3-4頁を参照のこと。

★2　毛沢東「新民主主義論」(1940年1月)『毛沢東選集　第二巻』外文出版社（北京）、1968年、479-480頁。

★3　「中国共産党第七回全国代表大会における毛沢東主席の政治報告「連合政府論」」(1945年4月24日)日本国際問題研究所中国部会編『新中国資料集成　第一巻』日本国際問題研究所、1963年、31-32頁。

★4　ロデリック・マックファーカー「文化大革命の起源」国分良成編『文化大革命再論』（前掲書)、18-20頁。

★5　宇野重昭・小林弘二・矢吹晋『現代中国の歴史一九四九〜一九八五　毛沢東時代から鄧小平時代へ』有斐閣選書、1986年、139-140頁。

★6　こうしたソ連モデルからの逸脱は、国内の政治環境のみならず、後述する中ソ関係の悪化を一因とする側面もあった。

★7　岡部達味『中国をめぐる国際環境』岩波書店、2001年、4頁。

★8　岡部達味『中国の対外戦略』東京大学出版会、2002年、47頁。

★9　毛沢東「人民民主主義独裁について　中国共産党二十八周年を記念して」(1949年6月30日)『毛沢東選集　第四巻』外文出版社（北京）、1968年、545-546頁。

- ★10 岡部達味『中国の対外戦略』(前掲書)、47頁。
- ★11 岡部達味『中国をめぐる国際環境』(前掲書)、11-12頁。
- ★12 同上書、12頁。
- ★13 宇野重昭・小林弘二・矢吹晋『現代中国の歴史一九四九〜一九八五』(前掲書)、227-228頁。
- ★14 同上書、227頁。
- ★15 同上書、228頁。なお核開発そのものについては、朝鮮戦争でアメリカによる原爆使用の脅威という教訓から1955年に核開発を決定している。飯塚央子「文化大革命期の核開発」国分良成編『文化大革命再論』(前掲書)、156頁。
- ★16 国分良成編『現代東アジア』慶應義塾大学出版会、2009年、250頁。
- ★17 同上書、251頁。
- ★18 毛沢東「拡大中央工作会議での講話」(1962年1月30日) 東京大学近代中国史研究会訳『毛沢東思想万歳(下)』三一書房、1975年、20-21頁。
- ★19 毛沢東「八期十中全会での講話」(1962年9月24日)、同上書、51頁。
- ★20 陳東林主編『中国文化大革命事典』中国書店、1996年。
- ★21 谷川真一『中国文化大革命のダイナミクス』御茶の水書房、2011年、213頁。
- ★22 青山瑠妙「文化大革命と外交システム」国分良成編『文化大革命再論』(前掲書)、206-207頁。
- ★23 岡部達味『中国の対外戦略』(前掲書)、158頁。
- ★24 同上書、158頁。
- ★25 制限主権論あるいは有限主権論とも言われる。社会主義国で生じた内政上の危機は社会主義国全体の問題で、それを解決するためには軍事力の行使も含む内政干渉が容認され、社会主義全体の問題の前には国の主権は制限されるとの考え方である。猪口孝他編『国際政治事典』弘文堂、2005年、510頁の「制限主権論」の項目を参照のこと。
- ★26 本節の分析には、国分良成・星野昌裕「中国共産党の民族政策 その形成と展開」可児弘明・国分良成・鈴木正崇・関根政美編『民族で読む中国』朝日新聞社、1998年、421-442頁、および、星野昌裕「内モンゴルの文化大革命とその現代的意味」国分良成編『文化大革命再論』(前掲書)、323-346頁の論文を、本書の趣旨に照らして大幅に加筆修正したものが含まれている。
- ★27 周恩来「関於人民政協的幾個問題」(1949年9月7日)、中共中央統戦部『民族問題文献編 一九二一・七一一九四九・九』中共中央党校出版社、1991年、1267頁。
- ★28 同上、1266-1267頁。
- ★29 《当代中国的民族工作》編輯部編『当代中国民族工作大事記 1949-1988』(民族出版社、1989年)、8-9頁。
- ★30 《当代中国》叢書編輯委員会編『当代中国的民族工作 上巻』当代中国出版社、1993年、56-57頁。
- ★31 劉少奇「中国共産党第八回全国代表大会における劉少奇副主席の政治報告」(1956年9月15日) 日本国際問題研究所中国部会編『新中国資料集成 第五巻』日本国際問題研究所、1971年、244頁。

★32 《当代中国的民族工作》編輯部編『当代中国民族工作大事記』(前掲書)、121頁。
★33 毛里和子・国分良成編『原典中国現代史 第1巻政治 上』岩波書店、1994年、179-180頁。
★34 「関於民族工作会議的報告」(1962年5月15日)中共中央文献研究室編『建国以来重要文献選編 第15冊』中央文献出版社、1997年、503-528頁。
★35 この点については、星野昌裕「中国の国家統合と新疆ウイグル自治区の民族問題」佐々木智弘編『現代中国の政治的安定』アジア経済研究所、2009年、86-88頁などを参照のこと。
★36 内モンゴル自治区における指導体制の変容については、星野昌裕「内モンゴルの文化大革命とその現代的意味」(前掲)、326-333頁を参照のこと。
★37 内モンゴル人民革命党は1925年から1930年代初頭までと1945年8月から1947年5月までの間、内モンゴルの民族主義者を中心に結党された政党である。特に後半の1945年から1947年は日中戦争が終わった直後で、中国国内では国共内戦が展開されていた。このとき、内モンゴル人民革命党が中心となって、外モンゴルとの統一による独立や、内モンゴル単独による独立を目指して民族運動が展開された。しかし、ヤルタ協定などの密約もあり、内モンゴルの独立は達成せず、最終的に内モンゴル人民革命党は1947年5月に解散させられ、中国共産党に組み込まれていった。この時期の内モンゴル人民革命党をめぐる政治展開の詳細については、星野昌裕「内モンゴル人民革命党と中国共産党による地域統合──二〇世紀半ばまでの政治展開」アジア政経学会機関誌『アジア研究』第44巻4号、1999年、37-65頁を参照のこと。
★38 内モンゴル人民革命党掘り出し運動とは、1947年に解散しているはずの内モンゴル人民革命党の組織が1960年代になってもその活動を継続しているとの前提に立ち、そこで活動している人物は反共産党的で、反社会主義的な活動を継続している人物であるとして、それらを暴き出そうというものであった。この運動に関する詳細は、星野昌裕「内モンゴルの文化大革命とその現代的意味」(前掲)、333-341頁を参照のこと。
★39 同上、337-341頁。
★40 この時期のチベット問題の詳細については、星野昌裕「天安門事件以後の民族問題とその国際化」日本国際政治学会編『国際政治』第145号、2006年、58-62頁を参照のこと。

参考文献
日本語文献
アジア政経学会機関誌『アジア研究』第44巻4号、1999年。
天児慧『中華人民共和国』岩波新書、1999年。
猪口孝ほか『国際政治事典』弘文堂、2005年。
宇野重昭・小林弘二・矢吹晋『現代中国の歴史一九四九〜一九八五 毛沢東時代から鄧小平時代へ』有斐閣選書、1986年。
岡部達味『中国をめぐる国際環境』岩波書店、2001年。
───『中国の対外戦略』東京大学出版会、2002年。
可児弘明・国分良成・鈴木正崇・関根政美編『民族で読む中国』朝日新聞社、1998年。

国分良成編『中国文化大革命再論』慶應義塾大学出版会、2003年。
―――編『現代東アジア』慶應義塾大学出版会、2009年。
佐々木智弘編『現代中国の政治的安定』アジア経済研究所、2009年。
谷川真一『中国文化大革命のダイナミクス』御茶の水書房、2011年。
陳東林主編『中国文化大革命事典』中国書店、1996年。
東京大学近代中国史研究会訳『毛沢東思想万歳(下)』三一書房、1975年。
日本国際政治学会編『国際政治』第145号、2006年。
日本国際問題研究所中国部会編『新中国資料集成 第一巻』日本国際問題研究所、1963年。
―――編『新中国資料集成 第五巻』日本国際問題研究所、1971年。
毛沢東『毛沢東選集 第二巻』外文出版社(北京)、1968年。
―――『毛沢東選集 第四巻』外文出版社(北京)、1968年
毛里和子・国分良成編『原典中国現代史 第1巻政治 上』岩波書店、1994年。

中国語文献

《当代中国》叢書編輯委員会編『当代中国的民族工作 上巻』当代中国出版社、1993年。
《当代中国的民族工作》編輯部編『当代中国民族工作大事記 1949-1988』民族出版社、1989年。
中共中央統戦部『民族問題文献編 一九二一・七―一九四九・九』中共中央党校出版社、1991年。
中共中央文献研究室編『建国以来重要文献選編 第15冊』中央文献出版社、1997年。

第11章
文化大革命を振り返って
そのスケッチと教訓

王 前

1 個人的体験

　私は文革を専門的に研究している人間ではないが、その最後のころは、すでに物心がついたので、多少印象に残っている。またその後、文化大革命のアンチ・テーゼとして登場した中国の改革開放の時代を経験してきたものとして、当然文革とは何か、否応なしに考えることが多い。言い換えれば、私自身が知っている現代中国を思考する原点となっているのが文革と言っても良い。
　文革中に生まれた人間だが、参加者になるには幼すぎたので、実体験としてはそれほど記憶に多くない。よく覚えているのは、小学1年生のときに鄧小平批判の壁新聞を書いたことである。それはちょうど文革が終わる1976年の春のことだが、ただ先生に言われたとおり、壁新聞の記事として、鄧小平について、今はとても書けない文章を書いてしまったことが記憶に残っている。
　それから、いわゆる四人組が失脚した時。家の近くに幼稚園があって、小学校からの帰りに幼稚園の壁一面に「打倒四人幇」（四人組打倒）というスローガンが書かれているのを見た。四人組の中に毛沢東の夫人も入っている。それは毛沢東の死後たった1カ月ぐらいのことだったので、非常に驚いて、家に帰ってそのことを祖母に話したら、「黙りなさい。そんなことを口にしてはいけない」と言われた。つまり、普通の庶民にとって最初は信じられない思いだったのである。それが文革の終わりを象徴する出来事で、今でも非常に鮮明に覚えている。
　一人の文革の専門家としてではなく、常に現代中国を考えるときの原点とし

ての文革を自分の問題関心の重要な一部として抱いている人文思想研究者として、昨今の研究成果を踏まえながら、文革とは何かを振り返ってみようと考えている。

2　これまでの文革研究

　実体験は非常に限られたものだが、あの時代に生まれ、その後1970年代の末から始まった改革開放を経験して成長してきた一人の中国人として、やはり文革という時代の話は避けられない。現代のフランスの歴史を考える上で、フランス大革命の話が避けて通れないのと同じように、文化大革命に賛同するか否定するかは別として、歴史研究の対象として研究できることはまだたくさんあると思う。

　よくいわれていることだが、文革は中国で起こったことだが、文革研究は外国にある。もちろん、中国で文革に関する反省、批判がなかったわけではない。中国共産党自身も文革を全面的に否定するという非常に重要な政治的文献を、1981年6月27〜29日の間に開かれた第11期6中全会で発表している。その中で、文革は毛沢東が発動し、林彪グループと毛沢東の夫人と他三人からなる四人組に利用されたものであると記している。領袖は、間違いを犯したが、あくまでも偉大な存在で、悪かったのは領袖のそばにいた人たちだという、まさに中国の伝統的な描き方に近いものである。再発防止のために、もっと問題を研究すべきだろうが、大体1980年代半ばごろから、文革を追究すること、研究すること自体がだんだん暗黙の禁止事項となっていった。あえてそれを研究テーマに選ぶ中国本土の学者も減っていった。それをとことんまで追究したら、まさにカール・シュミットが『合法性と正当性』で議論した問題にぶつかることを、みんな分かっているからであろう。

　当時、鄧小平を事実上のトップとする中国共産党の指導部内では、毛沢東をめぐる評価が必ずしも一致していなかった。文革時に投獄され、毛沢東を「暴君」と呼んだ人もいた。しかし、中国共産党の創始者の一人で、中国共産党が指導した革命を成功に導いた領袖の地位を揺り動かすようなこともまたあってはいけない。そこが非常に複雑なところで、統一見解としては、上述の中国共産党中央による公文書に記されているとおりである。それによって、正式な見解が打ち出されたわけだから、それ以上追究されるべきではないような空気があって、だから今日まで、中国国内では本格的な文革研究があまりなされてい

ないわけである。

　国を動乱に陥れ、多くの人が尊い命を失って、中国経済が崩壊寸前までいった。これは中国共産党の機関誌の言葉だが、そんな大きなことが起こったにもかかわらず、その原因をとことんまで追究せず、林彪と四人組が元凶と位置付けたのである。しかし、当時、中国ではよく「いや、四人組じゃない、五人組だよ」という話が出ていたそうである。五人目は当然、毛沢東である。毛沢東が文革の発動者で、彼が指示しなければ、林彪がいくら有能であってもできなかっただろう。もちろん、夫人の江青も動けなかったと思う。毛沢東は自分と一緒に戦ってきた長老たちのグループと、林彪や江青らに代表される「極左」グループ——「極左」という言葉を使っていいかどうか私は非常に疑問に思うが——、いわゆる新しいラジカルなグループをてんびんにかけて、巧みにバランスを取りながら文革を推進していたのである。

　そういう混乱の時代を本来ならもっと研究すべきなのに、今日までに出ている良い研究書は一握りに過ぎない。ハーバード大学のロデリック・マックファーカーとスウェーデンのマイケル・シェーンハルスが一緒に書いた *Mao's Last Revolution*★1、これは『毛沢東 最後の革命』という日本語訳（青灯社、2010）が出ている。その前に出た一番良い本は、同じくマックファーカーが書いた *The Origins of the Cultural Revolution*★2 だろう。その中国語訳は1980年代に出たことがあるが、当時は非常に買い求めにくい本だった。それから、最近非常に活躍しているフランク・ディケーターというオランダ出身で、今、香港大学で教えている学者も *The Cultural Revolution: A People's History, 1962-1976*★3 という本を書いている。

　ディケーターが取り上げた時代はマックファーカーとはちょっと違って、1962年から書き始めたのである。もちろん彼には彼なりの意図があって、彼は中国現代史の三部作を書いている。こういう、光栄な任務とは言いたくないが、学者として本当に魅力的な、まだまだ書けるものがたくさんある課題については、本来、中国の学者が書くべきなのに、彼が健筆を振るってたくさん書いているということ自体は、中国出身の学者としては悔しさを感じている。彼が最初に書いたのは *Mao's Great Famine*★4 である。その中で、いわゆる1961～1963年の三年自然災害について詳しく書いている。この大飢饉に関しては、劉少奇は「これは天災ではなく人災だ。将来、歴史書にあなたと私のこの問題が書かれる」とまで、毛沢東に面と向かって言ったと伝えられている。

　当時、指導部の人たちは、もうその事態の深刻さを知っていただろう。しか

し、民間ではいったいどういうことだったのか、つい最近まであまりよく知られていなかった。共産党のリタイアした古参幹部やリベラルな学識経験者が寄稿している『炎黄春秋』という雑誌がある。2016年7月に編集部の人員調整をさせられて、すっかり別の雑誌に変わってしまったが、前にその副社長を務めた楊継縄（1940-）という有名なジャーナリストのお父さんが、いわゆる三年自然災害のときに飢餓で亡くなっている。そういう家族史があるから、真相を究明すべく、綿密に調べて、『墓碑』という分厚い力作を書いたのである。近年、日本語にも訳されたが★5、彼の研究によると、三年自然災害で亡くなったのは3500万人程度だそうだ。真相は非常に分かりにくいと思うが、平和な時代の1961～1963年の間に、ひどい天災があったわけでもなく、明らかに誤った政策によって、膨大な数の国民が亡くなったのは事実である。これは大躍進政策を主導した毛沢東に大きな責任があるだろう。

いわゆる三年自然災害の後、共産党の党幹部の七千人大会で、毛沢東への責任追及があった。それで毛沢東は形式上第一線から退いた形になり、劉少奇と鄧小平、それから北京市トップの彭真という、後の1980年代に全人代の委員長を務めた人が国政の先頭に立って、実務を牛耳るようになった。毛沢東が自分は権力を失うのではないかという危機感を、だんだん募らせていったのもこの時期からだと言われている。また、共産主義革命に勝利した後、革命の主旨を忘れたとか、官僚が腐敗したようにも、彼の目には見えていたのかもしれない。要するに、単なる権力闘争だけでなく、中国の進路をめぐる理念の違いも文革の重要な起因だと見るべきであろう。

もちろん、私も権力闘争の部分は非常に大きいとは思っている。同時に、毛沢東は一種のユートピア的な社会主義、共産主義の理念を持っていたことも否めない。特に中国の体制の中では、彼の考える正しい政策を実行するための権力闘争は避けられなかったであろう。彼自身は、自分がそれを指導する立場にあるのが当たり前だと認識しており、彼の理念に反対する人たちをイコール、彼自身に反対する人だと考えていただろう。プラトンの哲人王ではないが、聖人が君主を務める中国古代の理想とする指導者のタイプを、彼はまさに体現している。国のトップというポストにも就いていたし、彼の名前を冠した思想が国家の指導思想と定められ、彼自身の理念、思想が社会主義を代表するものだと彼自身は信じていたのである。

そういう思想と権力を一手に掌握している人に反対することは、非常に怖いことである。理屈の面でも通らないし、逆らえない存在になる。しかし、*The*

*Cultural Revolution: A People's History*によると、1956年以降、フルシチョフのスターリン批判をきっかけに、毛沢東の最も信頼する戦友たちが憲法から毛沢東思想に関する文言をすべて削除し、個人崇拝を批判したそうだ★6。それは当時のナンバーツーで既に後継者に指定されていた劉少奇らによるものだと言われている。奇しくも、1945年に延安で開かれた中国共産党第七回全国大会で、共産党が革命の勝利を収める前の重要な大会のときに「毛沢東思想」という言葉を打ち出し、毛沢東思想を確立させたのも劉少奇なのである。

こういう国内の動きに加え、もう一つの衝撃が国外から毛沢東を襲った。それはマックファーカーが1956年から文革のルーツを探し、そこに原因があると言ったフルシチョフのソ連二十全大会である。そこでスターリンの様々な問題が暴露され、それによってソ連型社会主義体制の問題も暴露されたわけである。自分もいつか同じ運命をたどるのではないかと心配し、毛沢東が受けた衝撃は非常にすごかったと言われている。

毛沢東は文革中に「われわれのそばに眠っているフルシチョフ」という言葉を使ったことがある。権力を失う危惧と中国の社会主義の現状、そして彼が正しいと思う理念との間のギャップ。本当はどう考えていたのか、今となって真相を知るよしもないが、結果から見て、あるいはいろいろな文献を読んで、思想と権力の二つの角度から考えれば、大体の原因がつかめるだろう。

こうして、1966年5月16日、中国共産党中央委員会からの通達で、ブルジョア階級の代表などを一掃しようと呼びかけたところから正式に文革がスタートし、2016年で50周年を迎えたわけである。

私が知る限りでは、2016年に日本で最初に文革についてのシンポジウムを開いたのは明治大学である。中国の学者などを呼んで行われた。南山大学は私が知っている二つ目だと思う。他にもやっているところはあるかもしれないが、私が知る限りでは南山大学と明治大学である。非常に意味があるイベントだと思う。

3 文革の本質

文革の本質は一体どのようなものだったのだろうか。多分、これからもいろいろな研究がなされると思うが、文革の本質を非常に鋭く言い得たのは、私から見れば、当時毛沢東の右腕として補佐し、後に1971年9月13日にソ連への亡命を企んだ林彪（1907-1971）だと思う。毛沢東に粛清されるのを恐れて、

夫人と息子の林立果及びわずかの側近と取った行動で、その息子は20代で中国の空軍の重要なポストに就いた少壮軍人であった。それは当然、国防大臣を務めていたお父さんの七光りのおかげである。なぜ林彪がああいう行動に出たのか、今はもちろん大体は分かっているが、林彪事件の内幕は今日でも謎に包まれている部分がある。林彪が乗った飛行機は、イギリスから輸入されたトライデントという当時非常に先進的な飛行機だった。ガソリンが足りなくて途中で着陸せざるを得なくなったとか、機内で操縦士と林彪の側近との間で銃撃戦があったとか、あるいは実はミサイルによって撃ち落とされたのではないかと、いろいろうわさはあるが、いまだに真相は定かではない。

林彪事件は、起こってから1ヶ月後に中国政府から発表があった。外国の中国研究者が中国のことを知るには、特に中国の政治を知るために、例えば人民日報など、かなり硬派の新聞を読まなければいけない。特に文革中にそういう新聞を読むと、当時の指導部の序列などがよく分かるのである。国家指導者の記事は毎日のように新聞に載るからである。そのような中で、毛沢東に次ぐナンバーツーの林彪が1ヶ月も紙面に登場しないというのは、非常に不思議なことである。だから、民間ではいろいろなうわさが流れていたわけである。

最近、中国でも林彪はそんなに極悪の政治家ではなく、むしろ彼は毛沢東の独裁ぶりに堪忍袋の尾が切れて、最後に立ち上がった軍人の代表格ではないかと、林彪を再評価する声もある。林彪の汚名を返上すべきだという声が上がっているのだが、そんなことをすると党の象徴である毛沢東に更にダメージを与えることになるので、多分、無理だろう。

ただし、歴史はやはり複雑なもので、林彪には林彪の言い分がある。彼は毛沢東の手と足となって戦友たちを多数失脚させたので、最後に生き残った自分も逃げられないと、自分の運命をもちろん分かっていた。彼は極めて頭がよくて、軍事の天才と呼ばれている。毛沢東に中国義勇兵の指揮を頼まれた彼は断って、朝鮮戦争に行かなかった。党主席の指示に従わなかったことは、そういうところにも彼の戦略家としての鋭さが感じられる。

林彪事件が起こった後、「五七一工程（プロジェクト）紀要」という秘密文書が毛沢東の指示で公にされた。「五七一」は「武起義」と発音がほぼ同じで、クーデターの意味である。それは林彪一派が企んでいたクーデターの秘密メモのようなものだと言われているが、それには思わぬ効果があった。確かに公表によって林彪一派がクーデターを企んでいたことは知れ渡ったが、同時にそこにある彼らが毛沢東の独裁ぶりを批判する言葉も当時の普通の中国人に知られ

たのである。それによって、見事に文革の本質が明らかになった。だから、今振り返ると毛沢東がその公表を許可したことは、彼へのダメージが大きかったけれども、そうしないと自分の指名した後継者を批判するには国民に信じさせる証拠が足りない。つまり、それを公表しないと林彪が極悪政治家であるというイメージを定着させることができないし、まさにジレンマであろう。私は、林彪一派は文革の本質の一部をかなり正確に捉えていたと思うのだが、そういう資料も文革を理解する上で非常に役に立つと思う。

　林彪事件によって、毛沢東の老衰が進んだといわれている。何といっても昨日まで自分に最も忠実な戦友であり、党の規約で後継者に指名されたナンバーツーの人が国を裏切り、党を裏切ったわけである。それも、毛沢東が当時一番嫌っていた国に亡命することを企んでいた。こんなに危ない敵がまさにすぐそばに眠っていたということを、偉大な領袖は何十年にもわたって気づかなかったのである。これは偉大な領袖にとってはのみ込み難い恥である。だからこそ、毛沢東にとって林彪事件の打撃は大きかったと思うが、林彪事件によって党幹部だけでなく普通の中国人にも、文革は一体どういう騒ぎだったのかが完全に理解できるようになった。文革を経験した人の文章を読むと、1976年を待たずして、あれで目が覚めたと多くの人が書いている。まさに目からうろこが落ちたという感じであろう。

　2016年10月に明治大学で発表した徐友漁は中国社会科学院哲学研究所の研究者である。彼のような、当時20代でよく勉強していた若い知識人の中には、熱狂的になった一時期が過ぎた後、早く目覚めた人たちもいた。ただ、この世の中で起こり得ないような林彪事件が起こったのが決定的だったと思う。どんなに政治に疎い人間でも、あれで目覚めないはずがない。その衝撃は、トランプが米国の大統領に当選するよりもっとすごかったかもしれない。トランプの当選は、多くの人にとってはアンビリーバブルと思われているだろうが、民主的な手続きを踏んだものである。しかし、林彪事件は、私はもちろん当時まだ幼かったのでそのこと自体知らなかったが、大人にとってはものすごい衝撃だったと想像できる。

　それによって正式に文革が収束したわけではないが、1976年1月に周恩来、7月には朱徳という人民解放軍の元老、9月には毛沢東と、1年の間に3人の中華人民共和国をつくった主要なリーダーが世を去って、私も当時子供でありながら、多くの人と一緒に泣いた。ニュースを見て、「ああ、これから中国はどうなるんだろう」と、多くの人が心配していた。毛沢東がいなくなっても、別

に中国が崩壊したわけではないことが、しばらく経ってからみんなわかったけれども。10月に、四人組が逮捕されることによって、文革が終息したとされている。

4 文革のポジティブな側面？

　中国史上、少なくとも現代史を振り返ると、文革のような狂気に満ちた時代はなかったと私は思う。狂気の沙汰としか言いようがない。なのに、ポジティブな側面があるのだろうか。
　中国共産党自身もそれを完全に否定した文革のことだから、我々も同意すべきだというよりも、実際、文革は中国の経済や社会などを崩壊の直前まで追い込んだ事件だったので、完全に否定してもまったく厳しすぎることはない。もちろん、その10年の間にまったく発展がなかったわけでもない。経済は崩壊の寸前までいってしまったが、例えば核兵器の開発など、軍事面は全く怠らなかった。もちろん毛沢東はそれを全部コントロールしていたし、米国との国交回復など、外交面でも非常にしたたかであった。振り返ってみると、毛沢東のことを嫌う人でも、あのやり方は戦略家としてしたたかだったと言っている。また、彼は世界戦略の一つとして日本との国交回復も実現させた。そういうポジティブな部分は全くないとは言えないし、いろいろな角度から再評価はできると思う。アイロニーに聞こえるかもしれないが、ある意味では今日の中国の経済大発展があるのも文革のおかげだと言える。
　ある中国の学者は今日の中国の拝金主義、物質的な豊かさを追求することを人生の至上命題と思うような状態をつくったのは文革であると言っている。要するに、あの時代に人間の欲望が非常に抑圧されていたので、一気にその反動が出たのである。今日の中国経済大発展をもたらした一つの重要な要因であり、最大の功績とも言える。そういう意味では、文革という現代中国史上最大の動乱期に、完全にネガティブなことしか存在していなかったとは、言えないだろう。

5 今、文革を考える意味

　文革が終わって、40年以上経っている。改革開放という新しい時代もそろそろ四十年になる。文革に関する非常に詳しいデータ、エピソード及び分析は、

第11章　文化大革命を振り返って

フランク・ディケーターの *The Cultural Revolution* とマックファーカーの *Mao's Last Revolution* にたくさんあるので、省かせていただく。私は到底そうした専門家の足元にも及ばないが、今、文革を振り返る意味は何かというと、大雑把に私が理解した話として言えることは――別に新鮮味があるとは思わないが――、文革の土壌は消えていないことを指摘したい。最近、幾つかの政治の動向を見て、一部のオピニオンリーダーからは、文革が再来するのではないかと危惧する声まで出ている。

しかし、何といっても今の中国の指導部は、文革のとき苦労した人が多い。総書記の習近平も文革中に父親が迫害された人である。習近平の父親は、1980年代に大きな影響力を持っていた8人の長老の中で、鄧小平に対してちゃんとノーと言えた人だった。8人の長老の中で、陳雲は鄧小平とほぼ同格なので、経済改革をめぐって意見が異なることがあっただろうが、その中で習近平の父親は、当時のリベラルな路線を歩む総書記胡耀邦が失脚したとき、異を唱えたそうだ。そういうこともあって、習近平体制になると中国はもっとリベラルな方向に向かうのではないかと期待されたわけである。

しかし、この数年間でだんだん知識人の読みが変わってきた。毛沢東を偲ぶ人が増えたりするなど、時代の逆戻りのような傾向が見えたりする。これも多分、われわれが今日、文革を語る意味であり、リアリティである。要するに、文革が終わった後、問題の根源がどこにあったのか、徹底的に追究して、その再発防止を本気で考えることは結局あまりなされなかったから、そういう問題がまた浮上してきたのであろう。だから、文革研究は外国にあるといわれたわけである。しかし、そのツケがいつかは回ってくる。そう考えると、文革は決して過去の遺物にはなっていないと思われるわけである。

総括として言えるのは、文革の教訓を学ぶことは、中国社会の今後に非常に影響する重要なことである。もちろんわれわれ研究者は現実社会を直接動かせるわけではない。しかし、真相を伝えること、本当のことを言うことが、変化の第一歩につながるのではないかと思う。そう考えると、オランダやハーバードの学者など外国の研究者に文革の研究をお任せしていては、ちょっと恥ずかしい思いもする。だからといって明日から文革研究者に転向すると言いたいわけではないが、私が申し上げたいのは、真相を追究することが必要だということである。

中国のメディアは一時期、日本に対して歴史を直視しなさいと言っていた。私はどこの国にとってもそれが必要だと思う。過去の間違いを繰り返さないた

めに、いうまでもなく、理性的に思考することが非常に重要で、その第一歩は、歴史をちゃんと客観的に見ることであろう。文革に関して言えば、そうすることによって、一つは現代の中国を理解するのに役立つし、これから中国はどういう方向に向かうのかを考える上でも参考になるのではないかと思う。

注

- ★1 Roderick Mcfarquhar, Michael Schoenhals, *Mao's Last Revolution*, Belknap Press, 2008.
- ★2 Roderick Mcfarquhar, *The Origins of the Cultural Revolution*, Columbia University Press, 1974, 1983, 1999.
- ★3 Frank Dikötter, *The Cultural Revolution: A People's History, 1962-1976*, Bloomsbury, 2016.
- ★4 Frank Dikötter, *Mao's Great Famine, The History of China's Most Devastating Catastrophe, 1958-1962*, Bloomsbury, 2011. 三部作のもう一冊は、*The Tragedy of Liberation, A History of the Chinese Revolution,1945-1957*, Bloomsbury, 2013.
- ★5 楊継縄（伊藤正他訳）『毛沢東大躍進秘録』文藝春秋、2012年。
- ★6 前出、*The Cultural Revolution: A People's History*, p.xii.

参考文献

中国語

唐徳剛『毛沢東専政始末（1949-1976）』台湾遠流出版社、2005年1月。
楊継縄『天地翻覆：中国文化大革命史』（二巻）、香港天地図書有限公司、2016年12月。

欧文

Dikötter, Frank, *Mao's Great Famine, The History of China's Most Devastating Catastrophe, 1958-1962*, Bloomsbury, 2011.
―――, *The Cultural Revolution: A People's History, 1962-1976*, Bloomsbury, 2016.
Mcfarquhar, Roderick, Michael Schoenhals, *Mao's Last Revolution*, Belknap Press, 2008.

第12章

小笠原諸島における1968年
施政権返還後の父島と硫黄島の変遷

真崎 翔

はじめに

　1968年は日本にとっても特別な1年である。1967年11月に佐藤栄作首相とリンドン・ジョンソン大統領との間で行われた日米首脳会談において、1945年以来占領され続けていた小笠原諸島の早期返還が米国から確約された。そして、翌年6月26日に、小笠原全島の施政権が日本に返還された。小笠原諸島は2018年で復帰から半世紀を迎える。本稿は、小笠原の記念すべき復帰50周年に寄せつつ、半世紀を経てもなお未解決の問題を洗い出したい。小笠原諸島において戦前に最も人口の集中していた父島と硫黄島を取り上げ、返還の前後で父島と硫黄島の島民たちの生活がどのように変化したかについて論じ、両島民の置かれた状況を比較したうえで、それらの島々に住んでいた人々にとって1968年がどう定義づけられるのか検討する。

　本稿に関係のある小笠原諸島の先行研究を二つに大別できよう。国際関係の文脈で小笠原を論じる研究と、島民の経験や生活に軸を置いた研究である。前者の代表的研究者は、日米の国内事情と日米を取り巻く国際情勢を視野に入れ、小笠原返還に至る通史を多角的に論じたロバート・エルドリッヂである[★1]。近現代の世界史に見事に小笠原を位置づけつつ、島民一人一人の経験を丁寧に論じた研究者は、石原俊の他にいないと言える。石原は、人種差別や帰島問題など小笠原諸島の抱えた、あるいは現在も抱える問題を、国際的な視座に立ちつつ、中央になかば従属せざるを得ない島嶼地域特有の問題としても論じた[★2]。本稿では、先行研究の成果を踏まえながらも、硫黄島を小笠原諸島の戦後史に

包摂するのではなく、返還後の父島と硫黄島の非対称性に焦点を当てたい。

1 戦前期

1・1 戦前の父島

父島は、貴重な海洋生物を育む美しい海に囲まれている。島民らの献身的な努力と特異な自然条件により、父島の希少な生態系は守られてきた。2011年の小笠原の世界遺産登録は、小笠原の稀有で美しい自然環境が世界的に評価されたことの証左である。父島の世界的に特筆すべき点は自然だけにとどまらない。父島は「すでに伝統的な社会制度や前近代的な国家体制が存在した世界の多くの島々と異なり、海のグローバリゼーションの前線」と位置づけられる[★3]、歴史的重要性を秘めているのである。定住者がおらず、いかなる国家にも帰属していなかった小笠原諸島が欧米人や太平洋諸島民らによる入植を経て日本に編入される過程についてはすでに石原の優れた先行研究があるため、本項では概略的に述べるにとどめたい。

太平洋を航海する船乗りに小笠原は知られており、定住者はいなかったが海難事故や薪水の補給等による一時的な上陸は行われていた。最初の入植者は日本人ではなかった。石原によると、駐ホノルル英国領事の支援を得て組織した25名の移民団が小笠原への最初の入植者であった[★4]。そのうち、欧米人は5名であり、その他はオアフ島から勧誘されたハワイ人男性7名と女性13名であった[★5]。1830年6月26日に父島への入植が開始されたが、実質的な統治は長年行われず、捕鯨船乗りの寄港地として無政府状態ながら発展していった[★6]。

マシュー・ペリー提督は、浦賀への「黒船」来航の前の月である1853年6月に父島に到着した[★7]。米国艦隊による父島寄港の背景には、1950年にハワイ王国ホノルルに貯炭所を確保したのに引き続き、太平洋航路において新たな貯炭所を求めたからであると石原は指摘する[★8]。米国艦隊の上陸時、欧米系入植者で生き残っていた者は、ナサニエル・セーヴォリーだけであった[★9]。ペリーは米国海軍が使用するための貯炭所や事務所を建設するために、セーヴォリーの土地を50ドル分買い上げるとともに、小笠原諸島におけるペリー指揮下の合衆国艦隊隊員に任命した[★10]。浦賀来航からおよそ3ヶ月、1853年10月に、ペリーは部下に小笠原諸島の領有を宣言させ、父島に「入植者機構」を設立し、セーヴォリーを「行政長官」に任命し、米国による実効的支配を確立しようと努めた[★11]。

他方で、日本が小笠原の領有権獲得のために入植を開始したのは、最初の入植から30年以上経過した1862年であった。1876年12月、明治政府は小笠原群島の領有を主張し、米国と英国は日本による領有宣言に異論を唱えなかったとエルドリッヂは主張する★12。小笠原群島が日本領へ編入されると、かねてから小笠原に居住していた住民は日本に帰化した★13。つまり、小笠原諸島民が日本の他のいかなる地域にも先駆けて、多様な人種的あるいは民族的な背景をもつ人々から構成されたのである。こうした状況は、当時世界的に高まりつつあり、そして1968年研究とも無関係ではない難問を日本に突きつけた。すなわち、ナショナリティの問題である。折しも日本においてナショナリズムが高まり対外的拡張が断行されていくなかで、この問題が父島において顕在化していく。

1・2　戦前の硫黄島

父島の場合とは異なり、戦前の硫黄島について知ることは難しい。集団疎開が行われた1944年の全小笠原諸島民7711名★14のうち、硫黄島民は1164名であった★15。島民人口の大多数が父島と母島に集中していたことに鑑みると★16、戦前の硫黄島の歴史を語り継ぐことのできる者の絶対数がそもそも多くないのである。さらに、軍属として現地徴用されるなどして人口の約7分の1にあたる160名の男子が激戦の予想された硫黄島に残留させられ、そのうち103名が凄惨な硫黄島における地上戦に動員され、驚くべきことにわずか10名しか生き残ることができなかった★17。硫黄島については「戦争がなくても既に地獄だった」★18、「人を寄せ付けぬ灼熱の島」★19、あるいは「水が乏しく耕作も不可能な焦熱の島」★20という印象が固定化している。いずれも、硫黄島に外部からやって来た軍人の目線で、「硫黄島の戦い」の惨劇を強調する時に用いられる言説である。他方で、硫黄島について島民の目線で語られることは少なかった。

石原や夏井坂聡子による新たな研究が、硫黄島に対する誤った先入観を修正している。とりわけ、夏井坂が著し、全国硫黄島島民の会が刊行した旧硫黄島民によるオーラルヒストリーを含む年代記★21は、戦前の島での暮らしぶりを知るうえで大変参考になる。本項では、旧島民の証言録に依拠しつつ、戦前の硫黄島の歴史を概述する。

硫黄島は1543年にスペイン東洋艦隊に発見された後、1779年にイギリスの第3次探検船に再発見され、Sulfur Island、すなわち「硫黄の島」と名づけ

られた★22。ただし、両国は本国から遠く離れた火山列島に利用価値を見出せず、硫黄島の領有は主張されなかった★23。日本による小笠原群島の領有宣言から11年が経過した1887年11月に、東京府知事であった高崎五六率いる南洋使節団による探査を経た後、1889年から数名の入植が開始され、1891年に火山列島が日本領に編入された★24。1895年には1世帯6名に過ぎなかった硫黄島の人口は、1920年には169世帯983名に達し、1936年には島民人口が1000名を超えていた★25。

硫黄島には河川がなく水が乏しかったが、1000人以上の島民が野菜や果物を栽培して豊かな食生活で自給自足するだけのゆとりは十分にあった★26。また、家畜や海産物が島民のタンパク源となった★27。硫黄島での生活水準が本土と遜色なかったと証言する旧島民は少なくない。1930年に硫黄島の南部落で生まれ、15歳で本土へ強制疎開させられた、全国硫黄島島民の会前会長であった山下賢二さんは、戦前の硫黄島では本土の都会と変わらない食生活を送ることができたと回想する★28。1929年に硫黄島の北部落で生まれ、15歳で本土へ強制疎開させられた渡部敦子さんは、硫黄島の文化や教育が本土の都会並みであり、本土の疎開先の生活水準の低さに驚いたと述懐する★29。

硫黄島の人口増加や旧島民による証言は、戦後に旧島民ではない人々により形成されてきた言説とかけ離れている。突如として島に駐留しはじめた2万名を越える日本兵の渇きを潤すことができるほどの水はなかったが、1000名を超える島民が経済活動に従事し、本土と遜色のない生活水準を維持できたのである。1年足らずで島の居住者が20倍以上に膨れ上がったという状況が不自然だったのであり、水不足はその当然の帰結であった。

2 戦争の経験

2・1 父島の場合

父島は、日本のいかなる地域よりも多文化社会であったため、どのグループを軸に歴史を叙述するかによって、戦時中の「島民の経験」が大きく異なる。島で現地徴用された、あるいは本土へ強制疎開させられたという経験の共有はあるものの、軍の支配する島に残ることも、訪れたことのない本土へ「送還」されることも、外見上の特徴などから欧米系島民には特に困難であった。1968年研究という本書のテーマに親和性があるため、本項では欧米系島民の戦争体験、とりわけ人種差別体験について論及する。

第 12 章　小笠原諸島における 1968 年

　日本の帝国主義による拡張と小笠原諸島の軍事化は軌を一にしている。1920 年に日本は父島の要塞建設に着手し、翌年から父島に軍政が敷かれた[30]。1934 年の国連脱退にともない、日本はワシントン海軍軍縮条約の破棄を通告し、1936 年に条約上の義務が失効するまでの間も要塞化を推し進めた[31]。父島の軍事化にともない欧米系島民の苦境が始まった。石原によると、1930 年代あたりから、父島の要塞司令部の憲兵が欧米系島民宅を連日のように巡回し、時には理不尽に連行するなどして厳しく監視した[32]。フレデリック・セーヴォリーさんは、日本軍が「家族や、ほかの白人系の小笠原原住民にずっと無慈悲だった」と証言する[33]。1941 年 7 月には、要塞司令部から日本国籍者である欧米系島民らに対し、戸籍名を日本風に改名するよう事実上の命令が下されたという[34]。

　1944 年 4 月、小笠原諸島民の内地への強制疎開が本格化した[35]。4 月から 7 月までの間に、小笠原群島の居住していた 6457 名のうち、5792 名が内地に疎開した[36]。後に小笠原諸島が激戦地になることに鑑みると、強制疎開はやむを得なかったかもしれない。ただし、多くの島民を現地徴用するという選別的な疎開方針が、島民を分断した。着の身着のまま本土へ疎開させられた島民たちの窮状について、石原は以下のように論じる。

> 両諸島の住民は、携行を許されたわずかな荷物を除いて、家屋・畑・船舶やそれに付随するすべての財産の放棄を余儀なくされた。……小笠原諸島や硫黄諸島からの強制疎開は実質的に強制追放であり、これらの群島の住民は〈疎開難民〉となったのである。両諸島民は、長年作り上げてきた生活・生業の基盤を国家によって根こそぎにされ、難民化させられたのである[37]。（強調原文）

　疎開者のなかでも、とりわけ欧米系島民にとって戦時中の日本本土で生きていくことは苦難の連続であった。例えば、外見的特徴から食糧を売ってもらえない場合があった。疎開者の一人であるチャーリー・ワシントンさんやモーゼス・セーヴォリーさんは、本土の農民たちに冷遇され、何も売ってもらえなかったと訴える[38]。ワシントンさんは、英語を喋っているという理由から警察の取り調べを受けた[39]。また、本土に墜落して逃走していた米兵と間違われ、ロジャーズ・セーヴォリーさんは近隣住民に竹槍で刺され、警察に一時的に拘束された[40]。

軍の支配する父島において、日本国籍者であるために軍属として現地徴用された欧米系島民も、日本人として扱われなかった。軍属として父島に残留させられた欧米系島民5名のうちの一人であるジェフレー・ゲレーさんは、米軍による空襲時に「人間の盾」として防空壕の外の柱に縛り付けられたと証言する★41。欧米系島民は日本国籍者であり、法的地位に他の日本人との差異はなかった。それゆえ強制疎開や戦時徴用の対象とされたにもかかわらず、欧米系島民は人種差別にともなう直接的あるいは間接的な暴力を受けたのである。

2・2 硫黄島の場合

硫黄島について日米を中心に研究がなされてきたが、その多くは戦史あるいは従軍兵士の回想録であった。現地徴用された硫黄島民に関する研究は少なく、近年に至るまでその存在が歴史の叙述から欠落していたと言ってよい。小笠原諸島の体系的な通史を記したエルドリッヂは、硫黄島の島民について、日本政府が全ての硫黄島民を疎開させたことによって「一つの潜在的な悲劇を避けることができた」と主張する★42。しかし、石原の研究や旧硫黄島民の回想などから、それが事実とは大きく異なることが明らかになってきた。本項では、島民の回想録に依拠しつつ、「硫黄島の戦い」という光の影となってきた島民たちの戦争体験について論考する。

ワシントン海軍軍縮条約に加盟していたにも拘わらず、日本は1933年から硫黄島の千鳥が原に海軍の飛行場を増設していった★43。山下さんや渡部さんは、ともに戦争がなければ硫黄島が「楽園」であったと口を揃える★44。渡部さんによると、6年生の時に学校へ行くかわりに勤労奉仕として千鳥が原の飛行場建設に駆り出されたという★45。渡部さんの自宅の一部は軍の宿舎として接収され、軍の無線機が据えられていたために米軍による艦砲射撃で「跡形もなく吹き飛ばされ」たという★46。

「硫黄島の戦い」を経験した旧硫黄島民の声はあまり残されていない。しかし、親族による生々しい体験から窺い知ることができる。硫黄島出身で15歳の時に強制疎開した川島フサ子さんは、軍属として島に残された20歳と18歳の兄を亡くした★47。また、硫黄島で生まれ育った佐々木ヨネ子さんは、1943年に島民の持丸信雄さんと結婚するも、翌年の疎開命令により、持丸さんは残留したが佐々木さんは臨月間近で本土へ命懸けの疎開をさせられた★48。その後、生まれてくる我が子を一目見ることも叶わず、持丸さんは戦争に巻き込まれ死亡した★49。佐々木さんの兄である孝一さんと弟の徳治さんも、島で戦火に巻

き込まれ命を落とした★50。持丸さんの遺骨は玉名山に埋葬されたと佐々木さんは聞いたが、具体的な場所は分からず、また弟の遺骨は帰還したものの、兄の遺骨はまだ戻っていない★51。

　硫黄島の玉名山部落で生まれ強制疎開を経験した原ヤイ子さんは、戦後、硫黄島における地上戦に参加させられ生き延びた原光一さんと結婚した★52。ヤイ子さんによると、光一さんの壕にいた日本兵はみな手榴弾で自決し、光一さんだけ米軍の捕虜になって助かったそうである★53。しかしながら、同じく軍属として島に残された光一さんの弟は、どこで亡くなったのかも分からないという★54。

　1924年に硫黄島の西部落で生まれ育った須藤章さんも、硫黄島に残留して壮絶な地上戦から生還した10名のうちの一人である。須藤さんのおじは、米軍による攻撃で1944年11月頃に死亡し、いとこ当時17歳であった弟の雄三さんは「硫黄島の戦い」で戦没した★55。軍事訓練を受けたこともなければ手榴弾すら持たされなかった雄三さんは、軍人に「切り込みに行って帰ってくんな」と命じられ、須藤さんに別れを告げに来た★56。須藤さんは、それ以来弟の姿を見ることはなかった。そして「硫黄島の戦い」が終わった後の1945年4月に米軍の捕虜となり、翌年4月に生まれ故郷ではない本土に「帰還」した★57。現地徴用され戦争から生還した須藤さんは、故郷や家族を奪われただけでなく、心に負った傷をも癒やされずに生きている。更に言うならば、須藤さんはまだ故郷に帰還することさえも許されていない。

　戦時体制下に本格的に組み込まれる前の硫黄島は、島民が口々に語るように、狭い島嶼ならではの問題を抱えてはいたものの、物質的にも文化的にも豊かであった。しかし、戦争が島民の日常を理不尽に奪い去った。人の住めない島という硫黄島の印象は、戦時中に外部から島へやって来た人々や戦前の硫黄島の暮らしぶりを知らない人々がつくり上げてきたものである。こうした記憶のされ方自体は、戦争体験に基づく事実に則した面もあった。ただし、戦争という極端な「記憶」に基づく、人の住めない島という硫黄島の誤ったイメージの固定化こそが、旧島民の帰還を益々困難にしている要因なのである。

3　米国占領期の小笠原諸島

　日本が降伏した後、米軍は小笠原に滞在していた日本の軍人や軍属のみならず、国籍上日本人であるほぼ全ての島民を日本本土に強制退去させた。ただし、

滞在先の横須賀で、欧米系島民は米軍から家を提供されるなどの厚遇を受けたという[58]。歴史の前後関係を度外視し、欧米系島民が米軍から選別的に生活を保護されたという事実だけを以て人種差別であると批判することは、的を射ないかもしれない。前節で述べたように、欧米系島民は日本における人種差別に生存を脅かされていたからである。生活苦から欧米系島民の一団が、後に駐日米国大使として小笠原返還交渉の実務を担うU・アレクシス・ジョンソン横浜領事を訪ね、自分たちが米国人であることを主張し、父島への帰島を嘆願した。その結果、欧米系の姓をもつ島民とその家族のべ126名のみ1946年10月に父島へ帰島することが許された[59]。この時に帰島した人々は、一般的に帰島民と呼称される。

　帰島民の帰還は、実際は隔離であった。移動の自由、つまり仮に米国人であった場合に享受できるはずの人権を保証されていなかったからである。例えば、帰島民は、国籍上の母国である日本本土への移動や本土との通信を厳しく制限され、本土との通信は、しばしば遮断や検閲さえされた。本土へ渡航する際には米海軍の許可を受けることが義務づけられ、本土滞在中には合衆国陸軍警務司令部の監視下に置かれた。そのうえ、本土で配偶者を探す際は、婚約から結婚までの間に、3等親以内に共産主義者がいないか調査された[60]。帰島民は米国にとって排他的な基地において隔離的に働かせられる都合の良い管理人あるいは労働者であり、米海軍は島民が心身共に健康で暮らすのに十分な環境を与えなかったと、先行研究者のデイヴィッド・チャップマンは指摘する[61]。欧米系島民らに対する帰島の許可は日本における人種差別を建前としていたが、軍政下の父島において帰島民に対する基本的人権は保障されていなかった。欧米系島民とその家族に対する帰島の許可が人道的観点から行われたということを否定できないが、帰島民に対する父島における処遇に鑑みると、むしろ軍事戦略的観点から行われたと言える。

　駐留米軍から生活支援を受けていた欧米系島民がいた一方で、本土に滞在することを余儀なくされた島民は、苦しい生活を送っていた。こうした島民は一般的に旧島民と呼称される。小笠原諸島が米国の軍事戦略に組み込まれていることなど知る由もない旧島民にとって帰島は切実な願いであり、米国政府に対して帰島の嘆願も行われたが[62]、成就することはなかった。以下の数字が旧島民の本土における窮状を物語る。1953年5月17日の時点で399名の旧島民が死亡しており、その約37％にあたる147名が生活苦を原因としていた[63]。その147名には、一家心中で亡くなった12世帯の18名が含まれる。旧島民を

救済するため、日本政府の要望に応えるかたちで、米国政府から600万ドルの補償金が支払われた★64。ただし、補償金には、困窮する島民による帰島や返還への訴えを、小笠原返還の日まで日本政府に封じさせるという手付金の意味合いがあった★65。皮肉にも、補償金の支払いが在小笠原米軍基地の排外性を高めたと言える。この時からすでに、日本政府は米国が小笠原を軍事利用することに協力的であった。

旧島民らは、せめてもの願いとして、強制疎開以来できずにいた小笠原への墓参許可を求めた。そして、墓参のための一時的な父島、母島ならびに硫黄島への上陸がはじめて行われたのは1965年5月から★66、つまり強制疎開から20年以上経過し、風化、ブルドーザーによる整地★67あるいは緑化等でどこが墓地であったか分からぬほど地形が変わり、荒れ果ててからであった。

小笠原諸島が米国の施政下に置かれていた時代、旧島民と帰島民は異なる運命を歩むこととなった。つまり、戦時中は日本が主体的に欧米系島民と非欧米系島民を分断し、そして戦後は米国が日本に取って替わったのである。帰島民が帰島を許された一方で、旧島民には帰島が許されなかった。ただし、戦後も国家により基本的人権を奪われていたという点で二つのグループは共通していた。こうした状況に1968年の小笠原返還はいかなる変化を与えたのであろうか。

4　小笠原返還交渉

小笠原諸島の現状を理解するうえで、返還交渉について検討することが不可欠である。なぜならば、現代的問題の起源を探るうえで極めて多くを示唆するからである。そのため、小笠原諸島の施政権が、いかなる条件で米国から日本に返還されたかについて本節では概述していく。

小笠原諸島の返還は、旧島民の訴えというよりも、むしろ国際政治の文脈で決定された。1967年4月に小笠原返還に積極的であった美濃部亮吉が東京都知事に就任したことは、国務省の判断に少なからず影響を与えたし★68、ベトナム戦争の激化にともなう日本における対米感情の悪化が1970年の日米安全保障条約の延長に悪影響を与えるかもしれないという危惧も、領土をめぐる戦後処理問題の解決を急がせた。日本人による対米感情の悪化を緩和するにあたり、ベトナム戦争を戦ううえで不可欠な基地を有する沖縄ではなく、ベトナム戦争の継続に軍事作戦上ほとんど支障のない小笠原を返還することは当然の帰

結であった。折しも沖縄返還を求める圧力が高まっており、小笠原を返還することで米国の好意を示すことに外交的意味があるとジョンソン政権内で捉えられたのである[69]。

問題は、小笠原返還の見返りに米国が日本から何を得るかであった。1967年11月の日米首脳会談において、領土をめぐる戦後処理を進めることと引き換えに、ジョンソン大統領は佐藤首相に対し、政治的援助や財政支援を求めた[70]。ただし、米国が最も必要としたものは、在小笠原米軍基地、とりわけ硫黄島における米国の既得権を返還後も維持することであった。つまり、核兵器の貯蔵権であった[71]。

1950年代初頭から父島と硫黄島の軍事基地化が進められ、後に機密の核貯蔵基地になったということは、すでにローバト・ノリスらによる先行研究から明らかである[72]。その結果、小笠原返還交渉では、小笠原への有事核貯蔵が必要とされた際に米国は日本の好意的反応を求め、他方で米国からの核貯蔵の申し出に対し日本が既に形骸化していた事前協議の対象にするという「密約」が結ばれた[73]。軍部には、近い将来避けることのできない沖縄返還交渉を見越し、核「密約」の前例を作っておくという企図があった[74]。「密約」の対象地域は小笠原群島と火山列島であったが[75]、実際上は硫黄島しかなかった。そのうえ、返還後も硫黄島に核兵器を発射することのできるミサイル試射施設を設置することも日米間で検討されたし[76]、核戦略において不可欠なロランC基地が設置されることになった[77]。さらに、米国沿岸警備隊が常駐することにより返還後も硫黄島において米国のプレゼンスが維持された。硫黄島の摺鉢山山頂に海兵隊記念碑を維持することも返還の条件にされたが[78]、こうした象徴的意味が、軍事的な役割をカモフラージュしたと言える。返還交渉の段階から旧硫黄島民の帰島は念頭に置かれていなかった。小笠原は1968年に全島一括返還されたが、事実上の「硫黄島分離返還」であった。

5　小笠原と1968年

5・1　返還後の父島

返還を機に、父島に旧島民らが再定住できるようになった。しかし、新たな問題が生じるようにもなった。日本領に復帰したことによって、旧島民だけでなく、島には縁もゆかりもない人々も父島に移住することが可能となった。こうした人々は、古くから居住してきた人々と相対視され、「新島民」などと呼

称される。島の振興に鑑みると、人口が増え、産業が活発化すること自体は決して悪いことではない。しかしながら、旧来暮らしてきた人々と、「新島民」の間で島の政策について二項対立が存在しているという指摘がある。

　文化人類学などを専門とする春日匠はこうした対立について、新島民が利便性よりも島の独自性を重視する傾向があるのに対し、旧来から暮らす人々は生まれ故郷の利便性を重視する傾向があると指摘する[79]。こうした二項対立を最も顕在化させるものが、空港を作るか否かの問題であるという。現在でも東京から父島の二見港へ入港するのに 25 時間以上かかる。観光の振興を考えた場合、保全された希少な生態系は観光資源であると同時に、皮肉にも空港建設の大きな足枷にもなっているのである。やはり 25 時間を超える船旅は、旅行をするにはあまりにもハードルが高い。空港が必要とされる理由は観光だけにとどまらない。春日によると、返還以前に島で暮らしていた人々は高齢化しており、いざという時の医療体制が整っていないのは致命的ですらあるのである[80]。現状、自衛隊機によって急病者らは本土へ搬送されるが、それには煩雑な手続きが必要であるため即応性に乏しいという[81]。

　2011 年に世界自然遺産に登録されたことにより、今後ますます父島の開発は難しくなるかもしれない。開発か保全かという問題は極めて答えが出しづらい。ただし、こうした問題は、父島のみならず、日本の他の地域からも、あるいは世界のいかなる国や地域からも漏れ聞こえてくるものである。強調すべきは、むしろこうした世代間の対立などが島内で表面化するようになったことの健全性である。なぜならば、旧硫黄島民たちは、今なお島の行く末を決めることはおろか、先祖の墓参すらままならないからである。

5・2　返還後の硫黄島

　返還から 50 年を経てもなお、硫黄島への旧島民の帰島を日本政府は認めていない。島で亡くなった人々の遺骨の本土への帰還も滞っている。つまり、二つの意味において硫黄島は「帰る」ことのできない島なのである。本項では、旧島民の帰島問題の変遷を明らかにしたうえで、その問題性を検討していく。

　中曽根康弘首相の諮問機関である小笠原諸島振興審議会が 1984 年 5 月に下した法的拘束力の疑わしい結論を根拠に、日本政府は硫黄島への旧島民の帰還を認めていない。その結論とはつまり、火山活動および不発弾の存在により居住が困難であるというものであった[82]。こうした事由に対し、それ以前から今日に至るまで多くの疑義が唱えられてきた。例えば、1979 年 5 月に、日本

共産党の上田耕一郎参院議員は、「硫黄島戦時疎開者の地権と帰島に関する質問主意書」を提出し、「政府が自衛隊と米軍の基地建設のため多くの金と労力を費やしてきたのと対象的に、疎開島民に対しては、ひきつづき帰島のための具体的措置はなんらとられてこなかつた」と現状認識を示したうえで、「34年たつてもわが国の戦後処理が事実上終わつていないことを意味するものであり……憲法の基本的人権が政府の手でふみにじられている問題として、国政上も人道上も絶対許されない」と痛烈に批判した★83。上田の質問は率直であった。つまり、「硫黄島における火山活動や土地隆起は、島民が同島に住みついた明治以来のことであり、別にいまにはじまつたことではない」し、「軍事基地や測候の関係者が安全に生活しているほか、火山に関するわが国の権威者たちも、硫黄島でまじかに危険な事態がおこるというような予測はしていない」ため、「政府が、硫黄島への帰島について消極的な態度をとつてきた背景には、硫黄島の自衛隊基地を強化、拡大する意図があるからではないか」というものである★84。

上田の質問に対する大平正芳政権の回答は多くのことを示唆する。驚くべきことに、返還後11年を経過してもなお、政府が直接的に旧島民から帰島意志に関する意見聴取を行ったことはなく、残存遺骨や不発弾の実態の把握すらできていないことを披瀝したのである★85。さらに、火山活動における安全性の確認を得られないため、帰島について慎重に対処すると回答したが★86、それは上田の質問と噛み合っていないばかりか、具体性すら欠くものであった。その一方で、「現在、硫黄島においては、海上自衛隊が飛行場を維持管理し、航空機に対する支援業務を行つて」おり、「硫黄島の今後の在り方については、各般の見地から、総合的に検討したいと考えている」と述べた★87。安全性の確認も得られていない孤島に自衛隊を駐留させることは道義的に問題ではなかろうか。自衛隊の業務を問題なく行えており、その後も業務が問題なく続けられたのであれば、この政府答弁は誠実さを欠いていたと言える。

小笠原諸島振興審議会が1984年5月に旧硫黄島民の帰島が困難であるという決断を下す直前に行われた1984年3月31日の第101回国会参議院建設委員会において、日本社会党の村田秀三参院議員が、航空自衛隊ならびに海上自衛隊の訓練基地として使われている硫黄島について「それを将来どのように、そのままで使っておるのか、あるいは硫黄島全体を占有したいなどというような大それた考えを持っておるのか」と藤井一夫防衛庁防衛局防衛課長に質した★88。それに対して藤井は率直に「私どもは硫黄島は航空機の飛行訓練用の基地ということで整備をしたいと考えて」おり、「我が国本土におきましては

十分な空域がとれないというような関係もございますので、この島の施設を使用したい」と返答した★89。

　休憩を挟んで午後に議論が再開した後も、旧硫黄島民の帰島に関する質疑は相次いだ。公明党の二宮文造参院議員は、帰島を拒否する理由として挙げられる「不発弾の処理については見つかったら処理する、排除の努力を積極的にはしていない、今後もする予定はない、こういうことですか」★90と川俣芳郎国土庁地方振興局長に質問した。驚くべきことに、「現状はおっしゃるとおりでございます」という回答であった★91。

　長年に渡り帰島問題を取り上げてきた共産党の上田もまた、同国会で厳しく追求している。上田は帰島について、新聞報道に言及しつつ米国国防省の「ワインバーガー長官が、東京湾から伊豆七島、小笠原諸島を経てグアム島に至る一千海里のシーレーン上空の防衛能力確立、これを要求し……その中に硫黄島、父島など三島にレーダーサイトを設置するという具体案を挙げたということがあるんですが……ほかの新聞にも出たんですが、F15戦闘機百機を硫黄島に配備するという具体案を挙げたというのがあり……これは、ソ連の戦域核兵器バックファイアが太平洋側から日本本土へ回り込んでくる、バックファイアが来るので、P3Cを守るために、あるいはE2C早期警戒機、これを守るためにF15が要るということに関連して言われているんですが、硫黄島にF15を置くというような計画も全くないでしょうね」と質問した★92。藤井は完全に否定した★93。

　なおも上田は、硫黄島には「入間基地から南へ1230キロ離れ、往復にかなりの燃料を消費するが、島内に一般の居住者がいないため、本土のように騒音問題が起きない利点が」あり、「深夜の要撃訓練、夜間低高度要撃訓練、電子妨害下の要撃訓練など、本土では不可能な実践的戦技訓練」ができるという『朝雲』の記事を紹介した★94。さらに、1983年3月18日の参議院予算委員会における夏目晴雄防衛局長の硫黄島を「訓練基地としての整備をしておりますが、有事の際における同島の位置から見て、きわめてわが国のシーレーン防衛にとっても重要な位置にあるというふうに認識しております」という発言や、同じ年の『世界週報』に掲載された谷川和穂防衛庁長官による「航空機による海上防衛は技術的にもすさまじく進歩してますから硫黄島などを一つの拠点として考えていかなければだめなのではないか」という発言に言及した★95。加えて、在日米軍第5空軍のウィリアム・ギン司令官がシーレーン防衛の拠点として硫黄島を重視していることにも触れた★96。そのうえで、軍事利用こそが旧島民

を帰島させない理由ではないかと迫った★97。藤井は、硫黄島を「飛行訓練の基地として使用したいという立場」であることは認めつつも、その他の軍事利用目的に関する疑惑を否定した★98。

　火山活動などから旧島民の帰島を困難であると小笠原諸島振興審議会が決断を下したのは、まだ101回国会会期中の1984年5月であった。ただし、防衛庁により否定された上田の疑惑は深まるばかりであった。上田の指摘するレーダーサイトとは、超水平線レーダー（以下、OTH〔Over The Horizon〕）のことであったと考えられる。「OTHレーダーについて、その有用性等に関し別途検討の上、必要な措置を講ずる」ことを定めた中期防衛力整備計画が翌年の1985年9月18日に閣議決定された★99。その後、1985年11月8日付の朝日新聞の報道によると、防衛庁は米軍と協力して1985年の夏からOTHレーダー基地の候補地を検討し、「米軍が強く希望し、防衛庁側も当初第1候補としていたのは硫黄島」であったという★100。「ここに設置すれば、監視域がアリューシャン列島のアムチトカ島や南方のグアム島などに設置する米海軍OTHレーダーの監視域と絶好の関係になる、というのが主な理由」であったという★101。

　こうした報道のあった翌12月3日、無所属の秦豊参院議員は「OTHレーダーに関する質問主意書」において「元来、OTHレーダーの導入は、米国政府からの要請に基づくのか、それとも日本政府の発意なのか」、また「米海軍の太平洋地域へのOTHレーダー配置計画は、アンカレジ、アムチトカ島、硫黄島、グアムなのか」と質した★102。秦の質問に対し中曽根政権は、米国による働きかけを否定した★103。

　米国による働きかけで硫黄島がOTHの候補地にされたかどうかについて検討の余地はあるが、防衛庁が硫黄島へのOTH導入に積極的であったことは疑いようがない。約1年半後の1987年5月26日の第18回国会衆議院安全保障特別委員会において、公明党の井上和久衆院議員がOTHレーダーの設置候補地が硫黄島であるのか西廣整輝防衛庁防衛局長に確認した★104。その際、西廣は設置場所を検討中と前置きしつつも「終始して、私どもとしては硫黄島あたりが場所としては一番いいということは承知しており」、「そういったものを中心に物を考えていることは事実」と認めた★105。さらに、「物理的に置き得るという点では何カ所かあるかと思いますが、やはりこれは飛行場のように相当長い施設が要るものでありますから、例えば人が住んでいる町中にそういうものをつくるとか畑をつぶしてつくるとかいうことはなかなか困難である」と付け

加えた★106。硫黄島には確かに島民が住んでいないし、滑走路もある。ただし、それらは軍事利用の結果として生じている条件である。旧島民の帰島を妨げている当事者である防衛庁による発言としては、違和感を禁じ得ない。すでに硫黄島においては「人が住んでいる町中」や「畑をつぶし」、旧島民の帰島を拒絶し続けてきた結果として、OTHレーダー基地の「一番いい」設置場所になっているという認識が決定的に欠如していることを防衛庁自らが露呈したからである。

OTHの設置場所に関する西廣の答弁を受け、同年9月17日に共産党の岡崎万寿秀衆院議員が「小笠原村の硫黄島、兄島が最適とする理由」を確認する質問主意書を提出した★107。岡崎の質問に対して政府は「その設置場所、施設規模、購入手続といったことにつき申し上げる段階にない」と明言を避けたものの、最適であるということを否定はしなかった★108。さらに、OTHレーダーにより得られる情報を米軍と共有することの合憲性について「日米両国が平素から、軍事情報を含め、相互に必要な情報交換を行うことは当然のことであり、このような一般的な情報交換は、実力の行使に当たらず、憲法上認められていない集団的自衛権の行使に当たらない」と答えた★109。むしろ問われるべきは、そもそもレーダー設置の条件が硫黄島においていかに整備されたかにあろう。つまり、第101回国会で「憲法22条に基づいて居住、移転の自由があるんだから、島民が帰るという場合権利がある」と上田が指摘したように、事実上軍事利用のために旧島民の帰島が許されないことの合憲性である★110。

この段階で、硫黄島に実際に監視レーダーが設置されることはなかった。しかし重要なのは、小笠原諸島振興審議会による帰島不可の決定の直後に、こうした計画の候補地として硫黄島の名が挙がることである。つまり、滑走路があり、いざという時のために自由に軍事利用できる、居住環境が整っているのに島民のいない便利な島であり、さらにいざという時に米国の核兵器を知られずに貯蔵する選択肢が「密約」により保証されているという、日本の他のいかなる地にもない利点が、硫黄島において形成されたのである。

OTHレーダー設置計画の後も、硫黄島は米国の安全保障に強く結びつけられている。比較的最近の例を挙げると、2014年に小笠原村で開かれた硫黄島調査特別委員会において、無所属の高橋研史小笠原村村会議員が米軍による夜間離着陸訓練を含む空母艦載機着陸訓練の期限について質問をした際、森下一男小笠原村村長は「米軍再編の流れの中でこの訓練を、要は厚木基地等では住民が騒音がうるさいということで、あそこではできない」ために「今暫定で硫

黄島で受け入れている」と回答した[111]。かつて硫黄島の旧島民に対する強制疎開が固定化したように、この「暫定」措置もその後固定化した。2017年6月8日に開会した硫黄島調査特別委員会において、「FCLP（空母艦載機離着陸訓練）（日米再編含む）について」（挿入原文）が議題の一つとなった。報告によると、空母艦載機離着陸訓練は年に2回行われており、3月8日の委員会以降では2017年5月2日から5月12日までの11日間で実施回数約3100回、うち夜間の訓練は約990回にのぼり、人員1日最大約300人の規模で実施された[112]。滑走路の下に、かつての居住地、あるいは多くの遺骨が埋没しているということは言うまでもない。さらに、2018年4月5日付の毎日新聞によると、中国の西太平洋地域における軍事活動に対処するため、硫黄島に固定式警戒管制レーダーを整備する方針を防衛省が決定したという[113]。人の住めないほど火山活動で硫黄島の地盤が不安定であるならば、米国の占領中に電波発射施設であるロランC基地が置かれていなかったはずであるし、レーダー基地を設置する計画が度々持ち上るはずもなかろう。硫黄島の軍事的重要性は、今後ますます高まることが予想される。

　軍事基地利用のほかにも、旧島民の帰島への訴えを踏みにじるかのようなことが今日まで行われている。硫黄島の観光利用である。硫黄島には旧島民はおろか一般人の上陸すら禁じられている。小笠原村の中学生の平和学習のための課外活動ですら、硫黄島で実施することが容易ではない[114]。そうであるにもかかわらず、日本政府による協力のもと、一般の米国人が観光目的で硫黄島に上陸することができるのである[115]。これまで国会で議論されてきた帰島問題の可否をめぐる議論は一体何だったのであろうか。外国人観光客を受け入れる余力があるならば、遺骨収集を目的としたボランティアをこれまで以上に受け入れることが可能ではなかろうか。観光が産業として成り立つのであれば、旧島民の帰島後の自活が可能なのではなかろうか。日本政府の不可解な二重基準は、早急に改められるべきであろう。

おわりに

　1968年に小笠原が返還され、2018年で50周年を迎えた。しかしながら、これまで論じてきたように、この50年間の意味は父島と硫黄島では大きく異なる。父島においては、開発と保護の狭間で揺れ続ける50年間であったと言えよう。島民がいつでも地域振興のイニシアティブを取ることができたとは必ず

しも言えない。日本のほかの地方自治体と同じように、世代間問題など課題は山積である。しかし、少なくとも島に暮らすことはできるし、自ら産業を興すことも可能である。

　硫黄島における50年間は、父島とは対象的である。まさに、軍事的な意味における開発と保護の50年間であった。つまり、米国主導の日米安全保障体制を維持するために日本が自ら硫黄島を差し出したのが、まさに1968年であった。遠くない将来、硫黄島での暮らしを語り継ぐことのできる旧島民は絶えてしまう。つまり、帰島問題は時間の経過とともに霧散するのである。それで問題が解決したと言えるであろうか。帰島問題は、戦後処理問題である以前に、人権問題である。人権の軽視を許す姿勢は、いつか我が身に降りかかるかもしれない。このことは、小笠原だけでなく、現在の在沖縄米軍基地問題にも通底することである。こうした前例の一つを後世に残さないために努力することのできる期限はもうすぐそこまで近づいている。

注

★1　ロバート・D・エルドリッヂ『硫黄島と小笠原をめぐる日米関係』南方新社、2008年。
★2　石原俊『〈群島〉の歴史社会学——小笠原諸島・硫黄島、日本・アメリカ、そして太平洋世界』弘文堂、2013年。
★3　同書、21-22頁。
★4　同書、44頁。
★5　同上。
★6　同書、44、47、53頁。
★7　同書、64頁。
★8　同上。
★9　同書、67頁。
★10　石原『〈群島〉の歴史社会学』、68頁。Matthew Calbraith Perry, *The Japan Expedition 1852-1854: The Personal Journal of Commodore Matthew C. Perry*, ed. by Roger Pineau, with an intro. by Samuel Eliot Morison (City of Washington: Smithsonian Institution Press, 1968), p.79.
★11　石原『〈群島〉の歴史社会学』、68頁。
★12　エルドリッヂ『硫黄島と小笠原をめぐる日米関係』、49頁。
★13　同書、49頁。
★14　同書、50-51頁。
★15　石原俊「そこに社会があった——硫黄島の地上戦と〈島民〉たち」『Mobile Society Review 未来心理』15号、2009年、30頁。
★16　エルドリッヂ『硫黄島と小笠原をめぐる日米関係』、50頁。
★17　石原「そこに社会があった」、33頁。

★18　エルドリッヂ『硫黄島と小笠原をめぐる日米関係』、19頁。
★19　NHK取材班編『硫黄島玉砕戦――生還者たちが語る真実』NHK出版、2007年、34頁。
★20　梯久美子『散るぞ悲しき――硫黄島総指揮官・栗林忠道』新潮社、2005年、46頁。
★21　夏井坂聡子『硫黄島クロニクル――島民の運命』全国硫黄島島民の会、2016年。
★22　同書、10頁。
★23　同上。
★24　同書、11頁。
★25　同書、12-13頁。
★26　同書、20-21頁。
★27　同書、21頁。
★28　同書、24-25頁。
★29　同書、34-35頁。
★30　石原『〈群島〉の歴史社会学』、131頁。
★31　同上。
★32　同書、132-133頁。
★33　エルドリッヂ『硫黄島と小笠原をめぐる日米関係』、149頁。
★34　石原『〈群島〉の歴史社会学』、133-134頁。
★35　同書、136頁。
★36　同書、137頁。
★37　同上。
★38　エルドリッヂ『硫黄島と小笠原をめぐる日米関係』、206頁。
★39　同書、206-207頁。
★40　同書、206頁。
★41　石原『〈群島〉の歴史社会学』、139-140頁。
★42　エルドリッヂ『硫黄島と小笠原をめぐる日米関係』、87-88、118頁。
★43　夏井坂『硫黄島クロニクル』、25頁。
★44　同書、24-25、35頁。
★45　同書、35頁。
★46　同上。
★47　同書、84頁。
★48　同書、44頁。
★49　同書、45頁。
★50　同上。
★51　同上。
★52　同書、52-53頁。
★53　同書、53頁。
★54　同上。
★55　同書、73頁。
★56　同上。

★57 同上。
★58 石原『〈群島〉の歴史社会学』、139-140頁。David Chapman, *The Bonin Islanders, 1830 to the Present: Narrating Japanese Nationality*, Lanham: Lexington Books, p.148.
★59 エルドリッヂ『硫黄島と小笠原をめぐる日米関係』、208頁。石原『〈群島〉の歴史社会学』、151頁。
★60 石原『近代日本と小笠原諸島』、406頁。
★61 Chapman, *The Bonin Islanders*, pp.162-63.
★62 League of Bonin Evacuees for Hastening Repatriation, *History of the Problem of the Bonin Islands*, Tokyo, Japan, 1958.
★63 Ibid.
★64 "United States Administration of the Bonin Islands, June 14, 1961," in Executive Secretariat Conference Files, 1949-63, Folder: CF 1915, Box 256, RG 59. Available on NSA website.
★65 Ibid.
★66 エルドリッヂ『硫黄島と小笠原をめぐる日米関係』、366-367頁。
★67 夏井坂『硫黄島クロニクル』、80頁。
★68 The National Security Archive, Revelations in Newly Released Documents about U.S. Nuclear Weapons and Okinawa Fuel NHK Documentary. "Memorandum of Conversation. William Bundy / Japanese Ambassador Shimoda. 7/10/67. Subject: Okinawa and the Bonin Islands (Secret / Exdis / Need to Know)." George Washington University; 在米国下田大使発三木外務大臣宛電報第1820号「本使バンディー会談（おきなわ、おがさわら問題）」1967年7月10日（「沖縄関係4」001、0600-2008-00029、H22-021、外務省外交史料館所蔵）。
★69 U.S. Department of State Publication 11321, Office of Historian, Bureau of Public Affairs, "NSC Meeting August 30, 1967, subject: Reversion to Japan of the Ryukyus, Bonins and Other Western Pacific Islands, August 30, 1967," in *Foreign Relations of the United States, 1964-1968, Volume XXIX, Part 2, Japan* (Washington, DC: United States Government Printing Office, 2006), pp.199-200.
★70 "U.S.-Japanese Relations and Security Problems, November 15, 1967." Folder: POLITICAL AFF. & REL. JAPAN-US 1-1-67, Box 2249, Central Foreign Policy Files, 1967-1969, RG 59.
★71 真崎翔『核密約から沖縄問題へ——小笠原返還の政治史』名古屋大学出版会、2017年、108-110頁。
★72 Norris, Robert S., William M. Arkin, and William Burr. "Where They Were: How Much Did Japan Know?" in *The Bulletin of the Atomic Scientists* (January/February, 2000), p.12, 78.
★73 "Telegram 6698 from Embassy Tokyo to State Department, March 21, 1968."

Country File Japan, Box 252, National Security Files, LBJ Library.
- ★74　真崎『核密約から沖縄問題へ』、108-110、158-159頁。
- ★75　"Telegram 6698 from Embassy Tokyo to State Department, March 21, 1968."
- ★76　"Japan Defense Agency Plans for the Bonins, March 14, 1968," Folder: POL 19 BONIN IS, Box 1898, RG 59
- ★77　U・アレクシス・ジョンソン（増田弘訳）『ジョンソン米大使の日本回想──2・26事件から沖縄返還・ニクソンショックまで』草思社、1989年、180-181頁。
- ★78　同書、165頁。
- ★79　春日匠「語られざる歴史の島、小笠原の帰属と住民」ダニエル・ロング編著『小笠原学ことはじめ』南方新社、2002年、27-28頁。
- ★80　同書、28頁。
- ★81　同上。
- ★82　石原『〈群島〉の歴史社会学』、176頁。
- ★83　上田耕一郎参議院議員「硫黄島戦時疎開者の地権と帰島に関する質問主意書」（第87回国会（常会）質問第18号、1979年5月11日）3-4頁。なお、表記については原文通りである（以下同様）。
- ★84　同書、7-10頁。
- ★85　大平正芳内閣総理大臣「内閣参質87第18号」（第87回国会（常会）答弁書第18号、1979年5月22日）3-5頁。
- ★86　同書、4頁。
- ★87　同書、6頁。
- ★88　『第101回参議院建設委員会会議録第3号』（1984年3月31日）8頁。
- ★89　同上。
- ★90　同書、13、15頁。
- ★91　同書、15頁。
- ★92　同書、19-20頁。
- ★93　同書、19頁。
- ★94　同書、21頁。
- ★95　同上。
- ★96　同上。
- ★97　同書、22頁。
- ★98　同上。
- ★99　閣議決定「中期防衛力整備計画について」（1985年9月18日）。
- ★100　朝日新聞朝刊4版（1985年11月8日）「喜界島が最有力　OTHレーダー基地　防衛庁構想」『朝日新聞縮刷版1985年11月号No. 773』（朝日新聞社、1985年）、289頁。
- ★101　同上。
- ★102　秦豊参議院議員「OTHレーダーに関する質問主意書」（第103回国会（臨時会）質問第17号、1985年12月3日）、3、6頁。
- ★103　中曽根康弘内閣総理大臣「内閣参質103第17号」（第103回国会（臨時会）答弁書第

17号、1985年12月20日)、3-4頁。
- ★104 『第108回衆議院安全保障特別委員会議録第2号』(1987年5月26日)、18頁。
- ★105 同上。
- ★106 同上。
- ★107 岡崎万寿秀衆議院議員「OTH-Bレーダー設置に関する質問主意書」(第109回国会(臨時会)質問第36号、1987年9月17日)、3、5頁。
- ★108 中曽根康弘内閣総理大臣「内閣衆質109第36号」(第109回国会(臨時会)答弁第36号、1987年9月29日)、3頁。
- ★109 同書、7頁。
- ★110 『第101回参議院建設委員会会議録第3号』、20頁。
- ★111 「硫黄島調査特別委員会速記録」(2014年3月13日)、3-5、11頁。
- ★112 「硫黄島調査特別委員会速記録」(2017年6月8日)、3-4頁。
- ★113 秋山信一「硫黄島に防空レーダー 防衛庁方針 中国空母進出備え」『毎日新聞』、14版(2018年4月5日付)。
- ★114 「硫黄島調査特別委員会速記録」(2017年6月8日、)11-13頁。
- ★115 Military Historical Tours, "The 74th Anniversary of Iwo Jima Reunion of Honor (19-25 Mar 2019)." https://www.miltours.com/index.php?route=product/product&path=57&product_id=68 (Accessed on March 28, 2018); Stephen Ambrose Historical Tours, "Iwo Jima Tour: War in the Pacific." https://stephenambrosetours.com/tour/iwo-jima-tour/ (Accessed on March 28, 2018).

引用文献

石原俊「そこに社会があった——硫黄島の地上戦と〈島民〉たち」『Mobile Society Review 未来心理』15号、2009年。

―――『〈群島〉の歴史社会学——小笠原諸島・硫黄島、日本・アメリカ、そして太平洋世界』弘文堂、2013年。

エルドリッヂ、ロバート・D『硫黄島と小笠原をめぐる日米関係』南方新社、2008年。

梯久美子『散るぞ悲しき——硫黄島総指揮官・栗林忠道』新潮社、2005年。

春日匠「語られざる歴史の島、小笠原の帰属と住民」ダニエル・ロング編著『小笠原学ことはじめ』南方新社、2002年。

ジョンソン、U・アレクシス(増田弘訳)『ジョンソン米大使の日本回想——2・26事件から沖縄返還・ニクソンショックまで』草思社、1989年。

夏井坂聡子『硫黄島クロニクル——島民の運命』全国硫黄島民の会、2016年。

真崎翔『核密約から沖縄問題へ——小笠原返還の政治史』名古屋大学出版会、2017年。

NHK取材班編『硫黄島玉砕戦——生還者たちが語る真実』NHK出版、2007年。

Chapman, David. *The Bonin Islanders, 1830 to the Present: Narrating Japanese Nationality*, Lanham: Lexington Books, 2016.

Norris, Robert S., William M. Arkin, and William Burr. "Where They Were: How Much Did Japan Know?" in *The Bulletin of the Atomic Scientists* (January/

February, 2000).

Perry, Matthew Calbraith. *The Japan Expedition 1852-1854: The Personal Journal of Commodore Matthew C. Perry*, ed. by Roger Pineau, with an intro. by Samuel Eliot Morison, City of Washington: Smithsonian Institution Press, 1968.

公文書

「硫黄島調査特別委員会速記録」(2014年3月13日)、1-14頁。

「硫黄島調査特別委員会速記録」(2017年6月8日)、1-18頁。

上田耕一郎参議院議員「硫黄島戦時疎開者の地権と帰島に関する質問主意書」(第87回国会(常会) 質問第18号、1979年5月11日)、1-10頁。

大平正芳内閣総理大臣「内閣参質87第18号」(第87回国会 (常会) 答弁書第18号、1979年5月22日)、1-6頁。

岡崎万寿秀衆議院議員「OTH-Bレーダー設置に関する質問主意書」(第109回国会 (臨時会) 質問第36号、1987年9月17日)、1-6頁。

閣議決定「中期防衛力整備計画について」(1985年9月18日)。

在米国下田大使発三木外務大臣宛電報第1820号「本使バンディー会談 (おきなわ、おがさわら問題)」1967年7月10日 (「沖縄関係4」001、0600-2008-00029、H22-021、外務省外交史料館所蔵)。

中曽根康弘内閣総理大臣「内閣参質103第17号」(第103回国会 (臨時会) 答弁書第17号、1985年12月20日)、1-5頁。

中曽根康弘内閣総理大臣「内閣衆質109第36号」(第109回国会 (臨時会) 答弁第36号、1987年9月29日)、1-7頁。

『第101回参議院建設委員会会議録第3号』(1984年3月31日)、1-28頁。

『第108回衆議院安全保障特別委員会会議録第2号』(1987年5月26日)、1-28頁。

秦豊参議院議員「OTHレーダーに関する質問主意書」(第103回国会 (臨時会) 質問第17号、1985年12月3日)、1-8頁。

"Japan Defense Agency Plans for the Bonins, March 14, 1968," Folder: POL 19 BONIN IS, Box 1898, RG 59

League of Bonin Evacuees for Hastening Repatriation, *History of the Problem of the Bonin Islands* (Tokyo, Japan, 1958).

"Telegram 6698 from Embassy Tokyo to State Department, March 21, 1968." Country File Japan, Box 252, National Security Files, LBJ Library.

The National Security Archive, Revelations in Newly Released Documents about U.S. Nuclear Weapons and Okinawa Fuel NHK Documentary. "Memorandum of Conversation. William Bundy / Japanese Ambassador Shimoda. 7/10/67. Subject: Okinawa and the Bonin Islands (Secret / Exdis / Need to Know)." George Washington University. Available on NSA website.

"United States Administration of the Bonin Islands, June 14, 1961," in Executive Secretariat Conference Files, 1949-63, Folder: CF 1915, Box 256, RG 59.

Available on NSA website.

U.S. Department of State Publication 11321, Office of Historian, Bureau of Public Affairs. "NSC Meeting August 30, 1967, subject: Reversion to Japan of the Ryukyus, Bonins and Other Western Pacific Islands, August 30, 1967." In *Foreign Relations of the United States, 1964-1968, Volume XXIX, Part 2, Japan* (Washington, DC: United States Government Printing Office, 2006): pp. 199-203.

"U.S.-Japanese Relations and Security Problems, November 15, 1967." Folder: POLITICAL AFF. & REL. JAPAN-US 1-1-67, Box 2249, Central Foreign Policy Files, 1967-1969, RG 59.

新聞

秋山信一「硫黄島に防空レーダー　防衛庁方針 中国空母進出備え」『毎日新聞』14版（2018年4月5日付）。

朝日新聞朝刊4版(1985年11月8日)「喜界島が最有力　OTHレーダー基地　防衛庁構想」『朝日新聞縮刷版1985年11月号No. 773』（朝日新聞社、1985年）、289頁。

ウェブサイト

Military Historical Tours, "The 74th Anniversary of Iwo Jima Reunion of Honor (19-25 Mar 2019)." https://www.miltours.com/index.php?route=product/product&path=57&product_id=68 (Accessed on March 28, 2018).

Stephen Ambrose Historical Tours, "Iwo Jima Tour: War in the Pacific." https://stephenambrosetours.com/tour/iwo-jima-tour/ (Accessed on March 28, 2018).

第13章

1968年、あるいは1960年代と関連させて、ベ平連・ジャテックの運動を再考する[*1]

高橋 武智・平田 雅己（コメント）

1　1968年、あるいは1960年代の世界史・同時史的文脈

　皆さん、こんばんは。適切なご紹介をいただいたので、もう前置きは抜きにして、すぐお話に入りたいと思います。本日のハンドアウトは一応、今日のお話の目次のようなものだと思って、参考になさってください。

　まず演題ですが、「1968年」、広く言えば「1960年代」と、そこはどうしても1年に絞ることができずに幅を持たせています。

　いきなりですが、2世紀前、19世紀の1848年のお話から始めます。今回調べてみて初めて分かったのですが、これが「1848年革命」というように、今では「革命」という言葉まで入れて歴史的な用語になっています。私はフランスの歴史のほうから入っているのでフランスで言うと、1848年に2月革命があり、オーストリア・ドイツのほうへ行くと、それが一足遅れて3月革命になります。それを合わせて「1848年革命」という、歴史用語になっているようです。

　フランスの場合ですと、その前に7月革命があったのですが、それから本当の第二共和制、つまり本当の共和主義がここで確立して、以後、フランスは共和国であり続けているわけです。

　「1848年革命」というのは、今お話ししたとおり、フランス、特にパリからドイツ・オーストリアへと伝播していったことは明らかです。しかも、革命とはいいながら、あくまでヨーロッパという範囲を出ていないということがまず言えます。

今度は、問題の1968年のフランス「革命」です。日本ではよくそう言われますが、「革命」という言葉は正確ではありません。実際には、コーン＝ベンディットというユダヤ系のドイツ人が立ち上げた4月22日運動が発端です。ただ、「革命」という言葉については、日本ではフランス「5月革命」とよく言いますが、やはり革命ではないのです。

もともとコーン＝ベンディットはユダヤ系ドイツ人で、つまり留学生といえば留学生なのですが、もちろんフランス語はペラペラで、彼がリーダーになってデモを始めたわけです。それが、パリを中心に、全ての大学、あるいは全ての地方へ広がっていき、そこにドゴールが再登場するというような終幕を告げます。これは日本ではフランス「5月革命」と言われていますが、不適切です。

第一に、彼らは革命を志向していたわけでは全くないのです。むしろ言うなら「事件」とか「騒動」であって、フランスでは普通は「5月の騒動」とか「5月の事件」と言われています。フランス語では、les événements de mai というのが普通です。

それはともかく、1967年5月に第三次中東戦争が始まるまでは、ベトナム反戦運動は、フランスではずっと上向きに進んでいました。ベトナム全国委員会（Comité Vietnam national）とかベトナム基礎委員会（Comités Vietnam de base）というものがだんだんできていくわけです。

これは雑談になりますが、2〜3年前にコーン＝ベンディットが *Forget 1968* という本を出しました。一読してすぐ詳しい中身は忘れてしまったのですが、これはサルコジという大統領がいた時代で、サルコジが "Forget 1968"、すなわち「1968年のことは忘れてくれたまえ。そういう時代ではないのだ」と言ったことを題材にして、皮肉って本にしているわけです。つまり、「忘れられないぞ」という意味の本です。

私が一つ奇異に思うのは、彼はドイツに帰ってから、今はEUの時代ですから、たぶんフランスのどこかを選挙区にして、そこからヨーロッパ議会の議員になっています。緑の党の議員です。なかなか面白いですよね。

ただ、最初から最後まで読んでも、「ベトナム戦争がきっかけで」という言葉は一度も出てきません。ですから、そこは私などの認識とは違いますし、実際に「1968年」は、世界的にベトナム戦争抜きにしては考えられない運動だったと思います。フランスの場合は、そこ（ハンドアウト）に書いておきました。ですから、1968年の変革はグローバルな現象だったということを、私は何よりも力説したいわけです。

全ての国がどうであったかを一つ一つ述べるのはとても時間がありませんが、文字どおりどこの国でも学生の反乱があり、場合によっては、その勢いに乗って労働者もストライキをするというようなことでした。日本では10月21日は「国際反戦デー」と言われていますが、1966年10月21日、当時の総評が呼びかけて政治的なストライキが行われました。ちょうどサルトルとボーヴォワールが日本に来ていた最中のことで、そのときにサルトルもボーヴォワールもそれを支持したわけです。ですから、これは非常に重要なことでした。

ちなみに10月21日は、現実にはこれを両方引っかけて考える人はいなかったのですが、1943年に明治神宮外苑競技場で出陣学徒壮行会が開かれた日と重なっています。本当は、知恵者がいれば、その二つを結びつけることも可能だったのですが、残念ながらそうはなりませんでした。

ここでは、米国研究者の藤本さんがいらっしゃるので話が難しいですが、私は非常に簡単に、ベトナム反戦運動と公民権運動という現れ方をしたと言っています。そして、"I Have a Dream"という有名な演説をしたマーティン・ルーサー・キング牧師は、その公民権運動の先頭に立っていたわけですが、暗殺されました。暗殺されたのは、今は細かい日付は言いませんが、実は彼がベトナム反戦という意思をはっきり出した後なのです。ですから、ベトナム戦争に反対するということと公民権運動がまさに一体化したところで彼は暗殺されたということを、忘れないようにしたいと思います。

もちろん、徴兵忌避や国外への脱出ということがありました。別に悪い意味で言っているのではありませんが、確かクリントン元大統領も国外へ逃げています。ですから、ベトナム戦争が終わってから恩赦があって皆戻れたのですが、そういうことは当然、ありました。

有名なJ. F. ケネディが大統領だった時代、彼は、ベトナムに対しては軍事顧問団を派遣していました。ですから、彼にも大きな責任があります。ただ、彼は暗殺されてしまって、その後はジョンソン大統領になっていきますが、ケネディも、もし生きていたら、結局ジョンソンのように軍事介入をしただろうと私には思われます。

チェコスロヴァキアでは、共産党というのか労働者党というのか正確な名前は分かりませんが、党首だったドゥプチェクを先頭にして反ソ行動が打ち出されましたが、これはワルシャワ同盟軍によって押しつぶされたわけです。1964年に東京オリンピックで活躍して「東京の恋人」と言われていたベラ・チャスラフスカは、そのとき反体制派の「二千語宣言」に署名していて、非常

に頑張っていました。ですから、実は、次のメキシコ・オリンピックに彼女が出場するということは、結局できたのですが、かなり困難だったという話を、最近の話として付け加えておきます。

それから、そのころ、ゲバラの肖像が胸に描かれたTシャツが世界中で流行しました。これは分かるのですが、もう一つ、University of California, Los Angelesを指す「UCLA」というアルファベットだけが描かれたTシャツがなぜ流行になったのか、私には分からないので、もし後で教えていただければありがたいです。ただ、それは時代の空気ということだけだと思います。UCLAに何か特別な意味があったのかどうかは、ちょっと疑わしいと私は思っています。

ベトナム戦争にどうしても関わるわけですが、ベトナムに初めて兵を送ったのは、実はお隣の大韓民国、韓国軍なのです。1963年から1967年まで行っていたわけです。これは、ケネディあるいはジョンソン大統領と交渉して、つまり、朴正煕(パク・チョンヒ)大統領はいち早く風を読んで、ここはベトナムに行くべきだ、軍を送るべきだということを頑強に言い張って、アメリカも「いいだろう」ということで行ったわけです。ですので、これは忘れないでいただきたいのですが、つまり、そのとき日本人は、ベ平連になる人たちも含めて、そこまで考えていなかったということです。しかし、実はそこで初めての脱走兵が出たわけです。それが韓国兵士の金東希(キム・トンヒ)です。

この人は、簡単に言うと、九州に密入国したわけです。それが一番手っ取り早い方法でした。でも、彼は非常に理論的な人だったらしくて、日本国には、戦争放棄している、つまり軍隊を持たないという憲法がある、ですからそこに亡命したいのだと主張したのです。

それは1965年のお話です。韓国軍が軍を送ったのは1963年なのですが、彼が亡命を望んできたのは1965年のことです。ところが、これは日本政府から言うと出入国管理に違反することになるので、大村の収容所に入れられていたのです。これは、ベ平連ではないけれども、一つの運動になりました。非常に正しいところを彼は突いていたわけです。

実は1965年にベ平連ができて、私はその年の夏から、フランス政府の給費留学生ということで2年間フランスに行っていたので、最初のいきさつは知りませんが、『ベ平連ニュース』がいつも送られてきていまして、それを見て、とにかくこの運動をフランスにも広めなければいけないと。つまり、このままだと金東希が韓国に送還されるだろう、それを何とか阻止しなければいけない

という運動を、フランスの小さな運動体でもお話ししました。そうしたらすぐに声がかかって、その場で緊急動議が出て、日本政府と韓国政府に抗議する声明を採択してくれました。

　私は、国際主義というのはこういうものだなというようなことをちょっと学んだような気になりました。ところが、これは日本に帰ってきたからですが、その運動の会合に出たところ、非常に意外なことが起こったのです。つまり、誰が誰と妥協したのかということは一切発表されないで、既に金東希は北朝鮮に送られたという結論だけが示されたのです。

　もうどうしようもありません。まだ大村にいると思っていたら、もう北朝鮮に送られたということで、いくら質問をしても、つまり、誰かと誰かが交渉したに決まっています。いくつかの国が交渉したに決まっていますが、それが既に実行されてしまって、どうしようもありません。

　後に小田実さんは、ベ平連を組織して、代表だっただけではなく、世界中をベトナム反戦のためにオルグして回っていたわけです。ですから、彼は北朝鮮にも当然行って、今の金正恩(キム・ジョンウン)のおじいさんの金日成(キム・イルソン)、つまり北朝鮮の建国者にも会っているのです。そして、「実はこういうことが日本であったけれどもご存じですか」と金日成に小田さんが聞いたら、「調べさせてくれ」ということで調べてみた結果、「そういう人物はいない」という答えなのです。ですから、これはちょっと不思議な話です。

　しかし、どうにも解く鍵がないわけです。つまり、金日成にそう言われてしまったら、それ以上他の答えは出てくるわけがないので、非常に残念です。この人が、実は第一番のベトナム反戦脱走兵だったわけです。ですから、日本は、そこをちょっと甘く見ていた感じがあります。

2　ベ平連をめぐって

2・1　ベ平連の誕生と個人原理

　日本はどうだったかというと、トンキン湾事件は実際になかったことをあったことにしているわけで、真相は、アメリカの軍艦がベトナムによって攻撃されたというのは嘘、フレームアップだったわけです。こういうことがあって、1965年2月に北爆を始めたわけです。私はなるべく当時の言葉で言っていますが、北爆というのは「北ベトナムを爆撃する」という意味ですが、北爆を始めて、ベ平連が動きだしたわけです。普通は「ベトナムに平和を！市民連合」

というわけですが、最初の名称は「ベトナムに平和を！市民文化団体連合」でした。最初のデモはこの名前を先頭にしていて、そういう写真が今でもちゃんと残っています。

「市民文化団体連合」は、要するに小さな団体が集まったということで、「声なき声の会」や「わだつみ会」、「キリスト者平和の会」、「新日本文学会」などなどです。全部を挙げ切れてはいません。それも、団体の名前を出している場合と、その団体の個人名を出している場合とがあります。そして、第1回目のデモが行われたわけです。

その第1回のデモは4月の第三土曜日だったと思いますが、東京の清水谷公園に集まって、そこからやりました。そのときに小田さんは代表を引き受けたのですが、彼は事前の話し合いには参加していません。代表は鶴見俊輔さんからの電話で引き受けたけれども、突然現れて、チラシを作ってきたわけです。

それは、中学生がいて、花屋さんがいて、誰々がいて、誰々がいて、自分のような作家もいてと書いてあって、そしてあなたがいると。そういうわれわれが望むのはただ一つ、「ベトナムに平和を！」で終わるチラシなのです。とても名文ですね。ですから、ここに市民文化団体が集まるという考え方は全然なかったということです。まさに個人原理で貫かれたチラシだったわけです。

新日本文学会にはイデオロギー的な理由があり、共産党の中の反対派が新日本文学会で、片方の共産党の主流派は人民文学会というものをつくっていたので、たぶんそういうこともあって、ここに新日本文学会が入っているのではないかと私は思います。新日本文学会はそういうイデオロギー的な理由もあるかもしれませんが、それ以外は皆、1960年安保の最後の時期に生まれた運動といいますか、「声なき声の会」の動きに賛同しているグループでした。

ご存じない方もいらっしゃるので少し回り道をしますが、当時の首相は、安倍首相のおじいさんの岸信介です。彼は、「反対のデモがいろいろあることは承知している。けれども、野球場へ行ってみたまえ。野球場へ行けば、それよりもっと多くの人たちが野球を見ているではないか。だから声なき声は私を支持しているのだ」と豪語したのです。それを逆手に取って、小林トミさんという画家の方がプラカードのようなものを作り、説明を付けると「私たちも声なき声です。[けれども] 私たちは、新安保条約の批准に反対です」というものを掲げて立ったら、後に数百人の人が続いたということです。私に言わせれば、これが日本における市民の誕生、あるいは市民運動の誕生だと思います。

つまり、肩書や所属は誰でも皆あって、どこどこ大学の学生、あるいは画家、

第13章　1968年、あるいは1960年代と関連させて、ベ平連・ジャテックの運動を再考する

彫刻家というのもあるけれども、そういうものを全部取っ払った個人を「市民」と言うというのが私の定義です。ですから、市民運動が始まったのは、実はそのときなのです。つまり、声なき声、サイレント・マジョリティが、一人でも立ちあがっているし、一人でもやるのだということで、そこが市民運動の始まりだと私は考えております。

　ベ平連が寄って立った原則は三つあります。「ベトナムに平和を」、「ベトナムはベトナム人の手に」、「日本政府は戦争に協力するな」ということで、これに賛成する者は皆一緒にやろう、賛成しなくても構わない、できるところだけ一緒にやろうというのが、ベ平連の行動原則でした。

　当時の日本共産党が当時のベ平連に対して批判的だったのは、「ベトナムに平和を」が最初に来ていることでした。つまり、彼らはもう少し戦闘的で、やはりベトナムは解放されねばならないという気持ちがたぶん裏にあったのだろうと思いますが、古い、当時の「わだつみ会」の機関誌を見ますと、そのことに反論されています。つまり、「2項目を見てくれ。ちゃんと「ベトナムはベトナム人の手に」とあるだろう」と。これは民族自決主義です。民族解放主義と言っても同じことで、ちゃんとこういう項目があるのだと。それから、「日本は戦争に協力するな」と。これも非常にはっきりしています。三つ合わさって初めてはっきりしているわけですが、当時の日本共産党は違いました。

　2回目のデモは5月の第三土曜日だったと思いますが、これはベトナム・デー委員会との日米共同行動として行われました。これも非常にスタートが早かったと思います。これはどうも小田さんが連絡を取ってやったらしい。つまり、同じ日に同じような行動をするということです。

　そして、ずっと毎月第三土曜にデモをやっていたわけですが、8月15日に、今はなくなってしまった赤坂のプリンス・ホテルで徹夜ティーチ・インというものを行いました。これには各党の代表が来て、自民党などは複数来ました。ですから、いろいろな派の違いが出てきてとても面白かったのですが、そこで徹夜で議論を続けて、それはテレビで放映されました。

　ただ、当時、『山びこ学校』という本を出して評判で、戦前からの綴方運動を継承していた無着成恭さんが、政党代表がいない最後のところで、「天皇」と一言言ったところで、どう言おうとしたのか分かりませんが、そこで放映は打ち切られてしまったのです。そういうことがあったのですが、ベトナム問題を一般化するというか広めるのには、非常に役立った会だと思います。

　そのときの受付の一人に山本義隆さんがいたというのは、つい最近、ご本人

から聞きました。彼は後に東大全共闘代表になるのですが、このときは東大ベトナム反戦会議のメンバーでした。ですから、彼がべ平連のティーチ・インを手伝いに来るというのは、言ってみれば当然のことだったわけです。

　1965年以降もべ平連は、何々地域のべ平連、何々大学のべ平連というように、全国各地に無数に増えていきました。「雨後の竹の子」と言うと悪い意味になりますが、いい意味で広まっていき、数を数えるのも大変なくらいになりました。

　ある地方である団体の人たちが集まり、自分たちもデモをやろうと警察に行きました。やはり何か手続きがいるだろうということで警察に行ったわけですが、名前も決めておらず、でも自分たちはこういう気持ちでやっているのだと言ったら、警察に「それは「べ平連」というのだ」と言われ、そういう名前を付けたそうです。つまり、警察が名前を付けてくれたべ平連もあったというお話です。

　もう一つ言わなければいけないのは、今言ったように、何々べ平連、何々べ平連というのが至る所にあったけれども、自分たちの地域に根を下ろしている人たちは、自分たちの名前を持っていて、べ平連という名前にはなりませんでした。例えば、よく知っている例で言うと、「大泉市民の集い」とか「三鷹ちょうちんデモの会」です。「大泉市民の集い」は、和田春樹さんという歴史学者と、清水知久さんというアメリカ史の先生の二人が中心人物でした。この人たちは、「大泉べ平連」などとは言わずに、そのような名前を持ち続けています。それはそれでいいじゃないかというのが私たちの考え方です。「三鷹ちょうちんデモの会」は今も同じ名前を続けているので現在形なのですが、そういう人たちもいました。

　しかし、その間にお互いに違和感がなく、非常に仲良く、一緒に共同行動をしていました。東京を中心にすれば、1960年6月15日に樺美智子さんが殺された日を記念して、6月共同行動というような枠組みで、大きな集会やデモを開いていました。1967年5月のデモは、びっくりするくらい、本当に数が多かったです。その中には、先ほど言いました、いわゆる市民、それから労働組合、学生というように隊列が無限に続いていき、数寄屋橋の交差点のところのビルの上から「2000年、こんにちは」という、大きな垂れ幕が下げられたというようなこともあります。これは非常に思い出深いときでした。

2・2　ベ平連の国際主義的性格

　以下、ベ平連がいかに国際主義的だったかということを中心にお話ししたいと思います。

　「ベトナムに平和を！」と言う以上、そこから国際的な運動であることは明らかですが、アメリカの活動家との会合を開きます。次の年、1966年の夏の、「ベトナムに平和を！日米市民会議」です。しかし、悪いことではありませんが、ここにヨーロッパの代表も潜り込んできていました。

　それから、国際会議で言えば、1968年に「反戦と変革のための国際会議」を京都で開きました。これは、アメリカはもとより、フランスのいわゆる5月革命のときのミニ・グループ党首たちも参加していました。ですから、国際主義的な性格というのは、以下、お話しすることにもどんどん出てくる話なので、いちいちそういうことは言いません。

　実は1966年の日米市民会議での合意に基づき、1966年末以降、各地でGIに反戦ビラをまいていましたが、脱走兵が出現するとは誰も思っていませんでした。GIというのはアメリカ軍の兵士という意味です。「官給品」という意味から来ています。つまり、体以外は全部もらっているものということです。借りているのかどうか分かりませんが。それをGIといいます。

　それで、1967年10月から11月にかけて横須賀に寄港していた空母「イントレピッド」号から4人の水兵が脱走したのですが、ヒッピーのたまり場のようなところだった新宿の風月堂でたまたま接触した東大生が一晩考えて、ベ平連に連絡を取りました。これは、よく考えたし、よくやったと私たちは思っていますし、後に彼は、もう亡くなってしまいましたが、ジャテックのメンバーになっていきます。

　11月に、歴史的な三日間があります。順番は細かく調べてきませんでしたが、エスペランティストの由比忠之進さんがベトナム戦争に反対して、首相官邸の前で焼身自殺をしたのです。この焼身自殺というやり方は、もちろん想像でしかないのですが、南ベトナムで反政府の僧侶が実際に焼身自殺をしたことに触発されていたのだろうと思います。

　それから、私がフランスから帰国した直後の10月8日、これは当時の言葉で書いてありますが、「佐藤訪ベト反対デモ」で、羽田の弁天橋で一人の学生が亡くなりました。これも最初は暴行で殺されたというニュースもあったのですが、今は突然死と考えられています。来年、そのときから50年になるので、来年はそのための記念の行事が計画されているわけです。

三つ目が、学士会館でべ平連が「イントレピッドの4人」(The Intrepid Four) というインタビュー映画を記者団に見せて、私たちべ平連有志は彼らをかくまうと。もともとべ平連は有志なのだから、「べ平連有志」という言い方は本当はおかしいのですが、そういう言葉が使われて、彼らをかくまうという意思を表明しました。三日続けて、これらの大事件が起こったわけです。

　ですから、これは世の中をひっくり返すような話で、1967年10月、11月の話ですが、「1968年、あるいは1960年代以降」という今日のテーマにまさに沿った、一大事件、画期的な事件になったわけです。べ平連には日本の市民からものすごい支持が集まって、ものすごいカンパが集まって、語り草になりました。それがべ平連やジャテックの始まりということになるわけです。

3　脱走兵支援活動（＝ジャテック活動）

　ジャテック（JATEC）というのは、Japan Technical Committee to Aid Anti War GIsという意味ですが、そこにTechnicalという言葉が入っていることに注目していただきたいと思います。つまり、イデオロギーで何かを左右するということはしない、脱走したいという希望さえ純粋であれば、それを何としてもやる、技術的にやるのだという意味で、"Technical"という言葉が使われているということです。ですから、もちろん本当に逃げる気があるかどうかは確かめますが、こういう理由で脱走したのでなければ助けないというようなことはしなかったということでした。

　それで、ここは既に歴史に属することですが、第2代事務局長の吉川勇一さんがソ連大使館に連絡を取って、横浜寄港中のソ連船に4名を乗せて出航させたということです。船の中はまた一種の治外法権がありますから、船が出てしまえば、もうそこはソ連なわけです。彼らは数日後にモスクワで記者会見をして、その後は、当時西側の国でははっきりとベトナム戦争に反対の意思を決めていたパルメという首相がいたスウェーデンに渡って、そこで滞在できるようになったのです。

　今日は、私が2007年に書いた本も本日の案内チラシで紹介くださっていますが、実はこれは、このときから数えて40周年で出しました。40周年記念で出したもので、その40周年記念の集会には、イントレピッドの4人のうち二人がまだスウェーデンで頑張っていて、スウェーデンから東京にメッセージをよこしてくれました。

第13章　1968年、あるいは1960年代と関連させて、ベ平連・ジャテックの運動を再考する

　これはまた少し脱線なのですが、つい最近、その4人のうちの一人、クレイグ・ウィリアム・アンダーソンから、なぜ私のところに来たか分からないのですが、「高橋武智という人にメールをしたいのだけれども、これでいいか」と、「わだつみ会」宛てにメールが来たのです。今はいろいろ調べる手段があるのですね。それで、ここにいるといって二、三やりとりをしたら、アンダーソンは少し早めにスウェーデンから帰国したらしいです。軍事裁判で脱走罪ということになるのでしょう、1年間刑務所に入っていましたが、それはもう昔のことです。
　イントレピッド号は軍艦としての寿命が尽き、今は博物館になっていて、ニューヨーク港に係留されているわけです。私もそこを訪ねた人から、そこに入るときのチラシのようなものをもらっていますが、そこにはどこを見てもイントレピッドの4人のことは書いてありません
　ところが、アンダーソンが言うには、最近、博物館の所有者が替わったらしく、いかにもアメリカなのですが、今度はそこに、1967年10月か11月の何日に誰々の4人が戦争に反対してここから脱走したと書いてあるそうです。それを知らせたくて連絡してきてくれたのです。私も感動しました。みんな初心を忘れていないということを、お互いに確認したということです。
　ただ、当時はまだ米ソ冷戦の最中ですから、ソ連が日本からの脱走兵を船に乗せていって、公海上でそれをソ連船に乗り換えさせる。そうすると、先ほど言ったコースでスウェーデンに行けるということが確立していました。ですから、比較的短期にかくまうだけで、何人かたまると、というのは失礼な言い方ですが、そういう方向に動いていったわけです。同時に、アメリカ議会の軍事委員会で、日本には世界でも最も有能な脱走兵援助組織があるというような報告が出たのです。
　それで、CIAなどという大げさなものではなくて軍の中の諜報部隊の一員、あるいは諜報機関員が、ベ平連のところへ来て「脱走したい」と言うわけです。歴史の本を読めば、それはスパイ・ジョンソンと私たちが呼んでいる人です。実はその前にもそういう人がいたらしいということも、今は言われています。ただ、それは私たちの確認が取れません。
　「ジョンソン」というのはもちろん本名ではあり得ないのですが、その人が、釧路から船が出ていくのですが、その朝に、根釧原野というか、根室・釧路あたりの北側の原野の弟子屈で昼食をしている間に姿を消し、本物の脱走兵が捕まってしまったということが起きました。私たちはこれを弟子屈事件と呼んで

います。

　1968年の終わりごろに弟子屈事件が起こり、それから数カ月後にジャテックの1名と何人かの家が家宅捜索を受けました。つまりそれは、ジョンソンを少し脅かすためにジャテックの人がモデルガンを持っていたので、銃刀法違反の容疑でやられたわけです。私の家にも家宅捜索が入りました。実は私の家にもモデルガンがあったのですが、見つけられなかったということがありました。

　そこからジャテックの第2期で、私が責任者になります。ジャテックが投票して責任者を選ぶというような団体ではないので、ベ平連との窓口になるというぐらいの意味です。そこで何をしたかというと、各地に、自立的に、今までに比べて長期間脱走兵をかくまえるグループをつくるというようなことで、実は名古屋とその周辺にもそういうグループがそのときにできました。それから、宣伝と基金募集のために『脱走兵通信』を編集し、「イントレピッド四人の会」というグループが売ったり配布したりはしてくれていました。

　もう一つは、東京に調整委員会をつくりました。コードネームは「句会」、俳句を詠む会という優雅な名前を付けていました。

　その間も脱走希望者は増えるばかりでしたが、海外脱出は、ソ連もジョンソンの事件で警戒していました。つまり、米国が誰を送り込んでくるか分からない、スパイを送り込んでくる可能性があるわけですから、ソ連としてはこれ以上手伝えないと言ったのは、私も、今から考えると無理のないことではあると思います。つまり、国外へ脱走兵を送り出す道が絶たれてしまった、鎖国状態になってしまったということで、非常に大変だったわけです。

　先ほども言いましたが、小田実さんは、日本で動いていただけではなく、実際に世界中を回って反戦運動のオルグをしていたのです。そして、イタリア共産党の線だったら何かできるかもしれないという連絡が海外にいた小田さんからあって、行くとしたら私しか行ける人はいないということでした。それは言葉の問題もありますが、その前に留学生活をしていますから、多少国際的に動くということはどういうことか分かっているという意味です。それで、当時私は立教大学で助教授をしていたのですが、それを辞任して、非合法のためではなく、それらしい理由をいろいろ付けて行ったわけです。

　それは、大学闘争の時代とちょうど重なっているのです。市民運動と学生運動がいわばない交ぜになっている時代です。立教で実際にカリキュラムの問題でもいろいろやっていましたが、手入れをされてしまったものですから、立教としても具合が悪かったのでしょう。しかし、そういう難しい微妙な仕事です

からどれぐらい時間がかかるか分からないので理由は付けず、一身上の都合という理由で、1970年の3月いっぱいで大学を辞めて、小田さんの言う線を追求するために、他のところをちゃんと経由してイタリアに行きました。

　ところが、細かいことは省略しますが、イタリアはうまくいきませんでした。私は地の利があるパリに戻り、その前にベトナム反戦運動に加わっていましたから、そういうところの大物、小物を訪ね回って、援助してくれないかと。つまり、非合法に日本から出国させる方法を教えてほしいのだということで、回りました。そうしたら、ある秘密組織から連絡があったのです。今の時代に秘密組織などあるのかと思うでしょうが、そういうグループがあったのです。それは、「連帯」、フランス語で言うと「ソリダリテ」というグループです。

　そのリーダーは、アンリ・キュリエルというユダヤ系のエジプト人です。エジプトで政治活動をして、ナセルの周りに自由軍人というのがいましたが、彼はその辺まで食い込んでいて、非常に有能な人でした。それがおそらく何らかの理由でばれて、国籍剝奪、国外追放されます。それで、彼はもともとイタリア系のユダヤ人だったのですが、結局、思うところがあってフランスに根を下ろして、しかも、無国籍者というステータスで登録しているわけです。そういう無国籍のステータスを与えた国の言うとおりにしなくてはいけないということも当然あるわけですが、その中で、彼は「連帯」という組織をつくったのです。

　当時の言葉で、日本では「ジャンソン機関」と言われていたグループがあります。「ジャンソン機関」は、アルジェリアがフランスから独立するためのアルジェリア解放戦争のときに、アルジェリア人を支援していたグループで、サルトルとボーヴォワールが出していた、「現代」という意味の『レ・タン・モデルヌ』誌の編集部にいたフランシス・ジャンソンが命を懸けてやっていた仕事です。アンリ・キュリエルは、ジャンソンがフランスに入れなくなってしまったので、代わってその後を継いでやっていた人です。アルジェリア戦争時に彼も捕まるのですが、勝利した後、「連帯」をつくりました。

　「連帯」という組織は、そのときは民族解放闘争が世界中で燃え上がっており、しばしばそれは武力闘争ですが、それの必要に応えて、自分たちが蓄えてきたあらゆる技術を教えるということです。これを私は、先ほど言ったTechnicalという意味に取りたいのです。つまり、そういう運動はよくないとかは一切言わず、真面目にやっている運動であれば、彼らの必要に応えるということです。

　彼ら自身は、第二次大戦中は反ナチのレジスタンスをやり、アルジェリア解

放戦争のときも命懸けでやっていたわけです。そういう人たちは、全部秘密組織としてやらざるを得ないわけです。秘密の活動をやるには、それなりに技術が必要です。その技術を、真面目であれば無条件で教えようと。こういう方針でなければ教えないなどということは言いません。それがTechnicalだと私は思います。思うというだけで、何かそういう議論をしたわけではありませんが、そういうやり方を実際にやってきました。

　秘密組織ですから、向こうは私のことを知っているわけです。ベ平連の者が来ていて、密出国の方法を探しているということで、最初は車の中で5分ぐらい会っただけです。それで、「分かった、あなたの問題は承知しています」と。簡単に言えば、「旅券を変造するのが一番だ。旅券を変造しさえすればいいのだ」と言ったわけです。もちろんそれを予想して行ったわけではないけれども、そういうこともあり得るとは思って行っていたので、「お願いします」と言ったら、すぐ運転席にいた彼の奥さんと私は、彼はどこかへ行ってしまいましたが、まさに変造のプロのいるアパートに連れていかれて、2時間か2時間半ぐらいで変造の方法の大筋を教わったわけです。

　今度は変造すべき旅券がいりますから、またヨーロッパ中を1～2カ月放浪して、帰ってきたのが1970年の8月です。ちょうど大阪万博が終わるころと言ったほうが、皆さんには分かりやすいかもしれません。

　私は、仲間にも細かいことは一切言いませんでした。本当に親しい同志には言いましたが、大きな声では何も言いませんでした。ただ教わってきたことを、共鳴してくれた絵描きさんに教えたのです。そうしたら彼は、向こうで教えてくれたプロの人が「大体のことを覚えて帰れば絶対分かってくれるから」と言ったとおり、分かってくれました。それで実験もして、練習もして、次の行動に移りました。

　その旅券変造の方法で出国させたのは二人しかいません。二人しかいない理由は次に述べますが、とにかく1970年12月に一人、1971年7月にもう一人を、日本から飛行機に乗せてパリへ送ったわけです。これは完全に成功しました。日本の官憲もそういうことを予想していなかったということが、たぶん本当だろうと思います。ですから、もちろん出国OKというスタンプを押しているわけです。その証拠が今もちゃんとあります。

　そのときになぜ二人で止めたかというと、実は、世界中の反ベトナム戦争の闘いの方針転換があったからです。もう脱走兵援助はやめよう、そうではなくて軍隊内で兵士自身が反戦運動をやろうという方向に方針が変わったわけで

す。私は、ヨーロッパにいたときに既にそれを体験していましたが、そういうことを『脱走兵通信』というミニコミに書いています。それを最後に『脱走兵通信』は終わり、今度は『ジャテック通信』を出すようになりました。どちらも隔月刊の予定でした。

4 日本における「米軍解体運動」

　軍隊内抵抗というのは、日本では米軍解体運動と言っていました。ちょっと大げさですが、米軍を解体しようという運動と名付けました。それで、今日は文献目録を付けることができなかったのですが、米国本土の基地で軍隊内抵抗の実践をした、その調整役だったCortrightという人が、ベトナム戦争直後に書いた本があります。*Soldiers in Revolt: GI Resistance during the Vietnam War*という本です。私たちが今持っているのは、イラク戦争以後に再刊されたものです。今手に入るのはそれです。それははるかに良くなっています。住民と兵士というような関係がイントロダクションに書かれているし、巻末には、GIが自分たちの手で出した新聞（GIペーパー）の、世界中の基地のリストが出ているのです。その中には、先ほど言ったフランスに渡った二人のうちの一人が、アメリカ人の兵役拒否者、脱走兵と言ってもいいのですが、その人と一緒にパリで出したGIペーパーも載っているくらいです。先ほど名前が出た山本義隆さんが、今、そういう展示をやっていますし、来年はベトナムのホーチミン市に行って、戦争証跡博物館で展示をする予定になっています。

　岩国というのは海兵隊の基地で、当時、ベトナムまで日帰りで爆撃しているわけです。しかし、これはなぜかとしか言いようがないのですが、その岩国でなぜか反軍闘争、つまり軍隊内抵抗をする動きが一番強く、世界でもまれに見る強さでした。GIペーパーは日本でも各地で出ていましたが、それを印刷しているのが日本人のグループだと、Cortrightが本の最初に紹介していますが、私は会ったことがない人ですが、彼自身も感激して書いてくれています。

　それで、脱走から帰隊、軍隊に戻った少年がいました。とても優秀な少年でしたが、この人が帰った後で、基地の中の刑務所である営倉で暴動が起こったのです。つまり、軍事裁判の対象になる人たちが入れられているところが、基地の中で暴動を起こしたのです。そのときには、この少年については、アメリカからも弁護士が来ましたし、日本からも弁護士が出ました。それから、去年亡くなりましたが、鶴見俊輔という人も証人として立ちました。脱走中に彼を

かくまっていた主婦も、証人として出廷しました。そして、彼は無罪を勝ち取ったのです。これは、ジャテックとしては非常に大きな勝利だったと思います。

それから、コーヒーハウス運動。このときのコーヒーハウスというのは、普通の喫茶店という意味ではなくて、反戦喫茶店という意味らしいです。英語でもコーヒーハウス運動と言っていました。どうもそういうふうに私には思われますが、重点に考えている岩国では、「ほびっと」という名前の喫茶店ができました。それは、兵士のたまり場になり、後には米軍当局から「兵士は立ち入り禁止」とされましたが、北の三沢基地の近くでも、スナック「OWL」というのが活動していました。

これらの他に、反戦放送という運動もありました。それは、先ほど言いました「大泉市民の集い」が朝霞の野戦病院で始めた活動です。ベトナムで戦っているのに、野戦病院は日本にあったわけです。もちろんベトナムにもあったでしょうが、日本に送られてきて、そこで病を癒やすためにあったということです。でも、野戦病院の周りは放送するのに適当なのです。放送といってもラジオで放送するわけではなくて、塀越しにトラメガで反戦歌や反戦情報を流すというものです。「こちら、Radio Camp Must Go」というコールサインで放送を始めるということです。

そうしたら、兵士のほうからGIペーパーを作りたいという相談が来るようになったのです。ですから、やはり影響が確かにあったわけです。それは反戦放送だけの影響ではありませんが、ベトナム戦争全体に対する厭戦感情が兵士の中にあったということです。

実は、横浜の、今は岸根公園というきれいな公園になっているところも、野戦病院でした。そこでもやったということで、これは非常に強力な、私たちが開発した武器の一つでした。

それから、ウオッチングというか、基地の調査活動もありました。特に岩国では、どういう機種が何機、何月何日何時何分に離陸し、何時何分に着陸したかというリストを全部作ったわけですが、これはすごく大変な労働だったと思います。そういう記録は、実は、南ベトナム臨時革命政府の代表で、元国家副主席だったグエン・ティ・ビン女史の手に、私が直接渡しています。

もう一つ、岩国基地の海側のところに何とも奇怪な建造物があり、どう見ても普通ではない、核兵器が入っているのではないかと思われたので、それを調査しました。もちろん、兵士を通じて調査するということもやりました。あとは、もちろん決定的証拠は得られませんが、国会議員に追及してもらうという

こともやりました。そのときはもちろん結論は出ないわけですが、疑いだけが残ったということです。

そうしたら、アメリカのジェーン・フォンダという女優さんが「FTA」というグループをつくり、日本にも来てくれました。FTAというのは、Fuck the Armyの略です。「軍隊なんかやめちまえ」という意味でいいと思いますが、それで、岩国の近くでもやってくれました。そのときに、直接彼女に接した人からは情報が得られなかったのですが、彼女が非常に怒っていたことは間違いありません。後から『わが半生』という彼女の本が出て、その翻訳を読んだら、当時のことが彼女の言葉で書かれていました。つまり、「われわれは日米関係に反して核兵器を移動させられていた」と語ったそうです。

ですから、事後的には、やはりあそこだったのだろうと私は思いますが、そういうことが証明されたのではないかと思っています。ただ、当時は沖縄が返還されていない状況だったので、実は沖縄の状況がよく分かっていません。それは、今、私の報告の欠点でもあります。

最後にアメリカ人活動家との関係について言いますと、先ほどの方針転換が起こった後、アメリカの西海岸で、Pacific Counseling Service（PCS）という、GIの相談に乗るよというグループができました。これは、実は軍隊内抵抗を助ける手段でもあり、「早く除隊しろ」というカウンセリングをやっていたわけです。神楽坂にあったべ平連の中枢の事務所にPCSも陣取っていましたし、岩国にも張りついていた人がいます。

5　ベ平連・ジャテックに関する資料や研究

アメリカ人活動家との関係はそれぐらいで省きまして、あとは、「べ平連やジャテックに関する資料や研究」についてです。資料は各所で保管されています。今も日の目を見ない資料は多いと思いますが、第2代目のべ平連事務局長だった吉川勇一さんは、個人的に所有している資料を全部、共生社会研究センターへ寄贈しています。これは最初に埼玉大学にあり、今は立教大学に移っていますが、全部閲覧可能です。ジャテックの資料も、成功裏に使用された変造旅券も、練習用のものも、やはり共生社会研究センターにあり、見ることができます。いくつかの展示会で飾られています。

ベ平連・ジャテックだけに限らないのでしょうが、やはり大変なことをやったというだけの思いが大いに強いのでしょうか。それで、いろいろな資料をま

とめております。今日みえている関谷滋さんが坂元良江さんと二人で編集した『となりに脱走兵がいた時代』（思想の科学社、1998年）という本は、当時実際に体験した人たちがそれぞれの部署のことを書いたもので、非常によくできた本です。

　ベ平連一般の研究はもちろんあると思いますが、個別ベ平連の研究に移りつつあるというのが私の印象です。最近では、2016年安保、つまり去年の安保闘争で名をとどろかせたSEALDsの人たちも、今は解散していますが、ベ平連のことを勉強したそうです。

　それから、外国人による研究も出てくるのではないかと思います。外国人ではないのですが、日本人でハワイにずっと住んでいる研究者がいて、今、博士論文を書いています。この人は女性で、日本で出ている文献はもう全部読んでいます。ですから、機会を得て、生き残っている私たちに会って話を聞くことが一番大事な作業なのです。そのために、ついこの間、来たのですが、この博士論文ができたら注目すべきだろうと思っております。

6　韓国におけるベ平連に対する関心

　最初は金東希の話で始めましたから、最後に韓国のお話をしますと、韓国からジャテックについて非常に関心が高まっています。分裂国家ですから、当然、韓国における兵役拒否者が非常に厳しい状態に置かれていることは、ご想像のとおりです。この関係で獄中に入れられている人の数は、韓国が世界一だと言われています。2〜3年前から、彼らの間でジャテックへの関心が急速に高まっています。民衆の側に立つ有名な『ハンギョレ新聞』の週刊誌版、『ハンギョレ21』に優れた記者がいて、小田実さんのことや高橋のことも物語風に記事にしてくれています。

　それから、少し状況が変わってきていると思います。今、朴槿恵（パク・クネ）大統領はそれどころではないでしょうが、あれは独裁者だった朴正煕（パク・チョンヒ）の娘で、それが最初にベトナムに派兵した人なわけです。『ハンギョレ21』の記者がいろいろ報じているところでは、米軍が行った有名な「ソンミの虐殺」と同じようなことを、韓国軍がやっているということです。ハミ村の虐殺が大体それに当たるらしいのですが、そういう記事がずっと出つづけています。

　その上で、「ごめんなさいキャンペーン」が韓国では広まって、それが今、ソウルに平和博物館をつくる運動につながっています。兵役拒否者と言ってし

まうと犯罪になってしまうので、兵役拒否希望者と言いますが、兵役拒否希望者がつくっている「戦争のない世界」というグループがあります。そういうものができるようになったということが、私は非常に大きなことだと思いますが、今日ここにいらっしゃる関谷滋さんは、そこに呼ばれていって話をしています。つい2年前のことです。ですから、意外なところに、まさに身近なアジアに、今、ベ平連やジャテックの反響が及びつつあると言っていいかと思われます。

コメント（平田 雅己）

　高橋さん、今日は貴重なお話をありがとうございました。個人的にはイントレピッドの4人のうちの一人から連絡があったというお話がとても興味深くて、後で個人的にゆっくりお話を伺いたいと思います。

　ご紹介がありましたように、私は今から約6年前に、小田実さんと同じようにフルブライターとして1年間アメリカに滞在し、アメリカの公文書館でベ平連関係資料を広範に調査いたしました。その結果、特にジャテックの第1期から第2期にかけての時期に、米軍の諜報機関が組織的にスパイを送り込んでいたことが明らかになりました。実はその話は当時もある程度のことは分かっていたのですが、その具体的な活動を裏付ける資料が最近になってようやく公開されるようになりました。それらのコピーを日本に持ち帰り、高橋さんや今日ここにいらっしゃる関谷さん、旧ベ平連関係者の皆さんに内々で報告し、現在に至るまで聞き取りおよび文書内容の確認作業を地道に行っています。なかなか成果が出せずに6年が経ってしまったのですが、これからあと数年以内に単著として形にしたいと思っている次第です。

　ベ平連を考えることは、とどのつまり自分自身の生き方が問われることになりまして、コメントするのは実はかなりしんどいことです。ベ平連はさまざまな反戦活動を展開しました。今日お話があった脱走米兵支援活動、特に高橋さんが行った活動について言及するならば、変造旅券を作って、二人の脱走米兵を日本からフランスへ逃がしたという行為が挙げられます。この行為は、非暴力であることは当然ですが、非合法、法律に違反する行為でもあります。

　私は高橋さんの行動を支持していますが、それには根拠があります。お手元の資料をご覧ください。アメリカの歴史において、いわゆる「市民的不服従」という考え方があります。国や地域によって思想的源流は異なりますが、アメリカにおいては19世紀に生きたヘンリー・ソローという人物がそのルーツと

なります。彼は当時のメキシコとの戦争、黒人奴隷制度に反対する行為として納税を停止し、その罪で牢獄に入った人物です。先ほど高橋さんはキング牧師に触れましたが、彼もソローの影響を受けて黒人市民権運動やベトナム反戦運動を指導しました。

お手元の資料に高橋さんの著書『私たちは、脱走アメリカ兵を越境させた……──ベ平連／ジャテック、最後の密出国作戦の回想』(作品社、2007年)からの引用があります。「非暴力直接行動、市民的不服従」という節の中で、高橋さんはこう述べています。「悪法もまた法なりとする単純素朴な合法主義的態度を取ることによって、日本人は侵略と差別の共犯者になってしまったことを忘れるわけにはいかない。言いたいのは、個々の国家の個別の法律よりも、平和や人権は優先するのだ」と。

この文章を読んで、確かにそうかもしれない、と納得されるかもしれませんが、実際にはそう簡単なことではありません。日本の市民運動の様子を見ていると、参加者は非暴力原理についてはおよそ理解できるのですが、平和や人権を擁護するために時として法を破らなければいけない場合もある、という「市民的不服従」原理を理解される方はまだまだ少数派のように思われます。日本の戦前の運動においてそういう原理で行動された方もいますが、これを広く大衆運動の原理として昇華させたのがベ平連であり、真の意味でのソローイズムを発揮されたのが高橋さんだった、と私は個人的に思っています。

個人原理、つまり特定のイデオロギーから距離を置いて活動するのが、かつてのベ平連の基本性格です。先ほどSEALDsのお話もありました。特に3.11以降の日本の市民運動、社会運動の様子を見ていると、ベ平連のかつての先駆的な運動や精神というものが、今まさに21世紀に開花したのではないかと思っております。

ちなみに私は1968年生まれで、当然のことながら1960年代の運動の時代は実感がないわけですが、なぜかつい最近まで運動が苦手でした。なぜ苦手だったのか。自己分析すると様々な理由があるのですが、最大の理由はイデオロギー色の強さでした。これは私の勝手なイメージかもしれませんが、問題の本質に取り組んでいるというよりも、どこか表面的な思想の議論に終始している。思想を否定するわけではないですが、そういう党派性やイデオロギー性が、1960年代の運動全般の特徴だったといえると思います。ベ平連は例外です。ベ平連は、様々な党派と協調関係を築きつつ、党派間の争いになるべく巻き込まれないよう慎重に距離を置いて活動をしていたように見えます。現在の市民

運動には、あまり党派性やイデオロギー性が感じられません。その意味で、かつてのある種の先駆的なベ平連の運動精神が今まさに開花した、と感じているわけです。理由はわかりませんが、ベ平連の個人原理が継承されていると思います。

もちろん課題もあります。今年出版されました『ベ平連と市民運動の現在――吉川勇一が遺したもの』（高草木光一編、花伝社）という著作の中で、吉岡忍さんがSEALDs運動における国際性のなさを指摘しています。なぜ現代の運動が、ベ平連的な個人原理は継承しつつも国際性がなくなってしまったのか。その点について高橋さんのお考えを伺いたいと思います。

それから最後にもう一つ高橋さんに改めてお伺いしたいことがあります。配布資料の中に本日、お越しになられている中部大学の岩間優希さんによる高橋さんへのインタビュー記録の抜粋があります（※「越境による抵抗、あるいは抵抗のための越境――高橋武智氏に聞く」『アリーナ』2015年第18号別冊）。高橋さんは、現在の運動のあり方について非常に好意的、肯定的な見方をされている一方で、大学という存在に対しては非常に手厳しいお考えをもっている印象があります。先述した『ベ平連と市民運動の現在』収録の座談会「大学は世直しの拠点となり得るのか」の中で、高橋さんはこうおっしゃっています。「文部科学省によって管理されている制度としての大学を考えた場合には、あまり期待するものはないだろうと思います」。吉岡忍さんは、最近は文科省による文系叩きの動きがある中で、大学側に危機感があるわけですが、そういった圧力を受けて大学人がもっと社会にコミットするようになれば、もっとやる気が出るのではないのか、とおっしゃった。高橋さんはこの議論の最後に、そういうふうに学生たちに問い掛けるすべを組織としての大学が持っているかどうかと述べ、大学というシステムそのものの限界に言及されました。

確かに大学の置かれている状況はかなり厳しいです。そういった中にあって、私は例えば現代の若者に伝わる「平和教育」の在り方を模索し取り組んでおります。あらためて、現在の社会運動と大学との関係性、大学人に課されている役割などについて高橋さんのお考えを教えてください。

質疑応答

中村督　南山大学フランス学科の中村と申します。今日はありがとうございました。高橋先生と言っていいのか分からないのですが、私自身は、通称5月革

命を卒論、修論、博論とほとんど扱っておりまして、当然、先生の『叛逆するスチューデント・パワー』（高橋徹編）についても拝読しております。

その中で一点だけシンプルな質問があるのですが、ベ平連が国際的な色彩が強かったのに対して、冒頭におっしゃったフランスの5月革命、通称「5月の出来事」は、あまり国際色が強くないという見方のほうがフランスでは強いと思います。違う言い方をすれば、1968年以降、1970年代、1980年代を通じて、フランスの運動が他国の運動と連帯するということは、ほとんどの場合においてなかったと言い切っていいのではないかと私は思います。あるとすれば、コーン＝ベンディットの緑の党かと思います。たしかに、フランスは5月革命の主導者であるコーン＝ベンディットが緑の党として欧州議会に回帰していくということはあるとしても、現状もフランスの社会運動が「国際的」ということはほとんどないだろうと思います。

その中で質問があるのは、こうした状況のなか、ベ平連のほうに、フランスからも5月の活動家が参加したという点です。具体的にもし著名な方がいらしたのでしたら、教えていただけますか。

司会（藤本博）　ありがとうございました。もうすこし、どうぞ。

太田正登　金城学院大学の太田と申します。今日はどうもありがとうございます。私は、1968年は中学1年生でした。ですから、印象としては、1968年で一番思い出すのは、チャスラフスカのメキシコオリンピックでのあの表彰式の行為と、プラハの春です。もちろんベ平連のことも覚えています。

私自身はイギリス外交が専門です。先日の国際政治学会において、60年代末から70年代初頭にかけての西側同盟国の自主外交について、当時の一次資料を用いた研究報告とシンポジウムが開催されました。

例えば、ドイツの場合は連立政権ができて、ブラントの東方政策が行われるようになってきたこととか、イギリスのスエズ以東からの撤退とポンドを切り下げに関してアメリカともめていたこと。日本は、先ほど高橋さんの発表にもあったように、沖縄返還交渉で、いわゆる「縄と糸」の交渉というのが当時から言われていたことだったのです。そして、ここで出てきた問題が、それぞれの同盟国の今日の問題に深くかかわっているのです。

つまり、ブラントの東方外交は、東ドイツを併合し、今の東方からの移民の問題へとつながるし、イギリスのスエズ以東からの撤退とポンド切り下げは、

第 13 章　1968 年、あるいは 1960 年代と関連させて、ベ平連・ジャテックの運動を再考する

それとリンクして行われた EC 加盟申請が、今日の EU 離脱問題を引き起こしています。日本の沖縄返還交渉も、米軍基地と関われば、安保法制にも関わってくると思うので、今日の西側同盟国それぞれの根幹を揺るがすような問題が、1968 年のあの交渉の中にあったと言えると思うのです。ですから、その時それぞれの同盟国がどういう行動を取ったのかを考えるとき、その中でベ平連の活動はどのように位置づけられるのか知りたくて、その意味においても本日の講演はとても興味がありました。

　私が質問したいのは沖縄の問題で、先ほどのご報告の中では、一言ですけれども、当時まだ日本に返還されていなかったから良くはならなかったと言われたのですが、沖縄の人たちとの連帯を考えていたのか。あるいは、ベ平連の中で、沖縄に対して、やはり日本とは違うという意識があったのか。そのあたり、もし当時のことを覚えてみえたらお伺いしたいのですが、よろしくお願いします。

司会　では、時間も限られていますので、あとは高橋さんにお答えいただく時間に回したいと思います。

　今、平田さんから、現在の運動の国際性の問題と、大学と社会運動の関わり。フロアから、フランスの 5 月革命に関わった方とベ平連の関係、最後に沖縄との連帯を当時ベ平連の人はどう考えていたのか。全部お答えいただくと、また 30 分ぐらいかかるかもしれませんので、選んでいただいてもいいです。特にフロアから出たフランスのことについてお願いします。

高橋武智　フランスは、おっしゃるようにあまり国際性がないですね。そのようにおっしゃったかどうかよく分からないのですが、その後ですね。つまり、あのとき、なぜ民族解放運動ではないベ平連に「連帯」というグループがいろいろ技術を教えてくれたのかというと、ベトナムが世界の解放運動の先頭にいたからです。ですから、そこを支援しているベ平連やジャテックも援助するということです。

　先ほどのご質問で、1968 年の国際会議にフランスから二人来たのは覚えています。一人は若い女性活動家で、そのときは解散させられた何とかというミニ・グループを代表してと話したのを覚えています。つまり、フランスという国は容赦なく解散させるんです。もう一人は、ちょっと名前の知られた人で、統一社会党という、どちらかといえば新左翼的に見えた党のリーダーでした。

ただ、その人の名前をどうしても思い出せないのです。

中村　1960年代後半のリーダーですか。

高橋　そうです。

中村　ミシェル・ロカールのことではないでしょうか。

高橋　そう。ミシェル・ロカールです。でも、ミシェル・ロカールは、その後、元気がなくなりましたよね。8月に来たときには、日本の作家ですでにお亡くなりになっていましたが、いいだももという共労党（共産主義労働者党）の人が、デモのときにミシェル・ロカールと必死に腕を組んでいたということをよく覚えています。それで勘弁してください。

中村　ありがとうございます。

高橋　それから、沖縄についてどう考えていたか。それは、細かい話はあるのですが、それをしゃべると長くなってしまうので、申し訳ないですけれども。若干の接点があったのです。その後はあるのです。その研究所もあるのです。ですから、もしよかったら、後で個人的にお話しさせてください。

司会　現在の日本の運動の国際性のなさについてはどうでしょうか。

平田　国際性のなさ。なぜそうなのかという点です。

司会　あと、大学の問題です。

高橋　国際性は、やはりないですよね。一般論としてはね。ですが、先ほどお話ししたように、韓国から日本に関心が向けられているということは、私は大事なことだと思うのです。それは、私たちが期待してやっているわけではありませんが、向こうがそのように言ってくれているということがあります。

平田　具体的には、SEALDsなのですが。

第13章　1968年、あるいは1960年代と関連させて、ベ平連・ジャテックの運動を再考する

高橋　SEALDsに国際性がないということですか。

平田　そのように見えるということです。

高橋　それは言えますね。そうですね。ですから、SEALDsがベ平連に学んだと私が先ほどしゃべりましたが、それは運動の組織の仕方などについて学んだということだと思います。ですから、SEALDs自体に国際性があるかといったら、あるようには見えないですね。

司会　あと、大学のお話です。

平田　大学の役割についてはいかがでしょうか。

高橋　私は、大学にはもっと厳しく接したいと思います。大学が、ただでさえだらしない日本のメディアに飲み込まれてしまっているような感じが、私にはするのです。本当のところは分かりません。私も今は大学の世界とは縁がないので、これ以上あまりそういうことについては言えませんが。

司会　これで質疑応答を終わらせていただきます。本日はどうもありがとうございました。

注

★1　本稿は2016年11月11日に高橋武智氏によって南山大学名古屋キャンパスで行われた講演録である。高橋氏は現在、「日本戦没学生記念会」(わだつみ会)の理事長で、氏は1960年代後半から70年代初頭にかけ、「ベトナムに平和を！市民連合」(ベ平連)及び「反戦脱走米兵援助日本技術委員会」(ジャテック)に関与された。ここでは、高橋氏の講演録と併せて、高橋氏の講演を受けて平田雅己氏が行ったコメントならびにその後の質疑応答も掲載させていただいた（編者注）

参考文献

関谷滋・坂元良江編『となりに脱走兵がいた時代――ジャテック、ある市民運動の記録』思想の科学社、1998年。
高草木光一・高橋武智・吉岡忍・山口幸夫編『ベ平連と市民運動の現在――吉川勇一が遺したもの』花伝社、2016年。

高橋武智『私たちは、脱走アメリカ兵を越境させた……――ベ平連／ジャテック、最後の密出国作戦の回想』作品社、2007年。
「インタビュー 越境による抵抗、あるいは抵抗のための越境――高橋武智氏に聞く」(聞き手：岩間優希)『アリーナ』第18号（別冊）、中部大学、2015年。

第14章

「ベトナムにおける戦争犯罪調査日本委員会」の活動をめぐって

橋本雅弘氏に聞く

橋本 雅弘・藤本 博（聞き手）

はじめに

　第1章「「1968年」の時代を生みだしたヴェトナム戦争の世界史的意義その影響・遺産」（藤本博執筆）において、日本における反戦運動についても言及し、1966年10月に弁護士や医師、大学教員など知識人を中心に「ベトナムにおける戦争犯罪調査日本委員会」（以下、「戦犯調査日本委員会」）が結成され、ヴェトナムにおけるアメリカの戦争犯罪を調査・告発する運動も展開されたことを紹介した。第1章末尾で述べたように、「戦犯調査日本委員会」の資料は散逸した状況にあり、この「戦犯調査日本委員会」に関する歴史学的な実証研究を可能にするためにも、この関連資料の所在の確認と、必要な範囲で当事者へのインタビューも行う必要がある。「戦犯調査日本委員会」現地調査団に参加した方々へのインタビューの可能性について考えを巡らせていた折に、幸い、2016年末に「戦犯調査日本委員会」第2次現地調査団等に参加された橋本雅弘氏を知る機会に恵まれ、2016年12月28日に橋本氏のご自宅にお訪ねしてインタビューさせていただくことができた[1]。本章はこのインタビュー記録をまとめたものである。

　以下、橋本雅弘氏のプロフィールを紹介する。
　橋本氏は、1926年のお生まれで、1950年に京都大学医学部を卒業後、1961

年から1991年まで社団法人京都保健会吉祥院病院院長を歴任された。橋本氏は1967年7月に「ベトナム戦争犯罪調査京都委員会」から依頼を受けて「戦犯調査日本委員会」第2次調査団（6月25日羽田出発、7月2日〜31日の間、ヴェトナム滞在、8月6日帰国）に参加された（同調査のメンバーは、橋本氏の他、船橋善三郎氏（佐久総合病院外科医長・団長）、神立誠氏（東京大学農学部教授）、芝田進午氏（法政大学社会学部教授）の4名）。同調査団は2班に分かれ、橋本氏は神立氏とともに北班としてヴェトナム民主共和国（北ヴェトナム）北部のいくつかの省を訪問し、医師としてボール爆弾やナパーム弾の身体に対する影響などについて調査するとともに、農業省や水利省、衛生省等の関係者から聴取した。そして、第2次調査団帰国直後の8月28日から3日間の日程で開催された「ベトナムにおけるアメリカの戦争犯罪と日本の協力・加担を告発する東京法廷」（以下、「東京法廷」）で証人の一人としてその調査結果を報告されている。また、1971年2月中旬には「インドシナ諸国人民の平和と独立のためのパリ世界集会」に参加され、そして1972年10月中旬にはデンマークのコペンハーゲンで開催された「国際戦争犯罪調査委員会」第3回審理集会においても証言されている。

以下が、橋本雅弘氏に対するインタビュー記録である。なお、第2次調査団の調査に基づく「東京法廷」での証言やその他の報告記録、そして「国際戦争犯罪調査委員会」第3回審理集会での橋本氏の報告等については、本章末尾の「参考文献」欄にまとめさせていただいた。

文中の〔　〕内の言葉と注記は必要に応じて藤本が補ったものである。また、本章末尾の「参考文献」一覧は藤本が作成した。　　　　　　　　（藤本博　記）

1　「戦犯調査日本委員会」第2次調査団（1967年7月）と「東京法廷」（1967年8月）について

藤本　「東京法廷」の証言記録として刊行された『ジェノサイド』（青木書店、1967年）を読ませていただきますと[2]、先生は医師として「戦犯調査日本委員会」第2次調査団に加わり、特にボール爆弾やナパーム弾による身体的な影響について北ヴェトナムで調査されています。内容も含めて、調査に行かれて印象的だったことをいくつかお伺いできればと思います。

橋本　印象という意味では、一つは、例えば私たちを迎えてくれたり、それか

ら、ハノイに住んで町の状況を見たりして感じたことは、あれだけの状況の下で、ものすごく落ち着いて、明るいということです。ハノイなんかでも、大体もう田舎へ疎開して、住んでいる人は減っているわけですが、人はいるわけですから、その感じがものすごく明るいのです。ホテルは、トンニャットホテル（統一ホテル）で、ヴェトナムへ行く外国人は皆そこへ泊まります。そのホテルの職員も、ものすごく明るいです。その明るさというか、「楽天性」と、彼らは自分で言っていました。ヴェトナム人民の楽天性と戦闘性ですね。そのようなものを雰囲気として感じました。

それと、「必ず勝ちます」と。そう言われますと、私なんかは、あんなに大きいアメリカと戦争して本当に勝てるのだろうかと、悪いですが、そう思っていたのです。皆、「勝ちます」と、「10年先には勝っています」と言うじゃないですか。すごいですよ。ヴェトナムでの戦争は私がヴェトナムに調査に出かけた時から実際に8年後に終わりました〔ヴェトナム戦争は1975年4月に終結〕。実際、単なる妄想で言っているのではなくて、本当に確信であったということですね。それはすごいと思いました。

そして、ハノイに軍事歴史博物館がありまして、調査活動に入る前に見学に行きました。心を打たれたのは、日本の問題です。つまり、その博物館には1945年に日本軍によって200万人の餓死者が出たことに関する展示がありました。私たちに付いてくれた二人の日本語通訳の一人が、「自分の両親はその餓死で死にました」と語ってくれました。ですから、もう本当に身近な話で餓死があるわけです。日本の加害責任というのが既に1944年～1945年の段階にあって、今回のヴェトナム戦争に対する日本政府の戦争への加担は2回目になるということが、向こうへ行って、まず感じたことになります。

「東京法廷」についてですが、ボール爆弾を日本に持ち帰って、私や他の人が「東京法廷」で証言の際に見せました。私はその後、このボール爆弾やナパーム弾のかけらを立命館大学の国際平和ミュージアムに寄贈しました★3。

藤本 「東京法廷」に関しては、映像のようなものはあるのですか。

橋本 あります。その映像では、そこで扱われている半分が「東京法廷」の映像で、あとの半分は、私が加わった第2次調査団に関する映像です★4。

「戦犯調査日本委員会」は、ご存じのように、2回目の「ラッセル法廷」★5に対する資料を送るというのが大きな目的で、私たちの調査団を派遣して、そし

て帰国した調査団の報告を「東京法廷」で受けたわけです。「東京法廷」の主宰者の方は、単に「ラッセル法廷」のためだけではなく、日本独自のものとしてやりましょうとおっしゃっていましたね。

藤本 結構、当時は発信というか、きちんとまとめられていたのですね。

橋本 「東京法廷」終了後、私は全国の各地にまいりまして、今は全部思い出せないのですが、10か11府県回りました。関東は埼玉、群馬、西は島根、岡山と、50カ所ぐらい回りました。「東京法廷」のことも含めて、ヴェトナム調査団の報告をして回るということです。その当時は、新聞からはあまり情報がありませんでしたからね。それで、あちらこちらから声がかかって、法廷形式ではありませんが、報告会という場で報告しました。

藤本 お伺いしたいのは、ボール爆弾やナパーム弾は対人殺傷兵器で、ヴェトナム戦争はジェノサイド的な性格だということでアメリカを批判するということは、当時、大体共有されていたのでしょうか。

橋本 いや、あまり、そういう意味では共有されていなかったと思います。私が行った年〔1967年〕に、TBSの田英夫さんもちょうど北ヴェトナムで取材していましたね★6。トンニャットホテルに泊まっておられて。ですから、一緒に何度もお話をしたことがありました。あの方が帰られて、確かテレビで出しましたよね。あの影響が大きかったのではないでしょうか。あのころから、ヴェトナム戦争に対しての関心が持ち上がってきたのではないでしょうか。

藤本 ヴェトナムで何が起こっているのかということが分かってきたということですね。

橋本 はい。ただ、空爆の実態のようなものは、なかなか伝わらなかった。田さんが本当に唯一で、あとは日本電波ニュース社。メディアでは、日本電波ニュース社の役割は大きかったですね。南〔ヴェトナム〕には入れたわけで、南における状況については多くの報道がありました。北〔ヴェトナム〕についてはもう全く知られていませんでした。南のほうは、それこそ日本政府が、傀儡政府自身を認めて、自由に行けますよね。北はそうではないですから、入れな

いわけです。

　入ること自体がものすごく大変だったのです。私たちも入るときに、香港に行きまして香港から入るわけですが、1週間香港にいたのです。中国が入れてくれなかったのです。それは何か政治的なものなのか、実務的なものなのか、文化大革命の2年目か3年目で混乱していたのか、さっぱり分かりませんでしたが、1週間入れなかったのです。

藤本　中国ルートで入るわけですね。

橋本　はい。中国のほうが入りやすいので。

藤本　陸路で入るのですか。

橋本　空路です。許可が出て中国に入って、広東の東方賓館というホテルに泊まりまして、広東のヴェトナム総領事館に行って挨拶をして、一晩泊まって。それから飛行機で、今度は中国の一番西南の果ての南寧に下りたのです。そこからは、今度はヴェトナムの飛行機に乗りまして、ハノイに入りました。

　ハノイ空港には歓迎の方が来ておられまして、北ヴェトナムの戦犯調査委員会の責任者の厚生大臣とか、最高裁の長官とか、有名なラオ大佐とかが、ずらっと来てくださいまして、国賓ではないけれども、国賓のような待遇で迎えられたのです。このような中によく来てくれたと言われましてね。ですから、それだけヴェトナムの方々の期待も大きかったわけです。私たちは第2次調査団です。第1次調査団は前の年に入っていますから。第1次調査団に加わった陸井三郎さんたちが多くの情報を持って日本に帰ってきましたよね[★7]。ですから、ヴェトナムのほうも日本において、この調査団が非常に大きな役割をしてくれるということを期待しておられたのだと思います。

　同時に、ヴェトナムにとってみたら、日本はヴェトナム戦争の基地ですよね。多くの軍事物資は日本で作られたと言ってもいいですよね。軍服まで日本で作っていたわけですから。それから沖縄。そういう意味では、日本は他の国に比べてヴェトナムから見ても大事な国ですよね。それだけに調査団を重要視して、歓迎してくれたということだと思います。

2 「名古屋法廷」(1967年)および
コペンハーゲンで開催された「国際戦争犯罪調査委員会」
第3回審理集会(1972年10月)について

藤本 次の質問に移らせていただきます。「戦犯調査日本委員会」の事務局長をされておりました森川金寿弁護士が法政大学ボアソナード現代法研究所に寄贈された「森川資料」よりますと、先生は「名古屋法廷」(1967年)においても証言され(証言タイトルは「アメリカのベトナム侵略犯罪」)〔本章末尾「参考文献」参照〕、また1972年10月にはコペンハーゲンで開催された「国際戦争犯罪調査委員会」第3回審理集会(以下、「コペンハーゲン会議」)にも参加しておられます。これら「名古屋法廷」ならびに「コペンハーゲン会議」で印象に残っていることをお聞かせ下さい。

橋本 私は「コペンハーゲン会議」で報告しております。日本からの参加者は役割分担をして、誰は何を報告するということで。堤防の話をするとか。その中で、たまたま私は医師であったために、いわゆる残虐兵器の人体に及ぼす影響というものを話すように皆から言われました。そこで、第1次から第3次まで、さらに第4次までの調査団の情報をまとめて報告したのです。英語で報告したのですが、英語の原稿のほうは自分が廃棄してしまったため手許にないのですが、日本語のものはあります。私が定年で病院を退職したときの文集の中にあります★8。読まれたら分かりますが、細かなデータがありまして、私の時のものだけではなくて、もっと後の方が持って帰られたデータも含めて一つにまとめたものです。
　コペンハーゲンの話ですが、自分も参加させていただけたので、印象が特に強いわけです。「東京法廷」の報告者は日本人ばかりですが、コペンハーゲンの会議は各国から来られ、私の前に報告したソ連の調査団の人はだいぶ詳しい報告をしていました。かなり科学的というか、体系的というか、よくまとまった形のものがたくさん出ました。

藤本 オスロで開催された第2回目の「国際戦争犯罪調査委員会」審理集会に関してはアメリカの平和運動家が英語の本を出しています★9。さきほどお話しいただいたコペンハーゲンで開催された第3回目の審理集会に関して全体の記

録というのは、どこかにあるのでしょうか。一部は森川さんが書いているのですが★10。

橋本 まとまったものとして『インドシナにおけるアメリカの戦争犯罪調査国際委員会第3回会議の記録』があったと思います★11。私の報告も入っています。ただ私の手許に今はないので残念ながら詳しく申し上げることができません。

3 ヴェトナムにおけるアメリカの戦争犯罪の実態に関する記憶の継承の意義について

藤本 最後の質問をさせていただきます。来年2017年はヴェトナム戦争終結から42年目、先生が第2次調査団の一員としてヴェトナムに調査に行かれてから50年目を迎えます。ヴェトナムにおけるアメリカの戦争犯罪を調査・告発されてきたお立場から、現在、「戦犯調査日本委員会」の活動をはじめとして、ヴェトナム戦争期のヴェトナムにおけるアメリカの戦争犯罪の実態に関して言いますと、どのようなことに改めて着眼して継承していく必要があるのか、われわれが今どのようなことを記憶に留めて後世に生かしていくかということを同時代の証言者的なこととしてお伺いできればと思います。大きな問題で恐縮ですが。

橋本 大きな問題ですね。私が思っているのは、一つは、現在でも同じようなことが行われているのではないかというか……アメリカの戦争のやり方は、もう伝統的と言ったら変ですが、アメリカの悪い面ではないかと思うのです。
　実は東京大空襲でもそうですよね。言葉はありませんでしたが、ジェノサイドのようなものですし。あのときも、日本全国の県庁所在地が全部やられました。私も津市でやられたのです。三重県の津市に親の家がありましたので。昭和12年から20年まで実家の津市にいました。父親が津市の病院、三重県立医学専門学校（現在、三重大学医学部）の病院に勤めておりましたので、津に住んでいたわけです。昭和20年7月24日の出来事、ですから戦争が終わる3週間ほど前です。当時私は大学1年生で京都に来ていたのですが、たまたま実家に帰っていたのです。そうしたら、爆撃があったのです。ちょうど原爆の直前です。
　その時に2階におりましたら、隣に爆弾が落ちて、大きな音とともにもうガ

ーッと家が傾いて、目の前が白煙で見えなくなって。慌てて階下へ飛び降りたのです。そして、外へ出てみましたら、もう人家はすべて潰れて。近くにいた私の友人が家ごとに倒れて……死んでいました。そういう爆撃がありました。

　さらにお話ししたいのは、その2日後の26日に焼夷弾を落としてきたことです。ですから、潰すだけではなく、今度は焼夷弾を落として、焼いてしまうということです。何もなくすということを、もうその当時にやっているのです。

　ヴェトナムでやったことは、その焼夷弾を発展させたナパーム弾の使用ですよね。ですから、ヴェトナムの人の話を聞いていると、「もう殺し尽くし焼き尽くし」という表現がしばしばありまして、このように「焼き尽くし」という言葉がありました。ですから、東京大空襲でやったことを発展させた兵器で……朝鮮戦争のときは化学兵器ですが、ヴェトナムではナパーム弾などの新兵器を使ってでもやっていくという形で。ジェノサイドというやり方を平気でやりました。

　ヴェトナムでは、艦砲射撃で集落の周囲をずっと攻撃して逃げられなくして、今度は上から空襲をする。まず初めに爆弾を落として、それからナパーム弾を落としてという。何というか、戦争の仕方というか、形をちゃんと心得ているのです。非常に計画的に、徹底的にやるということは、そういうことなのかなと思います。そういうことを、「戦犯調査日本委員会」の仕事をして、一つは今でも痛感しています。

　ひょっとしたら、今、どこかを爆撃をしているかもしれないなと思ったりします。現に、一般の住民は攻撃しないと言いながら、必ず一般住民をも目標にしてやっています。シリアでも。同じことを、もう昔からやっていたということです。これが一番、アメリカの爆撃の本質ではないかと思います。

　それと、もう一つは、やはり悪く技術力を高めて兵器を開発していくということです。焼夷弾の中身は忘れましたが、それをナパーム弾にし、さらにナパーム弾を発展させてリン弾を造っているわけです。

　リン弾の被害というのは、すごいです。言ってみれば、ナパーム弾は、火傷だけですよね。それでもひどいですが。リン弾は、その中にリンが入っています。リンが入るとリン中毒になるわけです。日本でも昔、「猫いらず」にリンが入っていて、自殺をする人が「猫いらず」を飲んだということがあります。それぐらい猛毒なのです。リンが肝臓に入ると肝臓を破壊してしまいます。それから、リン中毒というのは、報告に書いてありますが、血液を全部溶血させて、貧血になります。いつまでも抜けないですから、いつまでも残るのです。

そういうリン爆弾という、つまり、ナパームよりももっとひどい障害を与える兵器を作っていました。都市を潰すのであれば、リンなんかいらないわけです。リン爆弾というのは人間が死ぬし、また、死ななくても一生大変な状態で生きなければならない、人間に障害を与えるものです。特にそれを目的として研究した爆弾ですからね。ですから、そういう残虐性というか、科学をそのように用いているということに警鐘を鳴らさないといけないと思っております。残虐兵器の問題として。

　一般の人、住民をジェノサイド的に殺すということと、そのための手段である兵器を科学技術的に発展させているというところが一番印象に残っています。もっと多くの人が、そこのところにも着目する必要があるのではないかと思っています。今日でもあるかもしれないと思います。

　アフガニスタンかどこかで毒ガスを使ったとか何とかという話がありましたよね。さすがに今はリン爆弾などは使っていないかもしれませんが。昔と違って、メディアの報道が早いから。ヴェトナム戦争のころは、そういう情報が遅かったですよね。特に〔北〕ヴェトナムには、先ほども言いましたように、あまりジャーナリストが行っていないですから。

藤本　そうですね。アメリカでも、主要メディアのジャーナリストとしては『ニューヨーク・タイムズ』紙のソールズベリーという人が1966年12月に北ヴェトナムに入ったのが初めてでした★12。「戦犯調査日本委員会」の第1次調査団が派遣されたのも1966年の12月です。

橋本　12月ですね。

藤本　第1次調査団の活動をまとめたドキュメンタリー記録の『真実は告発する』を見ますと、ソールズベリーも北ヴェトナムのハノイで第1次調査団の報告を聞いているのです。このような状況下で『ニューヨーク・タイムズ』紙に初めて北ヴェトナムの爆撃の状況が報道されています。日本では第2次調査団の成果を受けて「東京法廷」が開かれ、非常に広範にアメリカの戦争行為の実態が明らかにされたと考えられます。

橋本　そういうことですね。専門ではないので、あまり言ってはいけないのですが、枯れ葉作戦がずっと後々まで、特に南〔ヴェトナム〕で多く行われまし

た。北でも農薬が使用されていました。葉が縮んでいるのを見せてもらいました。その時に「2, 4, 5-T」という農薬、そこに含まれるダイオキシンという言葉を向こうで初めて覚えて帰ってきたのです。南に比べると、わずかですが、その被害が北でも出ていました。北ヴェトナムにおける農薬の散布については当時東京大学農学部におられた神立誠先生が「東京法廷」でも証言されています★13。ヴェトナム戦争での枯れ葉剤のことについても一つの重大な問題を感じております。

藤本 本日は、貴重なお話をありがとうございました。

注

★1 ご多用の折、インタビューをご快諾いただいた橋本雅弘氏に感謝申し上げる。橋本雅弘氏に対するインタビューが可能となったのは、2016年11月20日に関西学院大学西洋史研究会第19回年次大会・シンポジウム「20世紀アメリカ外交と科学」にて「ヴェトナムにおける「アメリカの戦争」と枯れ葉剤散布──戦争時における科学者の批判と米政府の対応」と題して報告をする機会があった際、シンポジウムの懇親会にて橋本雅弘氏のご子息の橋本伸也氏(関西学院大学文学部)とお会いしたことが契機となっている。その後、橋本雅弘氏をご紹介いただくとともに、氏へのインタビューの際に同席いただいたことに対して橋本伸也氏に感謝の意をお伝えしたい、また、このような出会いの場となった同シンポジウムでの報告の機会を与えていただいた田中きく代氏(関西学院大学文学部)にもお礼を申し上げる。

★2 『ジェノサイド』に掲載されている橋本雅弘氏の証言記録については、本章末尾の「参考文献」欄参照。

★3 橋本雅弘氏はボール爆弾やナパーム弾のかけらの他に、氏が参加した「戦犯調査日本委員会」第2次調査団の声明(文書名「ベトナムにおけるアメリカの戦争犯罪に関する第2次日本調査団の声明」(1967年7月31日ハノイの記者会見にて))および「国際戦争犯罪調査委員会」第3回審理集会関係資料も寄贈されている。なお、橋本氏が寄贈した「国際戦争犯罪調査委員会」第3回審理集会関係資料については、注11参照。橋本氏が寄贈された内容の一覧は、立命館大学国際平和ミュージアムのPeace Archives所蔵資料データベースのサイトで確認できる。〈http://peacedb.ritsumei.ac.jp/archives/〉

★4 「東京法廷」及び第2次調査団の映像は、日本電波ニュース社が1968年に制作したドキュメンタリー映画『アメリカの戦争犯罪──東京法廷は告発する』に収められている。このドキュメンタリー映画は同社のWebページでは未公開であるが、橋本伸也氏のご尽力により、同社の了解のもとにDVD版のドキュメンタリー記録を見る機会をいただいた。第1次調査団の調査結果の映像に関しても、同社が1967年に『真実は告発する』と題して制作している。現在『真実は告発する』は、日本電波ニュース社のWebページで「過去のニュース配信アーカイブ」の一つとして公開されている。〈https://www.

youtube.com/watch?v=vbH3-TW2qPI&feature=youtu.be〉（2017年2月8日閲覧）。以上の日本電波ニュース社の映像資料については、橋本伸也氏から情報提供をいただいた。このことに対し、橋本伸也氏に感謝の意を申し述べたい。

★5 イギリスの哲学者、バートランド・ラッセルが提唱して、ヴェトナムにおけるアメリカの戦争犯罪を裁く「国際戦争犯罪民衆法廷」（「ラッセル法廷」）が第1回目として1967年5月3日～10日の日程でスウェーデンのストックホルムで、そして第2回目として同年11月20日～12月1日の日程でデンマーク、コペンハーゲン郊外のロスキレでそれぞれ開催された。

★6 田英夫は当時、TBSテレビ局系の全国ニュース放送番組『JNNニュースコープ』の初代のメインキャスターとして活躍し、西側の主要メディアとして初めて北ヴェトナムを取材した。田英夫は、後にこの取材をもとに下記の本を書いている。『ハノイの微笑――戦う北ヴェトナムの姿』（三省堂新書、1968年）。

★7 「戦犯調査日本委員会」第1次調査団は、1966年12月15日から翌67年1月20日にかけて北ヴェトナムでの現地調査を行った。第1次調査団に参加した陸井三郎氏は在野のアメリカ研究者としてヴェトナム戦争に関して鋭い批判的論考を多く刊行したことで知られる。「東京法廷」開催前後に森川金寿氏にかわって「戦犯調査日本委員会」の事務局長を務めた。陸井氏が参加した「戦犯調査日本委員会」第1次調査団の調査については陸井三郎「戦場ハノイからの報告」『現代の眼』1967年3月号、46-59頁参照。

★8 橋本雅弘「アメリカがベトナムで使用している残虐兵器の人体に与える傷害について――その医学的分析」『橋本雅弘 講演・論文集 ともに歩んで30年』（1991年8月）、163-166頁。

★9 「国際戦争犯罪調査委員会」第2回審理集会の主要な証言については以下の本が刊行されている。Frank Browing and Dorothy Forman, eds., *The Wasted Nations: Report of the International Commission of Inquiry into United States Crimes in Indochina, June 20-25, 1971*（New York: Harper & Row Publishers, 1972）.

★10 森川金寿『ベトナムにおけるアメリカ戦争犯罪の記録』（三一書房、1977年）、193-198頁。

★11 注3で記載したように、橋本氏は「国際戦争犯罪調査委員会」第3回審理集会関係資料についても立命館大学国際平和ミュージアムに寄贈されている、資料としては二点あり、その一つが、ここで言及されている『インドシナにおけるアメリカの戦争犯罪調査国際委員会第3回会議の記録』（コペンハーゲン会議参加日本事務局、ベトナムにおける戦争犯罪調査日本委員会発行、1972年11月）である。この小冊子は、約150頁のもので、コペンハーゲン会議でのヴェトナム民主共和国（北ヴェトナム）およびアメリカなど海外代表者の主要な発言が翻訳されて掲載されている。もう一つは、同コペンハーゲン会議に提出された国際的なヴェトナム現地調査団の報告記録である（*The Indochina War in 1972, Reports Presented to the Third Session of the International Commission of Enquiry into U.S. Crimes in Indochina,* October 10-16, 1972）。

★12 ソールズベリーはこの北ヴェトナム訪問での見聞を下記の本にまとめている。*Behind the Lines: Hanoi December 23,1966 - January 7, 1967*（New York: HarperCollins,

1967)、朝日新聞外報部訳『ハノイは燃えている』(朝日新聞社、1967年)。
★13　この神立氏の証言内容については、神立誠「散布農薬の種類と作物障害」『ジェノサイド』(青木書店、1967年)、35-37頁に掲載されている。

参考文献（以下、橋本雅弘氏の証言、現地調査団の報告等を記載した）

「戦犯調査日本委員会」第2次調査団調査記録ならびに調査報告関連

「ボール爆弾による身体障害」、「ナパーム弾の種類、火傷の特徴」、「一酸化炭素中毒その他」『ジェノサイド』青木書店、1967年。＊橋本氏の「東京法廷」での証言記録。
「北ベトナム現地調査団に参加して」『京都医報』(京都府医師会)第485号(1967年8月1日)。
「第2次北ベトナム調査団に参加して」『龍谷大学新聞』1967年12月8日。
「北ベトナムを行く――第二次戦犯調査団に参加して〈1〉～〈10〉」『京都民報』1967年9月13日より毎週1回掲載。後に、「ベトナムでの戦争犯罪の告発――医師は証言する」『橋本雅弘　講演・論文集　ともに歩んで30年』(1991年8月)。
「アメリカの戦争犯罪事実を報告して」『アカハタ』(1967年10月15日)。
「果敢にたたかうベトナムの医師たち」『日本とベトナム』(1967年10月15日)。

「国際戦争犯罪調査委員会」第3回審理集会（1972年10月、コペンハーゲン）での証言、調査報告関連

「アメリカがベトナムで使用している残虐兵器の人体に与える傷害について――その医学的分析」『橋本雅弘　講演・論文集　ともに歩んで30年』(1991年8月)。
　＊本稿は、上記の「国際戦争犯罪調査委員会」第3回審理集会において橋本氏が報告した内容である。

「ベトナム侵略戦争への加担協力を裁く名古屋法廷」(1967年10月1日、於:愛知大学名古屋分校)での証言

「アメリカのベトナム侵略犯罪」『共同デスク』第2号(1967年10月18日)、「森川資料」、Box 6, No.2100194, 法政大学ボアソナード現代法研究所。

その他

Masahiro Hashimoto, "The Napalm Bomb," in Ken Coats, Peter Limqueco, and Peter Weiss, eds., *Prevent the Crime of Silence : Reports from the Sessions of the International War Crimes Tribunal Founded by Bertrand Russell, London, Stockholm, Roskilde*, London: Allen Lane The Penguin, 1971.
　＊橋本氏の上記の論考は、「ラッセル法廷」第2回法廷(コペンハーゲン郊外ロスキレにて開催)に証拠書類の一つとして提出されたものであると考えられる。

第15章

現代史の一過程としての「1968」[*1]

小熊 英二

　時間も限られていますので、ハンドアウトに沿ってお話しします。ただ、末尾に付けてある私自身の文献、特に今度『思想』(2018年5月号)に載る予定のものが骨子になっていることをお断りしておきます。それに若干付け加える形でお話しします。

　今度『思想』で1968年の特集をやるそうですので、総論として何か書いてほしいという話でした。では、レジュメに沿っていきます。

0　「1968」とは何か

　まず、「1968」とは何かという問題の設定をし、これからお話しする筋立てをお話しします。

　前提として、1968年という形で総称されるものは、かなり雑多な事象であり、かつ無関係なものが総称されている傾向があるのではないかということを、あえて置いてみました。というのは、無関係というのは、それぞれの国でそれぞれに起きたことであったりするわけです。

　例えば中国の文化大革命とパリの5月革命は影響関係があるでしょうか。映像としてはお互いに見ているかもしれませんが、それ以上のことを知っていたかどうか分かりません。まして社会背景が共通であったといえるかということになると、もちろん個別の研究をして分け入れば分け入るほど、その社会特有のコンテクストの中で出てきた出来事であり、フランスやアメリカやその他の地域とはあまり関係のないことが背景になっていることが大変多いということが、例えば中国の文化大革命を掘っていけば見えてくるわけです。

　私自身は、主に日本の全共闘運動を中心とした前後数年間のことを2000ページぐらいの本で書きましたが、調べれば調べるほど、その当時の日本社会の

高度経済成長を背景にした社会変動が大きな背景になっていたのであって、直接にアメリカの影響だとか、ベトナム戦争の影響であるとは言い難いのではないかと考えてきました。

　これは日本の中でも同じで、1968年に起きた出来事として、例えば在日朝鮮人の金嬉老の立てこもり事件、石牟礼道子の『苦海浄土』の脱稿（刊行は1969年1月）などが言われるわけですが、全共闘運動はそれと何か関係があったのかということになると、掘っていけばいくほど関わりを見つけ出すのが難しいのです。例えば『苦海浄土』を読んでも全共闘運動の話は出てきません。

　東大全共闘のビラ約5千点が国立国会図書館に、当時、東大全共闘議長だった山本義隆が編纂して収録されています。私は一応全部読んでみましたが、在日朝鮮人の問題はほとんど触れられていません。勉強会のテーマの一つにしようという提案を1カ所だけ見ることができましたが、それ以外に見ることはできませんでした。公害、水俣病の問題もしかりで、それよりは若干比重は高いのですが、主要なテーマではありません。

　では、何が書いてあるかというと、5千点のビラの大部分は学内闘争に関わる問題であり、ベトナムや安保というのはいくらか出てくるのですが、そもそもあまり学外に目を向けていませんし、学外に向けて書いたものでもありません。金嬉老事件に対する言及も、私自身は見つけることができませんでした。

　それにもかかわらず、現在、ニュース番組やドキュメンタリーで編纂されるときには、定番のようにベトナム戦争があり、アメリカでヒッピームーブメントがあり、公民権運動の延長線上の動きがあり、日本の全共闘運動があり、文化大革命があり、パリの5月革命があり、「プラハの春」があるということが語られるわけですが、果たして「プラハの春」は公民権運動と何の関係があるのかも分かりません。となりますと、なぜ、これが総称されているのかということの方がむしろ問われなければならないことになります。

　しかし、そうはいっても、偶然に起きたとは私もさすがに思いませんので、「1968」と総称されている事象は近代化の過程で起きた一つの「地震」であると考えました。これについては、後でお話しします。一種の共振現象が起きたと考えることができると思います。共振現象であったことを説明するための前段階として、三つの観点という形で話をします。三つの観点は、メディアの発達、近代化の進展、冷戦体制の揺らぎということで、レジュメ1、2、3となっています。4番は「日本にとっての1968」という形で構成されています。

第15章　現代史の一過程としての「1968」

1　メディアの発達

　この話をするのが一番分かりやすいと思うのですが、現在「1968」がある意味ファッショナブルに持たれているイメージは、実体以上に視覚的なイメージとアイコンであることが大変多いといえます。そもそも「1968」というくくり自体がかつて日本には存在しませんでした。1968年に活動していた方々は、もちろん1968年というものを特別視していたわけではなく、彼らが特別視していたのは「70年安保」というのがあるという話であり、1968年だけ切り取るという発想は全くありません。「60年安保があって、70年安保がある」という発想はありましたが、1968年を切り取るという発想はおそらくなかったでしょう。

　アメリカ史の人に聞いた話では、アメリカ史では「長い1960年代」という形で、公民権運動から1970年前後まで続く流れとして捉えている傾向が強く、1968年だけ特別に論じる傾向はそれほど見られないと聞きました。「1968」を一番強調するのはフランスです。後からそのようなものがドキュメンタリーや出版物となって出てきたときに、1968年というくくりがだんだん広がっていき、日本にも影響するようになったのは、おそらく90年代以降ではないかと思います。レトロスペクティブに構築されたものとして考えることができると思います。

　そのとき必ず出てくるのは視覚的なイメージであり、例えば、「プラハの春」で戦車の前に立つ人の姿や、ブラックパンサーを支持するアスリートが表彰台の上に立っている姿、ヒッピーが踊っている姿、赤い毛沢東手帳（『毛沢東語録』）、果ては地球の写真などです。このとき「アポロ8号」が、後に世界で一番影響を与えた環境写真という形で有名になるわけですが、地球を外から見るという視点が写真によって与えられたわけです。

　ただ、この相互には、おそらく連関性はないでしょう。ブラックパンサーと「プラハの春」に関係があったのか、毛沢東手帳とヒッピーに関係があったのか、アポロの写真はどうかということになりますと、甚だ怪しいと考えた方がいいと思っています。ただ、見てはいたでしょう。見てはいて、何となく同時代的にざわざわする感覚は持っていたと思いますが、本当に当時の中国社会のことをパリの学生がどこまで知っていたかということになると、これは分かりません。

その背景にあったものは何かということを考えると、この時期は、カラーテレビが初めて普及し始めた時期です。もう一つ、衛星放送を通じた世界同時中継が、1967年6月に初めて成功しました。そのなかで有名なビートルズのレコーディングのシーンを流したのが有名ですが、これが世界初の世界同時中継番組でした。赤い毛沢東手帳などはカラーテレビでなければインパクトが甚だ欠けるものです。ベトナム戦争の映像にしても、カラーテレビによる国際中継を通じて流布したものだったわけです。となると、もし国際放送がなく、カラーテレビがなかったら、赤い毛沢東手帳、ヒッピー、「プラハの春」は果たして結びついただろうかということを、逆に問題として立てることもできます。
　もしかしたら影響関係はあったのかもしれませんが、テレビで見たという程度のことだったのかもしれません。フランスの学生も頑張っているようだ、チェコでも何か起きたようだ、ベトナム戦争は悲惨だ、われわれも何かしなければいけない、そのように考えたかもしれませんが、どこまで深く相互影響があったのかということについては分かりません。後になって、それぞれに分け入っていけばいくほど、失望した、幻滅した、思っていたことと違っていたということがたくさん起きてくるわけですし、研究者として調べていくと、掘っていけばいくほど関係がないことが分かってきました。
　ただ、ある種のイメージの共有というものは、このとき非常に起きました。それを促進したのがメディアの発達だったと考えることができると思っています。逆に言うと、1968年が特権的な位置を占めているのは、このようなタイプの世界同時中継やカラーテレビを背景にして国際的に共有された初めての年だったと考えるのが、現在残っているアイコン的なものを考える上では一番簡単な考え方だと思います。
　このことについて日本を中心にして調べていますが、運動のやり方にも影響を与え、この時期、見せる運動というものが盛んになりました。つまり、視覚的アピールを重視する傾向性です。例えば日本の事例では、セクトにしても全共闘にしても、ヘルメットに色を付け、塗り分けるということが行われたわけです。みんながみんなそうだったというわけではありませんが、私が見つけた資料の中で面白いと思い、本にも引用したのは、当時の新左翼セクトの一つである社学同がヘルメットを赤く塗ったわけですが、ベテランの社学同の活動家が若手の活動家に向かって「なぜ赤く塗ったのか」と聞いたら、「テレビ映りがいいから」と答えたそうです。これはまさにこの時期ならではのものであり、視覚的に映えるからということだったわけです。

第15章 現代史の一過程としての「1968」

　例えば、1968年1月、佐世保に「エンタープライズ」がやってきたときに、いわゆる三派全学連と呼ばれるセクト三派の約千人と警察がぶつかったわけですが、あの事件がテレビで報道されました。しかし人数的には、当時、社会党と共産党が中心となって組織した5万人のデモの方が約50倍でした。三派全学連の方が規模はずっと小さかったわけですが、放水を浴びながら警察と橋の上で対峙するというのはテレビ的には非常に絵になって、全国的に放送されたということがあったわけです。

　また、ある程度セクト幹部のメモワールから推測されるのですが、当時の活動家の側もテレビに報道されることを意識したのです。例えば、東大全共闘が最後に立てこもった安田講堂で、中核派、社学同などがセクトの旗を垂らすわけです。あそこに立てこもって闘ったところで何の効果があるわけではないということはセクトはよく分かっていたわけです。分かっているからこそ、中心活動家を残さないで、地方から動員した大学1年生を中心に立てこもらせた。逮捕されることが分かりきっていましたから。でも、これをテレビで全国に報道させることに意味があるという形の運動形態になっていくわけです。

　政治活動といってもいろいろな種類があります。選挙、選挙運動、ネゴシエーション、ディスカッション、プレゼンテーションなど、いろいろあるわけですが、デモンストレーションという、まさに見せる活動が1968年の象徴になっているのは、この時代ならではのものと考えることもできなくはありません。

　もう一つ、テロというものが変化したわけです。テロは昔からあるわけですが、要人を殺すのが目的ですから基本的にこっそりやるものです。しかし、この時期からは、どちらかというとテロを大衆的なアピールとして使うようになりました。ハイジャックが頻出してくるのはこの時期からです。あれは、報道されて全世界中に影響力が広がることに意味があるわけです。三島由紀夫の割腹自殺も、報道されることを前提にしないとほとんど意味がないものになります。

　このような種類のものは、ある意味で成功した部分もあります。その点から私が挙げたいのは、少数派を可視化したことです。それまでは圧倒的少数派であり、選挙では勝ちようのない存在、もちろん黒人（アフリカ系アメリカ人）がそうですし、学生も社会の中では少数派です。当時のセクト幹部は、自分たちが大衆的動員力の影響力がないことが分かっていましたから、むしろ街頭で派手にぶつかることによってメディアに報道されることを目指していたという側面もありました。あるいは水俣の患者運動も、「怨」と書いた黒旗を掲げて

行進したりしたわけですが、これも報道されることが前提です。
　実際に政治的影響力を持ったこともあって、典型的にはテト攻勢があります。当時の南ベトナム解放民族戦線が蜂起し、その一環として、20人の特殊部隊が一時的にサイゴンのアメリカ大使館を占拠したりしますが、あれには軍事的価値は何もない。戦闘員が大勢死ぬだけで、実際に南ベトナム解放民族戦線はこれでかなり打撃を受けて、その後は北ベトナム正規軍に対して主導権を取れなくなっていった。しかし、これがアメリカでテレビ報道されることによってアメリカの世論を変え、それによってアメリカは敗北に導かれていきます。これは、戦争や政治というものが視覚的な説得効果を抜きにしては考えられないという意味において、デモンストレーションの一番成功した事例の一つといえます。そしてこうしたインパクトは、カラーテレビで報道され、アメリカ大使館から血だらけになって出てくる人の姿が映るというインパクトがなければ、また同時中継という形でなければ起きなかったでしょう。
　メディアの発達に伴って運動が変わるということ自体は、昔からあることです。例えば1848年のヨーロッパの共振現象は、プリントメディアの発達期と重なっているわけです。これは後の5番で述べる点ですが、ある種の共振現象が起きるときは、メディアの発達が一つの要素として、背景が考えられます。
　あるいは、私がたまたま見たものでいえば、ガンジーが1931年に「塩の行進」（ソルトマーチ）をやったときは、白黒の無声映画ですが、しっかりドキュメンタリーを撮っているのです。これはインドの人たちより、むしろイギリスの人に見せるつもりで撮ったのではないかと思っていますが、あれはデモンストレーションですから、撮影するということに大きな意味があるわけです。
　もちろんこれらは成功といえる事例です。こういう活動は、少数派のアピールに止まって、多数派の獲得につながらなかったことも多い。そのためか、世界各地の「1968」の運動とされるもので、選挙で勝てた事例があまりないわけです。
　メディアの発達というところで言及しておかなければならないのは、ハンディメディアの発達です。今で言えばSNSに当たるようなものです。ガリ版印刷機が非常に普及し、先ほど東大全共闘の約5千点のビラを見たと言いましたが、今で言えばほとんどソーシャル・ネットワーク・メディアのようなものです。その日にあったことをすぐビラにして学内でばらまくのですが、3日経ったら誰も読まない内容です。しかも、ばらまく対象は学内の数千人という世界ですから、完全なミニメディアです。

こういうことを可能にしたのが、ガリ版印刷機です。ある時期まで、印刷機は労働組合や政党本部ぐらいしかなかったのですが、小さいグループでも印刷できるようになったというのはテクノロジーの発達です。
　あとは電話です。電話連絡網と呼ばれるものができて、みんな電話で連絡していきます。これによって共同行動がとれるようになりました。1965年にベ平連（当時のベトナム反戦運動の市民グループ）が第1回のデモンストレーションをやったときに、イギリス、ガーナ、アメリカと共同行動で世界同時デモをやるということで、当時、フルブライト留学をして英語をしゃべれる小田実が連絡を取ったわけです。彼が1965年当時書いたものによると、アメリカまでわずか2分で電話がかかった、これによって共同行動がとれるようになった、このことにもっとみんな気づくべきだと書いてあるわけです。このようなことが可能になってきたのが1960年代後半の出来事です。

2　近代化の進展

　近代化一般の進展ですが、これは私が『1968』という本を書いたときのメインテーマであり、そもそも高度経済成長期の真っ盛り、年率10％経済成長しているときに、なぜマルクス主義がはやるのかという訳の分からなさというのが最初の疑問点でした。いろいろと調べていった結果、大きな背景だろうと思ったのは、近代化の進展と、それについていけない意識のギャップです。
　まず学生に関しては、この時期、急激に受験競争が激しくなります。1960年に10％だった大学進学率が、1968年に20％になり、1973年に約35％になります。この時期、急激に進学競争が激化し、塾産業もそれほど発達していませんでしたので、中学校や高校では週4〜5日も補習授業をして、夕方まで学校に残っているわけです。また、年間約320回のテストをやったりしているということが、当時の日教組の報告集などに載っています。これが子どもたち、および10代の人たちに与えた社会的圧力は大きかったし、また、それだけの努力を払ったのに大学に入ったら全くつまらない、がっかりしたという認識ギャップがあった。なぜがっかりするかというと、当然の話、進学率が2〜3倍に上がってくれば学生数が2〜3倍になるわけであり、キャンパスはいも洗い状態になるわけです。当時の学生新聞を読むと、一人当たりの面積は0.1坪しかない、学食に30分並んでもカレーしかないなどという文章が載っています。
　そのような形で、しかも大学側としては当時インフレーションですし、学生

が増えて建物の増築もしなければいけませんから、どんどん学費の値上げもするわけです。ところが、学生の数が多くなりますから、旧来のようなゼミナール形式ではなく、400〜500人をマイクを使って講堂で講義するようなことが増えてきます。すると、苦労して入ったのに、なぜこれほどつまらないのか、おまけに学費ばかり値上げするというのは大変不満になってくるわけです。1965年ぐらいから学費値上げ反対闘争がだんだん激しくなり、全共闘運動以前から、慶應大学、早稲田大学その他で闘争が起きてくるわけです。

　もう一つは、大学生の非エリート化です。進学率が10〜30％に上がってくれば、当然かつてのような就職先は望めません。この時期、大卒が就かなかったような職にどんどん就くようになりました。昔ならホワイトカラーになれたはずのものが販売職になっていったり、あるいは現場職に就いたりすることが増えていくわけです。大学生の比率が3倍に上がれば当然そうなりますが、そうなると、われわれの未来は暗い、暴れられるのは学生である今だけだという感覚が生まれてきます。経済成長の真っ盛りであるからこそ、進学率が急進しているからこそ、このようなことが起こってきた。

　さらに意識のギャップの表れとして、当時の学生全共闘運動の記録を見ると、「大学はこんなものではなかったはずだ。真の大学を回復するのだ」と自主講座をやるのです。真の大学というのは、赤レンガで、ツタがからんでいて、哲学を講義して、デカルトを読んでというイメージです。しかし、今の大学はまるで就職予備校だと、産学協同反対というスローガンが出てくるわけです。経済界の奴隷になっている大学は許せないといって、マルクスを読み始めるという形になるわけです。要するに大学のイメージというのがある意味1950年代のままですから、急激に変化していく大学の実体に意識の方が全くついていかない、その結果いろいろなギャップが起きてくるというのが私なりの見解です。

　同様のことは、中国の事例を文化大革命の記録などを調べて見ることができます。当時の北京在住者の回想記『ビートルズを知らなかった紅衛兵』を読んでみると、中学の受験競争が非常に激しくなり、いい学校に行ける子と行けない子の格差が開いてきます。日本の高度経済成長の場合とは少し違い、中国は貧富の格差のようなことも目立ってくることになりましたから、これが紅衛兵運動のときに、ソファやシャンデリアやレコードを持っているのは許せない、資本主義の文化だ、という行動になって現れてきます。

　日本でもその傾向はあったようです。私が読んだメモワールの中でも、大学のバリケードの中でロックのレコードをかけていると、資本主義の音楽は聞く

なと先輩の活動家に怒られたという話があります。また音楽を聴いたとしても、当時の学生が聞いて一番格好がいいのはモダンジャズであって、ロックではありませんから、少なくとも1967～1968年の時点ではロックミュージックを聴いてどうのこうのということではなかったと思います。ジーンズをはくようになるのは1969年後半ぐらいからで、1967～1968年の写真を見るとみんなジーンズははいていません。

　もちろん環境破壊なども目立ってきますから、近代化の進展に対して、社会はこのようなものではなかったはずだというイメージも出てきますし、消費物資の浸透が非常にストレスを与えました。当時の主婦の回想記で、電気洗濯機が入って非常な罪悪感を持ち、今まで苦労して洗っていたものが一瞬で済んでしまうのは罰が当たるのではないかと非常に悩まされたというメモワールが出てくる。これほど便利になっていいのだろうか、便利になった裏には何かあるのではないかということをまじめな人たちが探し始めると、洗剤が川を汚しているということが目に入ってくるわけです。便利になった裏には必ず悪いことが起きる、人によってはこの裏には資本主義があるということも考え始めます。

　また、急激な人口移動が起きます。もちろん過疎化も起きますが、都市部の過密というのは非常に著しいもので、また当時の東京は非常に若い町なのです。当時の日本社会の平均年齢は29歳ぐらいで、今は50歳近いのです。1965年の東京は15～34歳の人間が47％で、しかも女性100に対して男性が106ですから、気が荒く、何かあるとすぐにいろいろなことが起きるのです。

　もちろん大学生ばかりではなく、工場労働者として上京して来た人たちも大変多く、住んでいるのはほとんどが3畳間、せいぜい4畳半です。中小企業の場合、社長の家に住み込むケースも多かったのです。工場と3畳間の間を往復しているという生活ですから、何かないかと思っているのです。そのようなところで学生と警察が衝突するとウワーッと見物人が周りを取り囲みます。いわゆる野次馬で、場合によっては警察に向かって投石します。1968年10月に「新宿騒乱」とか「新宿闘争」と言われた事件が起きたときは、最初のうちはセクトの集団が新宿でデモンストレーションをしていたのですが、そのうち新宿近辺にいたバーテンダーやウェイターなども新宿駅になだれ込んで、駅舎を壊したりしたことが、当時の記事に記録されています。

　またアイデンティティ不安、故郷喪失状態というものがありました。私が見た中で大変面白いメモワールだと思ったのは、当時の活動家の一人が、岡山県の農村部から初めて東京に出てきて、六本木の高速道路のコンクリートの柱を

見たときに、「存在の不安」というサルトルの言葉をリアリティを持って実感したということです。また、当時の三派全学連の中核派の全学連委員長の秋山勝行という人が書いた本に残っていますが、「コンクリート製の講堂の中で講義を受けているのは言いようのない人間不安」だと述べています。400〜500人の講堂で講義を受けていれば疎外感があるでしょうし、コンクリート造りのビルの中で生きているのは何か間違っているという感覚が、どこかにものすごくあったのでしょう。このような世の中は間違っているというところから始まって、どこが間違っているかを考え始めるときに、いろいろなものを読むわけです。サルトルも読めば、マルクスも読みますし、エコロジーも読むかもしれません。

　一方、人権意識の方は非常に浸透してきます。教育も浸透してきます。となると、嫌でも教授の態度が目につきます。教授の側は旧世代ですから、「教授会で決めた」の一言で学費の値上げをしたり、学生を処分したりします。これが許せないという形になってくるわけです。しかし一方で、今の視点から見ると矛盾していると思うのは、教授が意思決定を密室でやったのが許せないと言う半面、産学協同は反対、真の大学を回復するといって自主講座で一生懸命マルクスやデカルトを読んだりするのです。このように旧制高校を目指しているのか、戦後の民主主義を目指しているのか、よく分からないような風景が出現するわけです。

　もちろん性意識の変化も起きてきます。これは日本よりむしろ他の先進国の方が大きかったと思います。そもそもソルボンヌ大学でパリ5月革命が始まったときは、男女の寮が分けられていることへの抗議から蜂起が始まったわけです。ただし、もっと背景を調べてみると、私はわずかに読んだだけですが、当時のソルボンヌ大学はひどい状況だったそうです。進学率が上昇してくるのに大学の設備が全く整っておらず、ソルボンヌ大学もほとんどすし詰め状態だったそうです。環境は悪く、おまけにカリキュラムが古い。設備も教育システムもなっておらず、教授は権威主義的で、意思決定は密室という状況の中で、なぜ男女の寮が分けられているのかというところから始まったようです。

　ただしこうした状況は、国によって違ったようです。たとえばアメリカはずっと先に進学率が上昇していましたし、イギリスはこの時期になってもほとんど進学率が上昇してきませんでしたから、イギリスの場合はこの時期にあまり学生運動が起きなかったのです。

　一方で、前世代を否定するために、もっと古いものを持ち出してくるという

傾向があったことも事実です。例えば、資本主義は間違っているから民俗学を読んでみるとか、人類学を学んでみるとか、人間の正しいあり方は江戸時代にあるのではないかとか、農村に正しいものがあるとか、その他いろいろあります。

　また、現在われわれが「後期近代」と呼んでいる傾向性が当時出てきます。例えばネットワーク型組織原理です。全共闘と全学連はどこが違うのか。基本的に全学連というのはかなりかちっとしたシステムです。全国に学生自治会があり、その全国組織が全国学生自治会連合で、全学連と言ったのです。学生自治会は戦後すぐにでき、それを束ねた全学連も戦後すぐにできました。その中央委員会をどこのセクトが握るのかという争いになり、共産党系の全学連と革マル系の全学連に分裂するようなことが起きました。もちろん各大学でも自治会の奪い合いが起きるわけです。

　1960年代後半になると、一般の学生はそれにうんざりして、あまり自治会に近づかないという状況が起きてきたのですが、学費値上げ反対などの闘争はやりたいということになり、自治会と関係なく有志団体としてつくったのが全共闘でした。つまり、自治会はセクトが握っているのですが、有志の共闘組織ならセクトに振り回されなくてよいとなったのです。それに全共闘（全学共闘会議）という名前がついたものをつくったのは、1968年の日大と東大が初めてということになっていますが、その手前で萌芽的に慶應大学や早稲田大学などに全学〇〇連合というようなものができています。

　これらは基本的にはかちっとした組織ではなく、有志集団が勝手につながりあうという原理でできていました。ベ平連と呼ばれていた「ベトナムに平和を！市民連合」も同じで、最盛期には全国に360の支部があったと言われていますが、あれは勝手にベ平連と名乗ればいいだけで、全国にいくつあるのか、どこにあるのかも把握していない状態でした。

　余談ですが、私が中東の研究者にこういうことを話したときに、ISと似ていると言っていました。あれもISの中央本部があって、ブランチ状になっているのではなく、その地域の集団が勝手にISと名乗っているだけらしいです。アルカイダは違って、アルカイダはきちんと審査して支部を決めるそうです。

　現地の集団が勝手に名乗って、フランチャイズ状になって結びつくネットワーク型組織原理、後期近代型と言ってもいいのですが、ピラミッド型の組織ではないもの、この小グループがどんどん出てくるという形です。もちろん、これを助けたものとして、先ほど述べたメディアの発達があったのは言うまでも

ありません。小さな支部、グループでもビラを作れるようになったわけです。

こうして出てきた運動の主張ですが、近代化とそれについていけない同時代の意識ギャップが背景にありますので、とにかく今起きていることは間違っているということだけは共通していますが、その表現手段は全くばらばらです。エコロジーが出てくる、人類学・民俗学の人気が出る、マルクスのテキストが人気を得る、宇宙が人気を得る、ゲバラの姿に人気が出る、革命軍に人気が出る、これのどこに共通性があるのか。ヒッピーと革命軍に何の関係があるのか。ゲバラとエコロジーには全く関係はないだろうと言ってしまえばそれまでですが、周辺を全く違うものが取り囲むように否定しているものがただ一点、「フォーディズム型近代」です。

つまり、ヒッピーから見れば「フォーディズム型近代」、かちっとしたピラミッド組織、9時から5時までの人生というのは否定すべき対象ですし、それは、ゲバラはやらないだろうというものでもあります。また、ゲバラは正規軍ではなくゲリラだ、ネットワークだというものでもあります。当然、「フォーディズム型近代」は、マルクスのテキストを見れば否定するべきものですし、エコロジーの観点から見ても否定するべきものです。しかし、マルクスと人類学の間には何の関係もない。

われわれが「1968」と総称しているのは、逆に言えば、ある種の近代化の過程できしみが起きたときに、プラハやパリや東京や北京でいろいろなことが起き、それを総称していると言った方がむしろ正確でしょう。では、パリで起きたことと北京で起きたことに何か関係があるのかというと、おそらくお互いがテレビでお互いに見た以上の関係はないということです。

3 冷戦秩序の動揺

結果的に、これが冷戦秩序の動揺という形につながってきます。冷戦の秩序というのは、米ソが共同で維持していた世界の共同管理体制と考えることができます。これはウォーラーステインが示していた見方に近いです。第二次世界大戦が終わった後に、衛星諸国を次第に整備していって、朝鮮戦争ぐらいまではしょっちゅういろいろなところで火を噴いたりしているのですが、スターリンが死んだ1953年以降は朝鮮戦争も終わりになり、フルシチョフとケネディが、ここで手打ちにしようという形で共同管理体制に移行していくわけです。

つまり冷戦秩序とは、アメリカとソ連をヘッドにしたピラミッド体制だった

と言ってもいいでしょう。国際的に見てもピラミッド体制ですし、国内的に見てもピラミッド体制です。つまり、各国に共産党本部があって、それが国際共産主義運動とつながっていて、各県に共産党支部があるという形で出来上がっているわけです。このピラミッド型の構造が国際的にも国内的にもあったといえます。当然、この前提にあるのは、印刷機は党本部にしかない、地区本部にしかないというインターストラクチャーの問題もあります。

　ところが、秩序は安定していることがないものですから、必ず秩序維持の努力が行われて、その一つがベトナム戦争だったわけです。つまり、ベトナムを西側と東側のどちら側にピラミッド型を位置づけるのかです。もちろん、南ベトナム解放民族戦線そのものは全く雑多な勢力の集まりでどちらの側にも属していないわけですが、どちらかの側につけようとして援助をしたり、いろいろな形でピラミッドの中に組み込もうとしていくわけです。

　ある意味、宇宙開発も冷戦の結果でした。もちろん宇宙開発が始まったのは、アメリカとソ連の意地の張り合いで、どちらが先に宇宙に到達するかというところから始まっているわけですし、後半になってくるとどちらが先にICBMを開発するかという問題になってきます。ロケットと大陸間弾道弾は密接な関係がありますので、当たり前な話です。それが行われるわけです。

　ところが、まさにベトナム戦争と宇宙開発をやったために、アメリカは経済力を疲弊させてしまうわけです。そのために秩序維持ができなくなっていきます。その揚げ句、ついに1971年に金とドルの交換停止に踏み切るわけです。1970年前後というのはアメリカとソ連の力が弱体化し、世界秩序の維持がだんだんできなくなってくる端境期と考えることができます。1971年にアメリカと中国が手打ちをして、お互いにベトナム戦争から手を引くことにしたのもこの一環ということができます。まさに1971年、アメリカが限界点に達する直前の時期に1968年があったのは、その予兆だったと考えることができます。

　そこで改めて考えてみると、1968年に起きたと呼ばれていることは何の共通性もないのですが、もしかするとただ一点共通性があるのは、米ソ共同管理体制に対する抗議です。「プラハの春」も日米安保条約に対する抗議も米ソ共同管理体制に対する抗議ですし、全共闘は共産党と対立しました。文化大革命も、つまりはソ連に対する自立の動きです。また「フォーディズム型近代」と米ソ共同管理体制が当時のメジャーなシステムだとすれば、それのきしみと抗議という形で出てきたという共通性はあるかもしれません。

　そのためだと思いますが、暗黙のうちに、米ソどちらでもないものが非常に

人気を得ました。第三世界や、キューバ、ベトナム、パレスチナ、中国など、米ソどちらでもない勢力が頑張っており、むしろ米ソの影響圏から独立しようとしている、これが非常に共感を呼んだ。もちろんいろいろなコンテクストがあって、フランスで中国が人気を得たのは、もちろんシノワズリの影響もあるでしょうし、フランスの意地っ張り精神で、アメリカもロシアも嫌いで、フランス文化も飽き飽きしているので、何かないかというメンタリティもあると思います。インドでもよかったけれども、中国が目立っていたからということもあったかもしれません。

「プラハの春」も、非ソ連であると同時に、非アメリカ系独立自由化運動です。あれがアメリカ万歳の時期だったらあれほどの人気を得なかったと思います。あるいは、非米ソ系独立第三世界運動です。もちろん南ベトナム解放民族戦線もその一つですし、ゲバラに人気が出たのはなぜかというと、アメリカにもソ連にもこびない人たちと考えられたのかと思います。

現秩序は米ソ共同管理体制だと暗黙に考えていたとすれば、その起源は第二次世界大戦ですから、戦争の歴史や戦後体制の問い直しもおきました、具体的には日本の場合には日米安保条約の問い直し、あるいは占領の問い直しで、ドイツでも戦争の歴史の問い直しが起きた。これらは、要するに現体制の起源の問い直しです。

それぞれの国家が、第二次世界大戦直後に起源を置いていました。ドイツ連邦共和国は、戦後にできた国であることは間違いありません。あるいはフランスで第五共和政を問い直すと、どうしてもレジスタンスの歴史を問い直す形になってきます。そのようなものの問い直しというもので戦争の起源の問い直しが行われてくることになります。これは1989年まで続く現象です。

4　日本にとっての「1968」

時間がないので飛ばします。

5　「1968」とは何だったのか

1968年とは何だったのかというと、近代化のプロセスと現状の秩序のギャップが生む一種の「地震」です。「地震」が起きるメカニズムはご存じだと思いますが、地下でマントルが動いているのに、地表がその動きについていけな

いので、地表とマントルの動きがずれてくると、時々地表が調整現象を起こすわけです。それによって地震が起きます。つまり、社会の実体が変化しているのに、英語で言うインスティテューションの方はなかなか変化していかないということです。当然、旧時代の意識は前世代にも残っていますし、政党システムや議会制民主主義などが社会の変化についていけないのです。

これは現在、われわれが経験していることでもあります。あるいは、労働組合のシステムが雇用の状況の変化についていけない、産業構造の変化についていけない。あるいは、政党や政治のあり方がメディアの発達についていけない。学生の意識の変化に教授がついていけないなど、いろいろなものがあるわけです。そのようになってくると地震が生まれます。そして、秩序の動揺、インスティテューションの動揺が起きます。これが、世界である種の共振現象を起こす時期というものが、もしかしたらあるのではないかと考えるわけです。

つまり、第二次世界大戦が起きた直後にできた世界秩序が、20年に1回、30年に1回、社会の変化についていけなくなって地震を起こした。それは、往々にして世代の変わり目でもあります。つまり、記憶を共有していない人たちが社会に出てくることになってくると、その地震はよけいに起きやすくなります。「なぜ、こんな変なシステムがいまだに残っているんだ」という話になりますから。それが起きた年と考えられるのが1968年、1989年、2011年です。

1968年はここで取り上げたとおりですが、1989年は言うまでもありません。しかし、1989年が東ヨーロッパに矮小化されているのは非常によくないことだと思っています。1989年というものは、まずアジアから始まったわけです。1986年のフィリピンの民主化から始まり、1987年の台湾と韓国の民主化が続きました。そして1988年のビルマと1989年の中国で民主化運動が起きるのですが、これは弾圧されてしまいます。1989年の中国の民主化運動が頓挫した後、東欧に飛び火するわけです。そして東欧がひとわたり終わった後、ソ連が崩壊します。この流れの最後は、1994年に南アフリカでアパルトヘイトが廃止されたことだと思います。つまり、1986年から1994年ぐらいまで続く一連の流れの中に東欧はその一部としてあったと、私自身は考えています。その意味では、アジアの方が先行していた。

しかし、たまたまアジアで崩れたのは西側の権威主義体制であり、東側の権威主義体制ではありませんでした。西側といっても、当時のフィリピン、韓国、台湾はただの軍事独裁政権です。その軍事独裁政権・権威主義体制がどのように崩壊していったのかというと、いろいろな研究者が調べているように、当時

のメディアの発達が後押しをした。1986年のフィリピンの民主化のときには、開票の不正がテレビで世界同時中継されて、軍の戦車をみんなで止めたわけです。「プラハの春」の写真が再現されたわけです。そして、その場面をCNNの衛星放送で見た韓国の学生が立ち上がったわけです。その韓国民主化の学生を見ていた中国とミャンマーで、また民主化運動が起きたわけです。共振現象というのはこのような形で起きるものだと思います。

また当時、ファックスやコピー機がどんどん使えるようになりました。ご存じのとおり、1980年代のソ連では、地下出版につながりますからコピー機は党の許可がなければ使えないもので、鍵が掛かる部屋にしかなかったそうです。それが誰でも使えるようになってくるといろいろなことが起きるわけです。

2011年は言うまでもありません。SNSその他を通じた「オキュパイ・ウォールストリート」、その手前で「アラブの春」が始まり、2011年と2012年には東京を中心とした脱原発の動きがあり、私はそれを映画にしたわけです。このときは、メディアで報道されなかったのであまり知られなかったですが、国会の前に20万人ほど集まりました。2015年は、その後に縮小再生版として起きたことですが、安保法制の抗議行動がありました。その他、香港の雨傘運動、台湾のサンフラワームーブメント、スペイン、2016年の韓国の反パククネ・キャンドル運動など、いくつか行きましたが雰囲気はほとんど同じです。SNSを使い、政党の中央本部はなく、各自勝手に集まるという形です。後期近代型と言ってしまえばそうかもしれません。

1968年とは何だったのかということを考えると、まず一つは、一種の「地震」として起きた現象だったということがいえます。

しかし一方で、過大評価されているとも考えられます。どこが過大評価されているかというと、アイコンがあるからです。広告写真に至るまで、1968年といえば何かデモをやっているとか、ロックミュージック、ジミ・ヘンドリックス、黒人、ベトナムなど記号としてはたくさんありますから、確かに視覚メディアで世界に流布したシンボルとしては非常に大きなものがありましたので、それが強烈に残っていることは事実です。しかし、相互の関連性はおそらくありません。お互いに見た程度のことでしょう。

また当時の運動は、数的には非常に小さな動きでした。というのは学生を中心とした動きが多かったこともあり、基本的に少数派の運動です。「1968」の時期の日本の学生運動で最大の集会は、1968年11月に東大安田講堂前で行われた集会ですが、2万人です。これは60年安保の30万人や2012年の官邸前の

第 15 章　現代史の一過程としての「1968」

　反原発デモの 20 万人に比べて、はるかに小さい数です。ベ平連も最大で 5 万人ぐらいでした。実際に調べてみると、他の国でも 1968 年当時の運動は、神話化されて残っている小さな動きが多いのです。アメリカのゲイバーでの「ストーンウォール反乱」とか、表彰台の上で手を挙げたとか、小さな動きです。それがある種の共振現象を起こしたことは事実ですが、多分に過大評価でもあるわけです。少数派の動きを可視化したというのがこの時期の貢献といえば貢献だったわけですが、少数派の運動だったということは事実です。

　過大評価されている大きな理由は、エリート層、学生が参加したからです。東大の入試が中止にならなければあれほどテレビで報道しなかったと思いますし、また東大で起きた運動があった結果、関係者で後に偉くなった人が大変多いのです。もちろん学生運動の幹部で偉くなった人は少なかったですが、少し関わりを持った、影響を受けたという形で偉くなった人は大変多い。これは他の国もそうで、エリート層が関わると、数的には小さくても、後に過大評価されることになります。また、そのような人はメモワールなどたくさん物を書きますので、いろいろ残ってしまうわけです。

　もう一つは、現代の起源として神話化されていると思います。1968 年は、フェミニズムの起源、男女平等の起源、マイノリティが声を上げた起源、ゲイが声を上げた起源など、いろいろなことが言われるわけです。もちろん、後期近代型ネットワーク運動の起源とも言われるわけです。しかし冷静に考えると、男女平等が進んだのは、1968 年の運動の直接の結果ではないでしょう。もちろん、この時期の変動が、その後の変動を予兆するようなシンボリックなものだったということはいえるかもしれません。当時は少数派の動きにとどまっていたものが、大きく広がっていったということもあるかもしれません。しかし、当時行われた運動の全部がその後広がっていったわけではありません。ですから、その後に実現していったものを、全部 1968 年を起源として語るのは言い過ぎでしょう。

　歴史というのは現代の視点から描かれるものですから、現代からレトロスペクティブに見てしまうと、どうしても現代の起源探しをしてしまうわけですが、歴史家としては気をつけなければいけません。多分に過大評価であったり、少数派の動きであることを見損なったり、相互に連関性のないものを一緒くたにしてしまう。そうでなく、その背景にあったものを見るべきだと考えています。

　また、なぜ日本で 1968 年が重視されないのか。その後の変化が違いを分けていると考えています。西ヨーロッパやアメリカは、その後経済的な不況に突

入し、新自由主義の時代を迎える形になっていくわけです。それに並行して、社会運動や男女平等の動きなどはずっと継続して絶えることはありませんでした。

　しかし日本の場合には、1970年代後半に経済を立て直すことに成功して、むしろ社会運動は沈静化していくわけです。また、日本の場合に面白いと思うのは、秩序の立て直しに成功することです。いまだに学校で制服を着ているのが多数派の国はあまりありません。制服の自由化運動は1970年前後にはものすごくたくさんあるのですが、1970年代後半に、むしろ秩序の立て直しに学校側が成功した。近代化によって画一的な教育が機能しなくなっていったという意味では、アメリカと向かい合っていた問題は同じですが、アメリカではドロップアウトが増え、学内では問題に対処しえないという方向性に進んでいきました。しかし日本の場合、校則を強化して制服を着せるという方向性で立て直しに成功するというコースをたどったわけです。これは、やはり経済的な成功を抜きにしては語れないものだと思います。

　そのようになった結果、1968年は結局、一過性の騒ぎとみなされる傾向が日本では強いのです。男女平等がもっと進んでいって、政界に女性がたくさん進出していれば、あれは1968年から始まったと語られると思いますが、日本ではそのようには語られません。

　歴史的な対象と現在のわれわれは常に相互作用しなければいけませんから、歴史を冷静に見ながら現在のわれわれを見つめ直すことです。なぜ「1968」は日本では重視されないのか、あるいは記憶として残っていないのかというと、結局、問い直されるのはわれわれの現在の方であるといえるでしょう。

質疑応答

司会（川島正樹）　どうもありがとうございました。それでは、休憩時間を取る余裕がありませんので、質疑応答と補足の発言という形でやっていきたいと思います。討論も含めて録音します。お名前とご所属を言っていただけるとありがたく思います。省略された4番に関してでもよろしいですし、脈略がなくても構いませんのでいかがでしょうか。

中村　南山大学国際教養学部の中村です。本日はありがとうございました。フランス現代史を専門としております。私も68年5月で『思想』5月号に論文を

掲載予定です。

　一番驚くのが、先生のお話はフランスの話と言われてもほとんど分からないということです。もちろん用語においては日本の文脈ですが、ほとんどフランスの文脈と同じで、実をいうとドイツの1968年を考えるときも大体フランスと同じに見えてきます。そのような意味で、世界同時的に起こった「地震」という表現は、なるほどよく分かると思いました。

　質問したいことはたくさんありますが、三点だけ質問させていただきます。ソルボンヌで学生運動が広がっていくという話があり、寮の問題がありましたが、ちょうどこの時代高等教育の進学率が非常に高くなっていき、ベビーブーマーたちが大きくなっていく世代でした。ところでパリが東京とまったく異なることの一つは、とにかく狭いということです。東京の世田谷区と同じぐらいの面積ですから、視覚的によく人が集まっているように見えるという状況があります。実際、学生数が増えてソルボンヌが立ち行かなくなり、パリ郊外のナンテールに分校という形で大学を置くわけです。

　第10大学は先進的ではありますが、郊外にあります。パリから電車ですぐに行けるのですが、パリの郊外は日本の郊外とはまったく意味合いが違いバラック（フランス語でビドンヴィル）、一言で言えばスラム街です。そこで、学生たちは自分たちが疎外された気持ちになっていたのが、郊外に行ったらもっとひどい世界が広がっていたということで、少数派に対する保護意識をたくましくしていくことになります。そもそもフランスで学生運動が起こったかは謎で、それを問うても仕方がないでしょうが、ただ一点言えるのはそのようなところで学生たちがマイノリティへの意識を目覚めさせたということです。その観点で、日本の1968年の学生運動は、どのような点で学生たちが、この人たちはわれわれが助けるべきであるというような、少数派に対する意識をたくましくしていったのかというのが一点目に聞きたいところです。

　もう一点は、今の話に関連して資本主義の話です。フランスの学生運動が日本と違うのは労働運動を交えていることです。なぜ資本主義の話が重要かというと、フランスの運動は、個人によっていろいろありますが、資本主義批判、資本主義の拒否ではありません。資本主義によって生じているひずみに対する反対で、そこを是正したいということがあります。日本の学生運動は、なぜ他の運動と結びつけなかったのかということです。

　これが三つ目の質問に関連してくるのですが、これだけ日本とフランスを比較していただいて見えてくるものとして、圧倒的に違うものを一つ挙げるとす

れば成功体験になったか否かです。フランスは68年5月以降、具体的には女性の権利、エコロジー運動などが政治として成功し、法制化されていきます。つまり、68年5月が成功の物語となっていくときに、レジスタンスが再神話化されて、アルジェリア戦争も自分たちの戦いとされ、5月革命を経て、1970年代の社会運動があるという形で、オセロを白から黒に塗り替えるような歴史観が形成されます。そう言うと、それはフランスの学生運動が神話化されているというだけという反論で終わってしまいかねないのですが、見ていてうらやましく思う部分もあります。それは、戦うことを覚えていっている、勝つ体験をしているということです。

　さらにそれを突き詰めていくと、68年5月には重要な二つの要素があります。一つは、あまり暴力がないことです。まったくないわけではないのですが、致命的な内ゲバがないのです。内ゲバというのは基本的に個の否定です。それに対して5月革命というのは個の尊重ですから、そこで内ゲバがあったらこのようにはならなかっただろうと思います。もう一つは享楽的であることです。「バリケードでできた子どもたち」という皮肉がありますが、それは出会いの場であったり、飲み会であったりと、突き詰めていかず、一言で言うと「総括」のようなものがあまりないということです。広い意味で、なぜ日本では学生運動が成功体験として記憶されていかなかったのでしょうか。少し大雑把ですが三点お願いします。

小熊　二点目と三点目はある程度つなげて話せると思います。4番で話し損ねた点でもあります。

　一点目の少数派の発見ないし、この人たちのためにということがあったかということです。どうでもいい話ですが、私はパリの第7大学で教えたことがあります。北郊外に行ってみましたが、どのようなところかはある程度分かります。

　日本の大学の場合、キャンパスが社会から明確に区切られていて、まちなかとの交流は比較的弱い方だと思います。学生たち自身の意識形態も、学生という時期はある種エリートで、だからこそ革命を先導しなければいけないというものが残っていましたから、労学連帯といって労働者と学生が連帯しなければいけないというスローガンがあるように、学生は社会集団として社会を先導すべきインテリゲンチャだというロシア型のイメージに近いような感覚があったと思います。全部が全部そうとは言えませんが、結局、彼ら自身のメモワール

第15章　現代史の一過程としての「1968」

を読んでいると、自分より恵まれない人ということで、「自分は受験競争に勝って東大に入れたが、同級生で入れなかった人がいた。それはなぜかというと、自分より優秀だったのに家庭環境が貧しかったからだ」というのがよく出てきます。ですから、東大全共闘で「自己否定」という言葉がものすごく出てくるのです。われわれを否定しなければいけないというのが出てくるわけですが、それはかなり早くから出てきます。

　後から見つけるのは水俣、成田三里塚の農民などですが、それはもっと時代が下ってからであり、私が見ている限りは、在日朝鮮人の発見ももっと後の1970年ぐらいになりますので、学生の社会的位置がフランスと若干違ったという気がしないでもありません。もちろん、それぞれの社会にはそれぞれの特性というものがあって、私が別のところで『社会を変えるには』という新書を書いたときに仮説的に出したのは、結局、日本の場合他の先進国と比べてどこに特徴があるかというと、やはり急激に近代化している最中だったわけです。急激に近代化している最中で、当時の日本は消費物資の浸透といってもそれほどではありませんでした。

　私はよく例に挙げますが、浅間山荘に立てこもった連合赤軍の5人のうち、運転免許を持っている人は誰もいませんでした。そもそも車を買うこと自体がめったにありませんし、大卒の初任給が2万9000円のときに、ギターは1万8000円しましたし、レコードは2100円ですから買えないのです。レコードをかけているのはブルジョアだという感覚はそこから出てくるところもあるわけです。大卒初任給の10分の1を投入しないとレコードを1枚買えないのですから、気軽に楽しむものではないわけです。そこから、ある種、禁欲的な雰囲気や倫理主義的な雰囲気が出てきます。これも時期を下れば下るほど、1969年後半ぐらいになってくると、全共闘のバリケードで音楽コンサートを開くようなことも出てくるのですが、1968年ぐらいは、どちらかと言えば、そのようなものは否定し、それはまじめではないという雰囲気がかなり強くありました。

　それが反映して、成功体験の部分に絡むことでいえば、制度的な勝利を勝ち取るのは不潔だと。つまり、われわれは精神的な高みに上るべきであり、現実的、政治的に立ち回るのは共産党の民青のやることだというのが東大全共闘はすごく強かったのです。1968年11〜12月ぐらいに『東大新聞』で、東大闘争で目指すものというアンケートを取っているわけですが、制度改革を言っているのは民青系の方の主張であり、全共闘系は自己主体の確立というのが一番です。東大全共闘に参加している人たちは、将来に望む職業として、政治家は

限りなく少なく、研究者が1位でした。あれは東大全共闘の話であって、他の全共闘は違うという説もありますが、東大全共闘の立ち居振る舞いが規範形となってその後に流布した部分もありました。やはり山本義隆氏がヒーローになったことが、当時の日本の学生運動を象徴していると思います。つまり、博士課程クラスの学者でありながら、その地位をなげうって学生運動に身を投じて予備校の教師になる、それが理想の人生だ。もちろん政治などという汚いことにはかかわらず、制度的に達成したものは何もない、それでいいということなのです。むしろ敗北するほど正しいという部分は確かにあったかもしれません。

それがどこから来るのかというと、私は、ある意味での近代化の遅さと言ってもいいのかもしれないと思います。ロシア文学はすごく人気がありました。『蒼ざめた馬』と誤訳でタイトルがついている少数派のテロリズムの話など、すごく人気があるわけです。当時の日本でフランス映画で人気が出たのは『アルジェの戦い』など、最後に死ぬ話です。あのようなものは人気が出るのです。

もっと現実的な場面としては、セクトの存在があり、当時の日本の近代化が西ヨーロッパやアメリカと違っていたと思うのは、マルクス主義を掲げたセクトが結構強くあって、しかも、それが私から見るとすごく古いのです。日本共産党は1955年に武装闘争路線を放棄します。それが、現実と妥協した、許せないといって分派したのが新左翼の起源ですから、武装闘争で革命を起こすという人たちが多かったですし、もちろん労働組合を組織することを重視した党派もいましたが、どちらにしても西側資本主義の現実に妥協した共産党よりもっと原理主義的な勢力でした。中国に影響されて農村主義派までいたぐらいです。当時の日本で農村革命とは何だという話ですが、それは現実を見たくなかったのかもしれませんが、そこで妥協することを取らずに、古い体制を取っていったわけです。

また私から見ると、セクトの体質は非常に古く、ピラミッド型の組織でした。どちらかと言えば体育会型の気質で、心がけがなっていないとか、精神がなっていないなどということをすぐに言い出す人たちも多かったようです。例に挙げるのは何ですが、連合赤軍の最後のリーダーになった人は高校のときは剣道部の主将です。そのようなタイプの人は革命軍が好きで、音楽などちゃらちゃらしたものはやらないわけです。ですから、享楽的で楽しい部分が少ない。自発的な全共闘運動が大きくなるとすぐにセクトが介入してポストを取ろうとしたり、いわゆるオルグといって勉強会に連れていったりして盛んに手を出したわけです。その結果、ものすごく悪い記憶が残ったということはあると思

います。

　私の見るところ、確かに西ヨーロッパにもトロツキスト集団のようなものはいましたが、どちらかというとアナーキストに近いような組織としてもゆるやかなグループでした。やはり、日本の当時の新左翼というのは何千人、何万人の組織でしたから、組織がしっかりしていて、それなりに金も持っていますし、テロ集団として内ゲバ組織を何十人単位で組織していて、社屋のようなものや新聞社も持っているような集団です。そこまで強力なセクトは西ヨーロッパやアメリカにはあまりいませんでした。

　そのようなものが残ったというのは、日本の近代化と言っていいのかどうか分かりませんが、西ヨーロッパやアメリカに比べて少しフェーズが違ったと思えなくもありません。中国はもっとフェーズが違ったと思いますが、同じ1968年という共通した背景があっても、それぞれのコンテクストはあるとは思います。

司会　それでは、脈絡がなくてもどんどんお願いしたいと思います。どうぞ、お手をお挙げください。バランスを取ってお年寄りに先にご発言いただきましょうか。それでは、ご所属と、ハラスメントにならなければ生まれ年もお願いします。

河内　中部大学国際関係学部の河内です。まだ全部は読んでいませんが、小熊先生の本も購入しています。1968年に私は高校3年生でした。この年は東大が入試をやらなかった年です。東京教育大学は体育学部以外はやらなかった年で、受験戦線が大混乱しているときでした。みんな浪人覚悟で灰色の受験勉強をやっていた時代です。私は金沢に行きました。地方の大学にいたのですが、案外、地方の大学も学生運動が激しくて、私が入学してゴールデンウィーク明けに封鎖されて、もう授業ができないということになりました。その間、いろいろな学生集会などにも出ていましたし、大学に入ったのに、なぜ、これほどつまらないのかとみんな悩んでいました。退学していく人も結構いました。私は文学部でしたが、文学部は多かったような気がします。彼女ができて、とてもエンジョイしている人もいなかったわけではありませんが、退学者が非常に多かったようです。

　このときに一番言葉として出てきたのは、主体性唯物論、アメリカ帝国主義でした。私の専門はアメリカ現代史で、そのようなことも関係していると思う

のですが、正直に言って大学というものに悩んでいました。本当に辞めようと思ったこともたくさんあったのですが、一方では、精神面で手ごたえを感じる生き方をしたいという人たちが大勢いました。その手ごたえは、学生運動でラディカルな運動に走った人たちもいますし、もう一方では、今日のお話の中では出てきていませんが、新興宗教にあこがれていった人もいたと思います。そのようなラディカルな運動に走っていく者、精神的なコミュニティをつくるような新興宗教に入っていく者、その違いを先生はどのようにお感じになっていますか。

小熊　おそらく多分に個々のケースで偶然ではないかという印象を持っています。大学に入って最初に近づいてきた人たちがどのような人だったのか。セクトに入ったり、全共闘に関わったりした人たちを見ていても、大学に入ってもつまらない、何かないかと思って探しているうちに〇〇研究会の先輩が誘いにきて、実はそこがセクトのサークルだったという形で入ったなど、そのような話は多いです。

　一方で、例えば原理主義運動、韓国を起源とした統一教会も1967〜1968年ぐらいには大学で増えているという記事は見ましたし、創価学会も、まだ伸びていました。創価学会が伸びたのは、一つには東京や大都市に移住してきて、既存の親族や地域のネットワークから切り離されたが、葬式の挙げ方も分からないし、友達もいないし、話し相手もいないというときに、近づいてきて親切にしてくれた人たちがいたというパターンもあったわけです。それをアイデンティティ・クライシスというべきかどうかというのはものの見方にもよりますが、そのようなことが起こりやすい時期だったことは事実です。

　1960年代当時、一番伸びたのは創価学会と共産党です。もちろん共産党も地道な拡張運動を一番やっている時期で、今でも第一線で活動している人たちはこの時期に入った人たちが創価学会も共産党も多いのです。一方で、そちらに行かずに全共闘運動に行った人も、セクトに行った人もいますし、例えば東京の場合では劇団の方に行った人たちもいます。劇団に行った人たちの中には、政治的な動きより精神世界を重視したということをインタビューでしゃべる人がいます。ただ、私の見方では、最初の一歩は大して違うわけではなく、多分に偶然というところが大きかったのではないかと、いろいろなものを読んだ感想として持っています。

　先ほどの質問にも関わることですが、意外と相互の交流はありません。なぜ

だろうと思うのですが、私は東大全共闘のビラ約5千点を見ましたが、学外に向けて出したビラは1点しかありません。全部、学内です。1点だけ出したのは、東大の安田講堂が落城する二日前になって、御茶ノ水でまいたビラです。それはおそらく、東大全共闘と民青が何を巡って争っていたかという予備知識がなければ全く分からない内容のもので、非常に狭い経験の中でやっていたということがよく分かります。学生ですから仕方がありません。

　当時いろいろな動きがあって、その中で音楽をやっていた人たちや劇団をやっていた人たちの回想記を見ましたが、例えば新宿で公演をしたときに横でこのようなことが起きたという形でエピソードとしては出てきますが、ほとんど交流はありません。ですから、当時のものを読んでも無関係だったとしか思えないと言ったわけですが、雰囲気としては共有していたと思います。

　なぜ、そこで交流が起きなかったのかということになると、何とも言えません。ただ、私自身いろいろな町に行ってみると、先ほどおっしゃったように、パイが小さいと嫌でも近接にならざるを得ないというのは、茫漠とした町の東京とは違うかもしれないと思います。名古屋でも十分広いです。中心街があって、広場があって、そこに集まることに決まっているというトポグラフィーは日本の都市は持っていません。いろいろな要素が関わっているかもしれませんが、そこについてはまだはっきりしたことは言えません。

司会　他の方どうぞ。お名前と、ご迷惑でなければ生まれた年を。

山辺　南山大学外国語学部英米学科に勤めている山辺です。1971年生まれで、専門はアメリカ文学です。私が以前ライティングの授業を担当していたとき、先生が『朝日新聞』に書かれていた記事を使わせていただき、そのときの印象が強いので以下のような質問になります。

　1968年のメディアの力の事を言われていましたが、今のメディアの力についてはどのようにお考えですか？　というのは、今の学生と話をして、昔のように共闘できる形は想像しにくく、またそのような意識を持っている学生はほとんどおりません。共闘できない若者に対し、メディアが政治的に何か働きかけることは可能でしょうか？

　アメリカ文学の作家でヘンリー・デイヴィッド・ソローという人の「市民的不服従」という有名なエッセイがあります。ハンナ・アーレントなどは、ある政治的事件に対し人が集まり何らかの行動を起こしつつも、その集団が組織化

することなく役目を終えたら雲散霧消してしまうのが市民的抵抗の理想の形だと、ソローに言及しながら述べています。しかし、新自由主義の時代においては、労働組合の解体などに表れているように、そもそも政治的に共闘するため人が集まること自体難しいと思うのですが、メディアはどのような力を発揮できるのかとふと思った次第です。

　もう一つ私が思ったことは、マルクス主義が戦後日本の大学でどの程度浸透していたかは分かりませんが、マルクスの『資本論』に目を通したことがあるという話は年上の人からよく聞いたことがあります。ただ、私自身アメリカ文学を研究していて、少なくとも1970年代以降の日本のアメリカ文学研究において、マルクス主義的な視座は余り見当たりません。事実、戦後、各地の大学に英文科が作られたのは、イデオロギー・フリーな個人主義を英米文学の作品読解を通して日本人に根付かせようとするアメリカの文化政策の一つであり、その結果日本の英米文学批評からマルクス主義が消えることになったのだと思います。1970年代における日本の大学での英米文学批評の力学は、少し他とは異なるものではないかと思った次第です。

小熊　前提として、1968年の日本の運動は大きかったのかということですが、国際的に見れば大きい方に属していたと思いますし、ドイツより規模が大きかったと思いますが、やはり学生が中心で非常に限られたものであったことは事実です。ただ、当時の学生がものすごく政治関心に燃えていたということではないと思います。

　確かに全共闘運動で閉鎖された大学は多かったです。特に東大全共闘が1969年1月に立てこもって、それが全国テレビ放送されて、このようなやり方があるのだという形で模倣されて始まった1969年の大学封鎖というのは、矮小化しているように聞こえるかもしれませんが、数十人ぐらいのセクト交じりの有志グループが大学棟に立てこもったのが実情だったところもある。そういう場合でも、それから学生大会を開くのですが、学生たちは休講になるならいいといってみんなストライキに賛成し、半年ぐらい休講するのですが、就職の時期が近づくと4年生を中心にそわそわして大学再開に動くという形で終わってしまったりしました。

　ですから、実際にそれほど関心を持っていたのかということになると、同世代の人たちのメモワールを読むと、何か知らないけれど大学が休講になったので、バイトばかりしてブラブラしていたというものも大変多く、実際にそれほ

どの広がりがあったかどうかは分かりません。それを前提として申し上げますが、私自身、メディアの影響力をどのように考えるか、今日は主に視覚メディアの影響、特にテレビ、写真などの影響について述べました。あとはハンディメディアで、現在のソーシャル・ネットワーキング・サービスに当たるようなものです。それから、大型PAシステムの開発、レコード技術の開発による音楽の普及もあるかもしれません。大きなフェスティバルが開かれるようになったのはあの頃からですが、PAシステムがないとできないことです。そのようなものもあるとは思いますが、アジェンダセッティングをするような難しい論文や新聞の記事が、当時それほど読まれていたかということになると、よく分からないと思います。むしろ日本の新聞購買数がピークに達するのはこの後で、1990年代半ば過ぎです。

　現在のメディアに関していえば、中央にある放送局や新聞局のようなものがだんだん衰えていくのは時の流れで、どうしようもないことだと思います。それは当たり前の話で、日本の新聞は例外的に700〜800万部出ていて、ギネスブックで世界1、2位の新聞ですが、700万部もみんな読んでいたかというと、惰性で取っていた人が大部分であったはずです。しかし、惰性で取っていた大部分の人たちがいたから、ある程度の報道ができていたということです。それが50〜60万部になってきたら、アメリカの新聞と同じように相当苦しくなっていくでしょうし、この流れはそれほど変わらないのではないかと思います。

　日本だけではなくいろいろなところで見ていると、若い人の不満は大変大きいです。1990年代、2000年代以降、1960年代のように大学院の修士課程を出さえすればほぼ大学の教授になれたという時代は、とうの昔に終わっています。知恵はついてきているのに、安定した職がろくにないという不満感は、ものすごく持っていますし、日本はそれほどではありませんが、世界のどこの都市に行っても地価の上昇が激しく、5年前に買っておけばよかったという話をよく聞きます。

　結局、大学を出ても、どのような職に就けるのか、職に就けたとしても家が買えない、自分はどのような人生を送るのか、私はどうなってしまうのかという不安感はすさまじいです。おそらく1960年代の学生よりかなり強いのではないかと思います。もちろん、それが政治的な行動という形につながってくる場合もあれば、ない場合もあります。日本の場合、何のためなのかということは簡単に言えませんが、1980年代以降ブランクの期間があった。30年間、1世代分ぐらいブランクの期間があると運動文化は語り継がれません。

フランスでは、高校にいる間に1回ぐらいはストライキがあって、先輩から後輩に伝授されるという話を聞いたことがありますが、日本の場合にはそのようなことはないでしょう。ですから、不満があっても何をやっていいのか分からないという形のことはあるだろうと思いますが、そうはいっても2011年以降、いろいろ出てきたのを見ていると、共通の背景として世界中で起きていることは日本でも起きるのだとは思いました。それでも不足だといえば、それはそのとおりかもしれません。

　マルクス主義の影響ということに関していえば、当時、マルクスのテキストをどのぐらい読んだでしょうか。私の考えでは、マルクス主義の影響を本当に受けたのは戦前の旧制高校にいた学生の一部です。彼らはドイツ思想の訓練を受けていますから、マルクスの著作も理解できた。丸山真男や竹内好や戸坂潤などのテキストを読むと、マルクス主義者でなかったとしても、マルクスやカントやヘーゲルの思想は理解している。ところが戦後の教育ではそういう伝統は切れてしまった。一部には独学で本当に理解した人もいたでしょうが、戦前世代より比率は低いと思います。そもそも他のドイツ思想は読まずに、いきなりマルクスを読んでもわかるわけがない。おそらく60年代末の学生だった世代へのマルクスの影響は、表面的な印象とは異なり、ずっと小さいものだったと思います。日本の外国文学研究で、70年代になるとマルクス主義が消えていくというのは、憶測でいえば、戦前世代が引退していく時期にさしかかっていたことと関係しているかもしれません。

　私が聞いた話で面白いと思ったのは、大学の面接入試で高校生が『日経ビジネス』を読んでいるなどと書いてくるのです。NPOの活動があって、社会的投資に関心があると書いてくるのですが、高校生が『日経ビジネス』を読むのかと同僚と話をしましたら、それは昔の学生がマルクスを読んだのと同じで、実際に読んでいるかどうかはともかく、社会的に関わりたいということだと同僚の教授は言っていました。今の場合は『日経ビジネス』で社会的投資なのか、それがフィンテックなのか、AIなのかと思いましたが、それはいつの時代にもあるのではないかと思います。

山辺　実際にマルクスもほとんど読んでいないと思いますが、かつては名前としてマルクスを挙げ、今のお話では『日経ビジネス』で、社会にコミットメントする媒体が全然違う感じがします。一つは哲学書で、もう一つは完全に経済書、多分何かあるのだろうと思いますが。

第15章　現代史の一過程としての「1968」

河内　私は（立教大学の院生時代に教員と学生の交流の場である）西洋史読書室にいたのですが、そこではセクトに入っている人たちが主導権を握っていて、『ドイツ・イデオロギー』の読書会をやったり、『資本論』の一部を読み始めたりということはかなり継続的にやっていました。ですから、意識の高いというか、社会批判の強い意識を持っている人たちは主体的にそのようなものを読んでいました。以前は、レーニンの『帝国主義論』など文庫になっているものが多かったので、そのようなものを読んでいた人たちは結構いたと思います。しかし、読んで、本当に理解して、消化していたかというのはかなり疑問です。

小熊　読んでいたということもありますが、当時の大学進学率を20％とすると、その中で全共闘運動に参加したと言っているような人たちは、各大学で最大時点でも20％で、しかも1回ぐらい集会に出たというような人たちです。20％×20％ですから4％です。1回ぐらいデモに出たという人が同世代の4％になるわけです。その中でマルクスを読んだ人ということになると零点何パーセントか、その中の零点零何パーセントが理解したという話になってきます。もちろん個別に取り出してくれば自分の周辺では大勢読んでいたという話になるのでしょうが、全体の中でどのぐらいの比率なのかということは別の話です。

大園　名古屋大学法学研究科の大園誠です。「1968」の理解の仕方について伺いたいと思います。2010年ぐらいに小熊先生が名古屋で「1968」の報告をされたときと、2015年に日仏会館で「戦後思想の光と影」というシンポジウムのときに少しお話しさせていただき、今日は3回目です。

　まず、今日のお話ですごく共感しているところを述べた上で、少し違和感を持った点について三点、指摘したいと思います。私は政治学を専門としており、とくに政治思想史をフィールドに戦後思想史をやっていて、1971年生まれですから「1968」の後に生まれて、ぎりぎり見られなかった世代ですが、生まれていても分からなかったかもしれません。

　以前から共感している点は、「1968」の日本での語られ方については、語る主体が、特に研究者をはじめとして、当事者や身近にいた関係者が多いために、少し熱く語りすぎで、脱神話化が必要ではないかという立場です。小熊先生の著作はそれを推し進めている作品だと思っていますので、その点は共感しています。

今日、最初に説明されたと思いますが、いろいろな現象が、全部「1968」の名前でくくられて、注目すべきすごい時代だということを主張したがる研究者が多い中で、それがどこまで連関しているのかということについては、今日はずばり「雑多な現象が相互に無関係に起こった」という提示を出されたと思います。一方、最後の方にいくと、そうはいっても世界同時多発的に起こったことの背景は何かあるはずだと、それを「近代化に対する問い直し」と言われたと思います。以下で、三点お伺いしたいと思います。

　一点目は、5番の「1968とは何だったのか」というところで、第二次大戦によって建設された現存の世界思想に対する問い直しが「1968、1989、2011」のそれぞれの年に見られたとの捉え方です。「1968」は分かります。これまで「1989」はよく言われたと思います。戦後体制が崩壊したということもありますし、その前後に民主化運動がありました。「2011」のところはアジアの方を中心に言われますが、これは「アラブの春」まで幅があるのでしょうか。「1968」も分かるのですが、日本での文脈を考えると、世界的な同時多発性はそうですが、60年安保と70年安保の対比が日本では内在的に語られていたとすれば、日本の「1968」というのは1960年と比較した方が少なくとも全共闘運動については分かりやすいのではないかと一つ思いました。

　ご存じだと思いますが、今年は国立歴史民俗博物館で「1968年――無数の問いの噴出の時代」の展示がありました。シンポジウムや学会の報告もありましたが、おそらく今年から来年ぐらいにかけて「1968」が総括される場合によくなされるであろう語られ方になると思うのですが、そこでは、ベ平連の運動、神戸での在日朝鮮人の支援運動、三里塚闘争、熊本水俣病闘争、横浜新貨物線反対運動と、今日の話とは異なる他の多くの民主化運動や社会に対する異議申し立て運動が並列的に展示されていました。例えば、それらを全部総括して、日本の近代化に対する異議申し立て運動というくくりで「1968」をみようとする見方があります。この語られ方は日本や海外の運動関係者の人たちや研究者の方々でも多いと思うのですが、今日の小熊先生の語り方はかなり違うと思うのです。それは全共闘運動を一番核に置いているからそのように見えるのか、意図的にそのようにされているのかということをお伺いしたいというのが二点目です。

　三点目は最後のところにも関わりますが、私が一番知りたいのは、「1968」の歴史的遺産とは何かという論点です。これまでの研究では、「文化を変容させた」という評価が圧倒的に多く、これは海外もそうですし、日本国内の研究

第15章 現代史の一過程としての「1968」

もそうですが、文化変容というところに最も焦点が当たっていると思います。今日のお話を聞く限り、そこはあまり強調されていないように見えますし、おそらく小熊先生の場合、「1968」の前と後でドラスティックに文化が変わったと言えるのか、そこが分岐点と言えるのかということについて批判的に見られていると思うのですが、その点についてご意見をお伺いできればと思います。

小熊 日本の場合、1960年との対比で見た方が分かりやすいというのは、確かにそのとおりです。1960年というのは、東京を中心として広がりのあるものですし、地域単位の勉強会などがたくさん出てきて、むしろその中でベ平連の方につながってくるわけです。それが安保という一点で、学生の動きとも重なり、新左翼の動きとも重なったということです。ある意味、あれは幸福な出会いでもあって、偶然、国会の前に雑多な勢力、政党、地域の活動の人たち、警職法（警察官職務執行法）の反対運動、原水爆禁止の署名運動などをやっていた流れの人たちの集まりだったわけです。

しかし、1960年というのも、実体はあまりよく分かっていないと思っています。私は1960年も1968年も調べてみて本当に思いましたが、書き残している人たちが圧倒的に偏っていて、1960年で残っているのは、各政党労組の活動日誌のようなものと、新左翼セクト・東大の活動家たちのメモワールです。あの30万人は、どのような人たちが、どこから、どのようにして来たのかということは、はっきり言ってよく分かりません。

そのようなことで、同時代のことは分からないものだと思ったので、2010年代に起こったときは積極的に調査して論文も書きました。1960年も本当はきちんとやった方がいいのですが、分からないですね。ただ、学生中心の動きではなかったと思います。というのは、1968年は学生がかなり孤立した動きであって、同調した人たちはいますし、ベ平連もありましたが、1960年のときの相乗効果とは比べものにならないと思います。それがなぜ生じたのかということもあり、踏み込んでいくと別な話になってきます。確かに対比として語るべき日本のコンテクストだというのは、そのとおりだと思いますが、それはここまでにしておきたいと思います。

私は国立歴史民俗博物館には行っていません。カタログだけを見た素直な感想は、これは68年の同時代のものの見方というより、1970年代にできた枠組みで1968年をみるとこうなるだろうという展示だという印象でした。例えば地域、消費者活動、近代化の問い直しなどは、1968年にリアルタイムで出て

きたものというより、学生運動が一度ピークアウトし、70年安保も終わってしまった後、1970年後半になってからみんな何をしていいか分からなくなったという話は、『1968』にも書いてありますが、そこでいろいろなものを発見していきます。在日を発見したのも、南京大虐殺を発見したのも、部落の問題に注目したのも、そのあとという性格がある。

　つまり全共闘運動も安保闘争も終わってしまい、学生運動中心ではやっていけなくなって、結局、社会的周辺の方に目を広げていくわけです。それまで自分たちは東京や大都市で運動をやっていたが、もっと地方に注目する必要がある、あるいは民俗学や人類学の識見をもっと取り入れるべきだという形の方に行くわけですが、そのピークは1970年代半ばぐらいです。その時期に形成されたパラダイムで、国立歴史民俗博物館の展示の中心部分は形成されているように思いました。そのような視点で構成してももちろん意義ある展示はできるのですが、1968年の時点を再現するというのとは少し違うなと思いました。

　最後の歴史的遺産ということですが、文化とは何かというと、日本語で文化と言った場合、政治と文化とか政治と文学という言い方をして、政治とは関係のないものが文化、あるいは法律と関係のないものが文化だという言い方があります。おかしな言い方です。英語でカルチャーと言った場合、社会のインスティテューション、インスティテュートそのものですから、政治も法律もカルチャーです。ジンメルが「文化の悲劇」といった場合には、インスティテュート化してしまったもの、制度、法律、人々の立ち居振る舞いの慣習的行動、ハビトゥス、そのようなものを全部含んでカルチャーというわけです。

　日本語で文化と言った場合にはそうではなく、法律や政治と縁を切ったものが文化だというものの見方があるわけです。これは先ほどの山辺さんのご質問、文学と政治の関係ということにも関わるわけですが、政治と文学論争というのが戦前に行われ、そのときに政治ではない領域が文学で、われわれは共産主義運動やマルクスと縁を切るところから文学たらねばいけないという流れは戦前にできました。

　元々、一高、東大のときから文学部はある種のコンプレックスを持っていて、法学部や経済学部のようにわかりやすい形で社会には関わっていないので、われわれはどのようにしたらいいのだろうと悩むという傾向があったようです。また「文化活動」という名目で講演会などを行うという傾向がどこから出てきたのかというと、政府の弾圧によって政治活動ができなくなったので、地方で活動するときは文化講演会という形、あるいは勉強会という形でしか活動でき

なくなったのが大きな理由です。これは政治活動ではなく、文化活動だという形でやるわけです。

今でもその傾向は強いです。日本の社会運動は文化講演会がすごく多いです。知識人を招いて講演会をやるというのはお決まりのパターンですが、私はあまり好きではありません。

それはともかく、日本語で文化変容と言った場合はかなり意味が変わってしまうと思います。面白い言葉を聞いたのは、日本語で文化と言った場合はそのようなことですが、韓国ではまた違うのです。韓国で文化というのは、遅れた農村や封建的なものを文明化していくことだそうです。文化運動というのはシビライゼーションムーブメント、啓蒙活動のことなのです。ですから、韓国で不用意に「文化運動」と言ってはいけないそうです。

「1968」は文化を変えたのかということになると、おそらく変えたでしょう。もちろん運動が直接変えたわけではないと思いますが、その後の過程の結果もふくめて、いろいろな変化があった。

日本の1968年の遺産は何かということになると、それは現在のわれわれの社会をあなたがどのように見ているかということに関わっています。あなたにとっての文化とは何ですかという話になると思います。

大園　制度的な獲得があまりないというのは、「1968」から見ると明確に思います。しかも、その世代の人たちが諸外国と比べても、圧倒的に（国政レベルにおいては）政治家になっていません。全共闘世代の人というのは鳩山由紀夫さんや菅直人さんです。それ以前にも以後にも少なくとも総理大臣になった人は誰もいなくて、しかも民主党政権も短く、残念ながらあまり獲得物がありません。つまり、政治的な達成がないから、文化変容の方を強調せざるを得ないのではないか、意地悪な見方をするとそのような面があるのではないかと思います。そのことは、ヨーロッパの新しい社会運動をどのように見るかというときにも同じような見方がありますので、制度的な遺産と文化的な遺産という評価軸を最初に明確にしないといけないのではないかという気がしています。

小熊　おそらく、制度的な達成がないから文化変容を強調する、日本の一部にそのようなコンテクストはあるかもしれませんが、それを英語に訳すとインスティテューションとカルチャーですかという話になります。言っていることの意味が、多分英語だと通じなくなってしまいます。

司会 予定時間を少し過ぎていますが、まだの方、どうぞ。

服部 南山大学法学部で法哲学を専門としている服部です。1980年生まれで、中村先生の1年上です。実は研究会の正式メンバーではなく、前回聴講させていただいたことでご縁があり、今日、小熊先生がいらっしゃるということでオブザーバー的に参加させていただきました。大変勉強になりました。ありがとうございました。
　二点、今おっしゃったことに関わりますが、言葉の問題を絡め、少し深みに入るところかもしれませんが、質問と確認をさせてください。
　一つは、先生がおっしゃる秩序という言葉で、今、大園先生とのやり取りの間でインスティテューションという言葉に言い換えられていました。われわれ法哲学の界隈で、先生がなぜ秩序をインスティテューションと訳されたのか。

小熊 いや、秩序は私の中ではレジームか、オーダーです。

服部 レジームですか。今日、最後のところのお話でも、日本で経済の立て直しに成功したというところで、秩序の立て直しに成功したとおっしゃっていました。インスティテューションというものを語る場合、それは制度ということになるわけですが、例えばカール・シュミットのナチ以降に出てきた、それは前回の研究会にもつながるところではありますが、生ける具体的秩序志向というものがあって、教育や宗教といったそれぞれのフィールドにおけるインスティテューションから法が出てくるということがあるわけです。例えば日本的文脈でいうと、まさに家制度がそうです。
　先生がおっしゃる秩序観、あるいは制度観は、インスティテューションという言葉が今のやり取りでキーワードになっていたところではありますが、そのあたりが少し引っ掛かるところです。秩序、多分オーダーという言葉が私の中では一番しっくりくるのですが、それががらっと変わるようなもののレベルとして考えるのか、それとも土着のもので、人々の生ける生活から出てくる何らかの規範のようなもの、それ自体も動揺して「1968」に世界レベルで共振していったものとして考えるのか、その二つでディメンジョンが違ってくると思うのです。少しぼんやりしたところですが、先生がおっしゃる秩序とは具体的にどのような次元のことを念頭に置かれているのかが一点です。

二点目はレジュメ1ページ目2の「近代化の進展」というところで、法学部なので「人権」という言葉にアンテナを張ってしまうのですが、5行目の「人権意識の普及」は、これは人権の意識なのか、あるいは広い意味での権利意識なのかが気になるところです。先生がおっしゃるように『苦海浄土』が出て、その背後に水俣が起きているということがあると、一つとして見るとそのようなところもあるのですが、1968の1年前、1967年に公害対策基本法ができているはずです。それから1967年に目を向けると、憲法制定から20年ですが、二十歳になったからといって盛り上がりがあったかというと、あまり盛り上がりがなかったと見ています。あるいは、朝日訴訟という生存権を巡る話の最高裁判決が出たのが確か1967年で、プログラム規定説を取ってかなりネガティブに捉えられるようになっていったり、恵庭事件というのは9条に関わってきたりするものですが、最高地裁の判決が終わったのも1967年でした。

そのような全体的なコンテクストを見て、ここで人権意識ということをおっしゃっているのか、それともそのようなところまで見込まずに、広い意味で人権、あるいは権利とおっしゃっているのかという非常にトリビアルな言葉の確認です。

小熊 後半の方からお答えします。広い意味での人権意識という意味合いであり、その時期にどのような判決が出たということを念頭に置いていたわけではありません。ただ、日本の戦後の法秩序という観点から見ると、私はこの問題に関しては専門ではありませんが、ほぼ1960年代半ば過ぎぐらいに主要な判決がかなり出てきて、例えば安全保障関係も含めて、1960年代後半ぐらいから1970年代初めぐらいに法律体系としての秩序もかなり固まっていったという印象を持っています。それは長沼訴訟などを含めての話です。

当然、戦後に新しいレジームが導入された後、それをどのように細かく条文を解釈して制度化していくかということについてはかなり時間を要するわけで、多様な解釈が入り乱れた時代があるわけですが、1960年代後半ぐらいにほぼ固まってきました。これは政党の秩序も同じで、いわゆる55年体制と呼ばれるものは1960年代半ば以降にほぼ固まっていくわけです。当時の学生が書いているものを見ると、それに対していらだっていたということも感じ取れる部分ではあります。つまり、戦後直後の空白の余地のようなものがどんどんなくなってくるという危機感を持っていたということです。

しかし、おそらく、このことは意外と他の国、特に先進国においては変わら

なかったかもしれません。いわゆる「9 to 5（9時から5時までの労働）」の人生のようなものの嫌悪感が広がってくるわけです。その後を分けたのは、ヨーロッパやアメリカの場合にはむしろ秩序の方がどんどん崩れていってしまい、東ヨーロッパなどはもっと分かりやすく崩れていったわけです。日本の場合にはむしろ再編成に成功したというというところが大変興味深く、私はレジームやオーダーという形で念頭に置いて話しましたが、社会全体から湧き出てくるものだったかどうかということに関してはなかなか難しいです。

　全然別の話になりますが、いわゆる利益誘導政治のようなものが固まっていくのが1960年代後半から1970年代にかけてで、自民党政権が自覚的に旧秩序を維持する方向に財政出動を行っていくわけです。具体的には都市部に人口が移動してしまって、このままでは自民党の基盤は細るばかりだと、都市部に移動した人たちが社会党支持の方に傾きやすくなることは目に見えていたことでした。特に革新自治体が大都市で誕生していくということが、ものすごく危機感を与えるわけです。

　ですから、大急ぎでやったことは公害対策、環境保護など、都市部のニーズに応えることです。それをいち早くやっていかなければいけないと、これは田中角栄を中心として都市計画部会を開いてそれをやったのと、あとはとにかく地方に人口をとどめることです。具体的に各政治家は、選挙区の人口が減っていくのをどうしたらいいのかと、地方の有力者たちからたきつけられてのことだったと思いますが、とにかく産業誘致や公共事業などの形で人口移動を止め、日本の地方を古い形で凍結することを試みていくのです。もちろん、金の流れ方を握っているのは地方の有力者たちだったわけです。それはある意味、人為的に成功したといえば成功したわけです。それが良かったのか悪かったのかというのは非常に難しい問題です。

　しかし、それは上からやったことなのかというと、もちろん年配の人たちも含めて地方のかなりの人たちが望んだことでもありました。そうでなければできなかったことです。もちろん、それも含めて経済的な成功というものがなければできなかったことでもあります。ですから、社会全体から沸き起こってきて、自然に定着したものとも言えません。政策的に誘導したものでもあります。

司会　最後に私からも是非質問させてください。ご大著の『1968』の最終章がフェミニズムで、しかも田中美津さんの言葉の引用が目立つのはなぜでしょうか。年表的な前後関係以上に何か意図はありますか。

小熊　まず浅間山荘事件で終わりたくなかったというのがあり、それ以上に、近代化の流れ、とくに個人主義の浸透の過程を象徴すると考えたからです。

司会　既に終了予定時間を15分超過していますので、時間どおりに部屋の鍵を返さないとセキュリティ担当者が心配されると思いますので、話は尽きないと思いますし、まとめもできない状況ですが、やむを得ずこれで閉じたいと思います。今日は時間を超過してまで熱心な討論をしていただき、ご参加の皆様、とりわけ小熊先生には本当に即興で非常に明快、明晰、分かりやすいお答えをいただいて、湘南キャンパスの競争や、もまれ方がやはり地方とは違うと思って私は反省しました。今日は皆さん、本当にありがとうございました。小熊先生、ありがとうございました。

注
★1　本稿は、2018年3月10日に小熊英二氏によって南山大学名古屋キャンパスで行われた講演会と討論会の音声おこし原稿に基づいている。

参考文献
小熊英二『1968（上）――若者たちの叛乱とその背景』新曜社、2009年。
―――『1968（下）――叛乱の終焉とその遺産』新曜社、2009年。
―――『社会を変えるには』講談社、2012年、第三章。
―――「「1968」とは何だったのか、何であるのか」『思想』1129号、2018年5月、6-19頁。

あとがき

川島 正樹

　本書の誕生の経緯について触れることで「あとがき」に代えたいと思います。今から3年前に当時ラテンアメリカ研究センター長をされていた加藤隆浩先生とアメリカ研究センター長で四つのセンターのまとめ役をしていた私の二人で藤本博先生に「3年後に50周年を迎える1968年に関する歴史的意義を国際的視点から振り返る共同研究を立ち上げていただけませんか」と持ちかけました。その直接の理由として、以前から藤本先生がしばしばこのテーマについて口にされていたことも確かにありましたが、それ以上に自分たちが多感な時代を過ごし、その後の人生に大きな影響を与えた時代の画期性の意味を再確認したいと思ったからです。年齢的には藤本先生が私より6歳、加藤先生が3歳年上ですが、私たち3名は多かれ少なかれ「同時代」として「1968年」を意識的に生きてきたのだという思いが私にはありました。ご一緒に多くの研究会に参加することで、今この思いはより強くなっています。確かに私が大学に入ったのは1974年で、大江健三郎の1962年刊行の小説にあやかれば「少し遅れて来た青年」でしたが、京大は「赤ヘル」をかぶって手拭いで覆面したノンセクト・ラディカルの学生運動がまだ根強く生き残り続けており、私は5年間在籍して一度も定期試験を受けなかった最後の世代でした。確かに東大では「1968年」が時代の転機となったのですが、京大ではその後10年間「1968年」が続いていたのです。その意味で私もお二人と同世代です。

　もう一つ私が藤本先生に説得した際に強調したことには「後で資料集にもなるように時代の当事者の生の証言も集めましょう」という提案も含まれました。これは藤本先生も研究分担者で参加されて間近でご覧いただけた地域研究センター共同研究で以前に私が代表となり出版した『記憶の共有をめざして』（2015年）で実践したことでもありました。率直に言って必ずしもこの点は本書では十分に実現できませんでしたが、少なくとも高橋武智氏による講演録は将来的に一次資料としての価値を十分に有するものです。私がかつて学んだ立教大学

の助教授の職をベトナム反戦運動への関与の故に辞された高橋氏の証言には、学者の良心とはかくあるべしという倫理を身をもって実践された模範例であると深い敬意を感じます。また王前氏の講演も同様に時代の当事者としての勇気ある証言であると確信しました。講演の後の質疑応答の折に私が京大生時代（1974〜79年）にまだ「四人組批判」前の中国で礼賛されていた「文革」とベトナムにおける「勝利」が象徴した「第三世界革命運動」の「明るい展望」が学生たちに及ぼした影響で「人民の海に放下した」優秀な学友たちがおそらく苛まれているだろう無念に言及した際に、王氏が発した「みんな犠牲者ですね」という言葉は、私の心に強く響きました。余談ですが、私は京大卒業後に郷里の千葉県で定時制高校の教員となる傍ら、卒業の3年後に恩師富田虎男先生のご理解とご支援で昼間に立教大学の大学院で勉強を再開でき、その後藤本先生とのご縁もあって名古屋の地でこうして今まで30年近く大学教員としてやってこれました。前述の「放下」したままのかつての学友と比べてかなり有利な立場を得ている私ですが、学問と教育への情熱の炎が消え入りそうになる時にかろうじて踏みとどまらせてくれたのは、かつての学友に対する「うしろめたさ」と表裏一体で私に残存する「あるべき未来社会」への責任感と使命感でした。王前氏の言葉は40年間の時間の経過を超えて、時代の風潮に翻弄されたかつての純粋な若者の国の枠を超えた連帯感を私に確認させてくれました。私には長らく拭い切れなかったかつての学友たちへの「うしろめたさ」に苛まれた自らの魂を癒す言葉と感じられました。

　「毒を食らわば皿まで」の気分で、本共同研究にまつわる私的な感慨の暴露をもう一つさせていただきます。2018年3月10日土曜日の午後にお忙しい中を時間のやりくりをしていただき、名古屋まで来て下さった小熊英二氏を講師とした内輪な研究会も、私にはとても印象的でした。近辺の学外研究者や学内の共同研究分担研究者およびそれ以外の同僚も含めた1時間にわたる講演に続く1時間の質疑応答と近所の居酒屋での2時間近い「延長戦」での小熊氏や参加者との意見交換も一生忘れ難い記憶を私に刻印しました。とりわけ小熊氏の大著『1968』の最後が、通常の他のこの手の書物で見られるように「浅間山荘事件」が象徴する「暴力革命の企ての無残な敗北」で締めくくるのではなく、異色のフェミニストである田中美津氏の言葉で締めくくられている理由に関する私の質問に、小熊氏から、結局のところ1960年代末に高揚した学生運動がもたらしたのは「戦前から引きずられた集団主義の払拭と個人主義の浸透であったことを印象づけたかった」旨の回答を得たことは、私の長年の心の「もや

もや」を晴らしてくれました。ある意味で「連合赤軍事件」も、さらには「文革」が象徴する純粋な若者を党派的権力闘争や私利私欲の追求に利用するのも、共に「集団主義」の悪しき側面の表れです。その一方、不正の是正や正義の実現へ向けてたった一人で闘うには大変な覚悟が必要です。そうか、私（たち）は「集団主義」の悪しき側面を否定的に感じつつも、それと裏腹の一種の心地よさも与えてくれる「集団主義」の泥沼状態から抜け出す方途をまだ模索し続けているのだな、そして現在60歳以上の日本のかつての学生はおそらく一生もがき続けることを覚悟しなければならないのだな、としみじみと思った次第です。

　藤本先生が定年を迎えられただけでなく、三重大以来四半世紀以上同僚だった加藤先生も南山をこの三月で去られました。私にとっては文字通りの孤軍奮闘を強いられる時代の到来と覚悟をしておりましたが、幸か不幸か3月末に突然長年勤めたアメリカ研究センター長の職の交代を命じられました。少なくとも職務上、この種の共同研究に積極的に関与する立場を離れました。本書は藤本先生の退職記念本として当初想定されておりましたが、期せずして我々3名にとって一つの区切りを記念する本となってしまいました。本書を通じて「1968年」を生きた方々に時代の意味を改めて振り返っていただくきっかけだけでなく、「1968年」を直接知らない若い読者にも、社会と自分の将来に如何に関与すべきか真剣に考え行動した若き学生たちのエネルギーに満ちたあの時代の息吹を少しでも実感していただく機会を提供できれば、望外の幸せに思う次第です。

活動記録（肩書は発表当時のもの）
（2016 〜 2018年度）

【2016年度】
第1回研究会
主催：地域研究センター共同研究
共催：アメリカ研究センター
日時：2016年7月22日（金）17：00 〜 18：30
場所：J棟1階 特別合同研究室（Pルーム）
報告者：藤本 博（南山大学外国語学部教授、アメリカ研究センター研究員）
　演題：「1968年」の時代を生み出したヴェトナム戦争の世界史的意味

第2回研究会
主催：地域研究センター共同研究
共催：アメリカ研究センター
日時：2016年11月11日（金）17：00 〜 19：00
場所：J棟1階 特別合同研究室（Pルーム）
報告者：髙橋 武智（日本戦没学生記念会〔わだつみ会〕理事長）
コメンテーター：平田 雅己（名古屋市立大学人間文化研究科准教授）
　演題：1968年、あるいは1960年代と関連させて、ベ平連・ジャテックの運動を再考する

第3回研究会
主催：地域研究センター共同研究
共催：アジア・太平洋研究センター
日時：2016年12月2日（金）17：00 〜 19：00
場所：L棟9階 L910会議室
テーマ：発動から50年を迎えた中国文化大革命の再検証
報告者：1）星野 昌裕（南山大学総合政策学部教授、アジア・太平洋研究センター研究員）
　演題：現代中国政治にとっての文化大革命──少数民族問題の視点から
報告者：2）王 前（東京大学教養学部グローバル・コミュニケーション研究センター特任准教授）
　演題：文革開始五十周年を振り返って

【2017年度】
第1回研究会
主催：地域研究センター共同研究
共催：アメリカ研究センター、ラテンアメリカ研究センター、大学院国際地域文化研究科
日時：2017年5月19日（金）17：00 〜 19：00
場所：Q棟1階 101教室

報告者：1）加藤 隆浩（南山大学外国語学部教授、ラテンアメリカ研究センター長）
　演題：カルロス・カスタネダと対抗文化
報告者：2）川島 正樹（南山大学外国語学部教授、アメリカ研究センター長）
　演題：貧者の行進からウォール街占拠へ──1968年のアメリカ社会運動と現在への影響

第2回研究会
主催：地域研究センター共同研究
共催：ヨーロッパ研究センター、国際教養学部
日時：2017年9月29日（金）17：00～19：00
場所：J棟1階 特別合同研究室（Pルーム）
報告者：1）福田 宏（成城大学法学部准教授）
　演題：チェコスロヴァキアにおける1968年と正常化──文化とメディアからのアプローチ
報告者：2）中村 督（南山大学国際教養学部准教授、ヨーロッパ研究センター研究員）
　演題：68年5月を考える

第3回研究会
主催：地域研究センター共同研究
共催：ヨーロッパ研究センター、外国語学部ドイツ学科
日時：2018年2月19日（月）16：00～18：00
場所：L棟9階 L910会議室
報告者：1）大竹 弘二（南山大学国際教養学部准教授）
　演題：新しい社会運動からポピュリズムへ？
報告者：2）高岡 佑介（南山大学外国語学部准教授、ヨーロッパ研究センター研究員）
　演題：スイスにおける「1968年」

第4回研究会
主催：地域研究センター共同研究
共催：アメリカ研究センター、アジア・太平洋研究センター
日時：2018年3月10日（土）15：00～17：00
場所：R棟5階 R55教室
報告者：小熊 英二（慶應義塾大学総合政策学部教授）
　演題：現代史の一過程としての「1968」

【2018年度】
第1回研究会
主催：地域研究センター共同研究
共催：アメリカ研究センター、外国語学部英米学科、大学院国際地域文化研究科、名古屋ア
　　　メリカ研究会
日時：2018年5月18日（金）17：00～19：00

場所：Q棟5階 51、52会議室
報告者：1）山辺 省太（南山大学外国語学部英米学科准教授、アメリカ研究センター研究員）
　演題：ベトナム戦争とトラウマの文学的表象――Tim O'Brien の *In the Lake of the Woods* を中心に
報告者：2）平松 彩子（南山大学外国語学部英米学科講師、アメリカ研究センター研究員）
　演題：アメリカ合衆国の中央、州、地方における民主化と統合1968〜72年

第2回研究会
主催：地域研究センター共同研究
共催：アメリカ研究センター、名古屋アメリカ研究会
日時：2018年7月20日（金）17：00 〜 18：30
場所：Q棟5階 51、52会議室
報告者：真崎 翔（名古屋大学大学院国際開発研究科特任助教、アメリカ研究センター客員研究員）
　演題：忘れられた戦後処理：硫黄島帰島問題の変遷

執筆者紹介（掲載順）

藤本　　博→奥付ページ

川島　正樹（かわしま・まさき）
　1955年生。1979年京都大学文学部卒業。1988年立教大学大学院文学研究科史学専攻博士後期課程満期退学。博士（文学、京都大学）。
　現在、南山大学外国語学部英米学科教授。
　主な著作：1）『アファーマティヴ・アクションの行方――過去と未来に向き合うアメリカ』（名古屋大学出版社、2014年）、2）『アメリカ市民権運動の歴史――連鎖する地域闘争と合衆国社会』（名古屋大学出版社、2008年）、3）*American History, Race and the Struggle for Equality: An Unfinished Journey* (Palgrave-Macmillan, 2017) ほか。

マイケル・アダス（Michael Adas）
　1943年生。1965年ウェスタンミシガン大学卒業。1971年ウィスコンシン大学マディソン校大学院歴史学専攻博士課程修了。Ph.D（History・University of Wisconsin, Madison）。
　現在、ラトガース大学名誉教授。
　主な著作：1）*Everyman in Vietnam: A Soldier's Journey into the Quagmire* (co-authored, New York: Oxford University Press, 2017)、2）*Machines as the Measure of Men: Science, Technology, and Ideologies of Western Dominance* (Ithaca, New York: Cornell University Press, 1989, 2014)、3）*Dominance by Design: Technological Imperatives and America's Civilizing Mission* (Cambridge, Massachusetts: Belknap Press of Harvard University Press, 2006) ほか。

平松　彩子（ひらまつ・あやこ）
　1982年生。2006年国際基督教大学教養学部国際関係学科卒業。2014年東京大学大学院法学政治学研究科総合法政専攻博士課程単位満期取得退学。2016年ジョンズホプキンス大学大学院政治学科Ph.D課程修了。Ph.D（Political Science, Johns Hopkins University）。
　現在、南山大学外国語学部英米学科専任講師。
　主な著作：1）「米国連邦議会下院におけるイデオロギー的議員連盟――共和党多数時代の下院政党政治　一九九五―二〇〇六年」『国家学会雑誌』（有斐閣出版、第122巻第5・6号〔2009年6月〕）ほか。

山辺　省太（やまべ・しょうた）
　1971年生。1995年東京学芸大学教育学部卒業。2003年名古屋大学大学院国際言語文化研究科国際多元文化専攻博士後期課程単位取得満期退学。博士（文学・名古屋大学）。
　現在、南山大学外国語学部英米学科准教授。
　主な著作：1）『ノンフィクションと英米文学』（共著、近刊）、2）『英語英米文化の展望』（共著、2014年）、3）「裁き、罪、宿命――*Billy Budd, Sailor*における法と宗教」『アカデミア　文学・語学編』101号（2017年）ほか。

加藤　隆浩（かとう・たかひろ）
　1952年生。1975年南山大学外国語学部卒業。1985年メキシコ・イベロアメリカーナ大学社会科学研究科社会人類学博士課程修了。社会人類学博士（Ph.D）。
　現在、関西外国語大学外国語学部特任教授。ペルー・リカルド・パルマ大学名誉教授。
　主な著作：1)『ラテンアメリカの民衆文化』（編著、行路社、2010年）、2) Tejidos de sueños: Imágenes y fiesta en el mundo andino (Fondo Editorial del Congreso del Perú, 2013) ほか。

中村　督（なかむら・ただし）
　1981年生。2004年慶應義塾大学文学部卒業。2012年東京大学大学院総合文化研究科地域文化研究専攻博士課程単位取得満期退学。博士（歴史学・フランス社会科学高等研究院）。
　現在、南山大学国際教養学部准教授。
　主な著作：1)「68年5月——ミシェル・ロカールと社会民主主義の発見」『思想』（2018年5月号）、2)『アナール　1929-2010　歴史の方法と対象』第5巻（共訳、藤原書店、2017年）、3)『宗教と政治のインターフェイス——現代政教関係の諸相』（共著、行路社、2017年）ほか。

高岡　佑介（たかおか・ゆうすけ）
　1981年生。2004年早稲田大学第一文学部卒業。2012年早稲田大学大学院文学研究科ドイツ文学専攻博士後期課程満期退学。博士（文学・早稲田大学）。
　現在、早稲田大学法学学術院准教授。
　主な著作：1)「社会契約としての保険——1910年代から1930年代初頭のドイツにおける「保険」の認識論的位相」『南山大学ヨーロッパ研究センター報』第22号（2016年）ほか。

大竹　弘二（おおたけ・こうじ）
　1974年生。1997年早稲田大学政治経済学部卒業。2008年東京大学大学院総合文化研究科博士課程修了。博士（学術・東京大学）。
　現在、南山大学国際教養学部准教授。
　主な著作：1)『正戦と内戦——カール・シュミットの国際秩序思想』（以文社、2009年）、2)「シュミット——自由主義批判のジレンマ」杉田敦編『岩波講座　政治哲学4　国家と社会』（岩波書店、2014年）、3)『公開性の根源——秘密政治の系譜学』（太田出版、2018年）ほか。

星野　昌裕（ほしの・まさひろ）
　1969年生。1993年一橋大学社会学部卒業。1999年慶應義塾大学大学院法学研究科後期博士課程単位取得満期退学。博士（法学・慶應義塾大学）。1995年4月—1996年9月、日本国在中国大使館政治部専門調査員。
　現在、南山大学総合政策学部教授。
　主な著作：1)『変容する中国・国家発展改革委員会——機能と影響に関する実証分析』（共著、アジア経済研究所、2015年）、2)『現代中国政治外交の原点』（共著、慶應義塾大学出版会、2013年）、3)『中国は、いま』（共著、岩波新書、2011年）ほか。

王　前（Wang Quan）
　1967年生。1988年上海外国語大学日本語学部卒業。2002年東京大学大学院総合文化研究科相関社会科学専攻博士課程満期単位取得退学。修士（相関社会科学・政治社会思想 学術）。
　現在、東京大学教養学部特任准教授。
　主な著作：1)『中国が読んだ現代思想』（講談社選書メチエ、2011年）、2)『近代日本政治思想史』（共著、ナカニシヤ出版、2014年）、3)『現代中国のリベラリズム思潮』（共著、藤原書店、2015年）ほか。

真崎　翔（まさき・しょう）
　1986年生。2009年名古屋外国語大学外国語学部卒業。2011年ウェスタン・イリノイ大学大学院歴史学部修士課程修了。2015年名古屋大学大学院国際開発研究科国際協力専攻博士後期課程修了。博士（国際開発学・名古屋大学）。
　現在、南山大学アメリカ研究センター客員研究員。名古屋大学大学院国際開発研究科特任助教。
　主な著作：1)『核密約から沖縄問題へ——小笠原返還の政治史』（名古屋大学出版会、2017年）ほか。

高橋　武智（たかはし・たけとも）
　1935年生。1957年東京大学文学部仏文科卒業。1962年東京大学大学院人文科学研究科（ディドロ研究）単位取得満期退学。1963年からは立教大講師、のち1970年まで同助教授、1998年より2007年までリュブリャナ大学（スロベニア）文学部客員教授。
　現在、「日本戦没学生記念会」（わだつみ会）理事長。
　主な著作：1)『私たちは、脱走アメリカ兵を越境させた……——ベ平連／ジャテック、最後の密出国作戦の回想』（作品社、2007年）、2)『ベ平連と市民運動の現在——吉川勇一が遺したもの』（共著、花伝社、2016年）、3) クロード・ランズマン『ショアー』（作品社、1995年）ほか。

平田　雅己（ひらた・まさき）
　1968年生。1992年愛知県立大学外国語学部卒業。1995年東京外国語大学大学院地域文化研究科博士前期課程修了（国際学修士）。
　現在、名古屋市立大学人間文化研究科准教授。
　主な著作：1)『ナゴヤ・ピース・ストーリーズ——ほんとうの平和を地域から』（編著、風媒社、2015年）、2) ウォルター・ラフィーバー『アメリカVSロシア——冷戦時代とその遺産』（共監訳、芦書房、2012年）、3)「グレイグ・アンダーソン——人間への脱走」『追伸』第1号（2018年8月）ほか。

橋本　雅弘（はしもと　まさひろ）
　1926年生。1950年京都大学医学部卒業。1961年から1991年まで社団法人京都保健会吉祥院病院長。「ベトナムにおける戦争犯罪調査日本委員会」第2次調査団（1967年7月）等に参加。
　主な著作：1)「アメリカの戦争犯罪の告発——医師は証言する」『橋本雅弘 講演・論文集』（1991年）、2)「ボール爆弾による身体障害」・「ナパーム弾の種類、火傷の特徴」・「一酸化炭素中毒その他」ベトナムにおける戦争犯罪日本調査委員会編『ジェノサイド　民族みなごろし戦争』（青木書店、1967年）、3)「北ベトナム現地調査団に参加して」『京都医報』第485号（1967年8月1日）ほか。

小熊　英二（おぐま・えいじ）
　1962年生。1987年東京大学農学部卒業。出版社勤務を経て、1998年東京大学大学院総合文化研究科国際社会科学専攻博士課程修了。博士（学術）。
　現在、慶應義塾大学総合政策学部教授。
　主な著作：1)『1968』（上）・（下）（新曜社、2009年）、2) *The Boundaries of the 'Japanese'*, vol 1. and vol. 2 (Melbourne: Trans Pacific Press, 2014 and 2017), 3) *A Genealogy of 'Japanese' Self-Images* (Melbourne: Trans Pacific Press, 2002) ほか。

編者紹介

藤本　博（ふじもと・ひろし）

1949年生。1973年愛知県立大学外国語学部卒業。1982年明治大学大学院政治経済学研究科政治学専攻博士課程単位取得満期退学。博士（国際関係学・立命館大学）。
現在、南山大学アメリカ研究センター客員研究員。
主な著作：1)『ヴェトナム戦争研究──「アメリカの戦争」の実相と戦争の克服』（法律文化社、2014年）、2)『ヴェトナム戦争 ソンミ村虐殺の悲劇──4時間で消された村』（共監訳、明石書店、2017年）、3)『越境する1960年代──米国・日本・西欧の国際比較』（共著、彩流社、2012年）ほか。

2018年度南山大学地域研究センター共同研究
研究代表者　川島正樹

「1968年」再訪
「時代の転換期」の解剖

2018年10月5日　初版第1刷印刷
2018年10月15日　初版第1刷発行

編　者──藤本博
発行者──楠本耕之
発行所──行路社 Kohro-sha
　　　　　520-0016 大津市比叡平3-36-21
　　　　　電話 077-529-0149　ファックス 077-529-2885
　　　　　郵便振替　01030-1-16719

装　丁──仁井谷伴子
組　版──鼓動社
印刷・製本──モリモト印刷株式会社

Copyright©2018 by Hiroshi FUJIMOTO
Printed in Japan
ISBN978-4-87534-394-3 C3036